21世纪财税理论与实务丛书

纳税检查

TAXATION CHECK

杨森平　刘在军　主编

暨南大学出版社
JINAN UNIVERSITY PRESS
中国·广州

图书在版编目（CIP）数据

纳税检查/杨森平，刘在军主编．—广州：暨南大学出版社，2009.9
（2011.7 重印）
（21 世纪财税理论与实务丛书）
ISBN 978－7－81135－368－6

Ⅰ．纳…　Ⅱ．①杨…　②刘…　Ⅲ．税收管理—中国—高等学校—教材
Ⅳ．F812.423

中国版本图书馆 CIP 数据核字（2009）第 138594 号

出版发行：暨南大学出版社

地　址：中国广州暨南大学
电　话：总编室（8620）85221601
营销部（8620）85225284　85228291　85228292（邮购）
传　真：（8620）85221583（办公室）　85223774（营销部）
邮　编：510630
网　址：http：//www.jnupress.com　http：//press.jnu.edu.cn

排　版：暨南大学出版社排版设计中心
印　刷：广东省农垦总局印刷厂

开　本：787mm×1092mm　1/16
印　张：23.375
字　数：498 千
版　次：2009 年 9 月第 1 版
印　次：2011 年 7 月第 2 次
印　数：3001—6000 册

定　价：43.00 元

---

21 世纪财税理论与实务丛书

编委会

前　言

纳税检查是税务部门征收管理、组织财政收入的一项重要措施，也是国家税收监督的重要手段。为了便于经济管理类高等院校财税、会计专业学生学习，掌握纳税检查的方法的需要，我们特编写这本《纳税检查》教材。在编写过程中，我们力求做到实用、易读。在编写内容上，我们通过对纳税检查知识的归纳整理和纳税检查实践经验的总结提炼，较为系统、深入地介绍了纳税检查的方法和技巧。因而，本教材也可以作为广大税务工作者和财会人员学习、培训的参考用书。

本书共分为十二章，杨森平副教授负责编写第一至第七章以及第十、十一章，刘在军讲师负责编写第八、九、十二章，最后由杨森平负责总纂。在本书编写过程中，我们得到了国家税务总局政策法规司李万甫副司长和广东省国家税务局、广东省地方税务局稽查局、广州市地方税务局、佛山市地方税局、韶关市地方税务局、清远市地方税务局等实际部门领导，以及中山大学财税系杨卫华教授、郭小东教授，长春税务学院财政税务系张松教授、郭晓东副教授，暨南大学财税系全体教师的关心和大力支持帮助，暨南大学财税系2007级硕士研究生邹维勇和2008级硕士研究生周敏、唐亚丽、徐畅这四位同学为本教材做了大量的录入和校审工作，特此一并致谢！同时，还要感谢暨南大学出版社教育分社的精心组织和安排。

本教材在编写过程中，力求做到规范、准确和完整，但限于编写人员水平有限，书中难免会有错漏，敬请广大读者不吝批评指正，并期待与您交流，以便修订时进一步增补。

编　者

2009年7月于广州暨南园

目　录

第一章　纳税检查概述

【本章要点】

本章是全书的开篇，也是全书的理论基础，主要内容包括纳税检查的基本概念、纳税检查的作用，以及纳税检查的要求、范围、内容和纳税检查的法律关系。本章内容作为税收理论体系中的重要组成部分，是学习纳税检查其他知识的基础，应将其与以后各章的内容结合起来。

第一节　纳税检查的概念和作用

一、纳税检查的概念

纳税检查亦称税务稽查或税务查账，是指税务机关依法对纳税人、扣缴义务人和其他税务当事人履行纳税义务、扣缴义务及税法规定的其他义务等情况进行检查和处理工作的行政执法行为。纳税检查是税务部门征收管理、组织财政收入的一种重要手段，也是国家税收监督的重要手段。

纳税检查的主体税务机关代表国家行使政治权力，监督、管理纳税人依法纳税。税务机关代表国家和地方政府，凭借政治权力，实现其监督职能。另外，各类审计事务所、会计师事务所、税务师事务所、律师事务所等中介机构可以协助国家和地方税务机关对纳税人进行检查和监督，实现社会监督职能。

纳税检查的客体是纳税义务人，包括代扣代缴义务人、代收代缴义务人、纳税担保人等。

纳税检查的对象是纳税人所从事的经济活动和各种应税行为，以及履行纳税义务的情况。

纳税检查的目的是贯彻执行各项税收政策，加强税收征收管理，保证国家的财政收入。

纳税检查的依据是国家的各种税收法规和与税收相关的法律法规，如会计法、企业财务制度、行政复议法、行政诉讼法、国家赔偿法、国家担保法及刑法等。税收法律法规和其他财会制度发生冲突时，在进行纳税检查时以税收法规为准。

纳税检查内容完整。稽查执法的主要内容是检查和处理，具体包括选案、实施、审理和执行四个环节。

纳税检查与会计检查、审计监督既有共同之处，又有一定的区别。从三者的内涵来讲，审计监督面大，范围广；会计检查面较小，范围有限；而纳税检查居于中间。具体区别是：

（1）检查的目的不同。

会计检查主要是为了检查经济业务活动的正确性、合法性和合理性，找出会计核算及经营管理中存在的问题，以采取措施，加以改进。审计查账的主要目的在于解除或确定被审计单位的责任。而纳税检查主要是检查纳税人是否依法履行纳税义务。

（2）检查的范围不同。

会计检查以会计核算为基础，只检查会计账簿、凭证及与之有关的内容，不超过会计的范围。审计监督的范围包括国家机关、金融机构、企业、事业单位的财政、财务收支及经营管理活动，审查其真实性、合法性及效益性，其范围比会计检查大。而纳税检查不仅要通过对账簿、凭证的检查，确定纳税人的收入、成本费用和利润，还要对纳税人的纳税事项进行检查。

（3）检查的依据不同。

会计检查的主要依据是企业财务通则、会计准则及有关的行业会计制度。纳税检查除依据财会制度外，更主要的是依据国家的税法，当财会制度的有关规定与税法有出入时，应以税法为依据。而审计监督不仅依据财政法规和会计制度，还要依据金融法等其他所有相关的法规。

（4）检查的主体不同。

会计检查的主体是财会人员及业务主管部门；纳税检查的主体是税务机关；审计监督的主体是国家审计机关和社会审计组织，并以“第三者”为特征，独立于被审计单位和要求审计的单位之外。

但是，这三者之间也有很多共同之处。其共同点有：①它们的检查主体除了专业机构外，都还可以有社会监督组织参与，协助专业机构监督检查；②它们的检查方法相同，都是通过查账来发现问题；③它们的检查作用相同，都是进行经济监督活动。

二、纳税检查的必要性

（一）纳税检查是行使财政监督职能的具体体现

税收作为一种分配手段参与社会产品和国民收入的分配，以取得必要的财力，用来保证国家必要的支出。税法在参与分配的过程中，依据国家的方针、政策、法规、制度等，对纳税人的各种经济活动进行有效监督。通过税务机关的检查，不但可以发现偷、逃税等问题，还能发现纳税人其他违反财经纪律的问题。可见，纳税检查是行使财政监督的具体体现。

（二）纳税检查是当前经济形势的客观要求

国家组织财政收入与企业、个人上缴税金，体现了国家、企业、个人三者之间的分配关系，其根本利益是一致的，但也存在局部利益与整体利益之间的矛盾。再加上目前我国纳税人的纳税意识普遍淡薄，一些纳税人为了自己的利益，总是千方百计地少缴税款。另外，也有一些纳税人因为会计制度不健全，对税法理解不深，或由于工作粗心大意等原因，造成少缴、错缴税款等情况。

（三）纳税检查是搞好征管工作的有力保证

税务机关结合经常性的征管工作进行纳税检查，正确地组织纳税人收入的分配和再分配，促使纳税人遵守财经纪律，如实地反映生产经营收入、成本费用和财务成果，以保证国家税收及时、足额入库，保证征管工作的顺利实施。同时，在检查过程中发现自己工作的不足，进一步提高征管工作质量。

总之，为加强财政监督，严肃纪律，打击偷、逃税等行为，保证国家税收收入的及时、足额入库，对纳税义务人进行经常性的纳税检查是非常必要的。

三、纳税检查的作用

税务机关对纳税人、扣缴义务人履行纳税义务或者扣缴义务情况的检查，是一种行政监督手段，是税务机关履行职责、行使权力的过程。纳税检查对规范纳税行为的作用主要体现在以下五个方面：

（1）实施检查，发现涉税违法行为。

税务机关依照法定程序对纳税人、扣缴义务人违法行为的手段、情节、影响及所带来的消极后果进行分析和判断，确定其违法行为的性质。

（2）宣传税法，教育违法的纳税人。

在实施纳税检查的过程中，税务检查人员在发现和揭露纳税人的涉税违法行为时，要向纳税人宣传税法，指出其违法的具体行为及后果，用事实教育纳税人树立自觉守法的意识，履行纳税义务。

（3）纠正违法，正确适用税收法律。

经过纳税检查，税务机关对违法的纳税人按照规定的程序，通过下达税务处理决定书的方式纠正其违法行为，使其按照税收法律的规定正确执行税法，及时、足额地向国家缴纳各项税款。

（4）教育职能。

教育职能是指通过稽查执法对税收违法案件的查处，可以教育稽查对象和其他纳税人、扣缴义务人，从而起到引导纳税遵从的作用。税务稽查的教育职能一方面可以通过对稽查对象的检查、处理和处罚过程来实现；另一方面还要通过公告、新闻发布会、媒体曝光等宣传手段扩大稽查执法的影响面，以达到教育广大纳税人，震慑税收违法活动的效果。

（5）收入职能。

通过纳税检查增加财政收入，是纳税检查的直接效果，也是纳税检查的基本作用之一。但是把增加财政收入作为纳税检查的唯一功能是片面的，这已不适应现代化税收管理的要求。

四、纳税检查的地位

纳税检查是税收征收管理体系中的有机组成部分，其地位主要体现在以下三个方面：

（一）纳税检查是税收征管的最后一道环节

国际货币基金组织专家曾把税收征管的内容结构比喻为一座“金字塔”，从底部向上依次为“为纳税人服务—纳税申报处理—税款缴纳—纳税检查—对违法行为的惩罚和税务诉讼”。也就是说，由实体法规定的纳税义务须经征税主体对这些纳税义务的发生、计量、履行和消亡逐级进行确认后才得以实现，而上述各项义务的确认涵盖于以纳税服务、税款征收、纳税检查为主线的税收征管各环节中，它们与法律救济共同构成了四位一体的现代税收体系。在这个体系中，纳税检查处于税收征管的最后一道环节，如果这个环节出现严重疏漏，就会动摇整个税收征管体系。

（二）纳税检查的效率在很大程度上决定着税收征管的质量与效率

在理想状态下，如果公民自觉在规定的时期内准确缴纳税款，则税务机关的任务仅为帮助纳税人实现支付即可。但理想与现实之间总是存在着不同程度的偏离，这就要求税务机关必须通过各种措施加强管理，最大限度地修正这种偏离。正是基于这一考虑，任何一个现代政府在税收制度的安排上，都会把建立完善的税收征管体系与税制设计作为同等重要的内容，以追求税收征管的质量和效率来实现税收的全部功能。

税务机关的税收征管质量与效率，主要从以下四个方面来衡量：①执法是否规范，即是否按照法定的权限与程序严格执法、公正执法、文明执法；②征收率的高低，即税款实征数与法定应征数之间的差距；③成本的高低，即征税成本和纳税成本的高低；④社会是否满意，即是否为纳税人提供了优质高效的纳税服务。

纳税检查的效率取决于以下三个方面：①税收违法行为的有效查处概率，即一定时期内税务机关查处的税收违法行为与客观发生的税收违法行为之间的比例，以及两者形成的查补收入与税款流失之间的比例；②执法是否公平公正，即是否依照法定的权限与程序执法，处理处罚是否公平公正；③稽查执法的成本，即查处税收违法行为所需的执法成本。

从以上内容可以看出，税收违法行为的有效查处概率决定着纳税人在违法与守法之间的取向，进而在很大程度上决定着税款征收率的高低；稽查执法是否公平公正是评价税收执法和纳税服务的重要尺度；稽查执法成本在两个方面决定着税收成本：①稽查执法成本直接决定征税成本；②低成本高效率的稽查执法意味着税务机关可以减少其他不必要的税收征管措施，从而进一步降低征税成本和纳税成本。为此，我国将税收征管的目标模式定义为“以申报纳税和优化服务为基础，以计算机网络为依托，集中征收，重点稽查，强化管理”的34字方针，凸显了纳税检查在我国税收征管工作中的重要地位和作用。

（三）纳税检查是有效提高纳税遵从的重要手段

纳税遵从是指纳税人依照税法规定履行纳税义务的程度和水平，在一定意义上，它反映出纳税人依法诚信纳税的道德水平和法制意识，因而也是衡量一个国家税收征纳关系是否和谐的主要指标。

“纳税遵从”包含两个方面的内容。一方面，它反映的是纳税人在税收法律框架内的自律程度，也就是在不考虑税务机关监管的情况下，纳税人是否能够依照税收法律法规的规定自觉缴纳应缴税款；另一方面，它反映的是纳税人在税收法律框架内的他律程度，也就是在考虑税务机关监管的情况下，纳税人是否或在何种程度上依照税收法律法规的规定缴纳应缴税款。在前一种情况下，纳税人即使不能自觉纳税，也不会承担法律责任；而在后一种情况下，纳税人一旦不能依法纳税，将受到税务机关的查处，承担相应的法律责任。

一般而言，市场经济成熟的国家的纳税人普遍具有较强的自律意识，但这种自律意识并不是与生俱来的天然本性，而是纳税人在征纳双方长期博弈过程中作出的符合自身利益的必然选择。尽管如此，在市场经济条件下，任何政府都不可能期望纳税人通过自律实现完全的纳税遵从。我国目前仍然处于社会主义初级阶段，市场经济体制尚不完善，在这种条件下，更应当主要基于后一种情况来考虑和研究如何通过建立完善的税收征管体系，强化对纳税人的监管来提高纳税遵从。在现实中，税务机关正是通过有效的纳税检查来查处税收违法行为，达到强化纳税人的税收法律责任意识，增加违法成本的目的，从而迫使纳税人在涉税行为的取向上，更多地选择“守法”而放弃“违法”。事实证明，纳税检查在引导纳税遵从方面具有不可替代的重要作用，是实现纳税人从“他律”向“自律”转变的催化剂。

第二节　纳税检查的要求

纳税检查是一项政策性强、涉及面广、技术复杂的工作。工作效率的高低直接影响到税收政策的贯彻执行，以及国家、集体、个人三者之间的利益关系的处理。因此，纳税检查人员必须要有良好的政治素质、过硬的专业技能，秉公执法。

一、树立正确的指导思想

纳税检查是为了正确贯彻执行国家的税收政策、税收法规，落实“依法办税，依率计征”的税收公平原则，更好地发挥税收的经济杠杆作用。当前，纳税人的偷、逃税行为比较普遍，通过检查，把偷、逃税款及时、足额地追征上来，保证国家税收收入的完整性，这确实是非常重要的一方面。但是我们也应看到，只顾查是不够的。纳税检查要树立正确的指导思想，由单纯“查”向深层次的综合管理转化，挖掘潜力，以查促管，以管增收。在纳税检查过程中，税务机关如发现企业经营管理上的薄弱环节，要积极帮助企业找出原因，提出解决问题的有效途径，使之降低成本，提高效益。因此，要求纳税检查树立正确的指导思想，不能只停留在“查”字上，查完了，补税或再加罚款，查出的问题越多，补漏税的数字越大，这种观念应当改变。在纳税检查中发现的问题，一方面是事后检查工作取得的成绩，另一方面也暴露了平时征管工作中存在的问题。那种片面追求查补漏税的数字，以及不根据实际情况，层层分配查漏任务的做法是错误的。

纳税检查要向深层次的综合管理转化，立足于“促”，通过纳税检查不但查补了税款，而且还要起到促进生产的作用，从而达到增加税收的长远目标。同时，企业接受了监督检查，也会搞好管理，遵章纳税，减少税收的流失，进而简化征管工作。因此，纳税检查是税收征管工作的重要内容，纳税检查只有树立正确的指导思想，才能把征管工作水平提到一个新的高度上来。

二、掌握过硬的业务技能

纳税检查工作要求检查人员不仅要有较高的政策水平和良好的、扎实的工作作风，而且还要有过硬的业务技术水平。纳税检查涉及面广，检查人员必须掌握财政、税收、经济、会计、金融等方面的专业知识，不断提高专业理论水平和业务技能，否则，纳税检查工作就无法进行。因此，税务检查人员必须苦练基本功，锻炼业务技能，总结检查经验，同时还要懂得生产知识、经营特点等。

对税务干部做好税收工作的基本要求是：①会看会计报表，会查账，会计算税款；②懂税收政策法令，懂财务会计知识，懂生产经营知识，懂纳税环节；③掌握企业生产、销售、税源、资金、纳税变化等情况。随着形势的发展，纳税检查对税务干部提出了更高的要求，如要求懂电脑、会英语、懂经济理论、懂现代管理等。

三、深入实际，调查研究

纳税检查不只是就账查账，必须深入实际调查研究，掌握第一手资料，查证、落实问题。检查出的问题，往往只凭账面上的核算资料是难以澄清的，需要深入到车间、仓库、工地、柜台等现场去向职工、群众调查了解，必要时检查人员还要亲自动手，清仓查库，深入实际，听取各方面的意见，防止主观片面，以便发现账外的一些问题，使检查工作深入、彻底、全面、正确。

四、坚持实事求是的原则

实事求是就是一切从实际出发。纳税检查涉及企业经济利益和当事人的责任，因此，对查出的问题，要认真分析，划清责任，反复论证，多方核实，取得确实可靠的数据，不扩大、不缩小，据实查报。坚持实事求是的原则，也就是说，按照税法规定，对查出的问题，依照法规该怎么处理就怎么处理，避免大事化小、小事化了及讲人情、强调客观等情况。以法律为准绳，做到有法可依，违法必究，照章征税，不徇私情，不受贿赂。

第三节　纳税检查的范围和内容

一、纳税检查的范围

根据《中华人民共和国税收征收管理法》（以下简称《税收征管法》）的规定，税务机关有权进行下列范围的纳税检查：

（1）检查纳税人的账簿、记账凭证、报表和有关资料，检查扣缴义务人代扣代缴、代收代缴税款账簿、记账凭证和有关资料。

（2）到纳税人的生产、经营场所和货物存放地检查纳税人应纳税的商品、货物或者其他财产，检查扣缴义务人与代扣代缴及代收代缴税款有关的经营情况。

（3）责成纳税人、扣缴义务人提供与纳税或者代扣代缴、代收代缴税款有关的文件、证明材料和有关资料。

（4）询问纳税人、扣缴义务人与纳税或者代扣代缴、代收代缴税款有关的问题和情况。

（5）到车站、码头、机场、邮政企业及其分支机构检查纳税人托运、邮寄应纳税商品、货物或者其他财产的有关单据、凭证和有关资料。

（6）经县级以上税务局（分局）局长批准，凭全国统一格式的检查存款账户许可证明，查询从事生产、经营的纳税人和扣缴义务人在银行或者其他金融机构的存款账户。税务机关在调查税收违法案件时，经设区的市、自治州以上税务局（分局）局长批准，可以查询案件涉嫌人员的储蓄存款。税务机关查询所获得的资料，不得用于税收以外的用途。

二、纳税检查的内容

（一）纳税检查的基本内容

1. 检查纳税人执行国家财政税收政策、法规的情况

国家的财政税收政策和法规是根据党的方针、政策和国家对财经工作的具体要

求而制定的，它具有法律效力，纳税人必须遵照执行。进行纳税检查，就是审查纳税人是否遵守国家财税政策、法规，是否自觉履行纳税义务，有无隐瞒收入、乱摊成本、虚报费用、截留利润等行为。在检查中，如果发现有不按纳税程序办事，违反征管制度，错算、漏算税款等情况的，应该帮助纳税人立即纠正，使其按规定进行税务登记、纳税申报、补缴税款、退还多纳的税款等。如发现纳税人采取不正当手段，弄虚作假、偷税、逃税、抗税的，应按《税收征管法》的有关规定，及时予以处理，对那些严重违反税收法规，构成犯罪的，应依法提请司法机关追究其刑事责任，以严肃法纪。

2. 检查纳税人遵守财会制度和财经纪律的情况

国家制定的财经纪律和颁布的财务会计制度，是纳税人进行经济活动和会计核算的行为规则，也是纳税检查的重要依据，纳税人必须严格遵守执行。进行纳税检查，就是考核纳税人是否切实遵守财经纪律和财务会计制度。通过审查纳税人账证，了解纳税人在成本核算上有无任意扩大开支范围、乱摊成本的情况，即在费用列支上，是否遵守开支标准，有无铺张浪费的现象；在产品销售中，有无瞒报收入的现象等。如在检查中发现有上述问题，税务检查人员则应根据问题的性质和情节的轻重，及时纠正处理，促进纳税人加强财务管理，为正确计算税款创造良好的条件。

3. 检查纳税人的生产经营管理和经济核算情况

企业生产经营管理状况和经济核算的质量，不仅关系到纳税人经济效益的高低，而且还直接影响到国家财政收入。所以，纳税检查不但对纳税人财政税收政策、法规、财务会计制度和财经纪律进行检查，还应检查纳税人的生产经营管理和经济核算情况，了解其生产经营方向是否端正，产、供、销各环节是否协调，生产控制、计划决策、物资管理、劳动效率、市场预测、成本核算和财务管理等各项制度是否健全，执行情况如何等。税务检查人员通过检查，发现问题，揭露矛盾，提出改进的建议和措施，帮助纳税人改善经营管理，挖掘潜力，加强经济核算，更好地促进经济发展。

（二）征税对象的检查内容

税收按征税对象划分，可以分为流转税、所得税、财产税、资源税、特定目的税和行为税。由于不同的征税对象都有各自的经济活动特点，所以，纳税检查的侧重点是不同的。

1. 流转税的检查内容

（1）纳税环节的检查。

商品流转环节很多，税法规定应纳税的环节主要有销售、使用、交货、进口等环节。

①销售环节。销售货物、提供劳务以后，取得收入，即发生纳税义务。

②使用环节。将自产、委托加工的货物用于本企业职工福利、在建工程等非生产、经营方面的，应视同销售，于使用环节发生纳税义务。

③交货环节。提供修理修配劳务、提供加工劳务以及接受委托加工货物等，提供服务完毕即发生纳税义务。

④进口环节。进口应税货物即发生纳税义务，进口环节的税收一般由海关代征。

（2）计税依据的检查。

流转税的计税依据一般都是销售额。销售额应为纳税人销售货物或者提供应税劳务向购买方收取的全部价款和价外费用。

工业企业货物销售额应当包括产品销售收入（即产成品、代制品、代修品、自制半成品等产品和工业性作业的销售收入）、其他业务收入（即外购商品、材料、包装物出租和运输等非工业性劳务的销售收入等）。另外，企业自产产品用于本企业非应税项目，以及用于集体福利和个人消费等非生产方面的，应视同销售计算流转税。商业企业的收入额应包括商品销售收入、其他业务收入以及视同销售收入等。加工收入额应当包括取得的加工费收入以及加工过程中代垫的辅助材料的价值。修理修配劳务收入额包括修理、修配取得的维修收入和维修过程中垫付的材料费用。进口货物按组成计税价格计税。组成计税价格包括关税完税价格、关税、消费税。价外费用是指价格之外又向购买方收取的手续费、补贴、基金、集资费、返还利润、奖励费、违约金（延期付款利息）、包装费、包装物租金、储备费、优质费、运输装卸代收款项、代垫款项及其他各种性质的价外收费。

（3）税率的检查。

产品的适用税率不仅关系到纳税人的税收负担，而且关系到税收政策的执行，所以，应当全面了解产品的构成情况、产品性能、用途、生产过程、经营方式和销售对象等，并且应注意生产经营和产品结构的变化。在对产品作了全面了解之后，根据各税种的具体规定，对号入座。

（4）应纳税额的检查。

按照经审核的计税价格计算的计税金额乘以适用的税率，计算出应纳税额。

（5）征免界限的检查。

税收的征与免，政策性强，不仅关系到国家的税收收入和纳税人的经济利益，而且体现了国家的奖罚政策。在检查中应认真对待，实事求是，正确处理国家与企业、局部与整体的利益关系，严格按照税法和税收管理权限正确划分征免界限。

2. 企业所得税的检查内容

所得额是所得税的计税依据，应税所得额的基础是企业的利润总额。因此，对形成企业利润的每个要素进行核实，必然要涉及企业整个生产过程，包括从采购、生产到销售的全部过程和各项支出、收入。会计资料繁多，计算复杂，政策性强，工作量大。

（1）经营收入额的检查。

企业经营收入的大小与企业的利润成正比。因此，不仅要注意核实应纳流转税的各种经营收入，包括以各种形式从购买方取得的价外收入，还应注意核实不纳流转税的其他各种收入。

(2) 成本费用额。

成本费用额是指生产经营过程中活劳动和物化劳动的消耗总和。在检查中应注意核实各种成本和费用，包括管理费用、财务费用和销售费用。

(3) 营业外收支的检查。

营业外收支与企业的生产经营不发生直接的联系，但它直接影响到企业利润总额的变化。因此必须按照有关规定，对企业的营业外收支进行核实，防止收入不入账、支出扩大范围等。

(4) 投资收益和境外所得的检查。

企业要按会计制度的有关要求，正确核算投资收益和境外所得。对于两地税率差异要补税的，要正确地计算补税金额。

3. 个人所得税的检查内容

个人所得税的计税依据是应纳税所得额。目前我国采用的是分类征收制，每类所得应纳税额的计算都不尽相同，在检查时要正确区分各类不同所得。

4. 其他税种的检查内容

其他税种的检查内容主要是指资源税、财产税及特定目的税的检查。这部分税种虽多，但多数是按计税依据乘以适用税率计算应纳税额的，检查方法相对简单。检查时除了核对计税依据、适用税率是否正确外，还要注意征免界限的划分。

第四节　纳税检查的法律关系

一、税收法律关系的一般内涵

税收法律关系是指国家和纳税人之间，在税法所调整的税收活动中发生的权利和义务关系，它是国家政治权力介入经济生活的税收关系在法律上的反映和体现。

税收法律关系的主体是在税收法律关系中依法享有权利和承担义务的当事人。它包括纳税主体和征税主体两个方面。纳税主体一般是指纳税人、扣缴义务人。征税主体包括广义与狭义两种概念。广义的征税主体包括三个层次，国家是第一层次征税主体，其他各层征税主体以国家名义征税；立法机关和各级政府是第二层次征税主体，共同配合实现国家的征税职能；税务机关是第三层次征税主体，具体执行征税活动，是直接的征税主体。狭义的征税主体是指税务机关。

税收法律关系的客体是指税收法律关系主体权利和义务指向的对象，其具体客体呈多样性。例如，中央和地方各级政府间的法律关系（宪法性法律关系）的客体是税收权力，国际税收权益分配法律关系的客体是税收权益，税收征纳法律关系的客体是按一定税率计算出来的税款，而税收救济法律关系的客体是行为，即税务机关在税收征管活动中作出的相关行政行为。

税收法律关系的内容是指税收法律关系主体双方在征纳活动中依法享有的权利和承担的义务。税收法律关系的内容包括征税主体的权利和义务，以及纳税主体的权利和义务两大方面。

（一）征税主体的权利和义务

征税主体的权利和义务具体包括税务机关的各项权利，如征税权、税法解释权、估税权、委托代征权、税收保全权、强制执行权、行政处罚权、税收检查权、税款追征权。税务机关的义务包括依法办理税务登记、开具完税凭证的义务、保守当事人的商业秘密、多征税款立即返还，以及实施税收保全过程中的义务、依法解决税务争议过程中应履行的义务等。

（二）纳税主体的权利和义务

纳税主体的权利和义务具体包括纳税主体的各项权利，如申请延期纳税权、申请减税免税权、多缴税款申请退还权、委托税务代理权、要求税务机关承担赔偿责任权、申请复议和提起诉讼权。纳税主体的义务包括：依法按期办理税务登记、变更登记或重新登记；依法设置账簿，合法、正确使用有关凭证；按规定定期向主管税务机关报送纳税申报表、财务会计报表和其他有关资料；按期进行纳税申报，及时、足额地缴纳税款；主动接受和配合税务机关的纳税检查；违反税收法规的纳税人，应按规定缴纳滞纳金、罚款，并接受其他法定处罚等。

二、纳税检查法律关系

纳税检查法律关系作为税收法律关系的组成部分，主要体现了稽查局和纳税人、扣缴义务人之间的权利和义务关系，因此，它具备税收法律关系的各项基本特征。其特殊性主要表现在以下三个方面：

（一）执法主体的特殊性

《税收征管法》第十四条规定，本法所称税务机关是指各级税务局、税务分局、税务所和按照国务院规定设立的并向社会公告的税务机构。《税收征管法实施细则》第九条规定，《税收征管法》第十四条所称“按照国务院规定设立的并向社会公告的税务机构”，是指省以下税务局的稽查局。稽查局专司偷税、逃避追缴欠税、骗税、抗税案件的查处。该条第二款同时规定，国家税务总局应当明确划分税务局和稽查局的职责，避免职责交叉。

上述规定从三个层面上规定了稽查执法主体的特殊性：①省以下税务局的稽查局具有执法主体资格；②将税务机关的部分职责分离给稽查局，即专司偷税、逃避追缴欠税、骗税、抗税案件的查处，同时授权国家税务总局明确划分税务局和稽查局的职责；③税务局与稽查局应当各司其职，不得混淆执法主体。

（二）法律关系内容的特殊性

税收法律关系的内容是税收征纳关系的权利和义务关系。就纳税检查而言，税收法律关系内容的特殊性主要表现在对纳税检查的权利和义务、稽查对象的权利和义务的特别设定上。另外，《稽查工作规程》中还规定了纳税检查的管辖关系，这也构成了纳税检查法律关系的内容。

税收法律法规对稽查法律关系内容的特别设定，既有对稽查执法的保护，也有对稽查执法的约束。同时，还在规定了纳税人、扣缴义务人及其他当事人接受纳税检查、调查义务的同时，明确了保护其合法权益方面的条款。这些特别设定，体现了纳税检查法律关系中稽查执法主体与稽查对象在法律地位上的平等关系。

（三）纳税检查法律关系的保护

稽查法律关系的保护是指对稽查局和稽查对象之间权利和义务的保护。这种保护体现在三个方面：①稽查执法必须依照法定的权限和程序行使法律规定的职权。②法律对稽查执法权力的保护，部分地来自对纳税人、扣缴义务人义务的规定；反之，对纳税人、扣缴义务人权利的保护，也部分地来自对稽查执法主体义务的规定。③违法者应承担相应的法律责任。

此外，为保证稽查局正确行使职权，还应建立有效的监督制约机制。当前，这种监督制约主要来自两个方面：①外部的社会监督，即通过实行稽查告知制度来接受被查对象的监督，通过实行税收违法案件公告制度来增强查办案件的透明度。②内部的行政监督，即接受上级、同级税务机关的执法检查、案件复查、纪检监察等内部监督。

第五节　国外税务检查制度评价

一、美国税务稽查制度

（一）税务稽查的管辖

美国的联邦税、州税和地方税收分别由对应的联邦、州、地方三级政府中各自的税务机构负责征收管理。联邦以财政部（U. S. Department of the Treasury）下属的国内收入局（Internal Revenue Service，简称 IRS）为主，大致相当于我国的国税局；州、县、市分别设有税务机构，但由于美国地方各级政府的自治特点，在美国没有设置统一的地方税务局。地方税的征收由地方政府根据实际情况设置税收征管机构。

国内收入局下设工资和投资管理局、企业和自雇者管理局、中型企业管理局、免税实体和政府机构管理局四个核心业务部门。在这四个部门中，分别设有负责相应纳税人群体的税款征收、管理、纳税服务和税务审计（稽查）等工作的机构或人员，税务审计（稽查）人员占全体税务人员的比例为1/3。此外，国内收入局还设有涉税刑事案件调查局，专门负责侦办重大涉税犯罪案件。当审计（稽查）过程中发现纳税人存在“欺骗的迹象和线索”时，该局接手开展后续调查。美国有 2 800

多名涉税刑事案件调查员，拥有和联邦调查局探员一样的执法权限。各州设置的税务机构主要负责州税的征收、检查、纳税评估和服务等。在全美各州税务机构中，税务审计（稽查）人员占全体税务人员的比例为1/4到1/3。

（二）美国国内收入局税务审计（稽查）和涉税刑事案件调查的基本情况

美国国内收入局每年进行税务审计（稽查）的纳税人大约占全部纳税人的1%。在四类纳税人中，大中型企业被审计（稽查）的比例最高，每年大约有10%的大中型企业会被审计（稽查），这体现了美国国内收入局对重点税源的关注。对审计（稽查）出的一般性问题，除追缴税款外，一般都给予经济处罚后结案。对少数情节严重的案件，则移交涉税刑事案件调查局查办。

1. 审计（稽查）对象的确定

在下列情况下，纳税人有可能成为国内收入局审计（稽查）的对象：

（1）国内收入局通过其信息系统中的“差异区别系统”对纳税人的申报情况进行打分（具体方法是保密的），评分越高的纳税人被审计（稽查）的可能性越大。

（2）国内收入局将纳税人申报情况与第三方（其他政府部门和银行等）数据比对，如有差异，则可能进行审计（稽查）。

（3）收入过高或过低的纳税人。

（4）申请退税或破产的纳税人。

（5）举报涉及的纳税人。

（6）社会知名的公众人物。

（7）国家税务审计（稽查）涉及的纳税人。

国内收入局每年会随机选取4万份纳税申报表进行审计（稽查），主要目的是收集数据样本进行分析研究。

2. 审计（稽查）方法

审计（稽查）方法包括：

（1）信函审计。

信函审计一般用于取得比较简单的收入确认方面的信息。

（2）办公室审计。

办公室审计主要是指审计人员在税务局的办公室对个人纳税情况进行审计的方法。如果纳税人同意审计人员的调整意见，可以签字并缴纳税款或者等从服务中心收到所欠税款和应付利息（即滞纳金）账单后再补缴；如果纳税人不同意，可以申请行政复议。

（3）现场审计。

现场审计主要用于对公司的审计，采取由审计人员到公司所在地进行实地审计的方式进行。审计前，审计人员要通知纳税人。一般情况下，对小公司的审计可能要3~6个月的时间，大公司的审计可能需要12~24个月。审计结束后，如果纳税人同意审计人员的调整意见，他可以签字并缴纳税款或者等从服务中心收到所欠税款和应付利息（即滞纳金）账单后再补缴；如果纳税人不同意审计人员的调整意见，则可以申请行政复议。在美国，大中型企业被审计的比例较高，每年21万户大中型企业中有10%会被审计。对于一些特别大型的公司，有可能会被连续审计，国内收入局甚至会派最有经验的审计人员常驻此类企业，以便及早发现问题。

3. 行政处罚

美国的税收行政处罚分为以下三类：

（1）与延迟相关的处罚。

针对纳税人不按时申报纳税申报表、不按时缴纳税款和宣称自己不必填写纳税申报表而实际需要填写的情况，给予其比例不等的处罚。

（2）精确性处罚。

精确性处罚主要是针对纳税人申报数据错误，处以欠缴税款20%的罚款。

（3）民事欺诈处罚。

民事欺诈处罚是对纳税人故意少申报应纳税款，存在明显的欺诈行为进行的处罚。

不论什么性质的罚款都要加收利息，利息=（欠税+罚款）×（美联储短期利率+公司2%或个人3%），并且按复利计算。

4. 行政复议

当税务局和纳税人就应交税款数额和征收方法等产生争议时，纳税人可以向国内收入局的行政复议部门提起申诉。行政复议的结果会有以下三种：

（1）纳税人提供了充分全面的理由，行政复议部门会要求审计人员调整审计报告。

（2）行政复议部门虽然不完全同意纳税人的意见，但判断如果进入法庭程序，税务局胜诉的可能性较小，则会向纳税人作出一定的退让，争取和解。

（3）行政复议部门不同意纳税人的意见，并且判断如果进入法庭程序，税务局胜诉的可能性较大，则会驳回纳税人的复议请求。

5. 税收法庭

如果纳税人不同意行政复议办公室的决定，可以选择向法庭起诉，进入法庭诉讼程序。美国的涉税诉讼主要涉及两种法庭：税收法庭和联邦区域法庭。纳税人作出上诉决定时，只能选择税收法庭和联邦区域法庭中的一个。税收法庭是美国设立的独立于国内收入局之外的专业法庭，总部设在华盛顿。法官任期12年，在全美各地巡回出庭，没有陪审团。纳税人如果选择税收法庭，那么在法庭未正式判决前，纳税人可以不交相关税款。因此，目前大约有95%的涉税案件会在税收法庭审理。对于涉及税款小于5万美元的案件，税收法庭的判决结果为最终判决，税务局和纳税人双方都不能再要求上诉；对于常规案件，针对税收法庭的判决，双方都可以向联邦上诉法庭再提起上诉，直至最高法院。

联邦区域法庭是全美各州都设有的常规法庭，法官为终身制，有陪审团。联邦区域法庭一般受理的是纳税人申请退税的案件。纳税人如果选择联邦区域法庭，则必须先将税款交清。法庭如果判决纳税人胜诉，税务局会退回税款。对于联邦区域法庭的判决结果，税务局和纳税人双方都可以向联邦上诉法庭提起上诉，直至最高法院。

6. 涉税刑事案件调查和刑事处罚

所有税收刑事犯罪案件都在联邦区域法庭审理。由于税收刑事犯罪的起诉标准和证据要求比较高，因此，实际中税收刑事犯罪案件较少。2006 年，国内收入局涉税刑事案件调查局共调查了 3 907 宗案件，移送司法部起诉案件 2 720 宗，法庭受理了 2 319 宗，最终法院定罪 2 019 宗，其中，1 650 宗案件中涉及的纳税人被判处了徒刑。

（1）美国涉税刑事案件调查员的权限包括：①发出传票，要求纳税人提供相关信息并约谈纳税人；②向有关第三方收集信息；③向联邦区域法院申请搜查令，扣押并带走证物；④可以逮捕犯罪嫌疑人，但必须在很短的时间内证明其有罪；⑤配枪，必要时可以使用武力。

（2）美国税收刑事犯罪的种类包括：①偷税；②填写假的或错误的申报表；③帮助他人填写假的或错误的申报表；④故意不填写税收申报表；⑤阴谋或共谋使税务机关无法正确征税；⑥阻碍税务机关正常征税（该项罪名的犯罪者主要是“税收反对者”）；⑦洗钱。

（3）美国刑事处罚的种类包括：①罚金。纳税人被判处罚金有三种情况：一是个人罚金最高为 25 万美元，公司罚金最高为 50 万美元；二是非法收入的两倍；三是为政府造成的损失的两倍。上述三条，原则上取其大者为最终处理决定。②徒刑。纳税人被判处徒刑，刑期最长为 5 年。其中，“帮助他人填写假的或错误的申报表”最长刑期为 3 年。

二、意大利税务警察制度

意大利是世界上创立税务警察制度最早的国家，正式成立于 1881 年，税务警察是意大利第一个专业性的武装团体，也是意大利武装力量的组成部分。

在设立之初，意大利税警只是负责征收关税，保卫边境。随着社会经济的发展，经济关系的进一步复杂，目前其职责已经扩大到了国家经济生活的各个层面，其主要包括以下三个方面：

（一）监督相关税种的征收

具体包括：监督生产税的征收；监督所得税、增值税、注册税、印花税等的征收；监督关税的征收，打击走私犯罪；查禁毒品；应最高检察院、法院和地方检察院、法院的要求，协同其他警力共同侦查经济犯罪和其他刑事犯罪案件。

（二）保证国家税务机关的安全，保护税务人员执行公务时免遭蓄意伤害

协助税务部门查处税收违法和犯罪案件，提高税收执法效率和威慑力。

（三）防止和揭露税务机关的舞弊行为

在国家审计院的授权下，对国库、工业等部门的公共开支进行审核，与公共部门的贪污、浪费行为作斗争，同时也受理有关税务机关失职或职务犯罪的举报和投诉。

三、德国税务稽查制度

（一）税务稽查的管辖

德国税务管理实行税务征收、税务检查和税务违法案件调查分立的征管模式，三个部门有不同的职能分工。税务征收局负责联邦和州税收的征收管理；税务稽查局负责大型企业和税务征收局移送案件，以及举报案件的检查并作出税务行政处理决定；税务违法案件调查局是依据法律在税务局设立的专司查处税收违法犯罪案件的特殊机构，它负责对税务稽查局移送和群众举报的涉税犯罪案件进行刑事侦查，对触犯刑法的案件向法院提起公诉，对于未构成犯罪的案件则移交税务征收局处理。

（二）相关部门的职权划分

在德国税务机关内，税务征收局中的检查处、税务稽查局、税务违法案件调查局都有纳税检查的职能，但三者在检查深度、检查手段、处罚力度上各不相同。从检查深度上看，税务征收局检查处仅是进行日常的管理性检查，如果在检查中发现纳税人有一般税收违法的嫌疑，便移送至税务稽查局进行全面的查账检查；如果税务稽查局发现检查对象有偷税及其他严重违法的嫌疑，但被查人拒不承认，而通过正常的税务检查程序又难以取得证据，税务稽查局即将案件转到税务违法案件调查局，由调查局对嫌疑对象的所有涉税事宜进行全面、翔实的调查取证。从检查手段上看，征收局检查处主要是就企业的纳税申报以及企业提供的账簿、报表进行检查；税务稽查局可以到纳税人的生产、经营现场进行检查，并可使用询问、调查银行存款等检查手段；而税务违法案件调查局除可采用税务检查的所有措施以外，还可采用刑侦手段。若发现偷税者有逃跑迹象，经局长批准，可对偷税者实行 24 小时以内的拘留；经法官批准，可对偷税者工厂、商店及其他生产经营场所进行搜查，还可对其个人进行搜身。从处罚力度上看，凡经税务稽查局查处的案件，除补税外还须加收高于银行同期存款利息的滞纳金，并可处以一定数额的罚款；由税务违法案件调查局查处的案件，不仅要补税、加收利息和罚款，还要对涉嫌构成犯罪的案件直接或经检察机关提起公诉。

德国政府认为，纳税人实施税收违法属“白领犯罪”，偷、逃税只是经济利益的转移，一般不存在暴力危害社会的行为，因而没有必要给税务调查人员配备枪支。更为重要的是，配枪执法容易在执法人员与纳税人和其他当事人之间产生心理隔阂，不仅不利于税务机关的调查，还会使政府与民众之间的关系趋于紧张。不配枪调查，反而更容易接近纳税人，更有利于调查工作的开展。

税务征收局、税务稽查局、税务违法案件调查局不同的职责分工，形成了三者之间既互相配合又相互监督制约的机制。税务征收局向稽查局、稽查局向税务违法案件调查局逐级提供案源（在德国不鼓励税收案件的举报，故税收举报案件的查处比重极小），各机构经常协同办案，提高了案件查处的效率和准确性，为稽查局和税务违法案件调查局充分发挥在查处偷、逃税方面的作用创造了有利的条件，同时还避免了各机构重复检查、加重纳税人负担的弊端；而且税务征收局、稽查局、调查局层层移送案件，形成了税收执法的“监督链”，每个局在接手案件后，都不能随意不查或减轻处罚，确保了税收执法的严肃性。税务违法案件调查局所查案件若需予以行政处罚，一般均交税务征收局（尽管税务违法案件调查局有权处罚）办理，形成了查处的分离，保证了不同权力之间的相互监督和制约。

（三）人员选拔

德国税务征收、稽查和调查人员的选聘程序如下：州税务总局向社会公开招聘大学毕业生；录取者经短期熟悉税收环境后，进入税务职业学校接受专业培训三年，毕业后分配到税务征收局工作；稽查局从税务征收局检查处的人员中选择优秀者经州税务总局批准后，调入稽查局工作；税务违法案件调查局经州财政部批准后招聘调查人员，受聘者必须有一年以上税务检查员资格，经考试合格后成为调查员。调查人员享受高于其他税务人员的税官待遇（在德国等欧共体国家，税官待遇普遍高于其他公务员）。

四、国外税务稽查的主要特点

在考察和研究市场经济比较成熟的发达国家和部分发展中国家税务稽查体制模式基础上，可以总结出世界上主要国家税务稽查体制模式具有以下共同特点：

（一）稽查资源更多地集中于监控大型企业和高收入者等重点税源

稽查的检查比例较小，检查对象主要为大中型企业。如美国国内收入局每年的稽查检查面（稽查检查对象占全体纳税人的比例）约为1%，其中，检查大企业数量占大企业总数的10%（以下简称“大企业检查比例”）；法国对企业纳税人的检查面不足1.7%，但也以对大企业的稽查为主；巴西的检查面为1.7%，其中，大企业检查比例为34%，一般企业检查比例约为20%，小企业检查比例约为0.5%，企业高管及律师等高收入者检查比例约为50%。

（二）稽查组织机构扁平化设置

与稽查理念相适应，稽查局（或称税收审计局、税收遵循局、税务监督局等）大多为两级设置，个别为一级多层设置或三级设置。美国、加拿大、巴西等为一级多层设置；瑞典、日本、澳大利亚、阿根廷等国为总部和大区两级设置；法国为总部、大区和地方三级设置。在两级设置中，稽查业务一般由中央垂直管理，并在稽查机构内部设置专业化的分支机构。无论是一级设置还是两级设置，稽查机构和人员的配备一般以经济区域作为主要参考，对经济总量大、经济活动多的地区一般设置多个稽查局，对经济相对滞后的地区则少设或不设稽查局。美国、法国、奥地利、日本等许多国家都在总部设置专门负责对大企业进行稽查的大企业稽查局，并按营业额大小或案件税款额度确立了分级检查的体制。为保证稽查任务的完成，各国都配备了相应的稽查人员，稽查人员比例一般为全体税务人员的10%～30%。

（三）稽查行政执法权与刑事侦查权统一于税务（财政）机关内部

尽管西方发达国家的纳税遵从度比我国要高，但无论是发达国家还是发展中国家，税务（财政）机关内部都设置了不同的部门行使行政调查与刑事侦查权。其中，意大利、美国的税务警察可持有武器；日本、荷兰、德国、法国、加拿大等国则设有专门的税收犯罪调查局，从而保证了行政执法权与刑事调查权的统一。行政执法权与刑事侦查权的统一，不仅为税收执法提供了强有力的保证，而且节约了执法成本，减少了部门之间的扯皮现象，对税收违法犯罪案件可直接立案、侦查并移送检察机关提起公诉，极大地提高了执法效率。

（四）稽查工作建立在丰富的信息来源基础之上

发达国家税务机关的信息来源建立在可与其他经济部门互通共享的计算机网络基础之上，税务机关能够通过多种渠道方便地获取纳税人的相关信息；同时，在税务稽查机构内部，大都相应地设立信息处理或信息技术支持的专业部门，极大地畅通了稽查机构的信息来源，为稽查决策及选案提供了充分可靠的依据。

（五）依托风险评估机制实施分级分类稽查

绝大多数国家都将企业税收违法行为发生的概率和可能产生后果的严重程度作为参考依据来确定企业的税收风险等级，并将不同风险等级的企业交由不同层次的稽查局负责监控与查处。

第二章　纳税检查的方法与步骤

【本章要点】

本章主要讲述的是纳税检查的基本方法与步骤，重点介绍了纳税检查的技巧：捕捉会计错弊疑点的方法，如何高效、准确地找到纳税检查的突破口。对纳税检查的难点账务调整进行了详细的解读。

第一节　纳税检查的基本方法

纳税检查的方法是税务机关和税务检查人员实施税务检查时，为发现税收违法问题，搜集相关证据，依法采取的各种手段和措施的总称。

一、详查法和抽查法

按照检查的范围、内容、数量和查账详略的不同要求，纳税检查的方法可分为详查法和抽查法两种。

（一）详查法

详查法又称精查法或详细审查法，是指对稽查对象在检查期内的所有经济活动、涉及经济业务和财务管理的部门及其经济信息资料，采取严密的审查程序，进行周详的审核检查。详查法适用于规模较小、经济业务较少、会计核算简单、核算对象比较单一的企业，或者为了揭露重大问题而进行的专案检查，以及在整个检查过程中对某些（某类）特定项目、事项所进行的检查。因而，详查法对于管理混乱、业务复杂的企业，以及纳税检查的重点项目和事项的检查十分适用，一般都能取得较为满意的效果。详查法也适用于对歇业、停业清算企业的检查及在立案侦查经济案件时采用。

（二）抽查法

抽查法亦称抽样检查法。一般认为它是详查法的对称，单从方法上讲，它是一种独立的检查方法。抽查法不仅在检查的基础、环境、内容上与详查法不同，而且其使用的基本方法也不同。抽查法是指从被查总体中抽取一部分资料进行审查，再依据抽查结果推断总体的一种方法。抽查法具体又分为两种：一是重点抽查法，即根据检查目的、要求或事先掌握的纳税人的有关纳税情况，有目的地选择一部分会计资料或存货进行重点检查；二是随机抽查法，即以随机方法，选择纳税人某一特定时期或某一特定范围的会计资料或存货进行检查。

抽查法的程序为：

（1）制订抽查方案，确定抽查重点。

在制订抽查方案时要尽量考虑到各种因素的影响，从而使方案尽可能地与实际情况相符合。抽查方案除要确定抽查的重点以外，还包括根据不同的抽查项目制定合理的抽查路线，确定抽查的时间、人员分工、复核等。

（2）确定抽查对象。

抽查重点确定以后，要按照抽查的要求合理地确定抽查的对象和内容。当某一抽查重点存在多个对象时，要按照重要性原则确定具体的抽查对象。具体有：①从检查的目的决定抽查对象；②从被查项目在检查工作中的重要性决定抽查对象；③从会计记录或报表分析中出现的矛盾来决定抽查对象；④从被查项目发生问题的可能性决定抽查对象。当然，抽查对象和抽查时期，有的事前可以确定，也有很多是在检查过程中确定的，具体问题应当具体分析，不能一概而论。

（3）实施抽查。

实施抽查是对抽查方案的具体落实，在实施抽查时要把握好抽查时间，以免影响企业的生产经营。在抽查实物资产时，要选择资产流动量相对较小的时候进行，以免影响抽查结果的正确性。

（4）抽查结果分析。

分析抽查结果，目的是根据抽查的情况判断对总体的影响程度。分析时要注意准确性、可靠性的分析。

（5）确定抽查结果对总体的重要程度。

根据抽查结果对总体进行推断是抽查法的目的，但抽查结果只能作为对总体判断的参考，不能作为直接的定案依据。对于抽查结果与实际情况差异比较大的，要进一步查明原因，必要时可以扩大抽查范围，或者放弃抽查结果。

二、顺查法和逆查法

按照查账的顺序不同，纳税检查方法可分为顺查法和逆查法两种。

（一）顺查法

所谓顺查法，是依照会计核算的顺序，从检查会计凭证开始到账簿进而到报表的一种检查方法。这种方法主要用于对原始凭证、记账凭证和账簿记录的核对，审定费用开支和采购环节的代扣税金、营业外收支的发生额。运用时要着重掌握以下三个关系：

1. 核对会计科目的对应关系

无论是工业企业还是商业企业，它们所使用的会计科目、名称及其使用范围、核算内容与对应科目，各种会计制度均有明确规定。如果科目对应关系出现异常，往往就会发生偷、漏税的问题。因此，检查会计科目的对应关系是否正常，及其与发生的经济业务是否相符，是查核偷、漏税问题的一种有效手段。例如，“库存商品”账户贷方反映的是销售出库产品的成本，其对应账户是“主营业务成本”。如果其对应账户为“应收账款”或“应付账款”、“原材料”、“在建工程”等账户，这种账户对应关系分别反映为把销售收入悬挂在收入结算账户、把销售收入冲抵偿还应付账款、用产品换回原材料、自用产品直接结转工程成本。所有这些，都是漏报了产品销售收入，逃避了销售税金，转移了销售利润。所以，查核会计科目的对应关系，就能发现可能发生的问题。

2. 核对经济业务与会计核算的关系

会计核算应当按照制度规定如实反映企业的经济业务。为了有效监督企业的经济活动，对企业发生的各项收入、成本费用、往来结算和财务分配等各项业务，明确规定它们应当在哪些科目核算，哪些可以开支和开支多少，哪些则不能列支。如果核算科目使用不当，把应由福利费开支的费用列进了生产费用科目，就会造成成本不实；把已经实现的销售收入挂在结算账户结算，就是隐匿了收入，都会影响利润和税收。可见，查核企业发生的经济业务的核算科目，是查核企业执行财会制度和遵守税法履行纳税义务的情况，检查偷、漏税问题的又一行之有效的方法。

3. 核对账证、账账、账表、账实之间的关系

账证、账账、账表、账实之间有着内在的相互制约关系。一般来说，它们的数据应当是一致的，如果发生差异，则往往与税收和利润有关，必须查实调整，力求一致。核对的内容，一般有以下四个方面：

（1）记账凭证与原始凭证核对。

（2）生产成本期末账面余额与在产品盘存计算的实有数核对。

（3）库存商品、原材料、自制半成品等存货物资的期末盘点表与各该明细账、总账核对。

（4）库存商品明细账与主营业务收入、主营业务成本明细账核对。

此外，还有其他辅助账表的核对，如工资考勤、产品记录、预收货款、发货记录等。

（二）逆查法

逆查法与顺查法的检查顺序相反，是逆会计核算程序，从检查报表开始到账册，而后在凭证中落实检查内容的一种方法，或者是从经济事项的结果逆向追查其原始状况的一种方法。在通常情况下，用这种方法来鉴定企业的财务状况，了解销售、成本、利润指标的完成情况，查明在建工程、固定资产的资金来源和使用情况，通过组织有关资料的分析比较，容易发现线索，便于抓住重点，目标比较明确，检查效果也较显著。

三、联系查法和侧面查法

从检查资料之间的相互关系，纳税检查方法可分为联系查法和侧面查法。

（一）联系查法

联系查法是对相关资料有联系的地方，如账证之间、账账之间、账表之间、工程成本和生产成本之间，进行相互对照检查的一种方法。联系查法既包括账内联系，也包括账外联系。所谓账内联系，是指企业内部的会计资料之间相互制约的关系，重点是通过相关资料的分析来追溯其原始业务的发生情况，进而判断其账面核算资料的正确性。例如，在检查“在建工程”明细账及其现场资料时，发现账面核算的工程成本小，而现场根据工程进行测算的实际费用大，这就有可能发生工程费用挤占生产成本的可能，应当进一步查核生产成本的支出。所谓账外联系，是指企业内部的账务记录与外部有关单位的账务之间的相互关系，重点是分析购销协作、加工联营和结算往来关系，从中捕证问题。

（二）侧面查法

侧面查法是根据平时掌握的征管、信访资料和职工群众反映的情况，对有关账簿记录进行核查的一种检查方法。

运用联系查法和侧面查法，可以跳出就账查账的圈子，做到账内账外结合，内查和外调结合，有利于推动查账工作的不断深化。但是，这种方法花费的时间较多，而且又有一定的局限性。

四、分析法

这是对企业的会计资料采用数理统计和逻辑思维，对一般事物现象进行客观分析判断的一种纳税检查方法。分析法仅能揭露事物内部的矛盾，不宜作为查账定案结论的依据，因此还应结合其他查账方法来证实问题的本质。

（一）比较分析法

比较分析法是根据企业的会计报表与账面的数据，同企业的有关计划指标、历史资料或同类企业的相关数据进行动态和静态对比的一种分析方式。通过比较，观察其经济活动的增减变化是否合理，从不合理中发现疑点，为纳税检查提供线索。比较分析法包括绝对数比较和相对数比较。

绝对数比较是直接以同一指标的绝对数对比，如本期商品销售收入额，期间相对不变费用额、产品单位成本额、本期利润额与同期指标的本期计划数或历史同期数对比。

相对数比较是计算出同一指标中的一对相关数值进行对比，从相对值的变动结合客观因素，分析发现异常现象。如单位产品的生产成本结构比例、产品销售成本率、销售毛利率、期间费用率、经营利润率等指标的本期实际完成数值与本期计划数值或上期完成数值对比。

除了采用同一指标进行上下期纵向比较和本期实际数与计划数横向比较外，还可采用几个不同的相关指标进行比较。例如商品销售收入的增长比例与经营利润的增长比例对比、生产工人提高劳动生产率比例与单位产品中工资含量的变动比例对比、材料价格平均变动指数与单位产品中工资含量的变动比例对比、材料价格平均变动指数与单位产品中材料成本变动比率对比等。通过同向比例变动和反向比例变动的数值，进行分析比较，查明违背客观经济规律的因素。

运用比较分析时，应注意相互指标的可比性和对比口径的一致性，如计价尺度、计量标准、时间单位、指标内容、计算方法等，以提高比较分析结果的可用性和客观性。

（二）推理分析法

推理分析法是运用逻辑推理，根据事物的内在联系和相互依存关系，将会计资料提供的数据，结合财务活动规律，综合对照进行推理判断的一种分析方式。在实际工作中，此法一般应用于企业资产变动与负债及所有者权益变动平衡关系的分析。例如，货币资金的加速周转，必然同时引起存货周转率的提高和生产或销售数量的相应增加，最后表现为企业经营利润的实现。若加速周转的货币资金，并没有最终表现为生产或销售成果，而只是应收应付款项的增减变动即有可能是将企业的资金运用到账外经营或账外往来，就可以顺藤摸瓜，重点检查往来账项，弄清问题。同样道理，企业流动资金周转次数加快，必然反映出良好的财务状况及较好的经济效益，否则就应对其发生的生产成本或结转的产品销售成本作为查账重点进行审核。又如，有些外商投资企业尽管在国内的生产经营总不见起色，年年“亏损”，但投资却逐年增加，生产规模不断扩大。这显然违背其在国内投资的动机和目的，通过推理分析，查账重点即应放到企业的进口材料成本和外销出口产品价格上，注意其有无利用转让定价向境外转移利润的问题推理分析，不要局限于运用账面上的资料，还要结合利用财务指标，实物量变动和有关生产经营的原始记录进行分析，才能取得较好的分析效果。

（三）控制分析法

控制分析法是根据事物之间存在的相互制约、相辅相成的必然联系，用科学测定的数据来验证账面记录或申报纳税资料是否正确的一种查账方式。它是根据有关数据之间相互制约的关系，用某一可靠的数据来验证另一核算资料或申报资料是否正确，或以某一经济事项的核算资料，用来审定其他经济事项的核算资料的一种检查方法。控制分析法一般运用于对生产企业的投入与产出、耗用与补偿的控制分析。例如，在检查生产数量时，可以从车间领用的主要材料数量，按其材料利用率（如出酒率、出糖率），计算出其应生产的产品数量控制数，对照账面完工入库的产品数量是否大体相同，当差距较大时，应注意审查有无不经过进仓验收直接对外销售而不入账的生产数量，也可以从生产过程中副产品的数量，或边角废料数量，控制换算出其应生产的产品数量。又如，根据商品流通企业的进货价值和平均厂批差率或批零差率，结合审查购进商品，推算出应实现商品销售收入的控制数。由于每个企业的设备状况、生产能力、使用原材料的规格质量和自然因素各有差异，因此，采用控制分析法时，应注意结合平时掌握和积累的资料，从实际出发，在做好调查研究的基础上科学地运用。

五、盘存法

盘存法是通过对货币资金、存货和其他物资等实物资产的盘点清查，对照账面余额，来推算检查企业反映的生产经营成本及推算生产经营收入是否正确的一种查账方法。盘存法可以结合企业期末财产清查进行，也可以不规定时间选用任何一天进行。采用不规则的时间进行盘存检查时，应将当查的实际盘存数调整到上期末的库存数，以便与企业会计结账报告时间的账面库存数比较，查出实盘数与账面结存数的差额。盘存法有实物量盘存和价值量盘存两种方式。

（一）实物量盘存

实物量盘存是对以实物数量计算的流动资产进行盘存检查的一种方式，如对工业企业的原材料、包装物、低值易耗品、在产品、产成品，以及对商品流通企业的库存商品受托代销商品、材料物资等进行实物量的盘存。对采用永续盘存制核算且对存货管理和生产管理制度完善的企业，可利用存货责任保管人员提供的实物盘存表与会计账面实物数量核对或抽样盘存检查核对。对采用实物盘存制核算、存货管理制度松散的企业，税务人员应深入现场对存货实物量进行实地盘点，查出盘盈盘亏数量，并查明原因。

[例 2－1] 4 月 5 日盘点库存某材料为 1 000 千克，4 月 1 日至 5 日，该项材料购进入库 800 千克，发出领用 500 千克，企业 3 月 3 日账面库存数为 600 千克，则 3 月份报告期账实差额的数量计算如下：

账实差额 =（抽查时间库存数 + 上期末后至抽查时间发出数 － 上期末后至抽查时间购入数）－ 上期末账面库存数 =（1 000 + 500 － 800）－ 600 = 100（千克）

（二）价值量盘存

价值量盘存是对货币资金或以实物量计算价值量管理（如商品流通企业以售价金额核算的零售商品）的企业进行价值盘存的一种方式。在盘存货币资金时，若发现未达账项调整后的企业存款余额与开户银行对账单的期末余额不符，或以白条抵充现金的结存数，应注意审查企业有无收入不入账或资金账外活动等问题。

在盘存计算售价金额核算的库存商品价值时，可以直接用实际盘存的价值量与账存价值量核对，检查有无漏报商品销售收入，也可以将实存商品售价金额换算为进价成本，结合“商品进销差价”账户的贷方余额，检查其结转的商品销售成本是否正确。

实盘商品进价金额 = 实盘商品售价金额/（1 + 平均批零差率）

账存商品进价金额 = 账存商品售价金额 − 商品进销差价余额

在实际工作中，实物盘存量和价值盘存量是相互作用的，根据纳税检查的要求，实物盘存量往往还应计算出价值量，而有些价值盘存量也必须先计算出实物量后再确定价值量。

第二节　纳税检查的步骤

纳税检查通常可分为四个阶段，即纳税检查的选案阶段、纳税检查的实施阶段、纳税检查的审理阶段及纳税检查的执行阶段。

一、纳税检查的选案阶段

（一）纳税检查选案概述

纳税检查选案是纳税检查的第一道程序，是纳税检查的起点和基础，也是纳税检查案源管理的主要内容。纳税检查选案亦称纳税检查对象的确定，是指按照一定的方式、方法和要求，对纳税人各项信息数据进行采集、分析、筛选，最终为纳税检查的实施确定具体检查对象的过程。涉税案件主要来源于检举、上级交办、各级转办、征管移办、协查拓展、检查拓展、情报交换和采集的综合信息。

纳税检查选案包括主动选案和被动选案。主动选案主要是指日常稽查和税务专项检查对象的确定。被动选案主要是指上级交办案件和群众检举案件等对象的确定。其选案的对象包括：①日常检查选案对象。可通过一定方法筛选出有偷、逃、骗税嫌疑及其他税收违法嫌疑的纳税人，确定选案对象。②专项检查选案对象。根据上级税务机关部署的总体要求筛选确定选案对象。③专案检查选案对象。根据群众检举、上级督办与交办、有关部门转办及协查等直接确定选案对象。

（二）纳税检查案源的筛选方法

纳税检查案源的筛选，主要是通过计算机、人工或两者结合的手段，对各类税务信息进行搜集、分类、分析、比对和数据处理，从而在所管辖的纳税人、扣缴义务人中，选取出最有嫌疑的被查对象。通常采用的方法有计算机选案、人工选案或人机结合选案。

1. 计算机选案

计算机选案是指利用计算机综合选案系统，通过纵向的综合分析与横向的逻辑、勾稽关系审核，筛选出各类纳税申报指标异常的纳税人作为检查对象的一种选案方法。在计算机选案过程中应该做好以下四个方面的工作：①广泛搜集纳税人的各类信息资料。计算机选案的准确性取决于掌握纳税人信息资料的全面性和完整性。纳税人的信息资料越全面、完整，选案的准确率越高。②合理确定计算机选案指标。确定计算机选案指标是指从纳税人的各种信息资料中筛选出与检查目标相关联的数据项目。③科学确定计算机选案参数。④计算机选案结果的筛选。筛选时，可以通过计算机程序方式对所有候选对象进行综合评判，从而选择最有代表性的对象作为纳入检查范围的纳税人。

2. 人工选案

人工选案是指选案部门的人员根据不同时期的稽查中心工作和稽查计划项目，对所有候选对象进行整理和筛选。其基本方法分为随机抽样和非随机抽样两大类。①随机抽样是按照概率规律来抽取纳税检查对象，并根据检查对象的特征来推断总体特征的一种方法。其主要方式有简单随机抽样、等距抽样、分层抽样等。②非随机抽样亦称非概率抽样选案或判断抽样选案，它是抽查者根据自身对总体样本的认识或主客观条件而主观地选择检查对象的一种方法。

3. 人机结合选案

人机结合选案即在广泛搜集有关纳税检查对象的各种与税收有关的信息的基础上，确定计算机选案指标，设置合理、有效的选案参数，通过计算机选案分析系统运算生成各类纳税申报指标异常的纳税检查对象名单，结合掌握的情况对运算结果作出适当调整，筛选整理后确定纳税检查对象。

二、纳税检查的实施阶段

纳税检查实施是指税务机关依照法定程序和权限，对纳税检查对象进行调查并提出处理意见的过程。税务机关可根据法定程序和实际工作的需要，在纳税检查实施时采用调账检查、实地检查和跨辖区检查等方式。

（一）调账检查

调账检查是指税务机关按照法定的程序和手续，将检查对象的账簿、凭证、报表及有关资料调回税务机关实施纳税检查的检查方式。其目的是通过审查稽查对象会计核算的正确性和规范性，查找税收违法的线索。税务机关在调取稽查对象的账簿资料时，应按规定办理调账手续，并在规定的时间内完整归还。调取和归还账簿资料时，稽查人员和稽查对象的经办人员应当场点清账簿资料的种类及数量，并当场签名。

（二）实地检查

实地检查是指检查人员根据选案确定的稽查对象和稽查实施计划，到纳税人、扣缴义务人的生产经营场所和货物存放地，对其账簿、报表、凭证及生产经营等情况实施纳税检查的稽查方式。实地检查的主要内容包括：

（1）检查商品、货物或其他财产是否与账证相符；

（2）检查账簿、凭证等会计资料档案的设置、保存状况，特别是原始凭证的保存情况；

（3）检查当事人计算机及其服务器的配置和贮存的数据信息情况；

（4）检查当事人隐藏的账外证据资料，获取涉税违法的直接证据。

（三）跨辖区检查

在纳税检查的过程中，需要跨辖区调查取证，可以采用委托协查和异地调查的方法进行。

三、纳税检查的审理阶段

稽查审理是指税务机关的专门机构按照规定的职责和程序，对稽查终结的涉税案件依法进行审核和作出处理决定的过程。稽查审理是纳税检查必不可少的环节，对于保证稽查局依法行使职权，保证税收违法案件的查处质量，确保对各类税收违法案件处理的公平、公正，保护公民、法人和其他组织的合法权益等都有十分重要的作用。稽查审理包括审理的受理、程序、内容、证据的审理、审理期限等。

稽查审理由各级稽查局专门负责案件审理的部门组织实施。其审理案件范围包括：①经稽查局批准立案稽查且已实施完毕的案件；②经纳税检查实施后，认定被查对象有税收违法行为，但未达到立案标准，决定不予立案且已实施完毕的案件；③经纳税检查后，未发现稽查对象有违反税收法律法规行为的案件。实施审理时，审理人员应当认真审阅“纳税检查报告”及所有与案件有关的案卷资料，并对内容进行确认。稽查审理的职责是对“纳税检查报告”中认定的被检查者的涉税事实、主要证据、案件定性、有关数据、相关的证据资料、运用法律法规及其稽查过程中的法定程序和手续等进行审查并予以确认。

四、纳税检查的执行阶段

纳税检查执行是指税务机关依照法定程序和权限，督促检查对象履行税务处理（罚）决定的过程，包括案件执行的受理、税务处理文书的送达、税款和罚款的入库、执行措施的采取等。检查执行是案件查处必不可少的重要环节，对维护税收法律法规的严肃性、增强打击税收违法活动的力度、挽回国家税款的损失、保护当事人的合法权益、保证纳税检查成果的真正实现都有着非常重要的作用。

稽查执行由各级稽查局专门负责案件执行的部门组织实施。整个审理的过程包括案件执行的受理、税务处理文书的送达、税务处理决定的执行等。

最后，在纳税检查工作中，对查出的问题落实后，税务机关还应帮助企业及时调整账务。因为企业的纳税事项全部体现在会计核算资料中，企业税款计算缴纳若发生错漏，就一定会记载在会计资料账目上，如不进行调整，则会使会计资料失去真实性、完整性和准确性。同时，如果对查出的错漏等问题只办理补（退）税手续而不进行调账处理，那么随着企业生产经营活动的持续进行，仍然沿用原会计资料进行核算，必然会导致企业财务数据失真，对下次纳税检查而言，这些错漏税又会重新反映，这不仅给税务人员查账增加不必要的工作量，甚至还会造成重复补税、退税等问题。

第三节　稽查会计错弊的基本程序

确立了科学的稽查思路以后，还要按照科学的稽查程序，运用一定的方法、技巧，才能及时地发现会计错弊的疑点并准确地加以证实。会计错弊的稽查一般分为捕捉错弊的疑点和查证错弊两个程序。

会计错弊由于其不真实、不正确性的特性，发生后总会在会计资料或其他有关方面留下或明或暗、或多或少的痕迹或线索，这就是会计错弊的疑点。当然，会计错弊的疑点还应该包括经过查证排除会计错弊存在的假疑点，不过我们把会计错弊的疑点仅界定为确定存在错弊的疑点。捕捉会计错弊的疑点可以从以下五个方面入手。

一、要想捕捉会计造假疑点，首先要确立科学的查账思路

（一）确定科学的查账思路，关键是确立科学的假设观念

纳税检查人员在查账工作开始前及查账过程中应假设被查的会计资料或其中有关被查对象中是存在会计错弊的，只不过暂不知其具体存在的业务环节。这样才能以审查者的态度和眼光查阅被查单位的每一份所需的会计资料，才可能从多方面、多角度检查与评价被查单位会计资料和有关事项的准确性、合理性与合法性。

（二）要重视单位内部会计控制系统的检查、测试与评价

为了避免或减少纳税检查人员盲目地查证或查处，要求纳税检查人员不能从查账开始时便埋头于具体会计资料的检查工作，而应通过调查、询问、观察等方式方法检查和测试被查单位的内部会计控制系统，以确定其是否健全、有效。如果结论是否定的，则可根据其具体情形来判断会计错弊存在的重点环节及可能的表现形态，然后运用一般查证方法便可抓住会计错弊的疑点。

（三）要处理好顺查法与逆查法的关系

顺查法运用简便且能把问题彻底查清楚，但费时费力，抓不住问题的重点；逆查法运用起来省时省力且能抓住问题的重点，但有时会遗漏重大的问题，不便把问题彻底查清楚。因此，在实际工作中不能机械地运用顺查法或逆查法，而应将两者有机地结合起来，互相渗透，灵活运用，尽快抓住会计错弊存在的重点环节，及时、准确地捕捉住会计错弊的疑点。

二、审阅会计资料，搜索其中奇异的地方，以捕捉错弊的疑点

审阅会计资料，搜索其中奇异的数字、时间、地点、往来单位、账户对应关系，以捕捉错弊的疑点。

任何一项经济业务的发生和反映，都有其特定的内容，包括特定的数据、时间、地点、账户对应关系、业务往来关系。当某一项经济业务的内容与会计制度、税收制度发生矛盾时（当会计处理与税务处理发生抵触时，应以税务处理为依据），就发生了经济业务的奇异现象，查到了这种奇异现象，便捕捉到了错弊的疑点。

有的奇异现象暴露得比较明显，内容也比较充分，易于明察。但有些异常现象潜伏得比较隐蔽，不能立即识别出来，需要经过对资料的测算分析才能确认。怎样确认异常现象呢？

（一）从奇异的数字发现错弊疑点

奇异即奇怪异常。会计资料是数字的海洋，数字是构成会计资料的基本元素。从数字本身来说，没有任何一个数字绝对不是奇异数字。因为数字奇异与否，是由其特定的业务内容，即其所表达的特定信息来决定的，会计资料中的奇异数字就是指按正常经济业务和会计核算程序处理后出现的不应或极少出现的数字。比如“13.75 元”这个数字，如果作为某材料的采购单价，谁也不会怀疑，但若说它是住宿收费标准，这“13.75 元”就成了奇异数字。所以，每个数字本身都不能确定其是否为奇异数字，只有当某个数字与特定的经济业务内容发生联系时，才能确定其是否为奇异数字。

有的奇异数字在账面上容易发现，但有的潜伏较深，隐蔽较密，需要通过分析测算对比的方法才能发现。

确认奇异数字的方法主要有以下四种：

1. 根据数字值的大小变化发现奇异的数字

这首先要求把握经济业务本身量的界限。在会计资料中，某一个数字值的大小是受一定条件限制或有一定的标准范围的。例如，某一劳动资料，单价 4 000 元，在“固定资产”明细账中反映，属于正常数字，如在“低值易耗品”明细账中出现，便是奇异数字；又如，某企业 1～11 月各月营业收入总额在 500 万～550 万元之间变化，而 12 月份却为 1 000 万元，那么此 1 000 万元就可视为奇异数字，因为它超出了该企业月营业收入额的正常变化范围；再如，某企业经营小百货，一般月份购货在几万元左右，检查账簿时，发现其某月份购进几十万元甚至上百万元，这便是奇异数字。上述奇异数字应进一步核实证明。

2. 根据数字的正负确认

数字的正负即指账户的余额方向。由于经济业务内容所致或会计核算管理及程序的需要，反映在会计账户中的数字，其余额方向有的确定为借方，有的确定为贷

方，有的既可以确定为借方也可以确定为贷方，还有的确定为余额只能是零。如某账户的余额方向违背了该账户余额方向的确定原则，便可以认定为奇异数字。所以，从数字的正负方向发现奇异数字，首先应把握经济业务反映的数据本身应该是正数还是负数，或者既可能是正数又可能是负数，或者只能是零。

有些经济业务反映在会计资料中只能是正数，即借方蓝字。如“原材料”、“库存商品”等各明细账户的期末余额都应是正数，如果出现“有数量，无金额”、“有数量，金额是红字”、“无数量，金额是红字”、“数量是红字，金额也是红字”、“无数量，有金额”、“数量是红字，金额是蓝字”等情况都属于异常现象。

有些经济业务反映在会计资料中，既可以是正数，也可以为负数。例如，“材料成本差异”账户若为借方余额（正数），表示材料成本超支数；若为贷方余额（负数），则表示材料成本节约数。超支数与节约数都属于正常数字。再如，一些双重性质的结算账户，按常规操作出现借方余额或贷方余额，都属于正常情况；但在实际工作中，有些业务正是利用这些双重性质的账户允许出现借方余额或贷方余额，进行偷、漏、欠税等违法活动。

有些经济业务反映在会计资料中只能是零，如损益类各账户期末未经调整结账，其余额必然是零；如出现正数或负数，都属于奇异数字。另外，损益表中除利润总额项目外，其余各项目发生额均应为正数，如出现负数，便为奇异数字。

3. 根据数字的精确程度确定

一般来讲，会计核算的数字比财务计划的数字更精确。在会计资料中的数字应精确到一个什么程度，取决于具体经济业务内容和特定的环境及原始数据经过加工整理转化成会计管理需要的新的数据。该精确的而没有精确到适当程度，不该精确的却精确到脱离实际的程度，均是奇异数字。

4. 根据测算的数据与账面数据的对比分析进行查证

在会计资料中，有些奇异数字暴露得比较明显，易于查明，但有的潜伏较深，需要经过测算分析、对比的过程才能发现异常现象。

例如，企业的材料在按实际价格核算的条件下，采用加权平均法计算材料平均价，然后计算发出、结存材料的成本。在材料明细账中，如果账面期末结存方出现数量是蓝字，金额是红字这一异常反映，易于觉察，是由于多转材料成本造成；如果结存方数量、金额都是蓝字，也潜伏着异常现象，但不能用视觉迅速发现异常，而需要通过测算出购进材料的平均单价，然后与账面期末结存材料单价比较，才能发现异常。

又如，在甲材料明细账中，1～3 月购进材料 100 吨，单价为 800 元，金额为 80 000元，与账面期末结存材料 20 吨，单价 500 元，金额 10 000 元经过测算比较，单价 500 元小于 800 元，则属于异常现象，可以断定本期发出材料多转了成本，然后再进一步审查。

（二）从奇异时间发现错弊疑点

一项经济业务的发生，总有其特定的时间，会计资料对经济业务的记录与反映也有其相应的时间。有些经济业务的发生过程，有一个正常的时期；有些相关经济业务的发生，在时间上也有先后之分。所谓奇异时间，是指反映在会计资料中有关不正常或不符合实际情况的时间记录。确定奇异时间主要有以下两种方法：

1. 根据经济业务发生或反映的特定时间

任何一项经济业务的发生都有其特定的时间。如果会计资料上没有反映经济业务发生或记录的特定时间，或者反映记录的特定时间与经济业务的内容相矛盾，应将其视为奇异时间。如季节性发生的经济业务，在会计资料上反映的具体时间若与特定季节不相符，则该时间记录为奇异时间。

2. 根据会计资料中有关时间的长短

一项经济业务的发生过程总有一个合适的时间期限，同时，有关制度也对各种经济业务的入账时间作了规定，如果在会计资料中反映这些业务的时间不符合有关规定或一般规律，则应将其视为奇异时间。在实际检查过程中，应依据会计资料上反映的时间制度，对照具体经济业务或有关财务会计制度、税法规定、有关合同等进行分析，确定其是否为奇异时间。

（三）从奇异地点发现错弊疑点

经济活动总有一定的内容，总有一定的发生时间，也总有一定的发生地点。没有内容、没有时间、没有地点的经济活动是不存在的。比如，一笔采购材料的业务活动，就必须有采购材料的种类、型号、计量单位、数量、单价、金额等；这笔采购材料的业务，总是有特定的时间，即是在某年某月某日购进的；总要有特定的地点，即这笔采购材料的业务，是向上海某公司还是向北京某公司购买的，等等。

所谓奇异地点，是指反映在会计资料中的不符合正常情况的地点。确认奇异地点的方法主要有以下两种：

1. 根据有关距离的远近

在工商企业的业务中，同一商品、材料、物资可以从多渠道、多地点采购。在价格、质量相同的情况下，一般应就近采购，以节约企业的人力、物力等费用。在实际经济生活中，有的人为了拉关系、得回扣，或是为了索贿受贿、贪污钱财而舍近求远，损害国家和集体利益，为自己牟私利。查账人员可以根据被查单位反映在会计资料中的具体业务和所涉及的有关单位，分析其地点在构成上有无不正常的情况。

2. 根据物资运动的正常合理流向

经济业务的内容与其发生的地点有着内在的必然联系。物资运动的正常合理流向决定了有些经济活动所涉及的地点具有一定的规律性。如果经济活动所涉及的地点与经济业务内容无关，或互相矛盾，即违背了物资运动的正常合理流向，应将其作为异常地点，并运用其他查证方法进行检查分析，看其有无会计错弊。

（四）从奇异往来单位发现错弊疑点

企业单位之间的经济联系是广泛的，其关系也是错综复杂的。从理论上讲，一家公司可以和任何一个单位发生往来关系。但是从一个单位的一笔经济业务内容分析，默契关系相对来说又是比较明确的。比如，支付水电费，其收款单位一般是自来水公司和供电局，或其委托的比较固定的代理机构。确认奇异往来单位的方法主要有以下三种：

1. 根据往来单位的业务范围

任何一个经济实体，其生产或经营范围都是相对稳定的。在经济体制改革中，各个企业的经营范围有所扩大，并有部分跨行业经营业务，但这毕竟有一个经营主体内容。在稽查过程中，如果发现有的凭证反映的经济内容与出具凭证单位的业务范围明显不符，则应视为奇异往来单位，并将其作为疑点，作进一步的查证。

2. 根据往来单位之间的有关关系

发生业务往来的双方，须是独立或相对独立的两个单位或部门。如甲企业与乙企业发生业务往来，或某单位内部两个在经济上实行独立核算或相对独立核算的部门发生业务往来。在实际工作中，有的单位为了转移国家资金，以虚设单位或下属非独立核算的部门发生虚假拨款或投资的方式来制造会计弊端，达到非法目的。稽查人员应分析双方是否确实存在往来业务关系，来确定其是否表现为奇异的往来单位。

3. 根据购销业务是否涉及第三者或其他方面

在正常的购销业务中，购货单位即为付款单位，供货单位即为收款单位，如果在某笔勾销业务中，购货单位与付款单位或供货与收款单位不是同一单位，都属于奇异往来单位。

审查往来账款中，应重点审查以下内容：①看久悬账面未结账户，查无法付出的无主款项，为隐瞒收入而设置的虚户空账；②看积欠已久，而突然清晰，查销账的真实性和合法性；③看账面余额大户，查实据虚入，移花接木，久悬账面的纯收入，腾空变价收入；④看应付已付业务频繁户，查超越正常购销往来关系，巧立名目，买空卖空，隐瞒收入；⑤看偶然发生欠人户，查虚假户头，非正常业务。

（五）从奇异账户对应关系发现错弊疑点

在会计制度中，会计科目的使用及应与哪些科目发生对应关系，一般都有明确的规定，不得乱用。

所谓奇异账户对应关系，是指记账凭证上的会计分录没有正确反映经济业务的内容，没有客观地表达经济业务的真实情况，即在记账凭证中出现了不应该有对应关系的两个或两个以上科目之间发生了对应关系的情况。

识辨账户之间的奇异对应关系是通过审核记账凭证开始的，即从正确认识经济业务的内容入手，审核记账凭证上的会计分录是否正确地反映了经济业务活动的全貌。识别账户之间的奇异对应关系有以下两种方法：

1. 根据资金运动的来龙去脉识别账户之间是否为奇异对应关系

要发现奇异的账户对应关系，必须了解各项经济业务正常的账户对应关系。如果某一项经济业务的记录脱离了正常的账户处理，就会形成奇异的账户对应关系。例如，“原材料”账户的贷方反映材料减少，在正常情况下，对应借方账户应为“生产成本”、“制造费用”、“管理费用”等账户，如发现有不同于上述分录的异常情况，就应特别注意，进一步查看原始凭证，弄个水落石出。再如，查账人员在检查某企业时发现一笔业务处理为：

借：原材料

　贷：库存商品

可以断定，此处两账户构成了奇异的对应关系，该账务处理说明企业以产品换取原材料，作上述账务处理是错误的。因为以产品换取原材料，既应看作购进业务，又应看作销售业务，最根本的是应通过“主营业务收入”和“应交税费——应交增值税（销项税额）”账户核算。未作如此账务处理，便漏列了此项销售收入，偷漏了有关流转税。

2. 根据记账凭证的内容，对照会计制度，分析其是否构成奇异的账户对应关系

如某工业企业对于本企业行政管理部门耗用的自产的产品，编制了如下记账凭证：

借：管理费用

　贷：库存商品

此处的两账户便构成了奇异的账户对应关系。因为耗用自产产品属于视同销售业务，根据会计制度规定，应按成本转账销售价计税，应编制正确的会计分录如下：

借：管理费用

　贷：应交税费——应交增值税（销项税额）

企业的账务处理显然是偷漏了流转税。

（六）从奇异字迹发现错弊疑点

所谓奇异字迹，是指反映在会计资料中的文字、数字或字母在书写上表现出的不正常情况。它一般是有关当事人为了达到窃取和贪污挪用国家、集体资财等目的，对会计资料中的有关内容进行涂改或伪造的作弊行为。

在实际工作中，涂改、伪造原始凭证的现象很多。对于涂改、伪造字迹的作弊行为，只要查账人员认真、细心，还是不难发现的。在一般情况下，对会计资料中的有关记录涂改或伪造后，总是留有一定的痕迹。如涂改数字后，某一个阿拉伯数字的书写形式、笔顺、颜色、深浅及笔画的粗细等，从整个数字的角度看，可能存在整体不协调的感觉；对于文字内容的涂改、增删，从业务内容或字体上有时也可以发现疑点。

总之，对于会计资料中的异常字迹，查账人员可以通过观察、对比等手段来进行查证，必要时还可以借助司法鉴定，以证实其弊端的存在。

三、运用核对法检查有关内容是否相符，以捕捉错弊的疑点

会计账簿是根据会计凭证登记的，也是用来编制会计报表的主要依据，而且不论是会计凭证、会计账簿，还是会计报表，都是反映、核算实际经济活动的。所以，账证、账表之间存在着必然联系。另外，证证、账账、表表、账实之间的具体内容也存在着密切的内在联系。因此，通过进行证证、账账、账表、账实与表表之间的核对，可发现其中某些内容不相符的问题，以此为线索或疑点，可追踪查证错弊的具体形态及其制造或形成过程。

（一）证证核对

经济活动发生后，首先应取得或填制原始凭证，然后根据原始凭证编制记账凭证，在采取科目汇总表或汇总记账凭证核算形式下，还要根据记账凭证编制科目汇总表或汇总记账凭证，可见，科目汇总表或汇总记账凭证和原始凭证之间存在着密切联系。所以，通过它们之间的核对，可以检查它们在金额、业务内容与所用会计科目、日期、原始凭证所标明的张数与实际张数等方面内容是否相符，从而捕捉错弊的线索。如某收款凭证（记账凭证）上的金额为250元，但所附原始凭证的合计金额却为520元。造成两者不相符的原因可能有两种，一种是会计人员在编制收款凭证时，误将520写成250，属于会计错误；另一种是会计人员故意将520写成250，以贪污其差额（270元），属于会计弊端。又如，查账人员在审阅会计凭证时，发现收款凭证上注明的是2008年4月10日，而收据上标明的收款日期是2008年2月8日。在一般情况下，收款日期与编制收款凭证并据此记账的日期应相符或相近，而上述例子却相差两个多月。造成不相符的原因可能是出纳员收款后未及时制证入账，以挪用公款。对于上述两例证证不相符的问题，只需通过两者核对，便可查证。

（二）账证核对

会计账簿是根据会计凭证登记的，所以，两者在金额、业务内容、所用科目等方面都应相符。被查单位在账簿中如有多记、少记、重记、漏记和错记等会计错弊，通过账证核对便可发现其疑点。如在现金日记账和现金总账中，对于现金收款业务少记部分金额，对于现金付款业务多记部分金额，以贪污其差额，或将其置入单位的“小金库”，对此，只需将账记金额与收付款凭证进行核对便可发现其疑点或线索。

（三）账账核对

各有关账簿之间存在着必然的联系。如总账与所属明细账在金额、余额方向等方面相一致；资产账户与负债、所有者权益账户在某时点上的余额应相符；“库存商品”与“主营业务收入”明细账在产成品出库与销售的数量、金额方面应相互对应。通过对存在对应关系的账户的相互核对，可以发现有关内容不相符的问题。例如，销售产成品未提供“产品销售收入”等销售性质账户的问题发生后，会形成

“库存商品”与“主营业务收入”明细账在记录产品销售数量上不对应的情况，即“库存商品”明细账处有记录，而“主营业务收入”明细账处无记录。只需将此两个明细账数量记录进行核对，便可发现问题。

（四）账实核对

反映在账簿中的经济业务的各有关情况与经济业务发生的实际情况相符。在实际工作中，由于主客观原因，会造成账实不相符的情况。如库存现金应存金额与实存金额不相等；有关存货的账面结余数量、金额与实际盘存的数量、金额不相等；实际购买的属于社会集团消费品，而反映在账簿中的却是生产耗用的原材料等。对于这些问题，可以通过账实核对来发现其疑点或线索。在进行账实核对之前，需先运用盘存法、调查法等方法来确定经济业务发生的实际情况，如确定库存现金，有关存货的实存金额或数量等。然后，在此基础上再进行账实核对。

（五）账表核对

会计报表中大部分数据来自账簿记录。如“资产负债表”中的各项数字大都直接或间接来自各有关账户的期末余额；“损益表”中的数字大都来自有关账户的当期发生额。进行账表核对，可以发现当符而不符的问题。例如，可以发现被查单位有无为了压低库存商品结存额，而在“资产负债表”上虚设拟待处理流动资产损失，直接冲减库存商品余额，从而造成账表不符的问题，等等。

（六）表表核对

有关会计报表之间及各会计报表内容项目之间都存在着密切联系。通过表表核对，可以发现其中不正常的对应关系，并以此为疑点进一步查证错弊。

四、运用复核法检查会计资料中的有关内容是否真实、正确，以捕捉错弊的疑点

作为反映、核算经济活动的会计操作系统，当经济活动发生后，有的需要进行一系列的数字计算，以使其信息化、系统化。如产品完工后生产成本的确定、产品销售后销售成本的确定、购销业务的汇总等，都需要运用有关数学与统计方法进行计算。在实际工作中，有的单位或个人为了达到非法目的，故意在有关计算中进行假账真算或真账假算，或者由于工作疏忽造成计算不准，结果不实。稽查人员需要根据有关会计数据或信息，按照原计算所需要的科学方法与要求进行重新计算，并将计算结果与被查单位的原计算结果进行对照，看其是否相符或相近；如果相差太大，则应重新验算一次，如仍与原计算不符，则一般说明原计算方法或过程存在问题。以此为线索，可进一步检查错弊的具体表现形态及形成或制造过程。如查账人员在检查某企业2008年12月份产品销售成本时，运用被查单位确定的加权平均法多次计算后确定结果为301 546元，而被查单位的账面记录却为250 396元，比正确结果少51 150元。查账人员以此为线索，后来查明，被查单位为了完成年度销售利

润计划，12 月份将平时所采用的计算销售成本的加权平均法改为先进后出法，造成期末存货增加，本期销售成本降低，从而销售利润增加。

五、重视“账”外信息，捕捉错弊疑点

错弊发生以后，有的能在会计资料中直接反映出来，而大部分则只能间接地反映出来，甚至具有很大的隐蔽性。所以，如能跳出会计资料，从“账”外搜索或捕捉信息，有时能及时、准确地发现错弊疑点。根据“账”外信息捕捉错弊疑点没有固定的方式方法，稽查人员应随时随地搜索、分析各有关信息，以判断其是否构成错弊疑点。如稽查人员在听取被查单位领导、会计、保管、业务等有关人员的情况介绍时，可观察有关当事人的各种反映，了解有关情况的异常表现，在综合分析的基础上，判断其是否存在错弊；在稽查工作中，应创造良好的环境和氛围，激励有关知情人员进行举报或提供有关情况、线索；激励有关当事人对会计错弊案件进行自查自报；根据出纳、采购、保管等人员的生活方式、生活水平与其正常收入的悬殊状况，作为查证其贪污、挪用、索贿受贿等舞弊行为的疑点；根据调查了解到的被查单位请客送礼次数频繁且金额较大的实际情况，作为追查其是否存在“小金库”问题的疑点；根据被查单位内部控制制度软化、组织纪律松散、职工工资状态消极等情况，作为追查被查单位有无假账真算、真账假算、虚增利润问题等疑点。此外还根据无意观察的有关异常现象或表现，进行联系和联想，捕捉有关错弊的疑点或线索。例如，稽查人员在工作之余散步时无意观察到被查单位（工业企业）设有销售自产产品门市部，联想到在查账过程中未见其有销售自产产品销售业务的账务处理，以此为线索，后来查明被查单位以行政部门耗用自产产品的形式，将部分产成品移到本企业的门市部，并将其销售收入存入“小金库”。

以上所述的几种方法能够帮助纳税检查人员及时、有效地抓住会计造假疑点，节约纳税检查人员的工作时间，降低纳税检查人员的工作强度，提高纳税检查人员的工作质量，从而及时发现企业经营中的错弊，保证企业资产安全。

第四节　错账的调整方法

在对纳税人的纳税情况进行全面审查后，对于有错漏问题的会计账目，按照财务会计制度进行账务调整，使账账、账证、账实相符。

一、账务调整的作用

（一）既可防止明补暗退，又可避免重复征税

我国现行的各种应交税费的形成，一般都在纳税人的会计资料中有所反映，如

增值税应交税费的确定是根据“应交税费——应交增值税”账户的借贷方发生额确定的。可见，会计资料是计算缴纳税金的基础，因会计核算错误而导致的多缴税款或少缴税款，应先调整账务，然后确定应补或应退税额。否则，下次征收时税务部门将会把查补的税款原封不动地退还给企业，使查账结果前功尽弃。又如所得税的审查，由于所得税是根据累计应纳税所得额计算征收的，如果对查增的应纳税所得额在补缴所得税后企业不进行账务调整，到下月申报时，累计所得额中自然不包括查增的应纳税所得额，但在扣除已缴所得税时，却包括了查补的税款。当企业所得税年终汇算时，年终应纳税所得额也就不包括查增的数额，结果就使查账的结果前功尽弃。再如，查增的应纳税所得额，如果有些是属于应在当年实现的收入或利润，被人为地推迟到下年度实现，审查后已按其调增的所得额补缴了所得税，企业如不进行账务调整，就有可能再次计算缴纳税款。为避免企业重复纳税，也必须进行账务调整。

（二）保证企业会计核算资料的真实性，使税务部门的征收简便

管理资料与企业会计核算资料要保持一致，如果只查补税款而不调整账务，除影响会计核算资料的真实性外，还可能给今后的征收管理造成混乱，下次查账时还可能会出现重复劳动。

二、账务调整的原则

（一）符合税法的规定

账务处理的调整首先要符合现行税法的有关规定。对税法规定与财务会计制度规定相冲突的地方，要按税法的要求进行调整，要与税法的有关会计核算规定相一致。

（二）与现行会计准则相一致

调整错账，需要作出新的账务处理来纠正原错账，所以新的账务处理业务必须符合会计原理和核算程序，正确反映错账的来龙去脉，清晰表达调账的思路；应做到核算准确，数字可靠，正确反映企业的财务状况和生产经营情况，并使会计期间上下期保持连续性和整体性；要坚持平行调整，在调整总账的同时调整它所属的明细账户。

（三）从实际出发，简便易行

既要做到账实一致，反映查账的结果，又要坚持从简调整的原则。在账务调整方法的运用上，能用补充调整法的则不用冲销调整法，尽量从简。

三、账务调整的基本方法

在一个会计年度结账前，查出纳税人的错账或漏账，可以在当期的有关账户直接进行调整。调整方法主要有以下三个方面：

(一) 红字冲销法

红字冲销法先用红字冲销原错误的会计记录，再用蓝字重新编制正确的会计分录，重新登记账簿。它适用于会计科目用错及会计科目正确但核算金额大于应计金额的情况。一般情况下，在及时发现错误而没有影响后续核算的情况下多使用红字冲销法。

[**例** 2－2] 某税务所检查人员在对某工业企业进行检查时，发现该企业将自制产品用作本企业办公用品，所用产品的成本为3 000元，不含税售价为4 000元，增值税税率为17%。企业账务处理为：

借：管理费用　　4 680

　贷：库存商品　　4 000

　　　应交税费——应交增值税（销项税额）　　680

检查人员认为，企业将自制产品用于非应税项目，应视同销售，并按其对外售价计算销项税额，按会计制度规定在结转产品成本时应按成本价，此笔账会计科目运用正确，错误在于多记金额。用红字冲销法作账务调整分录如下：

借：管理费用　　－1 000

　贷：库存商品　　－1 000

(二) 补充登记法

补充登记法是将通过编制转账分录，将调整金额直接入账，以更正错账。它适用于漏计或错账所涉及的会计科目正确，但核算金额小于应计金额的情况。

[**例** 2－3] 某税务所检查人员在对某工业企业进行检查时，发现该企业本月应预提财务费用2 000元，但企业实际预提1 000元，在本年度纳税检查中发现少预提1 000元。企业的账务处理为：

借：财务费用　　1 000

　贷：预提费用　　1 000

检查人员认为，企业的此笔账务处理所涉及的会计科目的对应关系没有错误，但核算金额小于应计金额1 000元。用补充登记法作调账分录如下：

借：财务费用　　1 000

　贷：预提费用　　1 000

(三) 综合调账法

综合调账法是指将红字冲销法与补充登记法加以综合运用，它一般适用于错用会计科目这种情况，而且主要用于所得税纳税审查后的账务调整，如果涉及会计所得，可以直接调整“本年利润”账户。

综合调整法一般运用于会计分录的借贷方中，有一方会计科目用错，而另一方会计科目没有错的情况。正确一方不调整，错误一方用原科目转账，同时使用正确科目调整。

[**例** 2－4] 某企业将专项工程耗用原材料列入管理费用6 000元。企业账务处理为：

借：管理费用　　6 000

　贷：原材料　　6 000

检查人员认为，上述会计分录借方错用会计科目，按会计准则规定专项工程用料应列入“在建工程”账户，同时作“应交税费——应交增值税（进项税额转出）”1 020 元（6 000 × 17% = 1 020）。调整分录为：

借：在建工程　　7 020

　贷：管理费用　　6 000

　　应交税费——应交增值税（进项税额转出）　　1 020

同样，如果以上所列举的错账是在月度结算后发现，而企业又是按月结算利润的，则影响到利润的项目，还应通过“本年利润”账户调整。如例 2 - 4，若在月度结算后发现，则调整分录为：

借：在建工程　　7 020

　贷：本年利润　　6 000

　　应交税费——应交增值税（进项税额转出）　　1 020

四、错账的类型及调整范围

根据错账发生的时间，可将错账分为当期发生的错账和以往年度发生的错账，其发生的时间不同，调账的方法也有所不同。

（一）对当期错误会计账目的调账方法

在审查中发现当期的错误会计账目时，可根据正常的会计核算程序，采用红字冲销法、补充登记法和综合调账法予以调整。对于按月结转利润的纳税人，在本月内发现的错账，调整错账本身即可；在本月以后发现的错账，由于以前月份已结转利润，所以影响到利润的账项，还需先通过相关科目最终结转到“本年利润”科目调整。

（二）对上一年度错误会计账目的调账方法

（1）对上一年度错账且对上一年度税收产生影响的，分以下两种情况：①如果在上一年度决算报表编制前发现的，可直接调整上年度账项，这样可以应用上述几种方法加以调整，对于影响利润的错误金额须一并调整“本年利润”账户核算的内容。②如果在上一年度决算报表编制之后发现的，一般不能应用上述方法，而应按正常的会计核算对有关账户进行一一调整。这时须区别不同情况，以简便实用的原则进行调整：

A. 对于不影响上年利润的项目，可以直接进行调整。

［例 2 - 5］在对某企业进行纳税检查时，发现该企业将用于职工福利支出的 30 000元记入“在建工程”账户，检查期是在年终结账后进行的。检查人员认为，企业的基建工程尚未完工交付使用，故不影响企业当期所得税的缴纳。相关调账分录为：

借：应付职工薪酬　　30 000

　贷：在建工程　　30 000

B. 对于影响上年利润的项目，由于企业在会计年度内已结账，所有的损益账户在当期都结转至“本年利润”账户，凡涉及调整会计利润的，不能用正常的核算程序对“本年利润”进行调整，而应通过“以前年度损益调整”账户进行调整。

[**例**2－6] 在对某企业进行纳税检查时，发现该企业将现金长款收入1 000元记入“资本公积”账户，检查期是在年终结账后进行的。检查人员认为，现金长款收入应记入“营业外收入”账户，该企业适用税率为25%，故应补交所得税250元。相关调账分录为：

借：资本公积　　1 000

　贷：以前年度损益调整　　1 000

借：所得税　　250

　贷：应交税费——应交所得税　　250

借：应交税费——应交所得税　　250

　贷：银行存款　　250

期末：

借：以前年度损益调整　　1 000

　贷：本年利润　　1 000

借：本年利润　　250

　贷：所得税　　250

（2）对上一年度错账且不影响上一年度税收，但与本年度核算和税收有关的，可以根据上一年度账项的错漏金额影响本年度税收的情况，相应调整本年度有关账项。

[**例**2－7] 在对某企业2007年度纳税情况进行检查时发现，该企业12月份将由“应付职工薪酬”负担的人员工资10 000元计入A产品成本中，A产品已完工入库，于2008年度全部售出。这一错误账项虚增了2007年度12月份的产品生产成本，由于A产品尚未售出，不需结转产品销售成本，未对2007年度税收发生影响，但是由于在2008年售出，此时虚增的生产成本就会转化为虚增的销售成本，从而影响2008年度的税收。

如果在决算报表编制前发现的，可应用转账调整法调整上年度账项，即：

借：应付职工薪酬　　10 000

　贷：生产成本——A产品　　10 000

如果在决算报表编制后发现的，由于上一年度账项已结平，这时可直接调整本年度的“主营业务成本”账户，作调整分录如下：

借：应付职工薪酬　　10 000

　贷：主营业务成本　　10 000

（三）不能直接按审查出的错误额调整利润情况的账务调整方法

在检查中发现的错误数额，有的直接表现为实现的利润，不需进行计算分摊，直接调整利润账户；有的需经过计算分摊，将错误的数额分别摊入相应的有关账户内，才能确定应调整的利润数额。后一种情况主要是在材料采购成本、原材料成本的结转上。生产成本的核算中发生的错误，如果尚未完成一个生产周期，其错误额会依次转入原材料、在产品、产成品、销售成本及利润中，导致虚增利润，使纳税人多缴当期的所得税。因此，应将错误额根据具体情况在期末原材料、在产品、产成品和本期销售产品成本之间进行合理分摊。

计算分摊的方法应按产品成本核算过程逐步剔除挤占因素，即将检查出的需分配的错误数额，按材料、自制半成品、在产品、产成品、产品销售成本等核算环节的程序，一步一步地往下分配。将计算出的各环节应分摊的成本数额，分别调整有关账户，在期末结账后，当期销售产品应分摊的错误数额应直接调整利润数。在实际工作中，一般较多采用"按比例分摊法"。其计算步骤如下：

第一步：计算分摊率。

分摊率＝检查出的错误金额÷（期末材料结存成本＋期末在产品结存成本＋期末产成品结存成本＋本期产品销售成本）

上述公式是基本计算公式，在具体运用时，应根据错误发生的环节，相应地选择某几个项目进行计算分摊，不涉及的项目则不能加以分摊。

（1）在"生产成本"账户贷方、"库存商品"账户借方中查出的数额，只需在期末产成品、本期产品销售成本之间分摊。

（2）在"材料"账户贷方、"生产成本"账户借方中查出的错误金额，即多转或少转成本的问题，应在公式后三个项目之间分摊。

（3）在"材料"账户借方中查出的错误金额，即多记或少记材料成本，要在公式中的四个项目之间进行分摊。

第二步：计算分摊额。

分摊额＝期末材料应分摊的数额－期末材料成本×分摊率

第三步：调整相关账户。

将计算出的各环节应分摊的成本数额，分别调整有关账户，在期末结账后，当期销售产品应分摊的错误数额应直接调整利润。

［**例2－8**］在对某企业进行纳税检查时，发现该企业某月份将基建工程领用的生产用原材料30 000元计入生产成本。由于当期期末既有期末在产品，也有生产完工产品，当月对外销售一部分完工产品，因此，多计入生产成本的30 000元，已随

企业的生产经营过程分别进入了生产成本、产成品、产品销售成本之中。经核实，期末在产品成本为150 000元，产成品成本为150 000元，产品销售成本为300 000元。则可按以下步骤计算各环节的错误数额，并作相应调账处理。

第一步：计算分摊率。

分摊率 = 30 000 ÷（150 000 + 150 000 + 300 000）×100%

= 5%

第二步：计算各环节的分摊数额。

在产品应分摊数额 = 150 000 ×5% = 7 500（元）

产成品应分摊数额 = 150 000 ×5% = 7 500（元）

本期产品销售成本应分摊数额 = 300 000 ×5% = 15 000（元）

第三步：调整相关账户。

若审查期在当年，则调整分录为：

借：在建工程	35 100	
贷：生产成本		7 500
库存商品		7 500
本年利润		15 000
应交税费——应交增值税（进项税额转出）		5 100

若审查期在以后年度进行，则调账分录为：

借：在建工程	35 100	
贷：生产成本		7 500
库存商品		7 500
以前年度损益调整		15 000
应交税费——应交增值税（进项税额转出）		5 100

第三章　会计凭证、会计账簿和会计报表的检查

【本章要点】

会计资料是企业正确计税的基础。本章从纳税检查的角度，较为详细地阐述了对会计凭证、会计账簿及会计报表进行检查的内容和方法，并与上一章纳税检查的方法和技巧相结合，介绍了在纳税检查实践中，应从哪些角度、哪些方面着手开展纳税检查。本章是后面各章各具体税种检查的提炼与总结，反过来也指导着纳税检查实践工作。

第一节　会计凭证的检查

会计凭证是记录经济业务，明确经济责任的书面证明，是登记账簿的重要依据。通过对会计凭证的检查，可以查明企业经济业务是否符合有关政策、制度的规定，有无违反制度、弄虚作假、伪造或涂改凭证等违规行为，以利于对经济业务进行监督检查。

会计凭证一般分为原始凭证和记账凭证。

一、原始凭证的检查

原始凭证是反映经济业务内容，直接取得或填制的最初的书面证明。它是编制记账凭证的原始资料，也是纳税检查的主要内容和查对核实问题的重要依据。原始凭证按其来源又可分为外来原始凭证和自制原始凭证两种。

（一）对外来原始凭证的检查

外来原始凭证包括进货发票、进账单、汇款单、运费发票等。对外来原始凭证进行审查时，一般应注意以下五个方面：

（1）审查凭证的合法性。

看是否符合政策、法令和财务制度的规定，有无乱支乱用等违反规定的现象。

（2）审查凭证的真实性。

查看经济内容是否真实，数据、文字有无伪造、涂改、重复、大头小尾，各联次之间的数额是否相等。

（3）审查凭证的完整性。

查看各项指标是否完整，名称、商品规格、计量单位、数量、单价、大小写金

额和日期的填写是否相符，计算是否正确。

（4）审查凭证手续是否完备。

查看有无经办人员、验收人员和填制单位的签字盖章，审批手续是否健全。

（5）对多联式发票，要注意是否是报销联，防止用其他联作报销发票。

（二）对自制原始凭证的检查

自制原始凭证包括各种报销和支付款项的凭证，其中，对外自制原始凭证有现金收据、实物收据等；对内自制原始凭证有收料单、领料单、支出证明单、差旅费报销单、成本计算单等。审查时要注意以下四点：

（1）检查自制原始凭证的种类、格式、使用是否符合有关主管机关和财务制度的规定，审批手续是否齐全，有无利用白条替凭证的现象。例如，对收款凭证要注意其印刷、保管、审批手续是否严密，号码是否连接，如发现缺本、缺页、审批手续不全的，应进一步查明原因。

（2）检查自制原始凭证的内容是否真实，处理是否符合规定，有无瞒报产量、扩大开支、虚报损耗、隐匿财产等现象。

（3）检查原始凭证手续是否完备，应备附件是否齐全，如差旅费报销单应与所附车船票、住宿单据核对，内容、金额、张数是否相符。

（4）检查自制支出凭证的报销金额是否遵守制度规定的开支标准和开支范围。例如，差旅费报销中的伙食补贴是否符合出差地区的补助标准，乘坐车船是否符合出差人员的级别等。

二、记账凭证的检查

记账凭证是根据原始凭证反映的具体经济业务，按照会计原理列示分录的会计凭证，它反映了每项经济业务内容的来龙去脉。

记账凭证检查的主要内容有以下三个方面：

（一）记账凭证是否附有原始凭证，两者的内容是否一致

记账凭证的填制必须根据经济业务的性质，按照会计制度的规定确定应借、应贷的会计科目，会计记录与其反映的经济内容必须口径一致。

（1）注意没有附原始凭证的记账凭证的检查。例如，职工临时借款未经批准，记应收账户；以白条抵充现金，无原始凭证，不符合制度规定。又如，在以本企业自制付款通知单支付某些款项时，没有原始凭证，也不符合制度规定。

（2）注意原始凭证与记账凭证数额的检查，或收入大的数额颠倒为小的数额、支出小的数额颠倒为大的数额；或原始凭证单据合计数小，记账凭证合计数大，两者数字不一致，都是有意或无意的记账差错。

（3）注意原始凭证与记账凭证业务内容的检查。如将应由在建工程支出的费用单据列作生产费用支出，将违反纪律的胡支乱用计入生产性费用等。

（二）会计科目及其对应关系是否正确

会计事项的账务处理及其科目对应关系，在会计制度中，一般都有明确的规定，不得乱用科目。有些纳税人为了逃避税收，违反制度规定，弄虚作假，混淆账户对应关系，故意编制错误的会计分录。例如，销售产品，不记入“主营业务收入”账户，而是以“应付账款”账户与“银行存款”账户记账。

（三）会计记录所反映的经济内容是否完整，处理是否及时

在记账凭证和原始凭证的经济内容核对过程中，应注意合并记账的轧差（相抵）记账情况的检查。例如，在产品销售收入中坐支费用；在材料进价中混有不合理开支（如摊销费、奖金等）；自产自用产品按成本价格结转工程支出；紧俏商品相互交换（以物易物），以交换差价入账等。此外，对暂记的预收款项，应结合账簿的检查，追查其处理情况，对长期悬而不作处理的款项，应按制度规定进行清理。

凭证的检查是一项烦琐而复杂的工作，由于企业的会计凭证一般较多，而且每一张凭证所反映的只是个别业务，如果对全部凭证进行检查，没有重点，力量分散，事实上也是不许可的、办不到的。所以，除了特殊情况外，可根据查账的目的，抽查有关凭证，使账、证、表有机地结合，有的放矢地进行检查，落实问题。

第二节　会计账簿的检查

会计账簿是以会计凭证为依据，全面地、连续地、系统地记录企业经营过程中各项资金增减变动和财务成果的簿记。它通过对日常会计核算资料的分类、整理、加工，用以反映企业经营活动。情况和财务成果的信息处理，是企业对外提供信息的重要手段。对会计账簿的检查，可以了解企业资金总的分布和使用情况，又便于监督各类资金的使用状况，系统地考查成本、费用和利润的正确性；可以从账簿的分类明细资料中，根据检查的要求，有目的地、系统地、集中地查阅同一对象的有关凭证，检查效果比较好；还可以考查会计报表的真实性，而报表检查中发现的问题，既为账簿检查提供了查账线索，同时又必须通过账簿检查才能查证落实，互为补充，把账表检查有机地结合起来。账簿检查，弥补了凭证检查零乱不系统、报表检查概括不具体的缺陷，是纳税检查的中心环节。

会计账簿检查，一般可以从记录经济业务发生及其货币资金收付往来的现金日记账和银行存款日记账开始，从中发现可疑问题，找出可疑账目，确定检查重点，进行详细检查。进而按照经济业务的分类资料，从总分类账到明细分类账，通过总分类账的检查，了解和掌握企业经营和财务状况；而明细分类账是总分类账的明细记录，只有通过对明细分类账的检查，才能有效地监督和考核企业物资的收发和保管、资金的管理和使用、往来款项的结算和清理、收入的取得和分配，以及费用的分类和列支等各项经济活动情况。

会计账户的运用是通过账簿进行的，对账簿的检查离不开账户。账户的检查，除了根据会计报表检查分析的问题或事先确定的问题直接检查有关账户外，一般应按照企业生产经营的程序或某种业务进行的程序进行（如按照低值易耗品的采购、领用、对摊、报废，依次检查有关账户），并结合纳税检查，抓住其中的主要账户，联系它的对方账户，审查与税收关系密切的有关核算记录，如“主营业务收入”账户贷方发生额是计征销售环节流转各税的依据，而“主营业务成本”账户的借方发生额则是核算产品销售利润的主要依据，关系到所得税的计征；主营业务成本的形成，是由材料、工资、制造费用等账户汇集“库存商品”账户后转来的，应查核其形成过程的核算资料。这就是说，各税检查的账户各有侧重，账户结构的借贷方各有侧重，账户之间互为联系，这样，账户有重点，借贷有侧重，由此及彼，互为联系，问题也就容易查明。

一、序时账簿的检查分析

（一）检查账簿的真实性

序时账簿一般是装订式的，应检查账簿有无缺页、造假、更改数字的现象，是否按照经济业务发生时间的先后顺序进行登记。对于记账日期与会计凭证不符或顺序颠倒的账目，应当查明凭证是否合法。

（二）检查借贷发生额的对应账户

工商企业是生产经营单位，它的货币收入一般与商品产品的经营有关，通过其借方发生额的对应账户，重点查核产品、商品销售收入；它的货币支出，一般与材料采购、工资发放和费用开支发生联系，通过其贷方发生额的对应账户，审查料、工、费的发生额。当然，在检查时应结合账面记录，排除疑点，检查要有重点。

（三）检查账面出现的异常情况

账面出现的异常情况一般包括：大量的现金结算和提现（指不属于工资发放）的账目；在短期内同时出现对方单位和金额相同的一收一付账目；有涂改迹象及用红字冲回或更正的账目；经济业务与会计处理不符的账目；期终“银行存款”余额与同期银行对账单数额不符的月份。这些异常情况都应查明原因，据实处理。

（四）检查银行存款收支业务

检查银行存款收支业务应以银行存款日记账为核心，以有关会计凭证为依据。重点检查：银行存款收支业务所附原始凭证是否真实、合法，是否与本企业生产经营活动有关，有无转移资金、倒买倒卖和场外交易等违法行为；用支票购买财产物资的，除对有关票据的技术性检查外，还应检查相关计量测试、验收入库等相关手续及采购物资的性质和集控物资的审批手续；有无公款私存、私设“小金库”等违反财经纪律的行为，以及有无利用应收应付往来结算账户隐匿收入等行为。

二、总分类账的检查分析

总分类账是按照会计制度一级科目设置的，简称总账。

（一）账账关系的查核

账账关系的查核包含两个意思：一是将总账账户的期末借方余额合计数同贷方余额合计数核对，看其是否相符；二是将有关总账账户余额同其所控制的二级账户或明细账户的余额合计数核对，看其是否相等。通过这两种余额核对法，用来检测总账和明细账的记账内容、记账方向和记账数据的正确性。

（二）账表关系的查核

账表关系的查核，主要是核对总账与资产负债表、损益表，其中与资产负债表的关系尤为密切。检查的方法有以下两种：

（1）将有关总账账户余额同据其直接填列的资产负债表有关项目的余额进行核对。采用这种核对方法的有短期投资等。

（2）将有关总账账户余额合计数与资产负债表有关项目金额进行核对。

（三）纵向关系的查核

纵向关系的查核，主要是通过总账各科目的本期与上期发生额、期初与期末余额的纵向比较，从其升降变化的异常情况中发现其中疑点，查找线索，掌握检查重点；将总账科目期初、期末余额与前期、本期会计报表进行核对，查对数据，以验证报表的正确性；将总账的“存货”和“结算资金”的本期期初余额与上期期末同科目数额核对，以防止在结账之际，转移或隐匿资金的行为发生。

（四）横向关系的查核

横向关系的查核，重点是分析与纳税有关的账户。如通过产品出库记录，分析考证产品销售收入和销售成本的变化情况等。从总账中检查发现的问题，只能作为查账的线索。

三、明细分类账的检查

明细分类账的检查主要包括以下五方面：

（一）与总分类账进行相互核对

明细分类账是在总分类账的基础上建立起来的，是对总分类账的详细、具体的说明，两者是相互制约的关系，在记账方法上，它们是平行登记的，因而在审查明细账时，从它们内在联系的关系上着重检查相互的记账内容。例如，记账方向是否一致，记账金额是否相符，本期发生额和期末余额是否相等，并查明不符的原因。

（二）上下结算期之间相互核对

查核上下结算期之间（包括年度、月度）的期末、期初余额是否一致，是检查和防止企业利用年初立账、月初转账的机会，采取合并或分设账户的办法，任意增减账户结余额的情况。检查时，对结算往来类、负债类及所有者权益类账要特别注意。

（三）审查账户余额的借贷方向

（四）账表相符的检查

（1）将资产负债表中“应收账款”项目金额与“应收账款”、“预收账款”账户所属明细账户的借方余额合计数核对，将资产负债表中“预收账款”项目金额与“应收账款”、“预收账款”账户所属明细账户的贷方余额合计数核对。

（2）将资产负债表中“应付账款”项目金额与“应付账款”、“预付账款”账户所属明细账户的贷方余额合计数核对，将“预付账款”项目金额与“应付账款”、“预付账款”账户所属明细账户的借方余额合计数核对。

（五）账实相符的检查

（1）盘库核对。在核实库存现金时，先进行现金盘库核实实有数，再与现金日记账账面金额进行核对。

（2）对账核对。将银行存款日记账的账面余额，结合“银行存款余额调节表”与银行对账单进行核对。

（3）盘点核对。通过财产清查实物盘点来考核账面记录及其余额的正确性。

（4）清理核对。对处于待结算的各种应收、应付及预收、预付款项明细账的账面余额，结合对这类资金的清理，与有关债权、债务单位的账目核对，尤其是长期挂账的往来账户，应查明其有无隐匿收入的问题。

第三节　会计报表的检查

会计报表是总括性的会计核算资料。检查报表，可以概括地了解纳税单位总的财务状况，预测税源的变化趋势，还可以从中分析纳税单位遵守税收法规的情况及纳税方面存在的问题。通过对会计报表的审查，可以明确审查重点，使审查工作有针对性地进行，所以，会计报表审查是纳税检查的重要组成部分。

会计报表的审查主要是对资产负债表、损益表（利润表）、现金流量表的审查，必要时还可以审查其他的会计报表和附加资料。

一、会计报表的一般审查

会计准则和行业会计制度对会计报表的格式、指标及项目都有明确的规定。总的原则是要求纳税单位在规定的时间内编制、报送会计报表，做到手续齐备、内容完整、数字真实、说明清楚。不得提前结账或推迟结账。会计报表的一般审查包括以下两个方面：

（一）从外观形式上进行审查

会计报表按其反映内容分有反映财务状况报表、反映经营成果报表和反映成本费用报表。各类报表又有许多子报表及补充说明资料，它们都直接或间接地和税收活动相关。按编制时间分为月份报表、季度报表和年度报表，各有不同的要求。从外观形式上审查报表，主要审查报表种类是否齐全，格式是否规范，报表所列项目、指标是否完整，签名、审核、印章、日期等要素是否完备，报表数字是否有涂改等。

（二）从勾稽关系上进行审查

会计报表的数字存在着一定的逻辑关系，即勾稽关系。通过审查勾稽关系，可以确定报表中数据的真实性。主要从以下五个方面入手：

1. 表内各项目之间勾稽关系的审查

在资产负债表中资产总计应等于负债加所有者权益总计；损益表中产品销售利润、利润总额及净利润三项内容是经有关项目加减计算得到的，所以相互间存在勾稽关系；商品产品成本表中总成本、产量及单位成本之间存在着相互关系。审查时可以复算部分内容，核实勾稽关系的存在性。

2. 表表之间的勾稽关系的审查

有的指标反映在不同的报表中，数字完全一致，包括：

（1）资产负债表中，未分配利润（含本年利润）= 利润分配表中的未分配利润，本年利润（单独列示时）= 损益表中本年净利润，或者年初未分配利润加本年净利润为年末未分配利润；在资产负债表中，各项目数额 = 各明细表数额，例如，应收账款 = 应收账款明细表合计数，等等。

（2）损益表中各项目数额 = 各明细表数额，例如，管理费用数额 = 管理费用明细表合计数，等等；损益表中所得税栏目应与应上交及弥补款项情况表中对应项目相衔接。

（3）商品产品成本表中本月实际（本年累计实际）总成本应等于生产费用表中商品产品工厂成本本月实际（本年累计实际）栏。审查时，核对有关数据，若发现不一致，应进一步审查。

3. 本期与前期会计报表间的勾稽关系的审查

会计报表除反映本期实际数外，有的报表还要将上年年末数予以结转，有的报表则要列出上年同期实际数。这些数字间有的存在勾稽关系。如在资产负债表中，年初数应等于上年年末各有关项目的年末数；在12月份的损益表中，上年全年累计发生数应等于经过批准后的上年度决算数；在商品产品成本表中，可比产品上年实际平均单位成本应等于上年度本表所列全年实际平均单位成本。审查时，注意数据有无结转错误。

4. 会计报表与统计报表的勾稽关系的审查

会计报表中有些补充资料所要填列的统计数字以统计部门的数据为准。如工业产值、工资总额、职工人数、工资标准等，应与有关劳动统计部门的资料相一致。

5. 会计报表与纳税申报表的勾稽关系的审查

会计报表中有关事项的内容应与纳税申报表中数字一致，例如，资产负债表中的应交税费/其他未交款，利润表中的税金及附加、所得税、增值税明细表有关项目等，应与纳税申报表中的相关项目相一致。

二、资产负债表的审查

资产负债表是全面、概括地反映纳税单位某一特定时期（月末、季末、年末）财务状况的会计报表。其主要作用是反映资产、负债和所有者权益的构成情况，反映企业的偿债能力和获利能力。通过对资产负债表的审查，首先，可以了解企业资产结构和负债结构的合理性；其次，可以了解上缴税款是否及时完成，应收、应付款结算是否及时；最后，可以预计未来财务状况及对实现利润和上缴税款的影响。

现行资产负债表的项目排列体现为资产 = 负债 + 所有者权益的平衡关系。资产划分为流动资产和长期资产，负债也划分为流动负债和长期负债，所有者权益（即净资产）包括实收资本（股本）和留存收益。审查资产负债表，主要是分析各项目数字的变化有无异常现象、结构是否合理等。

（一）资产项目的审查

1. 流动资产的审查

流动资产通常是指在一年内（或一个会计年度内）可以变现或耗用的资产。流动资产包括速动资产和非速动资产，速动资产是指货币资金、短期投资和应收账款等随时可以变现的资产，非速动资产是指流动资产扣除存货。

（1）货币资金包括库存现金和银行存款等，是流动最快的流动资产。通过对货币资金变化趋势的审查，可以了解纳税单位的支付能力；通过对其绝对数的审查，可以了解纳税单位有无违反《现金管理条例》和《银行结算条例》等现象。

（2）通过对应收账款的审查，可以了解资金拖欠的情况，有否隐匿销售收入或其他收入情况及有无不正常的核销款项。

（3）分析占用结构是否合理，即储备资金、生产资金和成品资金三者的比例关系是否相适应。核定原材料的异常变化，是否有盲目采购造成超量储备；核定在产品的异常变化，有无挤入产品成本；核定产成品的异常变化，有无盲目生产、销售困难的现象，有无将库存产品成本挤入销售产品成本的现象。

（4）分析流动资产周转情况。主要用应收账款周转率、存货周转率及流动资产利润率等指标予以考核，分别与计划、去年同期数对比，观察其变化，注意有无超量积压或乱摊成本问题。

2. 长期资产的审查

长期资产包括长期投资、固定资产、无形资产及递延资产、其他长期资产和递延税款等。

（1）将长期投资期末数与期初数比较，了解企业本期长期投资增减变化情况，并确定长期投资是否完整，有无将投资挂往来现象，而少反映投资收益。同时注意长期投资的核算方法，即采用成本法还是权益法。

（2）将固定资产原价的期末数与期初数比较，了解企业生产能力的增减变化情况及固定资产增减变化的合理性。

（3）将固定资产净值与原值比较，了解固定资产的新旧程度，企业固定资产是否老化，确定有无短期行为。

（4）将折旧额期末数与期初数比较，了解折旧的增减变化有无异常现象，并和固定资产原值对比，变化趋势是否一致，有无多提或少提折旧问题，这样可以了解折旧成本的正确性及对税款的影响。

（5）分析固定资产的结构比例是否合理。结构不合理容易产生设备闲置，造成浪费。

（6）分析无形资产和递延资产形成是否合理，摊销是否正确。无形资产原则上应在有效期限内摊销，递延资产应按不超过五年摊销，且均按直线法摊销；同时，比较摊销额的变化，确定有无多摊或少摊的问题。

（二）负债项目的审查

负债包括流动负债和长期负债。

1. 流动负债的审查

流动负债项目有短期借款、应付票据、应付账款、预收账款、其他应付款、应付工资、应付福利费、未交税金、应付股利、预提费用等。

（1）通过对比期末数与期初数的增减变化，了解流动负债形成的合理性，确定有无虚列或多计提项目。

（2）通过分析流动比率和速动比率，确定企业短期偿债能力及支付税款能力，并确定短期融入资金有无大量占用在长期资产项目上。

（3）审查应付账项，分析纳税单位的结算及时性及支付能力，确定有无故意拖欠各项应付账款情况。

（4）审查应付职工薪酬。应付职工薪酬项目审查需了解纳税单位工资计提形式，即是否与工效挂钩，一般情况下，该项目不应有很大余额。若余额很大，应考虑是否需回冲还原成本；应付职工薪酬确定计提比例是否正确，使用范围是否合理。

2. 长期负债的审查

长期负债项目包括长期借款、应付债券、长期应付款和其他长期负债等。

（1）分析长期借款构成，本金和利息是否合在一起反映，计算利息的利率是否合理。

（2）待转销汇兑收益摊销是否合理，原则上应在五年内摊销，并采用直线法，确定有无人为调节利润现象。

（三）所有者权益的审查

所有者权益项目一般包括实收资本、资本公积、盈余公积、未分配利润等项目。

（1）分析自有资金利润率、自有资金负债率和负债经营率（这三个指标分别为净利润、负债总额和长期负债总额与所有者权益之比），了解纳税单位获利能力和抗风险能力。

（2）对比实收资本期末数与期初数的增减变化，确定企业有无变更注册资本，同时确证企业投入资本是否经中介机构验证，了解资本到位情况。

（3）对比盈余公积期末数与期初数的增减变化，确定企业是否按规定计提法定盈余公积和公益金，使用是否合理。

三、损益表的审查

损益表又称利润表，是反映纳税单位一定时期内（月份、季度、年度）生产经营成果的会计报表。损益表概括地反映了纳税人在一定时期内所取得的各项收入和支出的各项费用，以及获取的利润及利润的构成情况。通过对损益表进行审查分析，可以了解纳税人的增减变化，考核利润构成及利润计划的完成情况。损益表中反映的生产经营收入是纳税人计算销售税金的主要依据，生产经营所获得的利润是上缴国家税利的主要来源，利润额是计算应纳税额的主要基数。所以，损益表是纳税检查的主要会计报表之一。

（一）主营业务收入的审查

主营业务收入既是按流转额征税的税种的计税依据，又是构成利润的基础。其增减变动，对各税种都有重大影响。通过对产品销售收入的审查，了解其变动的原因，影响产品销售收入的主要原因是产品的产量、价格、质量等；了解其有无隐匿或转移销售收入；预测销售收入发展趋势，了解其对税源的影响。应注意计缴增值税的企业，产品销售收入是不含税的。

（二）主营业务成本的审查

主营业务成本按产品的销售数量和该产品的单位销售成本计算得到，产品销售成本的高低也直接影响着利润的高低。主要审查有无多转产品销售成本额的现象，它可以通过产品销售成本率的变化趋势来反映。如果产品销售成本率变动很大，在价格未调整的情况下，就有可能匿报产品销售收入、虚增产品销售成本或多转产品销售成本。

（三）营业税金及附加的审查

主营业务税金是指销售产品所缴纳的消费税、城市维护建设税及营业税、教育费附加等。税率的变动、计税依据不实或纳税单位申报不实等都可能引起税金的变动。

生产单一税率产品或提供单一服务的企业，产品销售税金占产品销售收入的比例与适用税率是基本一致的。审查时，如发现有出入，可确定为纳税单位可能申报不实。应注意城市维护建设税和教育费附加是以增值税、消费税和营业税为基础计算的。如果某纳税单位需要计缴增值税，而增值税又是以不含税产品销售收入计算的，所以在确定上述比例关系时，应扣除以增值税为基础计算的城市维护建设税和教育费附加。

（四）销售费用的审查

在利润表中所列举的费用为期间费用，包括销售费用、管理费用和财务费用等。审查时，首先将费用与计划或上年同期对比，确定其差异，并分析差异形成的原因；然后通过销售费用率的变化趋势来确定有无隐瞒销售收入或虚列费用水平。

（五）其他业务利润的审查

其他业务利润是纳税人除销售商品和提供劳务等主要经营业务外的其他业务收入扣除其他业务成本、费用、税金后的余额。检查时，应结合“其他业务收入”与“其他业务支出”有关明细账户进行检查，检查纳税人是否将销售主营业务以外的其他业务（如材料销售、技术转让、固定资产出租业务等）的收入及时、全部登记入账，扣除有关的成本费用是否合理。特别要注意其是否有隐瞒、转移和冲减其他业务收入的现象或虚列费用支出的情况。在正常情况下，其他业务利润应为正数，如果纳税人的表列为负数，就应重点审查。

（六）管理费用、财务费用的审查

管理费用是指纳税人行政管理部门为管理组织生产经营活动而发生的各项费用。财务费用是指纳税人为筹集资金而发生的各项费用。检查分析时，将所列数字与上期、上年同期或同类纳税人相关指标进行对比，如果当期费用水平过高，则应进一步审查费用的开支范围和列支标准，看纳税人有无扩大有关费用的开支范围（将资本性支出利息费用列作收益性支出）、有无擅自提高列支标准（如业务招待费、管理人员工资等费用）等情况。

（七）投资损益和营业外支出的审查

投资收益是指投资收入扣除投资损益后的数额，它包括对外投资取得的债券利息和分得的税后利润、股利等。对投资收益进行检查分析时，首先应结合纳税人对外投资的具体项目，根据投资合同或协议及投资收益的分配方案查找差异；然后进一步检查纳税人是否将投资收益及时、全部登记入账。由于在纳税人取得的投资收益中，某些部分不必缴纳所得税，因而检查时还应注意投资收益构成情况，防止纳税人有将应收收益转换为收益核算的情况。

营业外收支是指与纳税人生产经营无直接关系的各项收入和支出。营业外收支净额是利润总额的组成部分，营业外收支的多少对利润有着直接的影响，所以需要检查核实。审查时，一是比较营业外收支变化的情况，有无异常现象；二是审查其构成内容，有无把非营业外收支列入营业外收支，如将主营业务收入转入营业外收入，就会漏报流转税，同时也需确定其有无将营业外收入转入往来账项。

（八）利润分配的审查

对利润分配的审查主要是指对税前利润的检查。检查时，如果“利润分配表”上应交所得税额与利润总额间的比例远低于法定税率25%，则应注意纳税人有无虚列以前年度亏损，有无将债券投资收益及其他投资收益列作股利或免税收益而在税前扣除，以及有无弄虚作假隐瞒利润等情况。

四、现金流量表的检查

现金流量表是反映纳税人在一定期间内从事的各项业务活动（包括经营活动、投资活动和筹资活动等）所产生的现金流入、流出和现金净变动额的财务报表。现金流量表中的现金是指纳税人的库存现金、可以随时用于支付的存款及其他货币资金和现金等价物。

现金流量表能够提供纳税人本期现金流量的实际数据，评价收益质量的信息和财务弹性，预测纳税人的未来现金流量。在纳税检查时，利用现金流量表记载的现金流入、流出的信息及其与资产负债表、损益的关系，来反映纳税人生产经营活动及纳税事宜的实际情况，进而查找财务、税收等方面存在的相关问题。

（一）经营活动产生的现金流量

经营活动产生的现金流量主要包括纳税人销售商品、提供劳务收到的现金和购买商品、接受劳务支付的现金两大部分。收入现金包括本期销售商品、提供劳务收到的现金，以及前期销售商品、提供劳务本期收到的现金和本期预收的款项，减去本期销售本期退回的商品和前期销售本期退回的商品支付的现金。审查时，可根据“现金”、“银行存款”、“应收账款”、“应收票据”、“预收账款”、“主营业务收入”、“其他业务收入”等科目记录比较分析，核对表中所列数据是否与前述项目一致，有无隐瞒应税收入的情况。现金支出包括本期购入商品、接受劳务支付的现金，以及本期支付前期购买商品、接受劳务的未付款项和本期预付款项。审查本项目时，可根据“现金”、“银行存款”、“应付账款”、“应付票据”、“主营业务成本”等科目的记录比较分析，核定现金支出有无扩大范围或虚增成本费用等现象。

（二）投资活动产生的现金流量

投资活动产生的现金流量主要包括纳税人取得投资收益所收到的现金构建固定资产、无形资产和其他长期资产所支付的现金。

投资收益收入现金包括股权性投资分得的现金股利，从子公司、联营企业或合营企业分会利润而收到的现金，以及债权性投资而取得的现金利息收入。审查本项目时，可根据“现金”、“银行存款”、“投资收益”等科目的记录分析比较，核定纳税人是否将取得的投资收益全部按税法的规定缴纳了税款。

投资支出现金主要包括纳税人购买、建造固定资产，取得无形资产和其他长期资产所支付的现金，包括购买机器设备所支付的现金及增值税款、建造工程支付的现金、支付的在建工程人员的工资等现金支出，但不包括为构建固定资产而发生的借款利息资本化部分，以及融资租入固定资产所支付的租赁费。审查本项目时，可根据“现金”、“银行存款”、“固定资产”、“无形资产”、“在建工程”等科目的记录比较分析，查看纳税人有无缩小投资支出，将投资支出计入生产成本费用中，减少当期应纳税额。

（三）筹资活动产生的现金流量

筹资活动产生的现金流量主要包括纳税人吸收投资所收到的现金和分配股利、利润或偿付利息所支付现金。吸收投资收到的现金主要包括纳税人以发行股票、债券等方式筹集资金实际收到的款项净额。审查本项目时，可根据“现金”、“银行存款”、“实收资本”（或股本）等科目的记录比较分析，防止纳税人将应税收入记入“基金”等科目核算，隐瞒流转税和企业所得税。

分配股利、利润或偿付利息所支付的现金主要包括纳税人实际支付的现金股利、支付给其他投资单位的利润或用现金支付的借款利息、债券利息所支付的现金。审查时，可根据“现金”、“银行存款”、“应付股利”、“财务费用”、“长期借款”等科目的记录比较分析，防止纳税人将发放现金的支出记入“股利”、“利润”等科目进行核算，偷、逃个人所得税。

五、合并（汇总）会计报表的审查

企业主管部门、联营企业、集团公司及投资公司等机构都有可能编制合并（汇总）会计报表。合并（汇总）会计报表的审查作为纳税检查的内容之一，首先要审查合并（汇总）会计报表的资料来源是否可靠，合并（汇总）会计报表的资料来自各企业的单个报表，所以审查的前提条件是各企业的单个报表数字经审查后应是正确的。其次，审查合并（汇总）会计报表的数字是否正确，合并（汇总）会计报表的资料并不是各企业报表数字的简单相加，例如，表内有关上下级公司间、平行公司间、投资与被投资公司间往来款项和内部调拨等，相互间提供货物，相互间投资等，在合并（汇总）时相互抵销，以免重复；一些比例性指标，如资产利润率等，应重新计算。最后，要着重审查各内部公司间、主管部门与所属公司间内部往来账款及材料、商品等财产物资的内部调拨，防止利润相互转移，从而偷、漏税款。

第四章　纳税检查证据

【本章要点】

证据的证明标准是证据法理论和司法实践中的热点和难点。我国目前尚没有出台证据法典，司法部门和税务机关对涉税案件的取证缺乏一致认同的标准。本章主要介绍纳税检查的证据知识、证据收集与固定、主要税收违法行为的取证。本章有助于稽查人员掌握证据的特征、种类和稽查取证的方法、要求，以便在实践中进一步规范纳税检查工作。

第一节　证据概述

一、证据的概念及特征

证明案件真实情况的一切事实都是证据。证据必须经过查证属实，才能作为判案的根据。证据具有合法性、关联性和正式性三个特征。

合法性是指证据的收集主题、收集程序和证据形式合法。在审查证据的合法性时，应从证据是否符合法定形式，证据的取得是否符合法律、法规、规章和司法解释的要求，是否存在影响证据效力的其他违法情形等方面进行审查。

关联性是指证据必须是与案件有客观联系的事实。作为稽查的证据，必须与涉税行为存在着紧密的联系，能够反映纳税人是否存在税收违法行为。在确认证据是否有关联性时，要运用逻辑推理，进行全面、客观、公正的分析、判断和认定。

真实性是指证据必须是客观存在的事实。任何一种税收违法行为的发生、发展和结果，都必然要在客观外界留下痕迹和映象，它是客观存在的事实，而非猜测和虚构的。所有与案件有关的账册资料、购销记录、文件等实物证据，以及涉案当事人、证人的言辞都必须是确定的事实，是客观存在的；反之，任何猜测、幻想和虚构，都不是客观事实，均不能作为合法证据使用。

二、证据的分类

（一）证据的法定种类

我国《行政诉讼法》和《税务行政复议（暂行）》将稽查证据分为书证、证物、视听资料、证人证言、当事人的陈述、鉴定结论和勘验笔录、现场笔录七类。

1. 书证

书证是指以文字、符号、图画等所记载的内容、含义来证明案件的真实情况的证据。在纳税检查工作中，书证是最重要的证据，也是数量最多的证据，通常表现为证明税收违法行为的凭证、账簿、表格、发票、合同、文件、企业营业执照、法定代表身份证等。

2. 证物

证物是指用外形、特征、质量等证明案件的真实情况的物品。非法印制、买卖、伪造、变造的发票、完税凭证；非法印制的增值税专用发票及其他作案工具；倒卖发票获取的赃款、赃物等。

3. 视听资料

视听资料是指以录音、录像、计算机软件等可视可听的载体储存的、证明案件真实情况的录像、文字和其他信息。主要包括录音资料、录像资料、电子计算机储存资料、运用专门技术设备得到的信息资料。

4. 证人证言

证人证言是指知道案件真实情况的人向稽查人员所作的有关案件部分或全部事实的陈述。常见的证人证言有询问笔录、证人提供的口头或书面的证词等。

5. 当事人的陈述

当事人的陈述是指当事人作出的对案件真实情况的陈述。常见的当事人陈述有询问笔录，当事人自述材料，陈述、申辩笔录等。

6. 鉴定结论

鉴定结论是指专门的鉴定部门借助鉴定人的专业知识、技能和经验，对案件的有关事实设计的专门性问题所作的判断性意见、发票鉴定等。

7. 勘验笔录、现场笔录

勘验笔录、现场笔录是指稽查人员对与案件有关的现场、物品进行勘察、测量、检验、拍照、询问等制作的实况记录。其形式可以是文字记录、图片、照片等，如稽查人员现场制作的“实物盘点表”。

（二）证据的其他分类

证据还可以按照表现形式、与税收违法案件的主要事实之间的关系、来源方式等标准进行分类。

1. 言辞证据与实物证据

按照证据的表现形式，可以将其分为言辞证据和实物证据。言辞证据是指以人的陈述形式表现出来的各种证据，如当事人陈述、证人证言、鉴定结论等。实物证据是指以客观存在的物体作为证据表现形式的证据，如税收违法案件中的单据、账册、报表、视听资料等。

2. 直接证据和间接证据

按照证据与案件主要事实之间的关系，可将其分为直接证据和间接证据。凡是能够直接证明案件主要事实的证据，都属于直接证据。间接证据是指需要借助其他证据才能对所证事实产生证明作用的证据。在没有直接证据的情况下，应通过若干个间接证据证明案件的事实。

3. 原始证据和传来证据

按照证据的来源方式，可以将其分为原始证据和传来证据。原始证据是指从案件事实的最初来源获得的证据，即第一手事实材料，如当事人提供或知情人提供的证言、外调取得的证据资料等。传来证据是从原始证据中衍生出来或在信息传播中间环节形成的证据，属于第二手的事实材料，如证人转述他人的证言、书证的抄件、影音件，各种证物的复制品，以及照片、录音、录像，复制的视听资料等。

三、证据规则

证据规则是指关于证据取得和证据效力方面的规则，包括最佳证据规则、非法证据排除规则、补强证据规则等。了解和掌握证据规则有助于稽查人员提高取证能力。

最佳证据规则是指，在证明同一事实的数个证据中，应当优先按照最具证明效力的证据对案件事实进行认定，如原件、原物优于复制件、复制品，法定鉴定部门的鉴定结论优于其他鉴定部门的鉴定结果。

非法证据排除规则是指，在取证过程中，主体违法、程序违法和手段违法等非法获取的证据，不具有法律上的证明效力，不能为法庭所采纳而作为定案的依据，如以偷拍、偷录、窃听等手段获取侵害他人合法权益的证据材料。

补强证据规则是指法律规定某些证据不能单独作为认定案件事实的依据，只有在其他证据或其印证时，才能认定案件事实，如难以识别是否经过修改的视听资料，无法与原件、原物核对的复制件或者复制品等。

对上述规则的适用，最高人民法院《关于行政诉讼证据若干问题的规定》（法释〔2002〕21 号，以下简称《若干规定》）第五十七条、第五十八条、第六十二条、第六十三条、第六十八条、第七十条、第七十一条都作出了具体规定。

（一）证据效力规定

（1）国家机关及其他职能部门依职权制作的公文文书优于其他书证。

（2）鉴定结果、现场笔录、勘验笔录、档案材料及经过公正或者登出的书证优于其他书证、视听材料和证人证言。

（3）原件、原物优于复制件、复制品。

（4）法定鉴定部门的鉴定结论优于其他鉴定部门的鉴定结果。

（5）法庭主持勘察所制作的勘验笔录优于其他部门支持勘验所制作的勘验笔录。

（6）原始证据优于传来证据。

（7）其他证人证言优于与当事人有亲属关系或者其他密切关系的证人提供的对该当事人有利的证言。

（8）出庭作证的证人证言优于未出庭作证的证人证言。

（9）数个种类不同、内容一致的证据优于一个孤立的证据。

（二）不能作为定案依据的证据

（1）严重违反法定程序收集的证据材料。

（2）以偷拍、偷录、窃听等手段获取侵害他人合法权益的证据材料。

（3）以利诱、欺诈、胁迫、暴力等不正当手段获取的证据材料。

（4）在中华人民共和国领域以外或者在中华人民共和国香港特别行政区、澳门特别行政区和台湾地区形成的未办理法定证明手续的证据材料。

（5）当事人无正当理由拒不提供原件、原物，又无其他证据印证，且对方当事人不予认可的证据的复制件或者复制品。

（6）被当事人或者他人进行技术处理而无法辨明真伪的证据材料。

（7）不能正确表达意志的证人提供的证言。

（8）以违反法律禁止规定或者侵犯他人合法权益的方法取得的证据。

（9）不具备鉴定人资格或者鉴定程序违法的鉴定结论，以及鉴定结论错误、不明确或者内容不完整的鉴定结论。

（三）不能单独作为定案依据的证据

（1）未成年人所作的与其年龄和智力状况不相适应的证言。

（2）与一方当事人有亲属关系或者其他密切关系的证人所作的对当事人有利的证言，或者与一方当事人不利关系的证人所作的对当事人不利的证言。

（3）应当出庭作证而无正当理由不出庭作证的证人证言。

（4）难以识别或者经过修改的视听资料。

（5）无法与原件、原物核对的复制件或者复制品。

（6）经一方或者他人改动，被当事人不予认可的证据材料。

（7）其他不能单独作为定案依据的证据材料。

（四）可以直接认定事实的证据

（1）自然规律及定理。

（2）除当事人有相反证据等情况以外，下列事实可以直接认定：众所周知的事实，按照法律规定的事实，已经依法证明的事实，根据日常生活经验法则推定的事实。

（3）生效的人民法院裁判文书或者仲裁机构裁决的文书确认的事实。

四、证据的证明和证明标准

证明是指根据法定的程序、标准，运用一定的证据或事实，按照一定的规则和法律原理来认定案件事实的活动。证明标准是指在查明案件事实和进行审理时，运用证据证明案件事实所需要达到的程度和要求。

目前，在证据法学理论和司法实践中，一般认为，对民事诉讼采用优势证明标准，即在审查证据的真实性和证明力上，只要认定一方的证明力占优势即可；对刑事诉讼采用排除合理怀疑证明标准，即在审查证据的真实性和证明力上，要求承担证明责任的一方能够运用证据对案件事实排除所有合理的怀疑，能得出唯一结论。关于行政诉讼的证明标准，法院一般采用清楚而有说服力的证明标准，即被告（行政机关）提供的证据相对于原告（行政管理相对人）的证据具有明显的优势，它低于排除合理怀疑标准，允许个别的合理怀疑存在，要求行政机关的证据之间具有清楚的逻辑关系，证据充分并有一定的说服力。

五、纳税检查证据的收集原则

（一）依法取证原则

稽查人员必须依照法定的职权、程序和步骤收集证据，不得超越法定职权和采取非法手段获取证据，不得滥用职权或损害稽查对象合法权益来获取证据。《税收征管法》及其实施细则作了税务检查权和程序性规定，如对当事人的储蓄存款进行检查时，必须经设区的市（州）以上税务局局长签字批准，方可进行，取得有关证据。

（二）全面、客观、公正原则

《行政处罚法》规定，行政机关发现公民、法人或其他组织有依法应当给予处罚的行为的，必须全面、客观、公正地调查、搜集相关证据。全面，要求与税收案件相关、能证明有关涉税事实的有关证据均要搜集。《若干规定》要求，全面的证据应当是数个种类不同、内容一致的证据组成的完整的证据链，其效力高于一个孤立的证据。客观，要求稽查人员在收集证据时要采取实事求是的态度。公正，要求稽查人员在收集证据时应本着“法律面前，人人平等”的原则，公道正派，不带个人偏见，不故意遗漏对稽查对象不利或有利的证据。

（三）行政效率原则

行政效率原则要求纳税检查取证工作应注重效率，以较低的耗费取得有效的证据。稽查人员在取证时要做到有计划、有目的，尽量提取最佳证据，尽可能收集直接证据和原始证据。对于不能提取原始证据的，要根据证据收集与固定的要求制作合法有效的复印件、照片、录像等派生证据。为避免证据的灭失，必要时提请司法部门通过证据保全方式取证。

第二节　纳税检查证据的收集和固定

一、书证的收集与固定

按照《若干规定》第十条、第十七条和《纳税检查工作规定》（国税发〔1996〕226号）第二十四条的规定，书证的收集与固定应符合以下要求：

（1）需要提取案件有关资料原件的，以专用收据提取有关资料，以统一的换票证换取发票原件。

（2）不能取得原件的，或稽查对象以外的单位和个人提供的书证属于复印件的，可以照相、影印和复制，但必须注明原件的出处，由原件保存单位（个人）签注“本件由我单位提供，与原件核对无误，原件存于我处”字样，并由其签章或押印；拒绝签章或押印的，应当邀请有关见证人（如基层组织、所在单位代表等人员）到场制作现场笔录，在现场笔录上记明拒签事由和日期，由稽查人员、见证人签名或盖章。

（3）收集的报表、会计账簿、图纸、专业技术资料、科技文献等书证，应当附有说明出处等相关信息的材料并盖章和押印。

（4）外文书证或者外国语视听资料，应当附有由具有翻译资格的机构翻译的或者其他翻译准确的中文译本，由翻译机构盖章或者翻译人员签字。

二、证物的收集与固定

按照《若干规定》第十一条、第十四条的规定，物证的收集和固定应符合以下要求：

（1）如收集原物确有困难的，可以收集与原件核对无误的复制件或者证明该物证的照片、录像等其他具有证明效力的证据。

（2）原物数量较多的，可收集、调取其中具有代表性的一部分，并辅以照片、录像、现场笔录等加以佐证。

（3）收集物证时，还要注意与鉴定结论相结合。

三、视听资料的收集与固定

（一）录像资料和录音资料的收集与固定的要求

按照《若干规定》第十二条、第五十七条、第七十一条的规定，录像资料和录音资料的收集与固定应符合以下要求：

（1）尽可能调取有关资料的原始载体，即录音、录像、计算机储存资料等信息载体。调取原始载体有困难的，可提供复制件，需要注明制作方法、制作时间、制作人和证明对象等内容。

（2）通过拍摄、看、录音等方式收集和固定相关的证据（包括采用偷拍、偷录、窃听等手段获取，但不能侵犯他人的合法权益）。

（3）对取得的视听资料，应保持事实的完整性、真实性，不能进行剪辑、拼接等。

（4）声音资料应当附有该声音的内容的文字记录。

（5）录制的原始音像制品可复制并办理公证，封存备查，以免原始音像制品磨损或音像失真，导致证据灭失。

（二）电子证据的收集和固定

按照《若干规定》第十二条、第四十条、第六十四条、第七十一条的规定，一般可以采取以下方式收集与固定电子证据：

1. 一般取证

一般取证是指对电子证据在未经伪饰、修改、破坏等情形下进行的取证。

（1）打印。

直接将有关内容打印在纸张上，再按照提取书证的方法予以保管、固定，并注明打印的时间、数据信息在计算机中的位置（如存放于哪个文件夹中）和取证人员等内容。

（2）拷贝。

拷贝之后，应当及时检查拷贝的质量，防止因保存方式不当等原因而导致的拷贝不成功或感染病毒。在取证的同时应取得备份证据，然后将其中备份证据存储介质封存，由纳税人注明“该数据出自我单位电脑中，未经修改，数据真实”，写明年、月、日，盖章封存，稽查人员将封存的电子数据储存介质带回单位保存。

（3）拍照、摄像。

可按有关要求采用拍照、摄像的方法对其进行提取和固定，也可同时对取证全过程进行拍照、摄像。

（4）公证。

对操作电脑的步骤、电脑型号等进行公证。打开电脑和进入页面的程序，以及电脑中出现的内容进行复制等全过程进行现场监督，对现场情况进行拍照或录像，由公证人员出具公证书。

2. 特殊取证

特殊取证主要是指在电子证据被加密、删改、破坏等情况下，由专业技术人员协助进行电子证据收集和固定的活动。

（1）解密。

找到相应的密码文件后，由专业技术人员选用相应的解除密码口令软件。解密后，再将对案件有价值的文件，按一般取证方法进行取证。在解密过程中，可采取录像方式。

（2）恢复。

使用软件恢复工具，恢复已被修改、破坏的证据；对已被恢复的，再按一般取证方法进行取证。

四、证人证言的收集与固定

按照《若干规定》第十条、第十三条、第四十二条、第四十六条、第五十七条、第七十一条和《纳税检查工作规程》第二十二条、第二十三条、第二十五条的规定，证人证言的收集与固定应符合以下要求：

（1）《调查（询问）笔录》应逐项填写清楚以下内容：询问的时间、地点，询问调查人、记录人（录入人），被询问人姓名、性别、年龄、工作单位、职务、住址及重要在场人的姓名、工作单位、职务等。

（2）正文部分采用问答形式。记录询问内容要真实、准确、详细、具体，不能随意取舍。

（3）稽查人员应就调查了解的事实进行询问，询问措辞应做到意思表达清晰、明确，不要使用暗示或隐喻性的言辞，并应告知被询问人不如实提供情况应当承担的法律责任。

（4）涉及重要事实、情节、数字、日期等问题时，应要求被询问人准确回答，避免含糊。

（5）对证人提供的物证、书证，或询问人提问时出示的证据，都要在记录中反映并记明证据的来源。

（6）《调查（询问）笔录》应用钢笔、毛笔书写或打印。

（7）应由证人本人签章或者押印，证人没有书写能力而请人代写、代打印的，由代写、代打印人向证人本人宣读，证人本人认为无误的，由本人及代写、代打印人共同签章或者押印。

（8）证人认为证言有遗漏或差错的，应允许其补充或更正。更改证言的，应当注明更改原因，并在更改处由被询问人押印，但税务机关不退还原件。

（9）采用手书、计算机打印等多种方式固定证据的，均应当有稽查人员、被询问人、陈述人、谈话人的签名或者盖章。

（10）证人证言中要有证人的签名、盖章（押印）和出具日期，以及证明证人身份的文件。

五、当事人陈述的收集与固定

当事人陈述的收集与固定要求与证人证言的基本相同，参见上面的内容。

六、鉴定结论的收集与固定

按照《若干规定》第十四条、第六十二条、第六十三条的有关规定，鉴定结论的收集与固定应符合以下要求：

（1）委托人和委托鉴定的事项，向鉴定部门提交的相关材料。

（2）进行鉴定的时间、地点。

（3）鉴定的依据和使用的科学技术手段。

（4）对鉴定情况和结果进行的论证。

（5）鉴定部门和鉴定人鉴定资格的说明，并应有鉴定人、复核人签名和鉴定部门盖章。

（6）明确的鉴定结论。通过分析获得的鉴定结论，鉴定人应当说明分析过程。

按照《若干规定》第三十条规定，对上述鉴定内容欠缺或鉴定结论不明确的，税务机关可要求鉴定部门予以说明、补充鉴定或重新鉴定。

七、勘验笔录、现场笔录的收集和固定

按照《若干规定》第十五条的规定，勘验笔录、现场笔录的收集与固定应符合以下要求：

（1）必须由稽查人员当场制作，不得由他人代为制作，也不得事后补作。

（2）应当全面、客观。应当载明时间、地点和事件等内容。

（3）制作完毕由稽查人员和当事人签名，如当事人拒绝签名或者不能签名的，应当注明原因，有其他人在现场的，可由其他人签名。

第三节　主要税收违法行为的取证

本节着重介绍偷税、逃避追缴欠税、骗税、抗税、虚开增值税专用发票及其他用于骗取出口退税、抵扣税款凭证等税收违法行为的主要证据取证参考和取证要求。鉴于各地在税务行政执法和司法实践中，对税收违法行为的取证要求不一，稽查人员可以此为参照并结合本地实际，灵活把握。

一、偷税的取证

偷税是指纳税人、扣缴义务人伪造、变造、隐匿和擅自销毁账簿、记账凭证，或者在账簿上多列支出或者不列、少列收入，或者经税务机关通知申报而拒不申报或者进行虚假的纳税申报，不缴或者少缴应纳税款的行为。偷税行为取证参考见表4－1。

表4－1　主要涉税违法行为取证参考一览表

<table>
<tr><th colspan="2">违法手段</th><th>主要证据</th></tr>
<tr><td colspan="2">伪造、变造、隐匿、擅自销毁账簿、记账凭证</td><td>1. 伪造、变造、隐匿账簿的账簿凭证，公安等部门出具的销毁账簿、记账凭证的证明
2. 当事人陈述、证人证言、现场笔录、询问笔录、视听资料（如销毁账簿凭证的残骸等视听资料）
3. 证明真实业务的账簿凭证、业务合同、出库单等记载经营活动的资料、资金往来等资料
4. 业务关联方的有关账簿凭证、业务合同、出库单等记载经营活动的资料、资金往来等资料
5. 有关职能部门的鉴定、裁决等
6. 纳税申报资料
7. 其他证据</td></tr>
<tr><td rowspan="2">在账簿上多列支出或者不列、少列收入</td><td>不列、少列收入</td><td>1. 不列、少列收入的账簿凭证等资料
2. 证明真实业务的账簿凭证、业务合同、出库单等记载经营活动的资料、资金往来等资料
3. 业务关联方的有关账簿凭证、业务合同、出库单等记载经营活动的资料、资金往来等资料
4. 当事人陈述、证人证言、现场（勘验）笔录、视听资料
5. 纳税申报资料
6. 其他证据</td></tr>
<tr><td>多列支出</td><td>1. 多列成本费用（支出）的账簿凭证等资料
2. 生产（经营）费用的归集、分配计算表等资料
3. 销售成本结转资料等
4. 相关合同、协议等资料
5. 当事人陈述、证人证言、现场（勘验）笔录、询问笔录、视听资料
6. 纳税申报资料
7. 其他证据</td></tr>
<tr><td colspan="2">经税务机关通知申报而拒不申报</td><td>1. 税务登记证或责令限期申报的相关文书
2. 主管税务机关的未申报证明
3. 证明真实业务的账簿凭证、业务合同、出库单等记载经营活动的资料、资金往来等资料
4. 当事人陈述、证人证言、现场（勘验）笔录、视听资料
5. 其他证据</td></tr>
</table>

（续上表）

违法手段	主要证据
进行虚假的纳税申报	1. 纳税申报资料 2. 证明真实业务的账簿凭证、业务合同、出库单等记载经营活动的资料、资金往来等资料 3. 业务关联方的有关账簿凭证、业务合同、出库单等记载经营活动的资料、资金往来等资料 4. 当事人陈述、证人证言、现场（勘验）笔录、视听资料 5. 其他证据

（一）主体方面证据

1. 各类登记证照等书证

各类登记证照包括登记、变更、注销等书证，如工商登记、税务登记、事业社团登记等，特殊行业还应取得特许经营批准文书；属于增值税一般纳税人的，应取得增值税一般纳税人证明；属于自然人、个体工商户的，应取得个人的居民身份证或护照等复印件。

2. 其他主体资格书证

其他主体资格书证有纳税人银行账号，享受税收减免的批文等，法定代表人、主要负责人、财务人员、直接责任人等相关人员的身份证明。

（二）客观方面证据

主要围绕纳税人、扣缴义务人的偷税手段收集证据：以账务检查为切入点，结合稽查对象的供应、生产、销售、运输等部门信息，核实其纳税申报的真实性；通过现场检查、询问、协查等方法，以及到有关政府职能部门、业务相关单位等取得证据。

1. 伪造、变造、隐匿和擅自销毁账簿、记账凭证行为的证据

（1）伪造、变造账簿、记账凭证行为的证据。

取得伪造、变造账簿、记账凭证的原件或经稽查对象确认的复印件。对真实反映其经营状况的账簿、会计凭证、业务合同、物流凭据、资金往来等相关资料也应作为证据一并提取；需要对证据进行司法鉴定的，应提请司法部门做司法鉴定。其中，物流凭据包括：出库、入库、送货单据、存货盘点表、日销单、账外账等；资金往来凭据包括：进账单、对账单、现金或银行结算凭据等。

（2）隐匿账簿、记账凭证行为的证据。

可从进货渠道核查进货量，从资金流向核查销货量，再通过库存盘点来确定其实际销售收入，并取得物流凭据、资金往来凭据、存货盘点凭据等证据。

（3）擅自销毁账簿、记账凭证行为的证据。

可制作询问笔录、取得证人证言；有销毁现场的，应制作现场笔录；以照相、

录像、录音等方式提取销毁账簿、记账凭证的残骸等视听资料；从公安等部门取得销毁账簿、记账凭证的案件资料。

（4）其他证据的收集。

取得当事人陈述或收集相关人员（包括法定代表人、经办人、财务人员、仓库管理员、运输人员等）的证人证言或制作询问笔录；纳税申报资料；纳税人相关的会议记录、电子数据等其他证据。一般纳税人的增值税，还应取得其账外经营部分的合法抵扣凭证。

（5）纳税人、扣缴义务人的偷税行为少缴纳税款的证据。

包括偷税当期的申报资料，反映应缴纳税款的询问笔录等。

2. 在账簿上多列支出或不列、少列收入行为的证据

提取账簿证据时，收集和固定纳税人多列支出、不列或少列收入等违反税收政策内容的账页。

（1）多列支出行为的证据。

①通过扩大产品材料成本多列支出的，应取得反映其材料假出库、变更原材料计价方法、向职工发放资金计入材料采购成本等的相关账簿凭证资料。

②通过税前列支购置、建造固定资产，超标、超范围计提固定资产折旧等手段多列支出的，应取得反映其固定资产折旧方法、折旧率、当期应计提固定资产折旧数额、不得提取的固定资产折旧数额等的相关账簿凭证资料。

③通过违规摊销多列支出的，应取得反映纳税人缩短待摊费用摊销期限、改变低值易耗品核算方法、违规摊销开办费等的相关账簿凭证资料。

④将专用基金支出计入成本多列支出的，应取得反映其将专用基金支出列入成本费用的相关账簿凭证资料。

⑤以白条、假发票虚列各类费用支出，超标列支各类费用支出等手段多列支出的，应提取相关账簿凭证资料；需要对证据进行鉴定的，应提请相关部门做鉴定。

⑥纳税人、扣缴义务人的偷税行为少缴纳税款的证据，包括偷税当期的申报资料、反映应缴纳税款的询问笔录等。

⑦其他多列支出行为的证据。

（2）不列、少列收入行为的证据。

①对于账外经营的应税收入，或将应税收入挂在往来账户不按规定结转收入，应取得反映其真实业务状况的会计凭据、资金收支单据、货物出入库单据及业务合同、协议等相关资料。

②对于少计应税收入的行为，应取得分解销售收入，价外收入不作销售处理，出售来料加工剩余材料及出售用来料加工剩余材料加工的产品不计销售收入，将产品或半成品自用、对外投资、对外捐赠、以物易物、用于职工福利商品未申报纳税等行为的会计凭证、资金收支单据、货物出入库单据及业务合同、协议等相关资料。

③少计“营业外收入”或“其他业务收入”的，应取得反映其固定资产清理净

收益、罚没收入、固定资产变价收入、固定资产出租收入、转让无形资产收入等少计收入行为的会计凭证、资金收支单据及合同、协议等相关资料。

④纳税人、扣缴义务人的偷税行为少缴纳税款的证据，包括偷税当期的申报资料，反映应缴纳税款的询问笔录等。

3. 经税务机关通知申报而拒不申报行为的证据

（1）主管税务机关下达的《责令限期改正通知书》和送达回证。

（2）税务登记证或扣缴登记。纳税人、扣缴义务人已办理税务登记或扣缴登记的，认定为“经税务机关通知申报”；未依法办理税务登记或扣缴登记的，提取税务机关在法定或依法确定的纳税申报期限期满后依法书面通知其申报的通知书。

（3）证明纳税人、扣缴义务人经税务机关通知申报而拒不申报行为的当事人陈述、制作询问笔录。

（4）纳税人、扣缴义务人的偷税行为少缴纳税款的证据，包括偷税当期的申报资料、反映应缴纳税款的询问笔录等。

4. 采取虚假纳税申报行为的证据

（1）纳税人、扣缴义务人报送的与事实不符的纳税申报表、财务会计报表及其他纳税资料。

（2）反映纳税人虚假申报的账簿、报表等资料。提取时，可视情况只提取反映虚假申报内容的账页和虚假申报期间账上反映月计、累计发生额、余额情况的账页。

（3）纳税人非法取得或取得不符合有关规定发票的证据。收集纳税人不按规定作纳税调整的证据时，一方面应提取相关业务会计处理的资料，另一方面可以结合询问笔录对所提取的上述证据加以固定。

（4）纳税人、扣缴义务人的偷税行为，少缴纳税款的证据，包括偷税当期的申报资料，反映应缴纳税款的询问笔录等。

（5）其他反映虚假纳税申报行为的证据。

二、逃避追缴欠税行为的取证

对逃避追缴欠税行为，主要围绕纳税人欠缴税款，采用转移、隐匿财产手段，逃避履行纳税义务的行为进行取证，主要取证参考见表4-2。

表4-2 逃避追缴欠税主要取证参考一览表

违法类型	主要证据
逃避追缴欠税行为	1. 证明纳税人欠税的相关账簿凭证、纳税申报资料和税务处理决定等 2. 纳税人转移、隐匿财产的证据 3. 当事人陈述、证人证言、现场（勘验）笔录、视听资料 4. 造成无法追缴欠税或妨碍追缴欠税结果的证据 5. 其他证据

（一）主体方面证据

与本节偷税行为主体证据方面的取证相同。

（二）客观方面证据

1. 欠税证据

（1）纳税人欠缴税款期间财务报表、“应交税费”账簿相关账页、会计凭证、纳税申报资料等。

（2）欠缴税款的资料，如欠税税种、纳税期限、应纳税额、欠税数额等。

（3）主管税务机关下达的责令限期缴纳税款文书。

（4）属于欠缴查补税款的，还应取得相关的《税务处理决定书》及送达回证。

2. 无法追缴欠税或妨碍追缴的证据

（1）纳税人转移、隐匿财产的，应取得该物品原存放地（仓库等）的照片、现场勘验笔录和相关人员证人证言；对已转移财产的，应对取得此物品财产所有权人的调查笔录、交易合同、款项支付情况、转移时间、有关部门如房地产部门出具的房屋产权转移证据等证据。

（2）纳税人转移、隐匿资金的，需提取纳税人税务登记证、税务登记表中登录或报告的纳税人银行账号内容的证据，取得纳税人与转移、隐匿行为相关的资金进出凭证及相关人员证人证言等。

3. 询问笔录，当事人陈述及其他可以证明逃避追缴欠税事实的证据

三、骗取出口退税行为的取证

骗取出口退税是以假报出口或者其他欺骗手段，骗取国家出口退税款的税收违法行为。对骗取出口退税行为的取证，应从行为主体、骗税手段、行为结果等方面收集相关证据。主要取证参考见表4－3。

表4－3　骗取出口退税主要取证参考一览表

违法类型	主要证据
骗取出口退税行为	1. 纳税人退（免）税申报资料，包括出口货物报关单、外汇核销单、增值税专用发票或出口商品专用发票等 2. 相关购销合同或协议、出口货物明细单、出口货物装箱单、出口货物运输单据等证明货主真实身份的证据 3. 相关账簿资料、记账凭证、银行单证 4. 向海关、外汇管理部门、供货方税务机关协查的回函、虚开发票证明及其他资料

（续上表）

违法类型	主要证据
	5. 购进货物非法取得的虚开、伪造、非法购买增值税专用发票或有关发票 6. 虚假交易资金回流的证据 7. 当事人陈述、证人证言、现场（勘验）笔录、视听资料 8. 收入退还书 9. 其他与骗税相关的证据

（一）主体方面证据

与本节偷税行为主体证据方面的取证相同。

（二）客观方面证据

主要围绕稽查对象的骗税手段收集证据：以账务检查为切入点，结合稽查对象的产、供、销、运等部门信息，核实其纳税申报的真实性；结合下面介绍的对虚开发票和接受虚开发票的检查，取得稽查对象通过接受虚开发票，骗取出口退税的证据；通过现场检查、询问、协查（特别是向海关、外汇主管部门、供货方税务机关协查）等方法，取得其骗税行为的证据。

1. 退（免）税申报资料

包括出口退税申报表（含进货和出口申报明细表及汇总申报表），退库通知书，申请退税时所附的增值税专用发票、出口货物报关单（出口退税专用联）、出口外汇核销单（出口退税专用联）、外销（出口）发票及其他证明资料。

2. 出口货物行为真实性的证据

（1）物流证据。

物流证据包括货物出口合同、购销合同、委托加工合同；企业生产工艺流程和生产能力、耗用辅助材料和原料动力情况、库存及运输中的出口货物；出口货物购进明细账、出口货物生产明细账、出口销售明细账、库存明细账、出入库单据、货物购进或出口运输单据；海关出具的设备交接单，汽车运输公司的集装箱往返手册，船运公司的配箱回单、海运提单，货运代理公司的拖车业务代理单，运输公司的委托运单和台账，港口的集装箱交接单，确定出口货物行为的真实性以及出口货物品名、数量、单价、金额、目的港等的真实性。

（2）资金流证据。

根据资金往来账、银行对账单、银行原始凭证、货物购进方的资金往来账等资料，确定资金回流到稽查对象情况。

（3）发票流证据。

增值税专用发票、农产品采购发票等，确定其同货物情况是否一致；是否依法足额纳税；税务机关对虚开发票的供货单位的查处情况等资料。

（4）当事人陈述或相关人员（包括法定代表人、具体经办人、财务人员及仓库管理员、生产部门、运输部门人员等）、有关货物、资金和发票，以及相关出口离境、收汇情况等方面的证人证言、询问笔录。

3. 收入退还书和收到退税款的凭证

四、抗税行为的取证

抗税是指以暴力、威胁方法拒不缴纳税款的行为。对抗税行为的取证，主要从行为人、抗税手段、行为结果等方面进行。主要取证参考见表4－4。

表4－4　抗税主要取证参考一览表

违法类型	主要证据
抗税	1. 当事人陈述、证人证言、勘验笔录、询问笔录、视听资料 2. 医疗和法医鉴定，威胁、暴力行为的物证、视听资料等 3. 申报纳税资料、税务处理决定书、责令限期缴纳文书等证明抗税数额的资料 4. 其他证据

（一）主体方面证据

抗税行为主体只能是自然人。可证明行为主体情况的证据，主要是纳税人及有关人员的身份证明，如居民身份证或护照、工作证等。

（二）客观方面证据

稽查人员通过询问抗税人、取得公安机关立案证明、取得相关人员证人证言等，掌握抗税行为证据：

（1）抗税数额方面的证据。收集其应纳、已纳税款、税种、纳税期限等资料；属于责令限期缴纳的，应取得税务机关下达的责令限期缴纳文书；属于欠缴查补税款的，应取得相关的税务处理决定书。

（2）使用暴力、威胁方面的证据，包括受到暴力、威胁影响的执法人员自述材料，公安机关立案证明材料（如报案的记录、作案时间、地点证明、现场勘验笔录等）相关书证等，抗税人陈述或相关人员的证人证言等。

（3）抗税人使用暴力、威胁等手段造成伤害的证据，包括医疗单位鉴定、抗税人使用抗税手段造成后果的视听资料或相关物证、书证等。

五、虚开增值税专用发票的取证

虚开增值税专用发票是指为他人虚开、为自己虚开、让他人为自己虚开、介绍他人虚开增值税专用发票行为。应围绕开票方、受票方收集纳税人故意虚开及其后果的相关证据。主要取证参考见表4－5。

表4－5　虚开增值税专用发票主要取证参考一览表

违法类型		主要证据
虚开增值税专用发票	开票方	1. 虚开的增值税专用发票、发票领购簿，并取得发票使用情况的相关资料 2. 纳税申报表、税收缴款书、为虚开取得的进项抵扣凭证 3. 相关账册凭证、货物进出凭据、生产过程资料、货物出入库单据、运输单据及相关合同、协议 4. 资金往来凭据 5. 当事人陈述、证人证言、现场（勘验）笔录、视听资料 6. 有关部门等出具的生产能力、交易行为的鉴定结论 7. 发出协查的回复资料及受票方取得虚开发票的已抵扣证明 8. 已证实虚开发票的证明等 9. 其他与虚开增值税专用发票有关的资料
	受票方	1. 取得虚开的增值税专用发票抵扣联、发票联 2. 相关账册凭证、货物进出凭据、生产过程资料、货物出入库单据、运输单据及相关合同、协议 3. 资金往来凭据 4. 当事人陈述、证人证言、现场（勘验）笔录、视听资料 5. 取得虚开发票的已抵扣证明 6. 开票方主管税务机关出具的虚开发票的证明及有关资料 7. 其他与接受虚开增值税专用发票有关的资料

（一）主体方面证据

与本节偷税行为主体证据方面的取证相同。

（二）客观方面证据

1. 开票方证据

（1）纳税人发票领购簿，并取得发票使用情况的相关证明材料。

（2）纳税申报表、税收缴款书、进项抵扣凭证。

（3）票、货、款是否一致的证据，包括开票单位与受票单位相关的账册凭证、资金收支单据、货物进出库凭据、生产过程资料、货物出入库单据、运输单据及相关合同、协议。

（4）当事人陈述、申辩材料及开票单位与受票单位有关人员（包括法定代表人、业务经办人、财务人员仓库管理员及运输部门人员等）的证言材料，询问笔录。

证言应能说明代开、虚开、接受虚开或介绍虚开增值税专用发票的动机、目的、手段，以及虚开行为的策划者和策划过程；填开及交接过程；收取开票手续费情况等。

（5）有关的政府部门、行业协会等出具的证明无真实交易的鉴定结论。根据稽查对象的行业，邀请有关的政府部门或委托相关行业协会对稽查对象的生产能力等情况（如设备数量、工人效率、运输能力等）实施勘察，制作鉴定结论，确定销售业务的真实性。

（6）通过对受票单位调查和协查，取得虚开发票是否申报抵扣的凭证。

（7）必要时，请主管税务机关、发票印制单位鉴定涉嫌发票，出具鉴定结论；取得其他与虚开增值税行为相关的证据。

（8）其他与虚开增值税专用发票有关的证据。

2. 受票方证据

（1）纳税申报表、税收缴款书、进项抵扣凭证。

（2）涉嫌虚开发票的发票联和抵扣联。

（3）票、货、款是否一致的证据，包括开票单位与受票单位相关的账册凭证、资金收支单据、货物进出凭据、生产过程资料、货物出入库单据、运输单据及相关合同、协议。

（4）当事人陈述、申辩材料及开票单位与受票单位有关人员（包括法定代表人、业务经办人、财务人员仓库管理员及运输部门人员等）的证言材料，询问笔录。

证言应能说明代开、虚开、接受虚开或介绍虚开增值税专用发票的动机、目的、手段，以及虚开行为的策划者和策划过程；填开及交接过程；收取开票手续费情况等。

（5）必要时，请主管税务机关、发票印制单位鉴定涉嫌发票，出具鉴定结论；取得其他与虚开增值税行为相关的证据。

（6）受票方取得虚开发票，并已据此申报抵扣税款的证据。

（7）其他与虚开增值税专用发票有关的证据。

六、虚开其他用于骗取出口退税、抵扣税款的凭证的取证

虚开其他涉及骗取出口退税、抵扣税款的凭证包括废旧物资收购（销售）发票、农产品收购发票、运输发票及海关进口货物增值税缴款书等，税务机关应围绕业务真实性，收集虚开、接受虚开及其后果等方面证据。主要取证参考见表4－6。

表4－6　虚开其他涉及骗取出口退税、抵扣税款的凭证主要取证参考一览表

违法类型	主要证据		
虚开废旧物资发票抵扣税款	开票方	虚开废旧物资收购发票	1. 虚开的废旧物资收购发票 2. 相关账簿凭证、货物出入库单、过磅单、运输发票及相关合同、协议等 3. 资金往来凭据 4. 对出售人及业务的调查取证资料 5. 当事人陈述、证人证言、现场（勘验）笔录、视听资料等 6. 其他与虚开废旧物资收购发票有关的资料
	开票方	虚开废旧物资销售发票	1. 虚开的废旧物资销售发票记账联、发票领购簿等 2. 相关账簿凭证、货物出库单、过磅单、运输发票及相关合同、协议等 3. 资金往来凭据 4. 当事人陈述、证人证言、现场（勘验）笔录、视听资料等 5. 纳税申报资料 6. 其他与虚开废旧物资销售发票有关的资料
	受票方		1. 接受虚开的废旧物资销售发票联、抵扣联等 2. 相关账簿凭证、过磅单、货物验收入库单、运输发票及相关合同、协议等 3. 资金往来凭据 4. 当事人陈述、证人证言、现场（勘验）笔录、视听资料等 5. 纳税申报资料 6. 主管税务机关出具的已抵扣税款证明 7. 开票方主管税务机关出具的虚开发票的证明及有关资料 8. 其他与接受虚开废旧物资销售发票有关的资料
虚开农产品收购凭证抵扣税款			1. 虚开的农产品收购凭证、发票领购簿等 2. 相关账簿凭证、货物出库单、过磅单、运输发票及相关合同、协议等 3. 付款凭据 4. 对出售人及业务的调查取证资料 5. 有关部门等出具的生产能力、交易行为的鉴定结论 6. 当事人陈述、证人证言、现场（勘验）笔录、视听资料等 7. 纳税申报资料 8. 其他与虚开农产品收购发票有关的资料

（续上表）

违法类型		主要证据
使用虚假海关完税凭证抵扣税款		1. 已申报抵扣的虚假海关完税凭证 2. 相关账簿凭证、报关单、货物入库单、过磅单、运输发票及相关合同、协议等 3. 海关完税凭证真实性的证明材料 4. 纳税申报资料及税款抵扣证明 5. 进口单位、代理报关单位与受票方之间无真实业务往来的资料 6. 当事人陈述、证人证言、现场（勘验）笔录、视听资料等 7. 其他与虚假海关完税凭证有关的资料
虚开运输发票抵扣税款	开票方	1. 虚开的运输发票、发票领购簿等 2. 运输工具、运输能力、运输费用支出、相关合同、协议证明及发货人、收货人的相关账簿凭证、货物验收单、过磅单等资料 3. 开票方相关账簿凭证 4. 运费收取凭证 5. 当事人陈述、证人证言、现场（勘验）笔录、视听资料等 6. 纳税申报资料及受票方主管税务机关出具的已抵扣税款证明 7. 其他与虚假运输发票有关的资料
	受票方	1. 虚开的运输发票的发票联、抵扣联 2. 相关账簿凭证、货物的过磅单、验收入库单及相关合同、协议等 3. 运输费用的支付凭证 4. 当事人陈述、证人证言、现场（勘验）笔录、视听资料等 5. 纳税申报资料 6. 开票方主管税务机关出具的虚开发票的证明及有关资料 7. 其他与接受虚假运输发票有关的资料

（一）主体方面证据

与本节偷税行为主体证据方面的取证基本相同。对于废旧物资收购，收购企业还应当取得其废旧物资收购资质的证明。

（二）客观方面证据

1. 虚开废旧物资发票抵扣税款行为的证据

（1）虚开废旧物资收购发票行为的证据。

①开票单位有无真实业务的证据，包括相关的货物、资金账簿等复印件，资金收支单据、货物出入库单据、运输单据等，取得票、货、款是否一致的证据。

②当事人陈述、申辩材料及开票单位有关人员（包括法定代表人、业务经办人、财务人员及仓库管理员、生产部门人员、运输部门人员等）的证言材料、询问笔录。证言应能说明虚开废旧物资收购发票抵扣税款行为的动机、目的、手段，以

及虚开行为的策划者和策划过程；填开及交接过程；收取开票手续费情况等。

③收购发票上填写的出售人的证人证言，确定收购业务的真实性。

（2）虚开废旧物资销售发票行为的证据。

①开票单位发票领购簿，其他相关证明材料。

②开票单位与受票单位之间有无真实业务往来的证据，包括相关的货物往来、资金往来账簿，资金收支单据，货物出入库单据，运输单据及相关合同、协议，并对其进行比对，取得票、货、款是否一致的证据。

③受票单位纳税申报及缴纳税款资料，核实受票单位是否根据虚开其他涉及骗取出口退税、抵扣税款。

④当事人陈述或相关人员（包括法定代表人、具体经办人、财务人员及仓库管理员、运输部门人员等）的证人证言、询问笔录。证言应能说明虚开废旧物资发票的动机、目的、手段及虚开行为的策划者和策划过程；填开及交接过程；收取开票手续费情况等。

⑤其他与虚开废旧物资销售发票有关的证据。

2. 虚开农产品收购凭证抵扣税款行为的证据

（1）开票单位发票领购簿及其他相关证明材料。

（2）开票单位与受票单位之间有无真实业务往来的证据，包括相关的货物往来、资金往来账簿，资金收支单据，货物出入库单据，运输单据及相关合同、协议，并对其进行比对，取得票、货、款是否一致的证据。

（3）当事人陈述或相关人员（包括法定代表人、具体经办人、财务人员及仓库管理员、运输部门人员等）的证人证言、询问笔录。证言应能说明虚开农产品收购凭证的动机、目的、手段及虚开行为的策划者和策划过程；填开及交接过程等。

（4）必要时，请公安机关出具收购发票上填写的出售人的身份证鉴定结论，确定收购业务的真实性。

（5）出具收购发票上填写的出售人的证人证言，内容包括农产品的种植面积、饲养数量、捕捞数量、季节性特点等（必要时邀请出售人所在地政府机关工作人员作为见证人），确定收购业务的真实性。

（6）委托的行业协会等出具的证明有无真实交易的鉴定结论。根据稽查对象的行业，委托相关行业协会对稽查对象的收购行为、生产能力等情况（如设备数量、工人效率、运输能力等）实施勘察，制作鉴定结论，确定收购业务的真实性。

（7）有关政府部门的公文，如环保局等出具的证明文件，确定稽查对象是否利用收购的农产品从事过生产，确定收购业务的真实性。

（8）受票单位纳税申报及缴纳税款资料，核实受票单位是否根据虚开其他涉及骗取出口退税、抵扣税款。

3. 使用虚假海关完税凭证抵扣税款行为的证据

（1）海关出具的海关完税凭证真实性的证明材料。

（2）代理报关单位与接受单位之间有无真实业务往来的证据，包括相关的货物往来、资金往来账簿、资金收支单据、货物出入库单据、运输单据及相关合同、协议。

（3）进口单位有无真实进口业务的证据，包括相关的进口货物、资金账簿、进口报关单、资金收支单据、货物出入库单据、运输单据及相关合同、协议、生产的有关资料等。

（4）当事人陈述或相关人员（包括法定代表人、具体经办人、财务人员及仓库管理员、生产部门人员、运输部门人员等）的证人证言、询问笔录。证言应能说明使用虚假海关完税凭证的动机、目的、手段及策划者和策划过程；收取开票手续费情况等。

（5）接受单位纳税申报及缴纳税款资料，确定接受单位抵扣税款的事实。

4. 虚开运费发票抵扣税款行为的证据

（1）虚开运费发票行为的证据。

①开票单位发票领购簿及其他相关证明材料。

②开票单位与受票单位之间有无真实运输业务发生的证据，包括相关的运输成本、费用、资金往来等账簿，资金收支单据，货物出入库单据，运输单据及相关合同、协议，并对其进行比对，取得票、货、款是否一致的证据。

③当事人陈述或相关人员（包括法定代表人、具体经办人、财务人员及仓库管理员、运输部门人员等）的证人证言、询问笔录。证言应能说明虚开运输发票的动机、目的、手段及虚开行为的策划者和策划过程；填开及交接过程；收取开票手续费情况等。

④受票单位纳税申报及缴纳税款资料，核实受票单位是否根据虚开其他涉及骗取出口退税、抵扣税款。

（2）接受虚开运费发票抵扣税款行为的证据。

①核实受票单位有无真实运输业务发生的证据，包括相关的材料采购、销售费用账簿、凭证等，资金收支单据，货物出入库单据，运输单据及相关合同、协议，并对其进行比对，取得票、款是否一致的证据。

②当事人陈述、相关人员的（包括法定代表人、具体经办人、财务人员及仓库管理员、运输部门人员等）证人证言、询问笔录。证言应能说明虚开运输发票的动机、目的、手段及虚开行为的策划者和策划过程；填开及交接过程；收取开票手续费情况等。

③运输方主管税务机关的证明及其他资料，确定运输业务的真实性。

④受票单位纳税申报及缴纳税款资料，核实受票单位是否根据虚开其他涉及骗取出口退税、抵扣税款。

附录

纳税检查取证方向及取证资料参考一览表

取证方向	涉及的部门	可能取得的证据资料
稽查对象内部有关部门	财务部门	账内资料、账外资料等
	销售部门	销售合同、销售统计表、收款的有关资料、运费的有关资料、出库单等
	生产部门	生产计划、投料单、生产过程单据等
	仓库	出、入库单据等
	试验部门	生产配方、产品合格证书、原材料化验报告等
	采购部门	采购合同、运输情况、入库单等
	门卫	出库单等
	经理办公室、高层管理人员办公室	会议纪要、内控资料、账外资料等
	人事部门	人事档案、工资表、出勤记录等
	计算机服务器	所有生产、经营信息
稽查对象的业务发生单位	财务部门等	原材料，产成品，半成品，委托加工物资，残次品，商品的采购、销售等情况的账簿、凭证、情况说明书、询问笔录等
	财务部门等	劳务的提供等情况的账簿、凭证、情况说明书、询问笔录等
	财务部门等	资金往来情况的账簿、凭证、情况说明书、询问笔录等
	财务部门等	发票的开具、取得、抵扣情况的账簿、凭证、情况说明书、询问笔录等
	财务部门等	提供方身份情况的询问笔录等
有关政府职能部门、事业单位	行政管理部门	稽查对象资质情况（如特种行业的资格核准、承办的工程项目、从业人数等）的公文等
	行政管理部门	稽查对象的生产、经营情况（包括发放的产品合格证情况，开采矿产品情况，重度危险产品、污染产品的生产情况等）的公文等
	中介机构等	稽查对象的生产、营业情况的鉴定结论、评估报告、见证书和公证书等
稽查对象业务的相关单位	开户银行	银行对账单、银行业务原始凭证等
	铁路、民航、港口、邮局等	反映货物的运输等情况的货物提单、运输单等

第五章　增值税的检查

【本章要点】

增值税是我国流转税类中的一个主要税种，它是以商品流转额或应税劳务为课税对象，以企业的增值额为计税依据所征收的一种税。本章从增值税的销项税额、进项税额、应纳增值税额、小规模纳税人应纳税额、出口货物退（免）税等方面对增值税的检查进行了阐述。通过本章的学习，可以对增值税的检查有一个较为清晰的了解和掌握。

1980 年，我国开始试征增值税；自 1982 年起，对少数重复征税严重的产品开始征收增值税；经过 1984 年、1987 年、1994 年的税制改革后，增值税成为我国第一大税种。自 2004 年 7 月起，东北三省增值税由生产型转为消费型；自 2007 年 7 月 1 日起，中部六省也进行了增值税转型；自 2009 年 1 月 1 日起，全国开始实行消费型增值税。目前，增值税收入占税收总收入的 40% 左右。

第一节　销项税额的检查

销项税额是有关一般纳税人的一个定义，在进项税额一定的情况下，销项税额的多少直接影响着应缴纳的增值税额。按照规定，销项税额是依据销售额和规定的税率计算并向购买方收取的增值税税额。其基本计算公式为：

销项税额 = 销售额 × 适用税率

销项税额的计算取决于销售额和适用税率两个因素。个别纳税人为了达到少缴税款的目的，往往隐瞒销售额或故意错用税率。在影响销项税额的两个因素中，适用税率较为简单，增值税纳税人除个别特殊销售适用征收率外，一般使用 17% 的基本税率和 13% 的低税率。销售额的正确核算是销项税额检查的关键。《增值税暂行条例》规定，销售额是增值税纳税人生产销售应税货物和接受加工、修理修配劳务向购买方取得的不含增值税的收入额。按照现行规定，销售额主要包括一般销售方式下的销售额、特殊销售方式下的销售额和视同销售的销售额。

一、一般销售方式下的销售额检查

一般销售方式下的销售额是指纳税人销售货物或者提供应税劳务从购买方收取

的全部价款和价外费用，例如，价外收取的手续费、补贴、基金、集资费、返还利润、奖励费、违约金、包装费、包装物租金、储备费、优质费、运输装卸费、代收款项、代垫款项及其他各种性质的价外收费。除另有规定外，纳税人取得的价外收入，无论在财务上如何核算，都应并入销售额计算缴纳增值税。

纳税人在一般销售方式下，对销售额的处理经常出现以下错误：

（一）不按税法规定确认销售收入纳税义务的时间

1. 偷、逃税的主要手段

纳税人为了当期少缴增值税款，往往将实现的收入故意滞后。其手段主要表现为：

（1）将实现的收入先记入“往来”账户中，等达到目的时才将其转入“收入”账户。

（2）拖延开票时间，将月末应该是所得收入额拖延到次月，这种情况往往是购货方不及时索取票据或销售对象是小规模纳税人或消费者个人而形成的。

（3）故意将开具的发票积压不登记入账，尤其是月末、季末或年末易出现此类情况。

（4）将计入“收入”账户的收入延期申报。

2. 检查内容与方法

检查销售额是否按规定确定纳税义务时间，主要检查纳税人是否把已实现的销售额按时记入“收入”账户，计入“收入”账户的销售额又是否按照规定时间申报纳税，尤其是月末、季末和年末发生的销售收入额。

（1）确认销售业务是否及时记入“收入”账户。

按照规定，纳税人采用直接收款方式销售货物的，不论货物是否发出，其纳税义务发生时间为收到销售额或取得销售额凭据，并将提货单交给买方的当天；纳税人采用赊销和分期付款方式销售货物的，其纳税义务发生时间为销售合同规定的收款日期的当天；如果收款合同期限未到而提前收到货款，以收到货款日为纳税义务发生时间；纳税人采取托收承付和委托银行收款方式销售货物的，其纳税义务发生时间为发出货物并办理托收手续的当天；纳税人采取预售货款结算方式销售货物的，其纳税义务发生时间为发出货物的当天；纳税人委托其他纳税人代销货物的，纳税义务发生时间为收到代销清单的当天；纳税人发生视同销售货物的行为，除将货物交付他人代销及销售代销货物外，其纳税义务发生时间均为货物移送当天；纳税人销售应税劳务，其纳税义务发生时间为提供劳务同时收讫价款或取得索取价款的凭据的当天；进口货物纳税义务发生时间为报关进口当天，自海关填发税款缴纳书之日起15日内缴纳税款。

如果纳税人未按照各项规定进行核算处理，而将实现的收入故意滞后，就应该及时纠正，并按照《税收征税管理法》的规定追究相关责任和进行税务处理。

（2）将纳税人当期申报的销售额与当期销售总账的销售额合计数或与当期销售

明细账进行比较。

如果申报纳税的销售额与销售账簿销售额的合计数相等，可基本证明申报数与账面数没有错误；如果申报纳税的销售额与销售账簿销售额的合计数不相等，则说明存在少申报或多申报销售额的情况，还应该进一步检查。

（3）将销售总账中的销售额与销售明细账及销售票据金额进行核对。

如果三者的数据相等，说明会计的计算过程没有问题；如果三者的合计数不相等，则有可能存在有关票据的发生额未登记入账的问题。

（4）将纳税人的“收入”账户中的销售额与其银行存款借方发生的销售金额核对。如果不能对应，则有收入未登记入账的情况。

（5）将纳税人银行存款的借方发生的销货收入额与相关销售合同和其他相关的凭据进行核对。如果不一致，则有可能实现销售收入未全额通过银行结算，而有收取现金的情况。

（二）将取得的应税收入全额或部分直接记入“往来”账户

1. 偷、逃税的主要手段

纳税人为了隐瞒收入，通常将取得的应税收入全额或部分直接记入“往来”账户，以达到偷、逃税的目的。如将收入记入“应收账款”、“应付账款”、“其他应收款”、“其他应付款”、“预售账款”、“预付账款”等账户，然后将其从“往来”账户转入自己的“基金”账户或其他相关账户。

2. 检查内容与方法

（1）检查各“往来”账户及其原始依据。

对这类偷税行为，主要检查其“往来”账户的发生额，根据发生额的大小有针对性地追查其原始依据，查证往来金额的具体单位和往来金额是否属实，有无虚列、多列金额的情况。

（2）根据“往来”账户的发生额核对相对应的“银行存款”账户的金额和“现金”账户的金额。

查证其金额的来源与账载金额的来源单位是否一致，发生的金额是否属于正常的往来款项，有无故意多记或少记“往来”账户金额的情况。

［**例5－1**］某工业企业为增值税一般纳税人，适用增值税税率为17%，某月销售一批货物给消费者个人，取得含税销售额11 700元，给购货方开具了普通发票，货款已收存银行。企业的会计分录处理如下：

借：银行存款　　11 700

　贷：其他应付款　　11 700

按照税法和会计制度的规定，企业取得销货收入和销项税额时，应分别将销项税额单独记入“应交税费——应交增值税（销项税额）”科目的贷方，将不含税收入记入“主营业务收入”账户的贷方。企业在上述业务中将取得的含税销售额直接记入“其他应付款”账户，隐瞒了收入，偷逃了增值税。

（3）检查调账处理。

处理方法一：该错账在账务处理后的当月发现，应及时作相应的账务调整，将其错误的会计处理用“红字”冲销，再作一笔正确的会计处理，并说明相关情况即可。

红字会计分录如下：

借：银行存款　　　　　　　　　　　　　　　　11 700

　贷：其他应付款　　　　　　　　　　　　　　　11 700

正确会计分录如下：

依据取得的含税销售额，销项税额为 1 700 元［11 700 ÷（1 + 17%）× 17%］，主营业务收入 10 000 元（11 700 - 1 700）。

借：银行存款　　　　　　　　　　　　　　　　11 700

　贷：主营业务收入　　　　　　　　　　　　　　10 000

　　　应交税费——应交增值税（销项税额）　　　　1 700

处理方法二：上述错账如在账务处理后的次月且又在同一个纳税年度内发现，由于业务发生当月已作了月终结算，有关收入、成本、费用已经结转到“本年利润”账户，相关税金也已经缴纳，作账务调整时，可直接从借方冲转“其他应付款”账户的金额，按规定计算偷逃的增值税额和应增加的本年利润额记入相关会计科目的贷方，并说明相关情况。

偷逃的增值税额 = 11 700 ÷（1 + 17%）× 17% = 1 700（元）

增加本年度的利润额 = 11 700 - 1 700 = 10 000（元）

会计调账分录如下：

借：其他应付款　　　　　　　　　　　　　　　11 700

　贷：应交税费——增值税检查调整　　　　　　　1 700

　　　本年利润——查增的利润　　　　　　　　　10 000

处理方法三：上述错账如在账务处理后的次年发现，由于业务发生当年已作年终结算，有关收入、成本、费用已经结转到“利润分配——未分配利润”账户，相关税金也已缴纳。作账务调整时，可直接从借方冲转“其他应付款”账户的金额，按规定计算的增值税记入相关会计科目的贷方，影响以前年度的利润额记入“以前年度损益调整”账户，并说明相关情况。

计算偷逃的增值税和影响以前年度的利润额与上述的计算方法相同，只是将“本年利润”账户替换为“以前年度损益调整”账户即可。

会计调账分录如下：

借：其他应付款　　　　　　　　　　　　　　　11 700

　贷：应交税费——增值税检查调整　　　　　　　1 700

　　　以前年度损益调整　　　　　　　　　　　　10 000

（三）将取得的应税收入全额或部分直接记入“基金”账户

1. 偷、逃税的主要手段

纳税人为了隐瞒收入，以达到偷、逃税的目的，通常将取得的应税收入全额或部分直接记入“基金”账户，如将收入记入“应付职工薪酬”、“盈余公积”、“资本公积”等账户。

2. 检查内容与方法

（1）检查各“基金”账户的贷方发生额。

一般情况下，“基金”账户的资金来源都有可靠的依据和特定的项目，如企业的应付职工薪酬和盈余公积，是以工资和税后利润为依据按照规定的比例计算提取的。企业的“资本公积”账户，主要用来记载企业资产评估增值的金额和接受外来捐赠资产的金额。在进行纳税检查时，如发现企业“基金”账户的金额有突增或突减的现象，就应进一步检查。

（2）检查“基金”账户相关的原始依据。

在发现“基金”账户的发生额变化有异常情况时，要进一步查实其对应的原始依据，确认其内容是否真实，数据金额是否正确，有无将应税收入直接记入“基金”账户的情况。

[例5－2] 某工业生产企业为增值税一般纳税人，适用增值税税率为17%，某月销售一批货物给某商场，开具增值税专用发票，取得不含税销售额100 000元，增值税额17 000元；另外开具发票，取得货物优质费4 680元。款项已收存银行。企业的会计分录处理为：

借：银行存款	121 680
贷：主营业务收入	100 000
应交税费——应交增值税（销项税额）	17 000
应付职工薪酬——职工福利费	4 680

按照税法规定，企业销售货物取得的价外费用（特殊规定除外），均应记入销售额一并纳税。企业将价外取得的优质费直接记入“应付职工薪酬——职工福利费”账户，偷逃了增值税。

3. 检查调账处理

处理方法一：该错账如在账务处理后的当月发现，应及时作相应的账务调整，将记入“应付职工薪酬——职工福利费”账户的优质费从借方冲销，并说明相关情况。

根据取得的含税优质费，销项税额为680元［4 680÷（1＋17%）×17%］，其他业务收入为4 000元（4 680－680）。

会计调账分录如下：

借：应付职工薪酬——职工福利费	4 680
贷：其他业务收入	4 000
应交税费——应交增值税（销项税额）	680

处理方法二：上述错账如在账务处理后的次月且又在同一个纳税年度内发现，由于业务发生当月已作了月中结算，有关收入、成本、费用已经结转，相关税金也已经缴纳。作账务调整时，可直接从借方冲销“应付职工薪酬——职工福利费”账户的金额，按规定计算偷逃的增值税和应查增的本年利润额记入相关会计科目的贷方，并说明相关情况。

会计调账分录如下：

借：应付职工薪酬——职工福利费　　4 680

　贷：应交税费——增值税检查调整　　680

　　本年利润——查增的利润额　　4 000

处理方法三：上述错账如在账务处理后的次年发现，由于业务发生当年已作了年终结算，有关收入、成本、费用已经结转，相关税金也已缴纳。作账务调整时，可直接从借方冲转“应付职工薪酬”账户的金额，按规定计算偷逃的增值税记入相关会计科目的贷方，应将以前年度的利润额记入“以前年度损益调整”账户，并说明相关情况。

计算偷逃的增值税和以前年度的利润额与上述的计算方法相同，只是将“本年利润”账户替换为“以前年度损益调整”账户即可。

会计调账分录如下：

借：应付职工薪酬——职工福利费　　4 680

　贷：应交税费——增值税检查调整　　680

　　以前年度损益调整　　4 000

（四）将取得的应税收入全额或部分记入“费用、营业外收入”账户

1. 偷、逃税的主要手段

企业为了隐瞒收入，偷逃相关流转税金，往往将销售处理的残次品、废品和下脚材料所取得的收入不记入“收入”账户，而将其直接冲减“制造费用”、“管理费用”、“销售费用”等账户或直接记入“营业外收入”账户。将应计入“收入”账户的金额，无论直接冲减“费用”账户，还是记入“营业外收入”账户，都偷逃了流转税金。

2. 检查内容与方法

（1）重点检查各“费用”账户的贷方发生额。

在正常情况下，费用发生后又直接转回的情况极为少见，只有在分摊各产品的共同费用时，“制造费用”账户贷方金额才会减少，而“管理费用、销售费用”账户的贷方发生额，也只有在期末将其结转到“本年利润”账户时才发生。如果纳税人的有关“费用”账户常有贷方发生额或红字借方发生额出现，就应引起注意，再进一步追查其原始凭证和业务发生的真实性。

（2）检查“营业外收入”账户的贷方发生额。

营业外收入在一般的企业很少发生，在正常情况下，只有正常纳税人发生固定资产清理取得的净收益、固定资产盘盈、没收包装物押金的净收入、转让无形资产

的所有权或各种罚款取得的净收入，才记入“营业外收入”账户的贷方。检查时，如发现“营业外收入”账户的贷方发生额比较频繁，就应进一步追查相关原始依据，核定其收入的真实性。

（3）检查“库存商品”账户的贷方发生额。

按照新会计制度的规定，工业企业发生可降价出售的不合格产品，也应该通过“库存商品”账户核算。残次品销售时，必须发生在“库存商品”账户贷方。检查时，可用相关“费用”账户的贷方发生额和“营业外收入”账户的贷方发生额与相应的“库存商品”账户的贷方发生额进行核对，如有相对应的业务或金额发生就应予以重视。

［**例**5－3］某工业企业为增值税一般纳税人，适用增值税税率为17%。某月将生产应税产品的下脚材料销售给某废品公司，开具普通发票，确认的含税收入为9 360元。款已收存银行。企业会计分录处理为：

借：银行存款　　9 360

　贷：管理费用　　9 360

按照规定，企业将取得的下脚材料直接冲减“销售费用”账户的金额，未作收入处理，偷逃了增值税。

应税收入＝9 360÷（1＋17%）＝8 000（元）

少计增值税销项税额＝8 000×17%＝1 360（元）

3. 检查调账处理

处理方法一：该错账如在账务处理后的当月发现，应作相应的账务调整，将其错误的会计处理用“红字”冲销，再作一笔正确的会计分录处理，并说明相关情况。

红字会计分录：

借：银行存款　　[9 360]

　贷：管理费用　　[9 360]

正确会计分录：

借：银行存款　　9 360

　贷：其他业务收入　　8 000

　　应交税费——应交增值税（销项税额）　　1 360

处理方法二：错账如在账务处理后的次月发现，由于业务发生当月已作了月终结算，有关收入、成本、费用已经结转，相关税金已经缴纳。作账务调整时，不需考虑“收入”、“费用”账户的相关金额，只按规定计算偷逃的增值税并计入相关会计科目的贷方，应减少本年度的利润额并记入“本年利润”账户的借方，并说明相关情况。

会计调账分录如下：

借：本年利润　　　　　　　　　　　　　　　　　　　　1 360

　贷：应交税费——增值税检查调整　　　　　　　　　　　　1 360

处理方法三：上述错账如在账务处理后的次年发现，由于业务发生当年已作了年终结算，有关收入、成本、费用已经结转，相关税金已经缴纳。作账务调整时，不需考虑收入、成本、费用的相关金额，只按规定计算偷逃税的增值税并记入相关会计科目的贷方，影响以前年度的利润额记入“以前年度损益调整”账户的借方，并说明相关情况。

计算偷逃的增值税额和以前年度的利润额与上述的计算方法相同，只是将“本年利润”账户替换为“以前年度损益调整”账户即可。

会计调账分录如下：

借：以前年度损益调整　　　　　　　　　　　　　　　　1 360

　贷：应交税费——增值税检查调整　　　　　　　　　　　　1 360

二、特殊销售方式下的销售额检查

特殊方式销售是指在销售活动中出现某种特定的行为，如折扣销售、以旧换新、以物易物等。在这些特殊销售方式下，主要把握相关的法律规定，检查其会计处理与核算是否规范。

（一）折扣销售方式销售货物的检查

纳税人采取折扣方式销售货物，按照税法规定，具体方式有以下四种：

1. 折扣销售

折扣销售是一种薄利多销的行为，按照税法规定，如果纳税人采取折扣销售方式销售货物，若是销售额和折扣额在同一张发票上分别注明的，可按折扣后的销售额征收增值税；若是将折扣额另开发票，无论其在财务上如何核算、在账务上如何处理，均不得从销售额中减除折扣的金额。

检查方法：主要检查当期销售额的扣减数。一是将本期增值税申报表中的销售额与企业本期“主营业务收入”账户总额核对，看其金额是否一致，如不一致，其差额则可能存在折扣的销售方式；二是将增值税申报表与“主营业务收入”账户的差额和企业销售货物中的折扣额进行核对，看是否一致；三是重点检查企业的销售货物中的折扣额是否在同一发票上注明，查“主营业务收入”账户，看有无红字冲销，若有，应调出记账凭证，核实其所付的发票，看折扣额的处理是否符合规定，如另开发票，则应将其折扣额并入销售额中计税；四是检查企业实行折扣方式销售货物的合同（协议）等书面规定的资料，看是否与执行的折扣标准相符。

2. 销售折扣

销售折扣是指销货方在销售货物或应税劳务后，为了鼓励购货方及早偿还货款而协议许诺给购货方的一种折扣优待。按照税法规定，销售折扣发生在销货之后，是一种融资性质的理财费用，因此，销售折扣不得从销售额中减除。如果纳税人将销售折扣的金额从销售总额中扣除，就应将其扣除额按规定的税率计算补缴增值税。

3. 销售折让

销售折让是指货物销售后，由于品种、质量等原因购货方未退货，销货方给购货方的一种价格折让。因此，税法规定对销售折让可以以折让后的货款作为销售额。

检查方法：注意折扣销售、销售折扣和销售折让在税法规定上的区别，正确判断纳税人发生折扣销售方式属于哪一种类型。如果纳税人故意错用概念，实施偷税行为，应按规定从严处理。

4. 销货退回

纳税人发生销货退回，实际上这笔销售业务就没有发生。按照规定，发生销货退回时，应根据具体情况进行税务处理。

（1）购买方在未付款并且未作账务处理的情况下，必须将原发票联和税款抵扣联主动退还销货方。销货方收到后，在该发票联和税款抵扣联及有关存根联和记账联上注明“作废”字样，作为扣减当期销项税额的凭证。在未收到购买方退还的增值税专用发票前，销货方不得扣减当期销项税额。

（2）如在购买方已付款，或者虽未付款但已作账务处理，发票联和税款抵扣联无法退还的情况下，购买方必须取得当地主管税务机关开具的进货退出或索取折让证明单交销货方，作为销货方开具红字增值税专用发票的合法依据。销货方在未收到证明单前，不得开具红字增值税专用发票。红字增值税专用发票的存根联、记账联作为销货方扣减当期销项税额的凭证，发票联、税款抵扣联作为购货方扣减进项税额的凭证。

（3）纳税人发生销货退回，是否依据退回的增值税专用发票或购货方主管税务机关开具的企业进货退出及索取折让证明单，按退货金额冲减原销售额。

检查方法：将“主营业务收入”明细账和“应交税费——应交增值税（销项税额）”明细账相互进行核对，检查纳税人销货退回是否冲减当期的销项税额，有无将销售折扣作销售折让处理；对纳税人开具的红字增值税专用发票存根联进行检查，有无购货方主管税务机关开具的“进货退出及索取折让证明单”，有无擅自开具红字增值税专用发票的问题。

（二）以旧换新方式销售货物的检查

增值税法规定，采取以旧换新方式销售货物，应按新货物的同期销售价格确定应税销售额，不得将收回的旧货物抵扣新货物的金额。

检查方法：注意纳税人是否按新货物的同期销售价格确定应税销售额。应重点检查货物的销售价格，防止企业按实际收取的价款计算销项税额。具体方法是检查纳税人的产品（商品）销售收入明细账，看有没有产品（商品）的销售价格明显低于正常时期的销售价格。如有所售货物价格明显偏低而无其他特殊情况的，一般是由实行以旧换新让价销售造成的，应按规定调增应税销售额。

（三）还本方式销售货物的检查

还本方式销售货物是指纳税人在销售货物后，到一定的期限时，由销售方一次或分次退还给购货方全部或部分价款的行为。这种销售方式是纳税人为了加速资金周转而采取的一种促销手段。其还本支出按规定可作为产品销售费用或经营费用处理。但增值税法规定，纳税人采取还本销售方式销售货物，其还本的金额不得从销售额中减除。

检查方法：注意纳税人是否按扣除还本支出后的销售额记销售，少计销项税额。检查时，首先应了解纳税人有无还本销售业务。如有，应重点检查“销售费用”或“管理费用”明细账的摘要记录，看该账户有无还本支出核算业务及记账是否正确；如没有还本支出核算，一般就是扣除还本支出后的余额记销售，应要求纳税人按照还本支出凭证的汇总数补计销售收入，补缴增值税。

（四）以物易物方式销售货物的检查

1. 检查内容及规定

以物易物销售货物是指购销方不是以货币结算，而是以等同或不等同价款的货物相互结算，实现货物购销的一种方式。增值税法规定，以物易物方式销售货物的，购销双方都应作购销业务处理，以各自发出的货物确定销售额并计算销项税额，以各自收到的货物按规定核算购货额并计算进项税额。

［例 5－4］甲、乙两公司均为增值税一般纳税人，适用增值税税率 17%。甲公司以库存商品成本价 10 万元、公允价格及计税价格 12 万元，与乙公司原材料成本价 10 万元、公允价格及计税价格 12 万元进行交换，双方均开具了增值税专用发票。在不考虑其他税费的情况下，按照会计制度的规定：

甲公司的会计分录处理为：

借：原材料	100 000	
应交税费——应交增值税（进项税额）	20 400	
贷：库存商品		100 000
应交税费——应交增值税（销项税额）		20 400

乙公司的会计分录处理为：

借：库存商品	100 000	
应交税费——应交增值税（进项税额）	20 400	
贷：原材料		100 000
应交税费——应交增值税（销项税额）		20 400

值得注意的是，在以物易物活动中，应分别开具增值税专用发票，如换进的货物不能取得增值税专用发票或其他合法票据的，不能确认进项税额，更不能予以抵扣。

2. 检查方法

（1）检查“库存商品”等账户的贷方发生额。

如其借方对应科目为“原材料”、“库存商品”、“低值易耗品”、“固定资产”、

“应付账款”；同时，当只有借记“应交税费——应交增值税（进项税额）”，而无贷记“应交税费——应交增值税（销项税额）”时，属于异常会计分录，说明企业以物易物未通过销售，未实现增值税的销项税额。

（2）检查交换价格，作出正确处理。

检查时，根据产成品发货单记录的数量、“库存商品”账户贷方发生额记录发出的金额，除以发出数量，等于发出兑换商品单价，再与该产品正常售价比较，判断兑换商品的单价，核实有无故意压低价格和隐瞒税款的现象。

（3）在上述以物易物业务中，按照会计规定的处理是正确的，但与税法规定的处理不符。

税法规定，交换双方都应作购、销业务处理，换出商品应作收入核算，同时结转换出商品的销售成本，否则会造成隐瞒销售利润及企业所得税的现象。

甲公司换进原材料时，税务处理为：

借：原材料	120 000	
应交税费——应交增值税（进项税额）	20 400	
贷：应付账款——乙公司		140 400

甲公司换出库存商品时，税务处理为：

借：应收账款——乙公司	140 400	
贷：主营业务收入		120 000
应交税费——应交增值税（销项税额）		20 400

同时，结转换出商品的销售成本，转销应收账款和应付账款的金额：

借：主营业务成本	100 000	
贷：库存商品		100 000
借：应付账款——乙公司	140 400	
贷：应收账款——乙公司		140 400

（五）销售使用过的货物性固定资产的检查

1. 检查内容及规定

按照增值税法的规定，单位和个体经营者销售自己使用过的旧货和应税固定资产，无论销售者是否属于增值税一般纳税人，一律按简易办法，依照规定的征收率计算缴纳增值税，并且不得开具增值税专用发票。

自2002年1月1日起，纳税人销售旧货（包括旧货经营单位销售旧货和纳税人销售自己使用过的应税固定资产），无论其是增值税一般纳税人还是小规模纳税人，也无论其是否为批准认定的旧货调剂试点单位，一律按4%的征收率减半征收增值税，不得抵扣进项税额。

纳税人销售自己使用过的属于应征消费税的机动车、摩托车、游艇，售价超过原价的，按照4%的征收率减半征收增值税；售价未超过原价的免征增值税。旧机动车经营单位销售旧机动车、摩托车、游艇，按照4%的征收率减半征收增值税。

2. 检查方法

检查"固定资产"、"固定资产清理"明细账。审核已出售的固定资产是否为自己使用过的游艇、摩托车和应征消费税的汽车。如果是自己使用过的游艇、摩托车和应征消费税的汽车，检查其售价是否超过原价，超过原价的是否按规定申报缴纳了增值税；如果属其他固定资产，是否按规定申报缴纳了增值税，应纳税额的计算是否有误。

（六）没收包装物押金收入的检查

1. 检查内容及规定

根据增值税法规定，纳税人为销售货物而出租出借包装物收取的押金，单独记账核算，时间在一年以内，又未过期的，不并入销售额征税；但对因逾期未收回包装物不再退还的押金，应按所包装物的适用税率计算销项税额。其中，"逾期"是指按合同约定实际逾期或以一年为期限，对收取一年以上的押金，除另有规定者外，无论是否退还均应并入销售额征税；对销售除啤酒、黄酒以外的其他酒类产品而收取的包装物押金，无论是否返还及在会计上如何核算，均应并入当期销售额征税。自 2004 年 7 月 1 日起，纳税人为销售货物出租出借的包装物而收取的押金，无论包装物周转使用期限长短，超过一年（含一年）以上仍不退还的均并入销售额征税。

2. 检查方法

（1）检查出租、出借包装物有关合同、协议，掌握各种包装物的回收期限，凡收取押金超过一年的包装物，其押金仍挂在"其他应付款"账户上的，应作为转账处理，并依税法规定计算补缴增值税。

（2）检查"其他应付款"明细账借方发生额的对应账户，看有无异常的对应关系。如发现有与"应付职工薪酬"、"盈余公积"、"营业外收入"等账户相对应的情况，一般就是将应没收的包装物押金挪作了他用。经检查核实后，应按税法规定计算补缴增值税。

（3）对销售酒类产品（除啤酒、黄酒外）企业收取的包装物押金，检查其是否按税法规定在当期计提增值税，有无滞后计提税金的问题。

[例 5－5] 某彩电生产企业为增值税一般纳税人，上年 8 月份销售一批彩电，开具增值税专用发票，取得销售额 30 万元，增值税 5.1 万元；另外，开具收款收据，取得包装物押金收入 1.17 万元。按照合同约定，包装物的退还时间为 3 个月，如逾期不退还即没收押金。

业务发生时企业的会计处理为：

借：银行存款	362 700
贷：主营业务收入	300 000
应交税费——应交增值税（销项税额）	51 000
其他应付款——押金收入	11 700

该项业务 3 个月过后，包装物仍未返回，企业将其押金没收。其会计处理为：

借：其他应付款——押金收入　　　　　　　　　　11 700

　贷：营业外收入　　　　　　　　　　　　　　　　11 700

经税务机关次年度检查，该企业销售业务发生时，会计处理正确，而对没收的包装物押金收入会计处理错误。没收的包装物押金收入虽记入了营业外收入，也构成了利润总额的组成部分，但减少了增值税额。因此，应补缴增值税为：11 700 ÷（1 + 17%）×17% = 1 700（元）

会计调账分录为：

借：以前年度损益调整　　　　　　　　　　　　　1 700

　贷：应交税费——增值税检查调整　　　　　　　　1 700

（七）坐支销货款的检查

坐支销货款是将收取的销售款项，先支付费用（如购货方的回扣、推销奖、营业费用、委托代销商品的代销手续费用等或用销货款直接进货），再将余款入账作收入的行为。

主要检查方法有：

（1）审核销售收入日报表和“主营业务收入”明细账以及销售收入原始凭据和货物出（入）库单，核实实际销售收入。

（2）对于将费用凭证和销货记账原始凭证混在一起记账的，应对上述原始凭据进行仔细审核，核实是否存在坐支销货款的问题。

（3）对有委托代销业务的，应审核代销合同、代销清单，查阅销售价格是否异常，核实是否存在坐支代理销售款的问题。

（八）委托加工业的检查

参见消费税的检查。

（九）账外经营的检查

账外经营是指纳税人为了逃避缴纳税款，设立两套账簿，对内账簿真实核算生产经营情况，对外账簿记载虚假的经营收入和利润情况，以应对税务机关的检查，并以此作为纳税申报的依据。

账外经营从其偷税手段上看，具有很大的隐蔽性。有的偷税者通过现金交易，将大部分业务从购进、生产到销售整个生产经营过程都置于账外，查处难度较大，检查方法也较多，在此仅作简要介绍。

1. 调查分析法

①根据企业经营产品特点、用途、销售对象、销售方式，分析判断企业是否可能存在销售不开发票的现象和现金结算的情况；②分析企业账面反映的盈利能力是否与企业实际的生产能力一致；③分析是否有必须发生，而账面没有反映的费用、支出记录。

2. 税负分析法

①计算企业的增值税实际税负，将本期税负与上期税负对比、与同行业平均税

负对比，分析判断其是否异常；②运用比较分析法，对资产负债表、利润表上的数据进行分析、比较，找出异常之处。例如，将本期销售收入与上年同期或本年上期的销售收入进行比较，分析销售结构和价格变动是否异常；将企业销售收入的变动情况与同行业其他企业的销售收入变动情况对比、分析，看企业收入变动是否符合行业发展趋势；比较本期的存货减少额与销售收入、销售成本之间的比例关系，检查其是否存在销售收入小于存货减少数的异常情况。

3. 投入产出分析法

结合企业的生产工艺、流程，查找相关的产品料、工、费耗用定额指标。例如，原材料耗用数量，煤、电、水、汽的耗用数量，包装物的耗用数量都与产品产量有着密切的关联性。将企业上述物资的实际单位耗用量与同行业其他企业同期的单位耗用量进行对比，可以判断其是否存在异常情况。检查中还要重点分析能决定产品生产数量的关键原材料和辅材料、包装物与产品产量之间的匹配关系。

4. 逻辑分析法

从货物流向的角度进行研究，根据被查对象的财务核算指标和生产业务流程进行分析论证，通过对资料之间的比率或趋势进行分析，从而发现资料间的异常关系和某些数据的意外波动，从而发现超出异常资金流动和货物流动不匹配的现象，为检查账外经营提供分析依据。

在分析中，既可以选用收入增长率、销售毛利率、销售利润率、应收账款周转率、资产周转率等财务指标进行协调性分析，也可以根据检查时所获取的销售税金负担率、成本毛利率、加成率、投入产出率等指标进行匹配性分析。将分析得到的数据在横向上与同行业的相关数据资料进行比较，在纵向上与本公司不同时期的数据资料进行比对，查找疑点，寻找突破口。

（1）对被查对象的生产工艺流程、收发料凭证、产量和工时记录及成本计算资料等进行分析，确定每种产品的原材料消耗量、成品产出量和产品销售量之间的配比关系。

（2）选择生产产品耗用的直接材料进行分析，结合生产部门的投入产出记录等资料，剔除异常和不可比因素后，测算出各种产品的投入产出率，列出相应的数学模型，与同行业的该项指标进行对比，以确定是否合理。

［**例** 5－6］在对某化工企业进行检查时，稽查人员首先对企业产品结构和成本构成进行了分析，确定产品品种所耗用的主要材料，通过对同行业摸底调查，掌握了该类产品的投入产出率（得到该市行业协会的认可）。再将企业当期主要材料耗用数量乘以行业平均投入产出率，求得每种产品的正常产量。在与企业“产成品”明细账上记录的入库数量核对后发现该企业应产出乙醛 1 286 吨，而账面入库1 205 吨；应产出对本甲基胺氢 1 232 吨，而账面入库 1 198 吨。

稽查人员通过进一步检查，确认该企业存在账外经营偷、逃税款的事实。

5. 异常情况分析法

在认真检查企业各种账证之间的勾稽关系，仔细分析每一处疑点的基础上，结合企业产品的性能和用途，了解和熟悉企业生产中各环节之间的勾稽关系，发现企业会计核算中不合乎产品生产经营实际、不合乎常规的疑点和问题，从而快速找到检查的切入点。

（1）对异常数字进行分析。

结合经济业务的内容，重点关注企业资金运动是否正常，找出异常的数字进行分析。

（2）对异常账户进行分析。

检查中应重点加强对应收、应付等往来账户的分析，结合对原始凭证的检查，以发现对应关系异常的经济业务。

（3）对异常行为进行分析。

企业的所有行为都是围绕生产经营和会计核算发生的，每项行为之间都存在着必然的联系，分析行为之间的合理性是账外经营检查的重要途径。

6. 突击检查法

对可能存在账外经营，隐藏销售收入的企业，宜采取突击检查的方法，在第一时间尽可能多地获取纳税人的涉税资料，收集有效的证据。

（1）做好查前相关信息的收集和分析工作，调阅被查对象的纳税档案等资料，对被查对象的经营规模、生产状况、行业特点、财务核算及生产流程进行综合分析，寻找检查的切入点，确定突击检查的重要环节或部门。

（2）按照效率原则对稽查人员进行科学分工，对确定的检查目标，如仓储部门、销售部门、生产经营场地、财务部门、电脑系统及分支机构等部门同时展开检查。

7. 重点检查法

运用调查、核实、分析多种方法综合进行检查，具体如下：

（1）将“库存商品”明细账与仓库保管员的实物账进行比对。如果存在仓储实物账的数量小于或大于“库存商品”账户账面数量的异常情况，应进一步查明是否存在隐瞒货物销售收入的问题。

（2）根据被查企业期末库存盘点表进行抽样实地盘点，核对账实是否相符。如仓储实物账数量小于账面结存数量，应进一步检查是否存在销售收入不入账以及用白条抵库存的问题。

（3）盘点现金。突击盘点出纳现金，核实出纳库存现金与现金日记账的余额是否一致，如果相差很大而又不能够说明原因，则该纳税人可能存在账外经营的情况。

（4）核实与货物生产数量存在“一对一”关系的关键性配件购进、耗用和结存情况。判断是否与货物的账面生产量一致，如果关键性配件的耗用量大于货物的账面生产量，则纳税人可能存在账外经营。例如，生产洗衣机的企业，其关键配件

——电机与洗衣机存在“一对一”的关系，生产一台洗衣机只需要一台电机。如果电机的生产领用数量大于洗衣机的产量（扣除在产品的因素），就说明纳税人可能存在隐匿洗衣机销售收入的问题。

（5）调查纳税人在银行设立的账户（包括以主要负责人名义开的个人银行卡）。将其资金到账情况与“银行存款”明细账相核对，如果有“未入账资金”，应进一步核实其“未入账资金”的来源，查实纳税人销售货物不入账的问题。

（6）利用金税工程比对信息和海关比对信息。如果纳税人有滞留未抵扣的增值税专用进项发票和海关代征增值税完税凭证，说明其很有可能采用体外循环隐瞒销售收入的手段偷税。应进一步核实其产生滞留票的原因。

（7）关注企业账面反映的从非金融机构借入的资金，核查其真实性。核查企业是否有账外资产，是否存在账外经营的问题。

（8）对需有关部门审核批准才能外运的产品，可到相关部门调查核实其实际销售数量。

［例5－7］某市税务机关2009年6月对某电子有限公司2008年度的纳税情况进行检查。稽查人员通过对该公司2008年度及以前年度的纳税申报资料和附报资料进行比较分析，发现该公司2008年的销售收入与以前年度相比无明显变化，但增值税税收负担率有较大幅度的下降，明显低于同一时期同行业的平均水平。从财务报表的数据来看，是库存商品的大幅增加导致了税收负担率的下降。

检查过程中，稽查人员采用直查法检查了“原材料”账户的购入和领用情况，并与“生产成本”账户记载的原材料耗用情况进行了核对。同时，深入生产车间了解材料的实际耗用情况、产品生产情况，掌握产品产出的第一手资料。经查，原材料的购进、耗用、结存的数量，与该公司“原材料”、“生产成本”账户的记载情况及生产车间的投入产出情况均相符。

稽查人员又重点检查了该公司的仓库，对存货进行了盘点，发现实际库存数小于账面数。遂采用核对法检查“主营业务收入”和“库存商品”账户、仓库明细账之间的数量差异，发现“库存商品”账户贷方数与“主营业务收入”账户记载的销售数量一致，但仓库明细账记载的出库数量大于“主营业务收入”账户记载的销售数量，其差额正好是盘点盘亏的数量。进而检查仓库的出库单据，查实差额部分均为发出的产品。取得相关资料后，稽查人员采用查询法面询公司负责人，公司负责人承认上述发出的产品均为已实现的销售收入，未申报纳税，货款已经收讫，存放在公司另外开设的账户上，此账户未向税务机关报告。

8. 外围查证法

在采用其他方法分析、排查出涉税疑点的基础上，通过外围取证、固定证据，是检查账外经营最直接和有效的方法。

（1）对资金流向进行检查。

对资金流向进行检查，以检查“银行存款”账户为突破口，通过银行对账单与企业“银行存款”日记账进行逐笔核对，排查出款项的来源和性质，从而发现疑点。对于以现金形式收付的，则可以结合对存货的购入、生产领用、成品入库和发出等的综合分析，了解其资金流向和流动的规律，从而发现问题。

（2）对货物流向的检查。

物流的调查取证分为对销售货物、购进货物和支付费用等方面的查证。在检查中注意收集掌握企业货物流转的线索与证据，通过对相关企业调查落实，鉴别被查企业账簿记录的真伪和购销业务的真实性。

三、视同销售行为的检查

（一）检查内容及规定

按照增值税暂行条例规定，单位或个体经营者的下列行为，视同销售货物：

（1）交付他人代销；

（2）销售代销货物；

（3）设有两个以上机构并实行统一核算的纳税人，将货物从一个机构移送至其他机构用于销售，但相关机构设在同一县（市）的除外；

（4）将自产或委托加工的货物用于非应税项目；

（5）将自产、委托加工或购买的货物作为投资，提供给其他单位或个体经营者；

（6）将自产、委托加工或购买的货物分配给股东或投资者；

（7）将自产、委托加工的货物用于集体福利或个人消费；

（8）将自产、委托加工或购买的货物无偿赠送他人。

从上述规定可以看出，纳税人对自产、委托加工的货物，无论是自己使用还是他人使用，一律要视同销售并按规定计算增值税的销项税额。而外购的货物只有在他人使用时才视同销售，按规定计算销项税额；如果是自己使用外购货物，不视同销售计算增值税的销项税额，而是作进项税额转出即可。

纳税人将自产、委托加工或购买的货物作为投资，提供给其他单位或个体经营者、分配给股东或投资者、无偿赠送他人，按照规定均视同销售货物计算销项税额。按其实际投资额、分配额和赠送额记入销售收入科目，按实现的收入和适用税率计算的销项税额记入税金科目，然后将实现的收入和计算的增值税销项税额合计数记入投资科目、分配额和营业外支出，同时按规定结转货物的成本。业务发生时，正确的账务处理为：

借：长期股权投资（或应付股利、营业外支出）

　贷：其他业务收入

　　　应交税费——应交增值税（销项税额）

借：其他业务成本

　贷：原材料（库存商品）

[**例 5-8**] 某工业企业为增值税一般纳税人，适用增值税税率17%。某月将自产货物成本价值180 000元、公允价值及计税价值200 000元，提供给外单位作为投资。按照税法规定，企业的正确账务处理为：

借：长期股权投资　　　　234 000

　贷：其他业务收入　　　　200 000

　　　应交税费——应交增值税（销项税额）　　　　34 000

同时，结转投资货物成本：

借：其他业务成本　　　　180 000

　贷：库存商品　　　　180 000

但是，目前会计处理的规定与税法的要求不一致，纳税人将自产的货物或外购的货物用于视同销售的行为，是直接冲减货物的成本，而不是直接作收入处理。例如，将货物用于本企业基建工程，按成本价贷记"库存商品"账户，按市场公允价值乘以税率计算销项税额贷记"应交税费——应交增值税（销项税额）"；再将库存商品和销项税额的合计金额借记"在建工程"账户。

[**例 5-9**] 某水泥生产企业为增值税一般纳税人，适用增值税税率17%。某月将自产的水泥成本价200 000元用于本企业建造办公楼，该批水泥的市场公允价值是220 000元。企业的会计处理为：

借：在建工程　　　　237 400

　贷：库存商品——水泥　　　　200 000

　　　应交税费——应交增值税（销项税额）　　　　37 400

这种账务处理方法，增值税可以计算，但不能明显反映货物的销售收入，视同销售的利润也很难计入企业所得税的应纳所得税额中。如果纳税人申报企业所得税应纳税所得税额时不自觉加以调整，就可能偷逃企业所得税。如果纳税人直接将货物的成本价转入在建工程的成本，会计处理的贷方发生额没有"应交税费——应交增值税（销项税额）"账户反映，就可能偷逃增值税。

（二）检查方法

（1）检查"库存商品"、"委托加工物资"账户贷方发生额的对应账户关系是否正常。追查出库商品的去向和用途，从中发现问题。

（2）检查非应税项目核算科目"其他业务收入"、"其他业务收支"、"在建工程"、"应付职工薪酬"、"营业外支出"等科目的对应科目，逆向核对是否符合处理规定。

（3）核对税金计算是否正确，检查"应交税费——应交增值税（销项税额）"贷方发生额与非应税项目借方发生额同类凭证号，核对领用数量。在核实正确的基础上将金额除以数量等于结转单价，再与日常销售比较，看它们是否相等。

（4）检查自用商品领用时间，看有无人为延期做账，只要核对发货单记载时间与记账凭证号时间是否一致即可发现问题。

四、组成计税价格计算

（一）检查内容及规定

按照税法规定，如果纳税人销售货物或者提供应税劳务的价格明显偏低，而又无正当理由，以及单位或个体经营者有视同销售货物行为而无销售额的，税务机关有权按下列顺序确定其销售额。

（1）按纳税人当月同类货物的平均销售价格确定；

（2）按纳税人最近日期同类货物的平均销售价格确定；

（3）按组成计税价格确定。

增值税的组成计税价格有两种情况：

第一种：该货物只征收增值税，而不征收消费税的，其组成计税价格为：

组成计税价格 = 成本 ×（1 + 成本利润率）

公式中的成本利润率，如果能确认，就使用真实的比例；如果不能确认，则按国家税务总局规定的10%的比例确认。公式中的成本，如是销售自产货物的，就为实际生产成本；如是销售外购货物的，则为实际采购成本。

第二种：该货物既征增值税，又征消费税的，其组成计税价格为：

组成计税价格 = 成本 ×（1 + 成本利润率）+ 消费税税额

或

组成计税价格 = 成本 ×（1 + 成本利润率）÷（1 − 消费税税额）

组成计税价格的公式，往往是税务机关检查时运用，纳税人自己用得不多。即使纳税人自己运用，计算的内容往往也不真实。因此，纳税人销售货物或提供应税劳务的价格明显偏低，以及单位或者个体经营者有视同销售货物行为而无销售额的，易偷逃税款。

（二）检查方法

注意组成计税价格公式中的成本是否真实，按照规定，销售自产货物的成本为实际的生产成本。其生产成本除了生产货物的直接费用外，还包括生产其货物的制造费用。销售外购货物的成本为实际采购成本，其实际采购成本分为两种情况：①国内购进并用于国内销售和出口的商品，以进货原价为其实际采购成本，不包括购进商品所发生的进货费用；②企业进口的商品，其采购成本包括进口商品的国外进价、应分摊的外汇差价和进口环节的各种税金。如果是企业委托其他单位代理进口的商品，其采购成本为实际代理单位的全部价款。在成本和相关因素无误的情况下，还应检查其计算过程是否正确。

五、混合销售行为的检查

（一）检查内容及规定

一项销售行为如果既涉及增值税应税货物或应税劳务，又涉及非应税劳务，则为混合销售行为。所谓的非应税劳务，是指应缴纳营业税的交通运输业、建筑业、金融保险业、邮电通信业、文化体育业、娱乐业、服务业税目征收范围的劳务。按照规定，只要混合销售行为应征收增值税的，其销售额为货物或者是劳务销售额和非应税劳务销售额的合计数。

（二）检查方法

1. 检查企业混合销售行为是否缴纳增值税

以纳税人申报的或检查核实的各部分销售额为依据，查明纳税人的税务登记，落实其经营范围，核实纳税人是以销售货物为主还是以提供非应税劳务为主，进而判断其混合销售行为是否全额缴纳了增值税。

2. 检查混合销售行为申报销项税额的收入额是否正确

混合销售行为如缴纳增值税，应以纳税申报表为依据，结合“主营业务收入”、“其他业务收入”明细账，查明申报的销售额是否正确，销售额中是否包括非应税劳务销售额，同时还应重点检查“应付职工薪酬”、“营业外收入”、“其他应付款”等明细账的贷方发生额，查看其摘要栏的内容，进一步对照账证予以核实。

同时也要注意，如果将非应税劳务的收入一并征收增值税，也应将非应税劳务收入设计的进项税额予以抵扣。

［例 5－10］某家电销售企业 A 公司为增值税一般纳税人，上年 8 月份销售 40 台空调给某单位并负责安装，开具增值税专用发票，收取空调价款 100 000 元，增值税销项税额 17 000 元；同时开具普通发票，收取安装费 2 680 元，安装所需材料费 2 000元（材料的成本价为 1 500 元）。A 公司销售空调和安装所需材料的增值税率均为 17%，业务发生时的会计处理为：

借：银行存款	121 680
贷：主营业务收入	100 000
应交税费——应交增值税（销项税额）	17 000
其他业务收入	2 680
原材料	2 000

该公司的会计处理错误，一是没有将取得的安装费和材料费一起计算销项税额；二是会计科目用错，安装空调耗费的原材料没有作收入处理，而是直接冲减了原材料。按照规定，公司销售空调并负责安装，所收取的全部价款和价外收入应视为混合销售收入一并征收增值税，同时耗费材料所负担的进项税额也应予以抵扣。该项

业务中，A公司少计算增值税为：

（2 680 +2 000） ÷ （1 +17%） ×17% -1 500 ×17% =425（元）

检查时的会计调账分录为：

借：以前年度损益调整　　425

　贷：应交税费——增值税检查调整　　425

同时，还要注意材料成本结转的问题，因其会影响所得税的计缴。

六、兼营非应税劳务的检查

（一）检查内容及规定

兼营非应税劳务是指增值税纳税人在从事应税货物销售或提供应税劳务的同时，还从事非应税劳务（即营业税规定的各项劳务），且从事的非应税劳务与某一销售货物或提供应税劳务并无直接的联系和从属关系。根据增值税法规定，纳税人兼营非应税劳务而不分别核算和不能准确核算，应当一并征收增值税的，其销售额为货物或者应税劳务与非应税劳务销售额的合计，该非应税劳务销售额应视同含税销售额处理。

（二）检查方法

（1）检查纳税人兼营的非应税劳务是否分别核算销售额。检查时，以“主营业务收入”、“其他业务收入”账户为主要内容，结合记账凭证，落实非应税劳务的核算方法。如果纳税人未分别核算或者不能准确核算非应税劳务销售额，其非应税劳务与货物或应税劳务一并征收增值税。

（2）对兼营非应税劳务而又不分别核算的纳税人，以“主营业务收入”乘以税率得出的销项税额与“应交税费——应交增值税（销项税额）”相核对，看是否相符。若计算的销项税额大于账面销项税额的合计数，应逐笔核对产品销售收入明细账和“应交税费——应交增值税（销项税额）”明细账，查清兼营收入未计算销项税额的问题。同时也要注意，如果将非应税劳务收入一并征收增值税，也应将非应税劳务收入涉及的进项税额予以抵扣。

第二节　进项税额的检查

进项税额是指增值税一般纳税人购进货物或者接受应税劳务所支付或者负担的增值税税额。进项税额是与销项税额相对应的一个概念，在开具增值税专用发票的情况下，它们之间对应的关系是：销售方取得销项税额，就是购买方支付的进项税额。对于增值税一般纳税人而言，进项税额的大小直接影响着当期应纳税额的多少。在当期销项税额一定时，当期应纳税额与当期进项税额成反比例。

一、进项税额扣除范围的检查

根据增值税法的规定，准予从销项税额中抵扣的进项税额，限于增值税扣税凭证上注明的以增值税税额的扣除率计算的进项税额。

（一）从销售方取得的增值税专用发票上注明税额的检查

1. 检查内容及规定

按照规定，增值税一般纳税人购进货物或应税劳务，从销售方取得的增值税专用发票注明的增值税额可以扣除。扣除范围包括直接与应税货物相关的进项税额，如外购的用于生产应税货物的原材料、低值易耗品等，以及新购进设备所含的进项税额等。

2. 检查方法

（1）检查购进货物或应税劳务是否按规定取得增值税专用发票和增值税专用发票抵扣联，取得的增值税专用发票是否合法有效，有无不符合规定的情况。

（2）检查所取得的发票内容，看其摘要栏所填内容与实物是否相符，有无乱立明目，以假乱真的现象；发票上面的数量、单价、金额是否正确；使用的税率和计算的税额是否有误；各项目的填写是否齐全、清晰，有无涂改的痕迹；税务登记号是否都正确；票面是否有规定的印章；采取汇总开票的，其所附的销货清单是否符合规定的要求；有无将外购固定资产的进项税额填写为材料的进项税额。

（3）检查纳税人据以核算进项税额的增值税专用发票的发票联、抵扣联所记载的内容是否一致，有无只有抵扣联而无分配联或者只有发票联而无抵扣联的增值税专用发票。将企业当期纳税申报中所抵扣的进项税额与其所取得的专用发票上注明的进项税额合计数进行比较。如二者不相等，就有可能发生多缴税或少缴税的情况。同时还应将专用发票上反映的进项税额与其“应交税费”总账金额进行比较。看二者的数额是否相等，否则，就有多计或者少计账簿数额的情况，从而影响当期的应缴税额。

（4）检查纳税人购进货物是否与购货方的生产、经营相关。一是核对生产经营范围，二是核对“原材料”、“库存商品”明细账，防止虚开、代开的情况。在检查发票、会计分录及有关税金账簿的同时，为了进一步证实进项税额的正确性，还可以核查进货对方的纳税人，查看其销售的内容及有关数据与纳税人所取得的发票所填列的内容、数据是否相等。如两者的同联次发票反映着不同的内容或数据有差异，就证明存在问题，很可能有虚假行为。

（二）购、销货物运输费用进项税额的检查

1. 检查内容及规定

对增值税一般纳税人外购货物和销售货物所支付的运输费用，根据运费结算单据（普通发票）所列运费金额依 7% 的扣除率计算进项税额并准予扣除，但随同运

费支付的装卸费、保险费等其他杂费不得计算扣除进项税额。计算公式为：

准予抵扣的进项税额＝运费×扣除率

自2007年1月1日起，增值税一般纳税人购进或销售货物，取得的作为增值税扣税凭证的货运发票，必须是通过货运发票税控系统开具的新版发票。纳税人取得的2007年1月1日以后开具的旧版货运发票，不再作为增值税扣税凭证抵扣进项税额。

纳税人取得的2006年12月31日以前开具的旧版货运发票暂继续作为增值税扣税凭证，纳税人应在开具之日起90日后的第一个纳税申报期结束以前申报抵扣进项税额。自2007年4月1日起，旧版货运发票不得作为增值税扣税凭证抵扣进项税额。

2. 检查方法

（1）检查纳税人抵扣票据的合理、合法性。审核抵扣运费单据是否属于规定的可抵扣票据，票面项目是否符合要求。运费凭证与有关资金或存货类账户的核算内容是否相关，如果只有运费凭证而无相应的资金或存货，则不得抵扣。

（2）检查纳税人“应交税费——应交增值税（进项税额）”科目的记账凭证。审核有无将不属于运费的款项或免税货物发生的运输费也计入了进项税额。

（3）检查纳税人“库存商品”、“原材料”、“低值易耗品”、“包装物”等科目的明细账。审核单据所列项目与实物是否相符，有无为购入固定资产而支付的运费。

（4）将购进货物的进项税额与支付运费计算的进项税额进行比较分析，查看有无异常现象，重点检查是否存在虚假抵扣进项税额的现象。

（三）购进免税农产品进项税额的检查

1. 检查内容及规定

对购进免税农产品准予抵扣的进项税额，应检查其原始凭证是否符合规定，有无超范围计算进项税额抵扣的问题。依据增值税有关规定，增值税一般纳税人购进农业生产者销售的农产品，或者向小规模纳税人购买农产品，从2002年1月1日起，准予按照买价乘以13%的扣除率计算进项税额，从当期销项税额中扣除。计算公式为：

准予抵扣的进项税额＝买价×扣除率（13%）

对烟叶税纳税人按规定缴纳的烟叶税，准予并入烟叶产品的买价计算增值税的进项税额，并在计算时予以抵扣。烟叶税收购金额包括纳税人支付给烟叶销售者的烟叶收购价款和价外补贴，价外补贴统一暂按收购价款的10%计算。计算公式如下：

烟叶税收购金额 = 烟叶收购价款 × （1 + 10%）

烟叶税应纳税额 = 烟叶税收购金额 × 税率（20%）

准予抵扣的进项税额 = （烟叶税收购金额 + 烟叶税应纳税额）× 扣除率

2. 检查方法

（1）检查企业的收购凭证。

将税务部门出售的收购凭证领购簿与使用的收购凭证对照检查，审核其使用的收购凭证是否合法。

（2）检查企业收购凭证的汇总数和收购实物数。

审核购进的货物是否属于免税农产品，是否向规定的对象收购，是否以规定的价格为依据计算抵扣税额。

（3）检查企业计算免税农产品进项税额的凭证与有关资金和往来账户。

若只有开具的凭证而无相应的资金运动或负债产生，以及虽有资金运动或负债产生但内容不一致，数额不相符的，不得计算抵扣进项税额。

（四）进口货物进项税额的检查

1. 检查内容及规定

依据规定，增值税一般纳税人进口货物，从海关取得的完税凭证上注明的增值税额可从销项税额中抵扣。没有从海关取得注明增值税税额的法定扣税凭证，不能抵扣进项税额。进口货物属于不得抵扣范围的，不得抵扣。

2. 检查方法

（1）检查海关代征进口货物增值税的增值税专用缴款书票据的真实性，即原件的唯一性、企业名称的准确性。专用缴款书上若标明有两个单位名称，即既有代理进口单位名称，又有委托进口单位名称的，只准予其中取得专用缴款书原件的单位抵扣税款。

（2）检查专用缴款书所注明的进口货物入库单。重点追踪进口货物的流向，若无库存，检查其是否已作销售申报纳税。

（五）外购废旧物资进项税额的检查

1. 检查内容及规定

废旧物资是指在社会生产和消费过程中产生的各类废弃物品，包括经过挑选、整理等简单加工后的各类废弃物品。按照规定，废弃物资回收经营单位销售废旧物资免征增值税，但生产企业的增值税一般纳税人从废旧物资回收经营单位购回的废旧物资，不能取得增值税专用发票的，可根据废旧物资回收经营单位开具的由税务机关监制的普通发票上注明的金额，按10%的扣除率计算进项税额予以抵扣。在实践中，有少数纳税人为了自身的利益，采取各种非法手段偷逃税款。

2. 检查方法

（1）检查废旧物资回收经营单位的真实性。

按照规定，“废旧物资回收经营单位”是指同时具备以下条件的单位（不包括个人和个体经营者）：①经工商行政管理部门批准，从事废旧物资回收经营业务的单位；②有固定的经营场所及仓储场地；③财务会计核算健全，能够提供准确的税务资料。

凡不同时具备以上条件的废旧物资回收经营单位，一律不得享受增值税优惠政策；废旧物资回收经营单位应将废旧物资和其他货物的经营分别核算，不能准确分别核算的，不得享受废旧物资免征增值税政策；利用废旧物资加工生产的产品不享受废旧物资免征增值税的政策。同时，生产企业从不具备上述条件的废旧物资回收经营单位购进的废旧物资，或者不能取得由税务机关监制的普通发票的，外购的废旧物资不准计算进项税额予以抵扣。

（2）检查普通发票上注明的金额是否真实。

某些纳税人为了占有国家的利益，自设废旧物资回收经营公司，为其开具假发票、假金额，骗取国家的税款。检查时，应将购进废旧物资的账面金额与其实物核对，用入库金额、出库金额的差额与库存实物的盘存金额核对。必要时可检查废旧物资回收经营单位销售废旧物资的金额和回收废旧物资的金额，检查各环节的发生额是否真实可靠，是否正常且符合逻辑关系。

（六）进货退回或折让进项税额的检查

1. 检查内容及规定

依据规定，进货退回或折让涉及的进项税额，只要按规定取得红字专用发票，就必须从当期的进项税额中扣减。如果纳税人进货退回或折让涉及的进项税额不从进项税额中扣除，就会偷逃增值税。

2. 检查方法

（1）依据主管税务机关为纳税人开具“进货退出及索取折让证明单”的存根联，检查纳税人留存的“证明单”，看纳税人是否按照规定保存相关的“证明单”，如纳税人未按规定保存，证明其有可能将已退回货物的进项税额抵扣了销项税额。

（2）对照“证明单”和销货方开具的红字增值税专用发票的发票联、抵扣联，检查纳税人的“应交税费——应交增值税（进项税额）”明细账，查明纳税人发生材料退货后，其进项税额是否从进项税额中扣减，或所扣减的进项税额是否小于“证明单”、红字增值税专用发票抵扣联上注明的税额。

（3）依据纳税人收到的红字增值税专用发票上所注明的开具时间，检查退货或索取折让的纳税人是否有延期扣减进项税额的现象。

二、不得抵扣进项税额及转出的检查

（一）不得抵扣进项税额的基本规定

按照税法规定，增值税一般纳税人发生下列行为的，进项税额不得抵扣：

（1）购进货物或者应税劳务未按照规定取得增值税专用发票，或者取得增值税专用发票后未妥善保存的，不得抵扣进项税额；

（2）购进货物或者应税劳务的增值税扣税凭证，未按照规定注明增值税税额及其他有关事项，或者虽有注明但不符合规定的，不得抵扣进项税额；

（3）用于非应税项目的购进货物或者应税劳务，不得抵扣进项税额；

（4）用于免税项目的购进货物或者应税劳务，不得抵扣进项税额；

（5）用于集体福利或者个人消费的购进货物或者应税劳务，不得抵扣进项税额；

（6）非正常损失的购进货物，不得抵扣进项税额；

（7）非正常损失的在产品、产成品所用购进货物或者应税劳务，不得抵扣进项税额。

发生上述不得抵扣进项税额行为的有两种情况：一是购进货物时明确知道不能用于应税项目，这种情况发生的进项税额在会计核算时就不能作为进项税额核算，而应将相应的进项税额计入对应成本之中；二是购进货物时不明确货物的用途，而将货物相对应的进项税额作了当期的进项税额核算，又因我国增值税采用的是购进扣除法，不管外购货物是否当期使用，只要取得合法票据，其进项税额均可在当期抵扣。因此，已将作了进项税额抵扣的货物有可能改变用途而用于非应税项目，这种情况下就必须在货物改变用途的当期作进项税额转出。

（二）检查内容与方法

（1）检查纳税人购进原材料、商品的用途及对象，是否用于生产应税货物，是否将其负担的进项税额由“应交税费——应交增值税”账户的贷方转出。

（2）检查计算转出的进项税额是否正确，进项税额转出的时间与增值税会计处理的规定是否一致。

三、销售返还进项税额转出的检查

（一）取得返还资金的形式和冲减进项税额的计算

自2004年7月1日起，对商业企业向供货方收取的与商品销售量、销售额挂钩的各种返还收入，均应按照平销返利行为的有关规定冲减当期增值税进项税额。应冲减进项税金的计算公式调整为：

当期应冲减进项税金＝当期取得的返还资金÷（1＋所购货物适用增值税税率）×

所购货物增值税税率

商业企业向供货方收取的各种返还收入，一律不得开具增值税专用发票。

增值税一般纳税人因购买货物而从销售方取得的返还资金一般有以下五种形式：

（1）购买方直接从销售方取得货币资金；

（2）购买方直接从销售方支付的货款中坐扣；

（3）购买方向销售方索取或坐扣有关销售费用或管理费用；

（4）购买方向销售方直接或间接列支或报销费用；

（5）购买方取得销售方支付的货币资金或实物补偿。

（二）检查内容与方法

（1）检查“主营业务收入”账户，判断是否存在将因购买取得的返还资金列入该账户核算，特别是“代销手续费”是否符合代销的条件。

（2）检查“其他业务收入”账户，分析该收入的性质及取得该收入的原因。

（3）检查“投资收益”、“本年利润”账户，分析是否未向销售方投资或未与销售方联营协作而以投资收益或联营分利的名义取得利润。

（4）检查“应付账款”账户明细账，若购货方与供货方始终保持业务往来，而购货方应付款余额越来越大，要进一步分析原因。若应付账款余额被核销，需了解核销原因，以及销售方对此债权是否也予以核销，而让购货方取得了除实物形式以外的返还利润。

（5）检查“银行存款”、“现金”等贷方发生额与购货发票票面所载金额的差额，对照购、销双方的结算清单，确定应结算与实际结算货款的差额，分析差额部分，是否有代扣广告费、促销费、管理费等问题。

（6）检查“销售费用”、“管理费用”账户，了解“销售费用”、“管理费用”贷方发生额或红字冲销的原因，或“销售费用”、“管理费用”某一会计期间大幅度减少的原因，是否向销售方转移费用支出。对个别特殊企业，检查其经销机构的费用来源、费用支出及核算的操作手段是否正确。

四、进项税额抵扣时间的检查

（一）抵扣时间的相关规定

依据国家税务总局为加强对增值税的征收管理工作的规定，从1995年7月1日起，工业企业外购货物未验收入库、商业企业外购货物的承受应税劳务未支付款项的进项税额，以及购进货物发生的运费应计算的进项税额，不允许在当期抵扣。但从2003年3月1日起，增值税一般纳税人取得防伪税控系统开具的增值税专用发票，其专用发票所列明的购进货物或应税劳务的进项税额抵扣时限不受前述规定的限制。现行规定主要有：

（1）防伪税控专用发票进项税额抵扣的时限。按照规定，自2003年3月1日起，增值税一般纳税人取得防伪税控系统开具的增值税专用发票，抵扣的进项税额按以下规定处理：

①增值税一般纳税人申请抵扣的防伪税控系统开具的增值税专用发票，必须自该专用发票开具之日起90日内到税务机关认证，否则不予抵扣进项税额；②增值税一般纳税人认证通过的防伪税控系统开具的增值税专用发票，应在认证通过的当月按照增值税有关规定核算当期进项税额并申报抵扣，否则不予抵扣进项税额。

（2）海关凭证进项税额抵扣的时限。增值税一般纳税人进口货物，取得的2004年2月1日以后开具的海关完税凭证，应当在开具之日起90天后的第一个纳税申报期结束以前向主管税务机关申报抵扣，逾期不得抵扣进项税额；增值税一般纳税人取得的2004年1月31日以前开具的海关完税凭证，必须在2004年5月申报期前向主管税务机关抵扣，逾期不再予以抵扣。

（3）购进废旧物资进项税额抵扣的时限。增值税一般纳税人取得的2004年3月1日以后开具的废旧物资发票，应当在开具之日起90天后的第一个纳税申报期结束以前向主管税务机关申报抵扣，逾期不得抵扣进项税额；增值税一般纳税人取得的2004年3月1日以前开具的废旧物资发票，必须在2004年6月申报期前向主管税务机关抵扣，逾期不再予以抵扣。

（4）增值税一般纳税人取得的2003年10月31日以后开具的运输发票，应当在开票之日起90天内向主管国家税务局申报抵扣，超过90天的不得予以抵扣。

（二）检查方法

（1）检查各种应抵扣进项税额的票据是否真实，有无利用假票抵扣进项税额的迹象。

（2）检查票据中各个栏目的填写是否规范且符合票据管理的有关规定，填列的金额有无虚假，时间有无提前或滞后。

第三节　应纳增值税额的检查

增值税应纳税额的检查，重点是当期销项税额和当期进项税额两个部分的检查，当期销项税额和进项税额的检查方法前面已作了介绍，此节主要阐述对增值税“应交税费——应交增值税”明细账的检查。

一、增值税“应交税费——应交增值税”明细账的检查方法

“应交税费——应交增值税”明细账是为了全面核算和反映增值税的进项税额、销项税额、进项税转出、出口退税及应缴、已缴情况而设置的。对纳税人“应交税

费——应交增值税”明细账的检查，主要有以下四个方面：

1.“应交税费——应交增值税（进项税额）”专栏的检查

该专栏记录企业购入货物或接受劳务而支付的、准予从销项税额中抵扣的增值税额。企业购入货物或接受应税劳务支付的进项税额，借方用蓝字登记；退回所购货物应冲销的进项税额，用红字登记。检查时，注意该明细账中各项核算内容及财务处理方法是否符合有关增值税会计处理的规定。如为外购的专用物资或用于免税货物的进项税额，就不能记入该栏目中。

2.“应交税费——应交增值税（销项税额）”专栏的检查

该专栏记录企业销售货物或提供应税劳务的增值税额。企业销售货物或提供应税劳务应收取的销项税额，贷方用蓝字登记；退回销售货物应冲销的销项税额，用红字登记。检查该栏目时，主要注意两个问题：一是纳税人销售货物开具普通发票时，是否将含税的销售额核算了销项税额，有无漏记、错记的现象；二是纳税人将自产、委托加工或外购的应税货物用于非应税项目或其他方面，应视同销售处理，而未核算销项税额。

3.“应交税费——应交增值税（进项税额转出）”专栏的检查

该专栏记录的内容是指，有些纳税人在购进货物时不清楚其货物的具体用途，购进时已按照增值税专用发票上记载的进项税额或以其他方法计算的进项税额记入了“进项税额”专栏，而后来这些货物实际上又用于非应税项目或其他方面的情况。按照税法规定，这些进项税额不能从销项税额中抵扣，而必须由其他相对应的项目承担。为了方便增值税核算，该专栏记录企业的购进货物、在产品、产成品等发生非正常损失及其他原因，不应从销项税额中抵扣，而应按照规定转出进项税额。检查时，应重点检查外购应税货物减少的流向，以及是否属于进项税额规定的抵扣范围，有无将用于非应税项目的情况未作进项税额转出的现象。

4.“应交税费——应交增值税（出口退税）”专栏的检查

该专栏记录企业出口适用零税率的货物，向海关办理报关出口手续后，凭出口报关单等有关凭证，向税务机关申报办理出口退税而应收或收到退回的税款。出口货物退回的增值税额，贷方用蓝字登记；出口货物办理退税后发生退货或者退关而补交已退的税额，用红字登记。

另外，对于企业内部管理控制制度完善、会计核算水平较高、账簿设置较规范的纳税人，一般采用复核法、抽查法等方法进行检查。将“应交税费——应交增值税”明细账各栏目的记录，与账簿记载的各项指标、会计报表、增值税纳税申报表相对应的数据进行核对，与增值税专用发票抵扣联进行核对，检查有无错误的情况。对于会计核算不规范或内部管理控制制度不健全的纳税人，其增值税账簿记录往往不能作为检查的主要依据，往往采用详查法、全查法，即检查每一笔经济业务情况，并可从销货发票、存货或银行存款等方面检查其纳税情况。

二、增值税检查后的调账方法

增值税一般纳税人应纳税额等于当期销项税额减当期进项税额，如果当期进项税额大于当期销项税额，不但当期无税缴纳，而且未抵扣完的进项税额可继续转下期抵扣。由于增值税一般纳税人应纳税额计算方法的特殊性，对其进行检查时，不能不考虑检查所属进项税额未抵扣完的余额。如果检查所属期间期末存在未抵扣完的进项税额，即便对所属期检查出部分销项税额或部分不准抵扣的进项税额，也不能肯定检查所属期就一定要补缴增值税。为了解决前述问题，增值税检查后的账务调整，应设立“应交税费——增值税检查调整”专门账户。具体核算方法如下：

（1）凡检查后，应调整账面进项税额或调增销项税额和进项税额转出的数额，借记有关科目，贷记本科目。调账分录为：

借：有关科目

　贷：应交税费——增值税检查调整

（2）凡检查后，应调增账面进项税额或调减销项税额的数额，借记本科目，贷记有关科目。调账分录为：

借：应交税费——增值税检查调整

　贷：有关科目

（3）全部调账事项入账后，应结出本账户的余额，并对该余额进行处理：

①若余额在借方，全部视同留抵进项税额，按借方余额数，借记“应交税费——应交增值税（进项税额）”科目，贷记本科目。调账分录为：

借：应交税费——应交增值税（进项税额）

　贷：应交税费——增值税检查调整

②若余额在贷方，且检查所属期“应交税费——应交增值税”账户无借方余额，按贷方余额数，借记本科目，贷记“应交税费——未交增值税”科目。调账分录为：

借：应交税费——增值税检查调整

　贷：应交税费——未交增值税

③若本账户余额在贷方，检查所属期“应交税费——应交增值税”账户有借方余额且等于或大于这个贷方余额，按贷方余额数，借记本科目，贷记“应交税费——应交增值税”科目。调账分录为：

借：应交税费——增值税检查调整

　贷：应交税费——应交增值税

④若本账户余额在贷方，且检查所属期“应交税费——应交增值税”账户有借方余额但小于这个贷方余额，应将这两个账户的余额冲减后，其差额贷记“应交税费——未交增值税”科目。调账分录为：

借：应交税费——增值税检查调整（差额）
　贷：应交税费——未交增值税（差额）

三、增值税检查案例

［例5－11］某生产企业是增值税一般纳税人，适用增值税税率17%。某年1月25日至28日，当地主管税务机关对其上年12月份的生产经营情况应缴纳的增值税进行了检查，取得会计资料如下：

（1）12月5日12号凭证：购进原材料一批，已验收入库，取得增值税专用发票一张，注明价款200 000元，税额34 000元。取得运输部门开具的运费普通发票一张，注明运费10 000元，装卸费6 000元，款项均未支付。企业账务处理为：

借：原材料　　214 880
　　应交税费——应交增值税　　35 120
　贷：应付账款　　250 000

（2）12月12日42号凭证：销售产品一批，开出增值税专用发票一张，注明价款100 000元，税额17 000元，货已发出；开具普通发票一张，取得包装物销售收入35 100元，款已存入银行。企业账务处理为：

借：银行存款　　152 100
　贷：主营业务收入　　100 000
　　　应交税费——应交增值税（销项税额）　　17 000
　　　应付职工薪酬　　35 100

（3）12月18日50号凭证：没收逾期的出租包装物押金9 360元。企业账务处理为：

借：其他应付款　　9 360
　贷：营业外收入　　9 360

（4）12月21日60号凭证：本单位基建工程领用外购的材料一批，成本价（不含运输费用）60 000元。企业账务处理为：

借：在建工程　　60 000
　贷：库存商品　　60 000

（5）12月24日96号凭证：收购免税农产品一批作原材料，支付收购价款120 000元，支付运输单位的运输费用5 000元，货物已验收入库，相关票据符合规定。企业账务处理为：

借：原材料　　125 000
　贷：现金　　125 000

（6）12月25日102号凭证：将自产应税货物成本价格90 000元（同类货物的不含税市场销售价格为100 000元）捐赠给灾区。企业账务处理为：

借：营业外支出　　90 000

　贷：库存商品　　90 000

（7）12 月 26 日 133 号凭证：销售下脚材料，开具普通发票，取得含税销售收入 11 700 元。企业账务处理为：

借：银行存款　　11 700

　贷：销售费用　　11 700

（8）12 月 28 日 150 号凭证：接受某单位捐赠 A 货物一批，取得了对方开具的增值税专用发票，注明货物金额 100 000 元，增值税税额 17 000 元。企业账务处理为：

借：原材料——接受捐赠的原材料　　117 000

　贷：营业外收入——捐赠利得　　117 000

（9）12 月 30 日 180 号凭证：后附存货盘存表一张，盘亏原材料成本 20 930 元（其中含运输费 930 元）。企业账务处理为：

借：待处理财产损益　　20 930

　贷：原材料　　20 930

（10）其他资料：上年 12 月末“应交税费——应交增值税（进项税额）”明细账有借方余额 4 000 元。

检查要求：

（1）根据税法规定，检查该企业会计核算中存在的问题；计算上年 12 月份企业应补（或退）增值税税额。

（2）根据检查的经济业务，对“应交税费——应交增值税”明细账作相关的调账处理。

检查处理如下：

（1）12 月 5 日 12 号凭证：购进原材料装卸费 6 000 元，不应该计算进项税额，应调减进项税额 420 元（6 000 ×7%）。调账分录为：

借：原材料　　420

　贷：应交税费——增值税检查调整　　420

（2）12 月 12 日 42 号凭证：开具普通发票，取得包装物销售收入 35 100 元，不应记入“应付职工薪酬”账户核算，而应将其作“其他业务收入”处理并计算销项税额。应调增销项税额 5 100 元［35 100 ÷（1 +17%）×17%］。调账分录为：

借：应付职工薪酬　　35 100

　贷：其他业务收入（或以前年度损益调整）　　30 000

　　　应交税费——增值税检查调整　　5 100

（3）12 月 18 日 50 号凭证：没收逾期的包装物押金 9 360 元，不能记入“营业外收入”账户核算，应记入“其他业务收入”账户。同时，应该计算销项税额。应调增销项税额 1 360 元［9360 ÷（1 +17%）×17%］。调账分录为：

借：以前年度损益调整　　1 360

　贷：应交税费——增值税检查调整　　1 360

（4）12月21日60号凭证：本单位基建工程领用外购的材料，应将其进项税额转出，计入工程成本。检查时，应调减进项税额10 200元（60 000×17%）。调账分录为：

借：在建工程　　10 200

　贷：应交税费——增值税检查调整　　12 200

（5）12月24日96号凭证：收购免税农产品作原材料和支付运输单位的运输费用，应按规定的比例13%和7%计算进项税额予以扣除。检查时，应调增进项税额15 950元（120 000×13%＋5 000×7%）。调账分录为：

借：应交税费——增值税检查调整　　15 950

　贷：原材料　　15 950

（6）12月25日102号凭证：将自产应税货物用于对外捐赠，按照规定应视同销售处理，按照同类货物的市场销售价格计算销项税额。企业直接按成本价转账，未计算销项税额不正确。检查时，应调增销项税额17 000元（100 000×17%）。调账分录为：

借：以前年度损益调整　　17 000

　贷：应交税费——增值税检查调整　　17 000

（7）12月26日133号凭证：销售下脚材料，按规定应作“其他业务收入”处理，同时计算销项税额。企业将收入冲减“经营费用”不正确。检查时，应调增销项税额1 700元［11 700÷（1＋17%）×17%］。调账分录为：

借：以前年度损益调整　　1 700

　贷：应交税费——增值税检查调整　　1 700

（8）12月28日150号凭证：接受某单位捐赠货物一批，取得了对方开具的增值税专用发票，注明货物金额100 000元，增值税税额17 000元。按照规定，17 000元增值税可以作进项税额且可以抵扣，企业在接受A货物时应：

借：原材料——A货物　　100 000

　　应交税费——应交增值税（进项税额）　　17 000

　贷：营业外收入——捐赠利得　　117 000

所以检查时，应调增进项税额17 000元。调账分录为：

借：应交税费——增值税检查调整　　17 000

　贷：原材料——接受捐赠的原材料　　17 000

（9）12月30日180号凭证：盘亏原材料成本20 930元（其中含运输费930元），按规定应将其相对应的进项税额转出，企业只转出了盘亏的材料成本不正确。检查时，应调减进项税额3 470元［20 000×17%＋930÷（1－7%）×7%］。调账分录为：

借：待处理财产损益　　3 470

　贷：应交税费——增值税检查调整　　3 470

（10）企业上年12月末“应交税费——应交增值税（进项税额）”明细账有借方余额4 000元。本期检查，“应交税费——增值税纳税调整”账户借方发生额32 950元，贷方发生额39 250元，借、贷发生额相抵后，贷方余额6 300元。按照规定，检查“应交税费——增值税纳税调整”账户贷方余额时，应将检查所属期纳税人未抵扣完的“应交税费——应交增值税（进项税额）”明细账的借方余额冲减后，为实际补缴的增值税税额。调账分录为：

借：应交税费——增值税检查调整　　6 300

　贷：应交税费——应交增值税（进项税额）　　4 000

　　应交税费——未交增值税　　2 300

第四节　小规模纳税人应纳税额的检查

小规模纳税人销售货物或者应税劳务，按照销售额和《增值税暂行条例》规定的3%的征收率计算应纳税额，不得抵扣进项税额。应按税额计算公式为：

应纳税额＝销售额×征收率

小规模纳税人取得的销售额与一般纳税人的规定相同，都是销售货物或者提供应税劳务向购买方收取的全部价款和一切价外收入，但是不包括按3%的征收率收取的增值税税额。小规模纳税人不得抵扣进项税额，这是因为，小规模纳税人会计核算不健全，不能准确核算销项税额和进项税额，不实行按销项税额抵扣进项税额求得应纳税额的税款抵扣制度，而是实行简易计税的办法。对小规模纳税人实施3%的征收率，是结合增值税17%和13%两档税率的货物或应税劳务的税收负担水平而设计的，其税收负担与一般纳税人基本一致，因此不能再抵扣进项税额。

一、应纳税额的计算

由于小规模纳税人在销售货物或应税劳务时，只开具普通发票，取得的销售收入均为含税销售额。为了符合增值税作为价外税的要求，小规模纳税人在计算应纳税额时，必须将含税销售额换算为不含税的销售额后才能计算应纳税额。

不含税销售额＝含税销售额÷（1＋征收率）

［例5－12］某商店为增值税小规模纳税人，某月取得零售收入总额124 800元，该商店当月应缴纳的增值税税额为：

124 800 ÷（1＋3%）×3%＝3 634.95（元）

二、检查内容与方法

（一）检查内容

据前述应纳税额的计算可知，小规模纳税人应纳税额涉及销售额和征收率两个因素，其中，销售额是主要因素。小规模纳税人在经营过程中不使用增值税专用发票，也不抵扣进项税额，与业务往来单位的链接关系不明显，加上部分纳税人财务制度很不健全，因此，隐瞒销售收入的行为时有发生。隐瞒收入可以分为两种情况：①收入不上账，具体情况是：不做账，或做两套账，假账对外，真账对内。在现金交易普遍存在的情况下，对其检查是很困难的。②做错账，不按财务会计制度和税法的规定进行核算，往往将应税收入记入“往来”账户，不按时、按量确定收入，有时甚至将收入从“往来”账户直接转入“基金”账户，或者将应税收入直接冲减费用。这些行为最终都会导致偷逃税款，而平时的检查主要也在这些方面。

（二）检查方法

1. 用科学的方法对经营情况进行估算

检查时，根据纳税人的生产经营规模、员工人数、资产价值、市场对产品的需求等情况测算出正常的、较实际的数据，与纳税人申报的收入数进行对比。如果差距不大，证明纳税人在经营活动中的涉税问题较小；如果太悬殊，就需进一步检查。

2. 检查账证是否齐全

在正常情况下，纳税人在经营活动中应该根据发生的业务行为取得各种合法凭证，然后依据合法凭证按照会计核算的程序编制会计凭证，再将凭证的各数据分类记入设立的各明细账和总分类账中。检查时，如果发现纳税人的账证不齐全，甚至未按会计核算的程序记账，就有可能存在问题。

3. 检查纳税人核算的内容是否与实际相符

检查时，应将原始凭证中记载的业务内容与会计凭证、明细账簿、总分类账簿中摘要栏的内容进行核对，有无替换内容逃避纳税的行为。同时也要注意原始凭证记载的内容是否与开具凭证单位的经营范围相符。

4. 检查数据、金额是否正确

首先核对纳税申报表中的填列数是否等于总分类账、明细分类账的相关数据，然后核对账证之间的相关数据是否一致，原始凭证中记载的数据有无虚假的现象，也可将有关数据与银行存款的有关数据核对。必要时还可以与业务往来单位的数据核对。

第五节 出口货物退（免）税的检查

企业出口货物以不含税价格参与国际市场竞争是国际上的通行做法。我国为鼓励出口，按《增值税暂行条例》规定，实行出口货物税率为零的优惠政策。所谓实行零税率，是指货物在出口时整体税负为零；出口货物适用零税率，不但出口环节不必纳税，还可以退还以前纳税环节的已纳税款，这就是通常所说的“出口退税”。由于各种货物出口前涉及的征免情况有所不同且国家对少数货物有限制出口的政策，因此，对货物出口的不同情况，国家在遵循“征多少，退多少”、“未征不退”基本原则的基础上，规定了不同的税务处理办法。

一、核对纳税人出口货物是否符合退（免）税基本政策的规定

目前，我国的出口货物税收政策分为以下三种形式：

（一）出口免税并退税

出口免税是指对货物在出口销售环节不征收增值税、消费税，这是把货物出口环节与出口前的销售环节都视为一个征税环节；出口退税是指对出口货物在出口前各环节实际承担的税收负担，按规定的退税率计算后予以退还。

（二）出口免税不退税

出口免税与上述第（一）项含义相同。出口不退税是指适用这个政策的出口货物因在出口前的生产环节、销售环节或进口环节免税，不存在税收负担问题，出口时该货物的价格中本身就不含税，因此也无须退税。

（三）出口不免税也不退税

出口不免税是指对国家限制或禁止出口的某些货物的出口环节视同内销环节，照常征税；出口不退税是指对这些货物出口时不退还其出口前所负担的税款。适用这个政策的主要是税法列举限制或禁止出口的货物，如天然牛黄、麝香、铜及铜基合金、白银等。

二、检查出口货物是否符合退（免）税的适用范围

出口货物退（免）税有着严格的规定，前述的出口货物退（免）税政策是从整体把握的，而出口货物退（免）税适用范围是对每个具体的出口企业的出口货物而言，后者才具有操作性。符合规定者退（免）税，否则不予退（免）税。目前适用范围有：

（一）下列企业出口的货物，除另有规定外，给予免税并退税

（1）生产企业自营出口或委托外贸企业代理出口的自产货物。

（2）有出口经营权的外贸企业收购后直接出口或委托其他外贸企业代理出口的货物。

（3）下列特定企业（不限于有出口经营权）出口的货物：

①对外承包工程公司运出境外用于对外承包项目的货物；

②对外承接修理修配业务的企业用于对外修理修配的货物；

③外轮供应公司、远洋运输供应公司销售给外轮、远洋国轮而收取外汇的货物；

④企业在国内采购并运往境外作为在国外投资的货物；

⑤利用外国政府贷款或国际金融组织贷款，通过国际招标，有国内企业中标的机电产品；

⑥对境外带料加工装配业务所使用的出境设备、原材料和散件。

需要说明的是，上述“除另有规定外”是指出口的货物属于税法列举规定的免税货物或限制、禁止出口的货物，上述企业如出口这些货物是不按“免税并退税”的政策处理的。另外，除上述企业出口货物准予退（免）税外，其他非生产性企业委托外贸企业出口的货物不予退（免）税，这是对一般无进出口经营权的商贸企业搞出口贸易的限制。

（二）下列企业出口的货物，除另有规定外，给予免税，但不予退税

（1）属于生产企业的小规模纳税人自营出口或委托外贸企业代理出口的自产货物。

（2）外贸企业从小规模纳税人购进并持普通发票的货物出口，免税但不予退税。但对下列出口货物，考虑其占出口比重较大及其生产、采购的特殊因素，特准退税：抽纱、工艺品、香料油、山货、草柳竹藤制品、渔网渔具、松香、五倍子、生漆、鬃尾、山羊板皮、纸制品。

（3）外贸企业直接购进国家规定的免税货物（包括免税农产品）出口的，免税但不退税。

需要说明的是，上述“除另有规定外”是指上述企业出口的货物如属于税法列举规定的限制或禁止出口的货物，则不能免税，更不能退税。

（三）下列出口货物，免税但不予退税

（1）来料加工复出口的货物，即原材料进口免税，加工自制的货物出口不退税。

（2）避孕药品和用具、古旧图书，内销免税，出口也免税。

（3）出口卷烟：有出口卷烟权的企业出口国家出口卷烟计划内的卷烟，在生产环节免征增值税、消费税，出口环节不办理退税；其他计划内出口的卷烟照章征收增值税和消费税，出口一律不退税。

（4）军品及军队系统企业出口军需工厂生产或军需部门调拨的货物免税。

（5）出口企业直接收购的农业生产者销售的国产农产品。

（6）国家规定暂时免征增值税的货物，在免税期内出口的。

（7）小规模纳税人出口的货物。

（8）国家规定的其他免税货物，如软件等。

（四）除经批准属于进料加工复出口贸易以外，下列出口货物不免税也不退税

（1）原油及中外合作油（气）田开采的天然气。

（2）援外出口货物（利用中国政府的援外优惠贷款和援外合资合作项目基金援外方式下出口的货物除外）。

（3）国家禁止出口的货物，包括天然牛黄、麝香、铜及铜基合金、白银等。

（五）对生产企业出口的下列四类产品，视同自产产品给予退（免）税

（1）生产企业出口外购的产品，凡同时符合以下条件的，可视同自产产品办理退税：

①与本企业生产的产品名称、性能相同；

②使用本企业注册商标或外商提供给本企业使用的商标；

③出口给进口本企业自产产品的外商。

（2）生产企业外购的与本企业所生产的产品配套出口的产品，若出口给进口本企业自产产品的外商，符合下列条件之一的，可视同自产产品办理退税：

①用于维修本企业出口的自产产品的工具，以及零部件、配件；

②不经过本企业加工或组装，出口后能直接与本企业自产产品组合成成套产品的。

（3）凡同时符合以下条件的，主管出口退税的税务机关可认定为集团成员，集团公司收购成员企业生产的产品，可视同自产产品办理退（免）税：

①经县级以上政府主管部门批准为集团公司成员的企业，或有集团公司控股的生产企业；

②集团公司及其成员企业均实行生产企业财务会计制度；

③集团公司必须将有关成员企业的证明材料报送主管出口退税的税务机关。

（4）生产企业委托加工收回的产品，凡同时符合下列条件的，可视为自产产品办理退税：

①必须与本企业生产的产品名称、性能相同，或者是用本企业生产的产品在委托深加工收回的产品；

②出口给进口本企业自产产品的外商；

③委托方执行的是生产企业财务会计制度；

④委托方与受托方必须签订委托加工协议。主要是原材料必须由委托方提供。受托方不垫付资金，只收取加工费，开具加工费（含带点辅助材料）的增值税专用发票。

三、检查出口货物退税额的计算是否正确

出口货物只有在适用既免税又退税的政策时，才会涉及如何计算退税的问题。

由于各类出口企业对出口货物的会计核算办法不同，有对出口货物单独核算的，也有对出口货物和内销货物统一核算成本的。为了与出口企业的会计核算办法一致，《出口货物退（免）税管理办法》规定了两种退税计算办法：一是“免、抵、退”办法，主要适用于自营和委托出口自产货物的生产企业；二是“先征后退”办法，目前主要适用于收购货物出口的外（工）贸企业。

（一）“免、抵、退”税的计算方法

按照财政部、国家税务总局《关于进一步推进出口货物实行免抵退税办法的通知》（财税〔2002〕7号）规定：自2002年1月1日起，生产企业自营或委托外贸企业代理出口（以下简称生产企业出口）自产货物，除另有规定外，增值税一律实行免、抵、退税管理办法。

所谓生产企业，是指独立核算的，经主管国税机关认定为一般纳税人的，并且具有实际生产能力的企业和企业集团。增值税小规模纳税人出口自产货物继续实行免征增值税的办法。生产企业出口自产的属于应征消费税的产品，实行免征消费税办法。

实行免、抵、退税的管理办法的“免”税，是指对生产企业出口的自产货物免征本企业生产销售环节增值税；“抵”税，是指生产企业出口自产货物所耗用的原材料、零部件、燃料、动力等所含应予退还的进项税额，抵顶内销货物的应纳税额；“退”税，是指生产企业出口的自产货物在当月内应抵顶的进项税额大于应纳税额时，对未抵顶完的部分予以退税。

退（免）税的计算公式与计算方法如下：

1. 当期应纳税额的计算

当期应纳税额＝当期内销货物销项税额－（当期进项税额－当期免抵退税不得免征和抵扣税额）－上期留抵进项税额

其中：

当期免抵退税不得免征和抵扣税额＝出口货物离岸价格×外汇人民币牌价×（出口货物征税率－出口货物退税率）－免抵退税不得免征和抵扣税额抵减额

出口货物离岸价格（FOB）以出口发票计算的离岸价为准。出口发票不能如实反映离岸价的，企业必须按照实际离岸价向主管税务机关申报，同时主管税务机关有权依照《中华人民共和国税收征收管理法》、《中华人民共和国增值税暂行条例》等有关规定予以核定。

免抵退税不得免征和抵扣税额抵减额＝免税购进原材料价格×（出口货物征税

率－出口货物退税率）

免税购进原材料包括从国内购进免税原材料和进料加工免税进口料件，其中，进料加工免税进口料件的价格为组成计税价格。

进料加工免税进口料件的组成计税价格＝货物到岸价＋海关实征关税和消费税

如果当期没有“免税购进原材料价格”，前述公式中的“免抵退税不得免征和抵扣税额抵减额”，以及以后公式中的“免抵退税额抵减额”就不用计算。

2. 免抵退税额的计算

免抵退税额＝出口货物离岸价×外汇人民币牌价×出口货物退税率－免抵退税额抵减额

其中：

免抵退税额抵减额＝免税购进原材料价格×出口货物退税率

3. 当期应退税额和免抵税额的计算

（1）如当期期末留抵税额小于或等于当期免抵退税额，则

当期应退税额＝当期期末留抵税额

当期免抵税额＝当期免抵退税额－当期应退税额

（2）如当期期末留抵税额大于当期免抵退税额，则

当期应退税额＝当期免抵退税额

当期免抵税额＝0

当期期末的留抵税额根据当期“增值税申报表”中“期末留抵税额”确定。

[例5－13] 某自营出口的生产企业为增值税一般纳税人，出口货物的征税率为17%，退税率为13%。2008年1～3月份分别发生经营业务如下：

业务1：2008年1月的有关经营业务为：购原材料一批，取得增值税专用发票注明的价款400万元，外购货物准予抵扣的进项税额68万元，货已验收入库。上月末留抵税额5万元。本月内销货物不含税销售额200万元，收款234万元存入银行；本月出口货物的销售额折合人民币300万元。

要求：计算该企业1月份的“免、抵、退”税额。

（1）1月份免抵退税不得免征和抵扣税额 =300×（17% −13%）=12（万元）

（2）1月份应纳税额 =200×17% −（68 −12）−5 =34 −56 −5 = −27（万元）

（3）1月份出口货物“免、抵、退”税额 =300×13% =39（万元）

（4）按规定，如当期期末留抵税额小于或等于当期免抵退税额，则：当期应退税额 = 当期期末留抵税额，即

该企业1月份应退税额 =27（万元）

（5）当期免抵税额 = 当期免抵退税额 − 当期应退税额

1月份免抵税额 =39 −27 =12（万元）

业务2：2008年2月有关经营业务为：购进原材料一批，取得增值税专用发票注明的价款350万元，外购货物准予抵扣的税额59.5万元，货已验收入库。上月无留抵税额。本月内销货物不含税销售额100万元，收款117万元存入银行；本月出口货物的销售额折合人民币200万元。

要求：计算该企业2月份的“免、抵、退”税额。

（1）2月份免抵退税不得免征和抵扣税额 =200×（17% −13%）=8（万元）

（2）2月份应纳税额 =100×17% −（59.5 −8）=17 −51.5 = −34.5（万元）

（3）2月份出口货物“免、抵、退”税额 =200×13% =26（万元）

（4）按照规定，如当期期末留抵税额大于当期免抵退税额，则：当期应退税额 = 当期免抵退税额，即

该企业2月份应退税额 =26（万元）

（5）当期免抵税额 = 当期免抵退税额 − 当期应退税额

该企业2月份免抵税额 =26 −26 =0（万元）

（6）2月末留抵结转3月份继续抵扣税额为8.5万元（34.5 −26）。

业务3：2008年3月有关经营业务为：购进原材料一批，取得增值税专用发票注明的价款500万元，外购货物准予抵扣的税额85万元，货已验收入库。当月进料加工免税进口料件的组成计税价格为200万元。上月末留抵税额8.5万元。本月内销货物不含税销售额300万元，收款351万元存入银行；本月出口货物的销售额折合人民币400万元。

要求：计算该企业3月份的“免、抵、退”税额。

（1）3月份免抵退税不得免征和抵扣税额抵减额 = 免税进口料件的组成计税价格×（出口货物征税率 − 出口货物退税率）=200×（17% −13%）=8（万元）

（2）3月份免抵退税不得免征和抵扣税额 = 当期出口货物离岸价×外汇人民币牌价×（出口货物征税率 − 出口货物退税率）− 免抵退税不得免征和抵扣税额抵减额 =400×（17% −13%）−8 =8（万元）

（3）3月份应纳税额 =300×17% −（85 −8）−8.5 = −34.5（万元）

（4）3月份免抵退税额抵减额 = 免税购进原材料价格×出口货物退税率 =200×

13% =26（万元）

（5）3月份出口退税免抵退税额=400×13% -26=26（万元）

（6）按照规定，如当期期末留抵税额大于当期免抵退税额，则：当期应退税额=当期免抵退税额，即

该企业3月份应退税额=26（万元）

（7）当期免抵税额=当期免抵退税额-当期应退税额

该企业2月份免抵税额=26-26=0（万元）

（8）3月末留抵结转4月份继续抵扣税额为8.5万元（34.5-26）。

（二）“先征后退”的计算方法

1. 外贸企业及实行外贸企业财务制度的工贸企业收购货物出口退税的规定

外贸企业及实行外贸企业财务制度的工贸企业收购货物出口，其出口销售环节的增值税免征；其收购货物的成本部分，因外贸企业在支付收购货款的同时也支付了生产经营该类商品的企业已纳的增值税款，因此，在货物出口后按收购成本与退税率计算退税额退还给外贸企业，征、退税之差计入企业成本。

外贸企业出口货物增值税的计算应依据购进货物增值税专用发票上所注明的进项金额和退税率计算。

应退税额=外贸收购不含增值税购进金额×退税率

2. 外贸企业收购小规模纳税人出口货物增值税的退税规定

（1）凡从小规模纳税人购进持普通发票特准退税的抽纱、工艺品等12类出口货物，同样实行销售出口货物的收入免税，并退还出口货物进项税额的办法，由于小规模纳税人使用的是普通发票，其销售额和应纳税额没有单独计价，小规模纳税人应纳的增值税也是价外计征，这样，必须将合并定价的销售额现换算成不含税价格，然后据以计算出口货物退税额。其计算公式为：

应退税额=普通发票所列（含增值税）销售金额÷（1+征收率）×3%

对出口企业购进小规模纳税人特准的12类货物出口，提供的普通发票应符合《中华人民共和国发票管理办法》的有关使用规定，否则不予办理退税。

（2）凡从小规模纳税人购进税务机关代开的增值税专用发票的出口货物，按以下公式计算退税额：

应退税额=增值税专用发票注明的金额×3%

3. 外贸企业委托生产企业加工出口货物的退税规定

外贸企业委托生产企业加工收回后报关出口的货物，按购进国内原辅材料的增值税专用发票上注明的进项金额，依原辅材料的17%退税率计算原辅材料的应退税额。支付的加工费，凭受托方开具货物的退税率，计算加工费的应退税额。

［例5－14］某进出口公司2008年2月出口美国平纹布3 000平方米，进货增值税专用发票列明单价20元/平方米，计税金额60 000元，退税率13%，则其应退税额为：

3 000×20×13%＝7 800（元）

［例5－15］某进出口公司2008年3月将购进某小规模纳税人抽纱工艺品200打（套）全部出口，普通发票注明金额9 000元；将购进另一小规模纳税人西服500套全部出口，取得税务机关代开的增值税专用发票，发票注明金额7 000元。该企业应退税额为：

9 000÷（1＋3%）×3%＋7 000×3%＝472.14（元）

［例5－16］某进出口公司2008年5月购进牛仔布委托加工成服装出口，取得牛仔布增值税发票一张，注明计税金额30 000元（退税率13%）；取得服装加工费计税金额4 000元（退税率17%）。该企业应退税额为：

30 000×13%＋4 000×17%＝4 580（元）

四、检查出口货物退（免）税的其他处理是否正确

（一）免、抵、退税办法中视同销售货物的处理

1. 视同内销征税货物的确认

视同内销征税货物除上述生产企业申报的没有电子数据（有纸质报关单的除外）的免、抵、退税出口货物和有电子数据但企业未在当月申报的出口货物外，还包括财政部，国家税务总局《关于进一步推进出口货物实行抵免退税办法的通知》（财税〔2002〕7号）规定的生产企业自报关出口之日起超过6个月未收齐有关出口退（免）税凭证或未向主管税务机关办理免、抵、退税申报手续的货物。按国税函〔2003〕95号文件规定，应在次月补税的出口额中，不包括委托、代理出口及寄售业务的出口额。

2. 视同内销征税货物销项税额的计算

在免、抵、退税办法中，视同内销征税的货物按以下公式计提销项税额：

销项税额＝视同内销征税货物的出口货物离岸价格×外汇人民币牌价×增值税征税税率

上述视同内销征税货物，出口企业已按规定计算免抵退税不得免征和抵扣税额

并已转成本的，可从成本科目中转入进项税额科目。免抵退税不得免征和抵扣税额按照财税〔2002〕7号文件规定的计算公式计算。

3. 重新办理退税手续和退税

对生产企业视同内销已缴纳税款的出口货物，在收齐退（免）税凭证后，可在规定的出口退税清算期内，向主管税务机关申请办理免抵退税手续。对企业出口货物销售额占全部销售额比重过高，致使企业已缴纳税款无法抵扣的，经省（自治区、直辖市）国家税务局批准，可在规定的清算期内按规定的出口退税率予以退税。

（二）新发生出口业务退免税的处理

（1）按照规定，对新发生出口业务，除下面第（2）条、第（3）条规定外，自发生首笔出口业务之日起12个月内发生的应退税额，不实行按月退税的办法，而是采取结转下期继续抵顶其内销货物应纳税额。12个月后，如该企业属于小型出口企业，则按下面第（4）条有关小型出口企业的规定执行；如该企业属于小型出口企业以外的企业，则实行统一的按月计算办理免、抵、退税的办法。

（2）注册开业时间在一年以上的新发生出口业务的企业（小型出口企业除外），经地市税务机关核实确有生产能力且无偷税行为及走私、逃套汇等违法行为的，可实行统一的按月计算办理免、抵、退税的办法。

（3）新成立的内外销销售额之和超过500万元（含）的生产企业，如在自成立之日起12个月内不办理退税确有困难的，在从严掌握的基础上，经省、自治区、直辖市国家税务局批准，可实行统一的按月计算办理免、抵、退税的办法。

（4）对财税〔2002〕7号文件第八条规定的退税审核期为12个月的小型出口企业在年度中间发生的应退税额，不实行按月退税的，而是采取结转下期继续抵顶其内销货物应纳税额，年底对未抵顶完的部分一次性办理退税的办法。

小型出口企业的标准，由各省（自治区、直辖市）国家税务局根据企业上一个纳税年度的内外销销售额之和，在200万元（含）人民币以上、500万元（含）人民币以下的幅度内，按照本省（自治区、直辖市）的实际情况确定全省（自治区、直辖市）统一的标准。

（三）外商投资企业及其他业务退免税的处理

（1）非增值税纳税人的外商投资企业。小规模纳税人的外商投资企业及在保税区设立的外商投资企业，其采购的国产设备凡符合《国家税务总局关于印发〈外商投资企业采购国产设备退税管理试行办法〉的通知》（国税发〔1999〕171号）有关规定的，可按照有关规定办理退税。

（2）外商投资企业以包工包料方式委托其他企业承建的工程项目，由承建企业采购的国产设备，凡符合国税发〔1999〕171号文件有关规定的，外商投资企业可与承建企业签订委托购买国产设备协议，承建企业凭委托购买国产设备协议和外商投资企业提供的《外商投资企业采购国产设备登记手册》采购国产设备，并取得增值税专用发票和增值税税收（出口货物专用）缴款书，交由外商投资企业按照有关规定办理退税。

（3）生产企业出口实行简易办法征税的货物，免征增值税，出口的其他货物实行免、抵、退税办法。

（4）小规模纳税人委托其他加工企业从事来料加工业务的，可按照现行有关规定向税务机关申请开具"来料加工免税证明"，加工企业可凭"来料加工免税证明"办理加工费的免税手续。

（5）生产型企业集团公司（或总厂）代理成员企业（或分厂）出口货物后，企业集团（或总厂）可向主管税务机关申请开具"代理出口证明"，其成员企业（或分厂）实行"免、抵、退"税办法。

（6）经有关部门批准具有对外经济合作经营权的对外承办公司，凡不是增值税一般纳税人的，购进与对外承包工程相关的出口货物时，供货生产企业可凭对外承包工程公司提供的对外经济合作经营权批准证书（复印件）等凭证，向税务机关申请开具税收（出口货物专用）缴款书。对外承包工程公司凭税收（出口货物专用）缴款书、普通发票或增值税专用发票及其他规定凭证，向主管税务机关申请办理与对外承包工程相关的出口货物退税。

（7）保税区内生产企业从区外有进出口经营权的企业购进原材料、零部件等加工成产品出口的，可按保税区海关出具的处境备案清单及其他规定的凭证，向税务机关申请办理免、抵、退税。

保税区内进料加工企业从境外进口料件，可凭保税区海关签发的"海关保税区进境货物备案清单"办理《生产企业进料加工贸易免税证明》等单证。

（8）对通过海关监管仓出口的货物，可凭海关签发的出口货物报关单（出口货物专用）及其他规定的凭证，按现行规定办理出口货物退（免）税。

（9）财税〔2002〕号文件第三条规定："免税购进原材料包括从国内购进免税原材料和进料加工免税进口料件。"其中，国内购进免税原材料是指《中华人民共和国增值税暂行条例》、《中华人民共和国增值税暂行条例实施细则》及其他有关规定中列明的不能按规定计提进项税额的免税货物。

五、出口货物退（免）税的检查

（一）利用"口岸电子执法系统"的出口数据审核生产企业免、抵、退税的出口额

为加强生产企业出口货物免、抵、退税管理，促使生产企业准确及时申报"免、抵、退"税出口额，国税函〔2003〕95号规定：自2003年1月1日起，对生产企业申报免、抵、退税的出口额实行与"口岸电子执法系统"出口退税子系统中的出口数据进行核对的办法。具体规定为：

（1）主管税务机关的退税部门或岗位对生产企业申报的免、抵、退税出口额，须在企业申报的当月，与“口岸电子执法系统”出口退税子系统的出口货物报关单（退税）证明联电子数据进行核对。

（2）对生产企业申报的没有电子数据（有纸质报关单的除外）的“免、抵、退”税出口额，和有电子数据但企业未在当月申报的出口额，应按企业申报的相对应的出口额或电子数据中的离岸价等计算销项税额，并在当月底前通知生产企业。生产企业须按对应的实际出口额，在次月视同内销缴纳消费税，并按计算的销项税额申报缴纳增值税。

（二）对出口货物专用缴纳书的检查及管理

为了提高出口退税的工作效率，在加强管理的同时简化手续，加快退税进度。2004 年 6 月 1 日后报关出口的货物，凡增值税专用发票是在 2004 年 6 月 1 日以后开具的，出口企业在申请办理出口退税时，除出口企业从小规模纳税人购进应纳税货物，其出口退税仍实行增值税专用发票管理和出口企业出口货物的消费税应纳税货物，其消费税专用税票管理办法仍按国家税务总局《关于使用出口货物消费税专用缴款书管理办法的通知》（国税明电〔1993〕071 号）的有关规定执行外，免予提供增值税专用税票。检查时，按以下规定处理：

（1）利用外国政府贷款和国际金融组织贷款采用国际招标国内中标的机电产品，以及外商投资企业采购的国产设备，凡增值税专用发票或普通发票是在 2004 年 6 月 1 日以后开具的，中标企业、外商投资企业在申请退税时，免予提供增值税专用税票。

（2）外贸企业在 2004 年 6 月 1 日以后出口的货物、中标企业（不包括生产企业）销售的中标机电产以及外商投资企业采购的国产设备，从 2004 年 6 月 1 日起（以发票开具日期为准），凡属于从非生产企业购进的，若退税单证齐全，可按规定申请退税。主管出口退税的税务机关可按规定批准退税。生产企业出口非自产货物的退税范围，仍按《国家税务总局关于出口产品视同自产产品退税有关问题的通知》（国税函〔2002〕1170 号）执行。

（3）生产企业 2004 年 5 月 31 日以前因开具增值税专用发票而多缴的税款，可抵减 2004 年 7 月份的增值税应纳税款，未抵减完的，由征税机关经稽核对比，在核实清除进项税额发票没有问题，排除企业有偷税行为后，从原入库的金库中办理退库。

（4）加强对未纳入增值税防伪税控、稽核系统监控范围的增值税进项税额抵扣凭证的检查。要采取有效措施，防止纳税人欠税或逃税；同时，要密切监控农产品收购、加工企业，废旧物资回收公司，以及利用废旧物资普通发票、海关税票和运输发票作为增值税主要抵扣凭证的企业的销售情况。对销售异常增长的货物，以及新办的上述三类企业销售的货物，应重点检查，严防犯罪分子利用假抵扣凭证虚开发票，通过流通企业倒入外贸企业等手段进行骗税活动。

第六章　消费税的检查

【本章要点】

消费税是将一些特定消费品或消费行为的流转额或流转量作为课税对象的一种税。消费税实行价内税，只在应税消费品的生产、委托加工、进口和零售环节缴纳。本章主要从生产销售环节、委托加工环节、进口环节、零售环节对应纳消费税的检查进行分析。通过本章可以了解到消费税检查的基本要求，以及各纳税环节检查的重点内容和方法。

消费税是以我国《消费税暂行条例》中列举的特定消费品为课税对象所征收的一种税。消费税是在对货物普遍征收增值税的基础上，再重复征收的一种流转税，其目的是调节产品结构，引导消费方向，保证国家财政收入。按照《消费税暂行条例》规定，消费税于生产销售环节、委托加工环节、进口环节和零售环节缴纳，就其销售额、销售数量征收。消费税虽然不是对所有产品普遍征收，但它的开征对调节我国消费结构，正确引导消费方向，确保国家财政收入有着十分重要的作用。

第一节　生产销售环节应纳消费税的检查

按照现行规定，消费税实行从价定率或者从量定额的办法计算应纳税额，其计税依据分别是应税消费品的销售额和销售数量。由于消费税与增值税的特殊关系，对同一货物既征收增值税又从价计征消费税时，二者的计税依据相同。上一章对增值税的生产销售收入的检查已经作了叙述，此处对消费税生产销售收入的检查不再详细介绍，重点注意以下几个方面：

一、征税范围的检查

（一）检查内容及规定

现行消费税主要选择了非生活必需的部分高消费品作为征税范围。按照《消费税暂行条例》规定，确定征收消费税的只有烟、酒、化妆品等 14 个税目，有的税目还进一步划分为若干子税目。消费税属于价内税，并实行单一环节征收，一般在应税消费品的生产、委托加工和进口环节缴纳，在以后的批发、零售等环节中，由于价款中已包含消费税，因此不必再缴纳消费税。从 1995 年 1 月 1 日起，金银首饰由在生产销售环节征税改为在零售环节征税；从2002年1月1日起，钻石饰品由在生产、进口环节征税改为在零售环节征税。

1. 烟

凡是以烟叶为原料加工生产的产品，不论使用何种辅料，均属于本税目的征收范围，包括卷烟（进口卷烟、白包卷烟、手工卷烟和未经国务院批准纳入计划的企业及个人生产的卷烟）、雪茄烟和烟丝。

从2001年12月20日起，对既有自产卷烟，同时又委托联营企业加工与自产卷烟牌号、规格相同的卷烟工业企业（以下简称“卷烟回购企业”），从联营企业购进后再直接销售的卷烟，对外销售时不论是否加价，凡是符合下述条件的，不再征收消费税；不符合下述条件的，则征收消费税。

（1）回购企业在委托联营企业加工卷烟时，除提供给联营企业所需加工的卷烟牌号外，还须同时提供税务机关已公示的消费税计税价格。联营企业必须按照已公示的调拨价格申报缴税。

（2）回购企业将联营企业加工卷烟回购后再销售的卷烟，其销售收入应与自产卷烟的销售收入分开核算，以备税务机关检查；如不分开核算，则一并计入自产卷烟销售收入征收消费税。

2. 酒及酒精

酒是酒精度在1度以上的酒类饮料。酒精又名乙醇，是指用蒸馏或合成方法生产的、酒精度在95度以上的无色透明液体。酒类包括粮食白酒、薯类白酒、黄酒、啤酒和其他酒。酒精包括各种工业酒精、医用酒精和食用酒精。

关于酒的征税范围的确定如下：

（1）外购酒精生产的白酒，应按酒精所用的原料确定白酒的适用税率。凡酒精所用的原料无法确定的，一律按照粮食白酒的税率征税。

（2）外购2度以上酒精生产的白酒，一律从高适用税率征税。

（3）以外购白酒家浆降度或外购散酒装瓶出售，以及外购白酒以曲香、香精进行调香、调味生产的白酒，按照外购白酒所用原料确定适用税率。凡白酒所用原料无法确定的，一律按照粮食白酒的税率征税。

（4）对外购的不同品种白酒勾兑的白酒，一律按照粮食白酒的税率征税。

（5）对用粮食、薯类和糠麸等多种原料混合生产的白酒，以粮食白酒为酒基的配置酒、泡制酒，以白酒或酒精为酒基，凡酒基所用原料无法确定的配置酒、泡制酒，一律按照粮食白酒的税率征税。

（6）对用薯类和粮食以外的其他原料混合生产的白酒，一律按照薯类白酒的税率征税。

（7）从2008年8月1日起，对调味料酒不再征收消费税。调味料酒是指以白酒、黄酒或食用酒精为主要原料，添加食盐、植物香辛料等配制加工而成的产品名称标注（在食品标签上标注）为调味料酒的液体调味品。按照国家标准，调味料酒属于调味品，不属于配置酒或泡制酒，故不征消费税。对饮食业、商业、娱乐业举办的啤酒屋利用啤酒生产设备生产的啤酒，应当征收消费税。

3. 化妆品

化妆品是日常生活中用于修饰美化人体表面的用品。包括香水、香水精、香粉、口红、指甲油、胭脂、眉笔、唇笔、蓝眼油、眼睫毛和成套化妆品，等等。

4. 贵重首饰及珠宝玉石

包括凡以金、银、白金、宝石、珍珠、钻石、翡翠、珊瑚、玛瑙等高贵稀有物质，以及其他金属、人造宝石等制作的各种纯金银首饰及镶嵌首饰和经采掘、打磨、加工的各种珠宝玉石。对出口免税商店销售的金银首饰征收消费税。

5. 鞭炮、焰火

包括各种鞭炮、焰火。体育上用的发令纸、鞭炮药引线，不按本税目征收。

6. 汽油、柴油

汽油是轻质石油产品的一大类，包括辛烷值不小于66的各种汽油。柴油是轻质石油产品的另一大类，包括倾点在-50号至30号的各种柴油。自2008年3月1日起，对进口溶剂油、润滑油、燃料油恢复按法定税率征收消费税；自2008年3月1日起至2010年12月31日止，对进口石脑油暂免征收消费税。生产企业直接对外销售的石脑油应按规定征收消费税。自2008年1月1日起，以外购或委托加工收回的已税石脑油、润滑油、燃料油为原料生产的应税消费品，准予从消费税应纳税额中扣除原料已纳的消费税税款。抵扣税款的计算公式为：

当期准予扣除的外购应税消费品已纳税款＝当期准予扣除外购应税消费品数量×外购应税消费品单位税额

7. 汽车轮胎

包括用于各种汽车、挂车、专用车和其他机动车上的内、外轮胎。不包括农用收割机、拖拉机、手扶拖拉机的专用轮胎。自2001年1月1日起，子午线轮胎免征消费税，翻新轮胎停止征收消费税。

8. 摩托车

包括轻便摩托车和摩托车两种。对最大设计车速不超过50 km/h，发动机气缸总工作容量不超过50 ml的三轮摩托车不征收消费税。

9. 小汽车

包括小轿车、越野车和小客车（包括微型厢式车）。用上述应税车辆的底盘组装、改装、改制的各种货车、特种用车（如急救车、抢修车）等不属于本税目的征收范围。

10. 高尔夫球及球具

高尔夫球及球具是指从事高尔夫球运动所需的各种专用装备，包括高尔夫球、高尔夫球杆及高尔夫球包（袋）等。本税目的征税范围包括高尔夫球、高尔夫球杆及高尔夫球包（袋）。高尔夫球杆的杆头、杆身和握把都属于本税目的征收范围。

11. 高档手表

高档手表是指销售价格（不含增值税）每只在10 000元（含）以上的各类手表。本税目征收范围包括符合以上标准的各类手表。

12. 游艇

游艇是指长度大于8米小于90米，船体由玻璃钢、钢、铝合金、塑料等多种材料制作，可以在水上移动的水上浮载体。按照动力划分，游艇分为无动力游艇、帆艇、机动艇。本税目的征收范围包括艇身长度大于8米（含）小于90米（含），内置发动机，可以在水上移动，一般为私人或团体购置，主要用于水上运动和休闲娱乐等非牟利活动的各类机动艇。

13. 木制一次性筷子

木制一次性筷子又称卫生筷子，是指以木材为原料，经过锯段、浸泡、旋切、刨切、烘干、筛选、打磨、倒角、包装等环节加工而成的各类一次性使用的筷子。本税目征税范围包括各种规格的木制一次性筷子。未经打磨、倒角的木制一次性筷子也属于本税目征税范围。

14. 实木地板

实木复合地板是以木材为原料，通过一定的工艺将木材刨切加工成单板（刨切薄木）或旋切加工成单板，然后将多层单板经过胶压复合等工艺生产的实木地板。目前，实木复合地板主要为三层实木复合地板和多层实木复合地板。本税目的征税范围包括各类规格的实木地板、实木直接地板、实木复合地板及用于装饰墙壁、天棚的侧端面槽的实木装饰板。未经涂饰的素板也属于本税目征税范围。

（二）税率的检查

由于消费税并不是对所有的产品征收，其征税范围具有选择性，而且实行多档税率，不同产品税负不同，即使同一类产品，由于其原材料构成、产品等级、产品性能等不同，其税率也不同。因此，在检查时要特别注意纳税人所适用的税率是否正确。

表6－1　消费税税目、税率调整对比表

税目	计税单位	调整前税率（税额）	调整后税率（税额）	备注
一、烟				
1. 卷烟				
（1）每标准条调拨价50元（含）以上的卷烟	标准箱	45%；150元/标准箱		
（2）每标准条调拨价50元以下的卷烟	标准箱	30%；150元/标准箱		未作调整
2. 雪茄烟		25%		
3. 烟丝		30%		
二、酒及酒精				
1. 粮食白酒		25%；0.5元/斤	20%；0.5元/斤	
2. 薯类白酒		15%；0.5元/斤	20%；0.5元/斤	
3. 黄酒	吨	240元		未作调整
4. 啤酒				未作调整
（1）价格在3000元（含）以上的啤酒	吨	250元		
（2）价格在3000元以下的啤酒	吨	220元		
5. 其他酒		10%		未作调整
6. 酒精		5%		未作调整
三、成品油				新设税目
1. 汽油				
（1）含铅汽油	升	0.28元		未作调整
（2）无铅汽油	升	0.20元		未作调整
2. 柴油	升	0.10元		未作调整
3. 航空煤油	升		0.10元	新增
4. 石脑油	升		0.20元	新增
5. 溶剂油	升		0.20元	新增
6. 润滑油	升		0.20元	新增
7. 燃料油	升		0.10元	新增

（续上表）

税目	计税单位	调整前税率（税额）	调整后税率（税额）	备注
四、小汽车 1. 小轿车 （1）气缸容量（排气量，下同）在2.2升（含）以上的 （2）气缸容量在1.0升（含）至2.2升的 （3）气缸容量在1.0升以下的 2. 越野车（四轮驱动） （1）气缸容量在2.4升（含）以上的 （2）气缸容量在2.4升以下的 3. 小客车（面包车） （1）气缸容量在2.0升（含）以上的 （2）气缸容量在2.0升以下的		 8% 5% 3% 5% 3% 5% 3%	1. 乘用车： （1）小于1.5升（含）：3% （2）1.5升至2.0升（含）：5% （3）2.0升至2.5升（含）：9% （4）2.5升至3.0升（含）：12% （5）3.0升至4.0升（含）：15% （6）4.0升以上：20% 2. 中轻型商用客车：5%	调整后将“小轿车”、“越野车”子目合并为“乘用车”子目，将税率分为六档；将“小客车”子目改为“中轻型商用客车”子目
五、摩托车		10%	1.250毫升以下（含）：3% 2.250毫升以上：10%	调整后以250毫升的排气量作为划分税率档次的排放标准
六、汽车轮胎		10%，子午线轮胎免税	3%，子午线轮胎免税	
七、化妆品		30%		适当调整征税范围
八、贵重首饰及珠宝玉石		10%，金银首饰、钻石及钻石饰品在零售环节按5%的税率纳税		未作调整
九、高尔夫球及球具			10%	新增

（续上表）

税目	计税单位	调整前税率（税额）	调整后税率（税额）	备注
十、高档手表			20%	新增，高档手表是指销售价格（不含增值税）每只在10 000元（含）以上的各类手表
十一、游艇			10%	新增
十二、鞭炮、焰火		15%		未作调整
十三、木制一次性筷子			5%	新增
十四、实木地板			5%	新增
十五、护肤护发品		8%		停止并取消税目

（三）检查方法

征税范围的检查看似简单，实际上是最难判断的一个环节。如果征税范围判断准确，税款的计算就很简单。相反，如果征税范围确定错误，最终得出的税款就不可能正确。因此，征税范围的确定和检查是第一重要的环节。消费税的征税范围有严格的规定，而且规定特别细，稍有不慎，就可能失去征税机会或者出现纳税人偷逃税款的情况。

（1）针对纳税人的经营业务与消费税征税范围的具体规定逐一进行检查和确认。防止纳税人变更纳税范围的商品名称，逃离于征税范围之外。尤其是各种税目下设的征税子目，如果没有经过专业技术鉴定和认真核对，要想准确划分征税与非征税的界限是非常难的。因此，检查时，如遇特殊情况或较复杂的事项，必须引起重视。

（2）检查纳税人的应税商品有无相互间混串的情况。有些纳税人为了少缴纳税款，有可能将高税率征税的货物计入低税率征税的销售额中，尽管销售收入总量没有减少，但仍可以少缴纳税款。检查时，应将纳税人的应税货物与征税范围逐一核对，确定货物的名称是否符合本质属性。同时，核对应税收入，检查有无故意压低高税率收入额而增加低税率收入额的情况。

二、一般情况下计税依据的检查

（一）检查内容及规定

消费税的计税依据有两种规定，即应税货物的价格和应税货物的实物数量。实行从价定率征收的计税依据为应税消费品的销售额。按照规定，其销售额是向购买方收取的全部价款和一切价外收入，但不包括应向购买方收取的增值税税额。因增值税属于价外税，其税额既不能作为计征增值税的计税依据，也不能作为计征消费税的计税依据。如果纳税人应税消费品的销售额中未扣除增值税税额或者因不得开具增值税专用发票而发生价款和增值税税款合并收取的，在计算消费税时，应将含增值税的销售额换算成不含增值税款的销售额。其换算公式为：

应税消费品的销售额＝含增值税的销售额÷（1＋增值税税率或征收率）

［**例6－1**］某生产企业为增值税一般纳税人，本期零售一批应税消费品给消费者，开具普通发票，价款和增值税税款合并收取，金额为8 190元。假定该产品既征收增值税又征收消费税，增值税税率为17%，消费税税率为10%。则销售该批消费品的计税依据和应缴纳的消费税税额为：

该批消费品的计税依据（销售额）＝8 190÷（1＋17%）＝7 000（元）

该批应税消费品应缴纳的消费税税额＝7 000×10%＝700（元）

（二）检查方法

计税依据是计算消费税的核心要素，纳税人为了逃避税款，往往是隐瞒计税依据，其手段与前述的增值税有相同之处，主要是隐瞒应税收入。将应税收入不列入“收入”账户核算，而是将收入长期挂“往来”账户，或者将应税收入直接冲减费用，或者将应税收入直接转入本单位的“基金”账户。根据少部分纳税人隐瞒收入的特点，主要有以下检查方法：

（1）检查时，将纳税人申报的销售额与“销售”明细账、总分类账的贷方发生额和本期损益表上的销售额进行核对。如有几项不符，就必然存在问题，应进一步查找原因。如果几项数字都相符，还可以进一步与销售发票当期的合计金额进行核对，查找问题，检查计税销售额是否符合规定。如果在核对过程中，销售发票的金额合计数与销售账簿、报表及申报的销售额完全相符，一般而言在账面上没什么大问题。

（2）如果纳税人首先在销售发票上玩了手段，还应审查“银行存款”、“应收账款”、“应收票据”、“应付账款”等会计科目的对应科目，看是否有销售业务发生，如果上述科目的对应科目不是销售收入，就应审查应收账款、应付账款或银行存款的来源属于什么经营业务。如果对销售发票上的数据有疑问，就可将当此业务的销售发票与其对应的“出库单”的数据进行核对，或将销售发票存根联与其购买本次货物对方的发票联进行核对。

（3）检查纳税人“销售费用”、“管理费用”、“财务费用”、“其他业务支出”等明细账，有无特价外收费直接冲减了这些账户的情况。如这些账户有借方红字发生额或贷方发生额，应对照有关会计凭证逐笔进行核对，并与“应交税费——应交消费税”账户发生额进行对照，查看其收取的相关价外费用是否按照规定计算缴纳了消费税。

三、连同包装物销售计税依据的检查

（一）检查内容及规定

按照规定，实行从价定率的办法计算征收消费税的应税消费品连同包装物销售的，无论包装物是否单独计价，也不论在会计上如何核算，均应并入应税消费品的销售额中征收消费税。如果包装物不作价随同产品销售，而只是收取押金，则该项押金不并入应税消费品的销售额中征税。但对因逾期未收回的包装物不再追还的和以收取一年以上的押金（另有规定者除外），应并入应纳税消费品的销售额，按照应税消费品的适用税率征收消费税。在实践中，有部分纳税人认为，包装物不属于消费税的征税范围，因而相关业务发生时，有意或无意地将包装物收入不列入“收入”账户核算，或不列入计税销售额中。

（二）检查方法

（1）首先检查包装物的销售方式是与货物销售一起计价核算，还是单独计价核算。如与货物销售一起计价核算，与前述销售额的检查方法相同，将包装物明细账的贷方发生额与“生产成本”、“销售费用”等账户的借方发生额对照审核，检查纳税人会计处理是否正确以及结转领用包装物的成本是否真实，有无直接冲减产品销售收入的情况；如果单独计价核算，就应重点检查“其他业务收入”账户贷方发生额与销售业务及销售金额是否全部相符，同时，将“包装物”明细账的贷方发生额与“其他业务支出”账户的借方发生额相核对。

（2）检查随同应税消费品销售的包装物是否按所包装的产品适用的税率计算缴纳了消费税。逾期不再退还的包装物押金及已收取时间超过 1 年的包装物押金，是否按规定缴纳了消费税。同时，检查“其他应付款”明细账，有无挂账的预期包装物押金收入未按规定计算消费税的情况。

［**例** 6－2］某生产企业，主要生产销售应纳消费税的应税货物，适应的增值税税率为 17%，消费税税率为 25%。在本年度 5 月份对其上年度生产经营情况进行纳税检查时，发现上年度 3 月份发生一次销售业务，向购买方开具增值税专用发票，取得不含税销售额 500 000 元，增值税销项税额 85 000 元；同时，开具收款收据取

得包装物押金收入9 360元。其会计处理为：

借：银行存款　　594 360

　贷：主营业务收入　　500 000

　　应交税费——应交增值税（销项税额）　　85 000

　　其他应付款——包装物押金　　9 360

经过进一步检查确认，发生的收入和增值税销项税额已作了正确的转账核算，而押金收入仍然在“其他应付款——包装物押金”账户中，未作任何处理。根据销售合同确认，该包装物押金一是过了退还的期限，二是在时间上也超过了一年的期限。按照规定，应补缴相关的各种税费。此处只作增值税、消费税的计算和调账处理，涉及的其他税费不作处理。计算应补税款及调账处理如下：

（1）该企业应补缴的增值税 =9 360 ÷（1+17%）×17% =1 360（元）

（2）该企业应补缴的消费税 =9 360 ÷（1+17%）×25% =2 000（元）

（3）调账会计分录如下：

借：其他应付款——包装物押金　　9 360

　贷：应交税费——增值税调整　　1 360

　　应交税费——查补的消费税　　2 000

　　以前年度损益调整　　6 000

四、自产自用应税消费品计税依据的检查

（一）检查内容及规定

按照规定，纳税人将自产的应税消费品用于连续生产应税消费品的，使用环节不缴纳消费税；纳税人将自产的应税消费品用于其他方面的，应视同销售处理，按其生产的同类消费品的销售额计算纳税，没有同类消费品销售价格的，按照组成计税价格的计算纳税。组成计税价格计算公式为：

组成计税价格 =（成本 + 利润）÷（1 - 消费税适用税率）

或

组成计税价格 = 成本 ×（1 + 成本利润率）÷（1 - 消费税适用税率）

公式中的利润是指以应税消费品的全国平均成本利润率计算的利润，成本是指应税消费品的生产成本。目前适用的成本利润率的有关情况参见表6-2。

表 6－2　应税消费品全国平均成本利润率

项目名称	成本利润率	项目名称	成本利润率
乙类卷烟		汽车轮胎	
雪茄烟		小客车	5%
烟丝		贵重首饰、珠宝玉石	
鞭炮焰火		摩托车	
护肤护发用品	5%	越野车	6%
薯类白酒		小轿车	
其他酒		粮食白酒	8%
酒精		甲类卷烟	10%
化妆品			

（二）检查方法

（1）检查纳税人是否将自用于其他方面的应税消费品视同销售处理，账务处理是否正确。目前，在会计账务处理上是直接冲减“库存商品”，但计算应纳税额时，必须按同类产品的市场销售价格或组成计税价格计算，否则就有可能偷逃税款。检查时，应将纳税人视同销售的相关业务所计算的应纳消费税税额进行核对，必要时可重新进行计算，以核定的正确数据与其比较。

（2）将纳税人自用于其他方面的应税消费品的会计记账数量和金额与相应的应税消费品出库的数量和金额进行核对，看二者是否相符，从而判定其业务的真实性和应纳税额计算的正确性。

五、生产领用外购已税消费品抵扣消费税额的检查

（一）检查内容及规定

按照规定，纳税人用外购已缴纳消费税的应税消费品连续生产出来的应税消费品，在对这些连续生产出来的应税消费品计算征税时，除特殊规定外，可按当期生产领用数量和规定的适用税率计算准予扣除外购的应税消费品已纳的消费税税款。目前，扣除范围包括：

（1）以已税烟丝为原料生产的卷烟；

（2）以已税化妆品为原料生产的化妆品；

（3）以已税珠宝玉石为原料生产的贵重首饰及珠宝玉石；

（4）以已税鞭炮焰火为原料生产的鞭炮焰火；

（5）以已税汽车轮胎（内胎或外胎）生产的汽车轮胎；

（6）以已税摩托车生产的摩托车；

（7）以已税杆头、杆身和握把为原料生产的高尔夫球杆；

（8）以已税木制一次性筷子为原料生产的木制一次性筷子；

（9）以已税实木地板为原料生产的实木地板；

（10）以已税石脑油为原料生产的应税消费品；

（11）以已税润滑油为原料生产的润滑油。

上述当期准予扣除的外购应税消费品已纳消费税税款的计算公式为：

当期准予扣除的外购应税消费品已纳税款 = 当期准予扣除的外购应税消费品买价 × 外购应税消费品适用税率

当期准予扣除的外购应税消费品买价 = 期初库存的外购应税消费品的买价 + 当期购进的应税消费品的买价 − 期末库存的外购应税消费品的买价

（二）检查方法

（1）检查生产领用外购已税原材料的抵扣范围是否正确。纳税人生产领用的原材料是否属于可以抵扣消费税的范围，可用当期抵扣的已税原材料与材料的“进料单”、“出库单”进行核对。

（2）检查当期抵扣的消费税税额计算是否正确。纳税人当期抵扣的原材料数量是以生产领用数量为标准的，要核定其数量是否正确，可用期初结存数量加本期购进数量减期末结存数量的余额与纳税人自已核算的相关数据核对，防止纳税人虚列当期生产领用数量，偷逃当期应缴纳的消费税税额。

第二节　委托加工环节应纳消费税的检查

一、检查内容及规定

（一）委托加工的应税消费品征税范围的确定

委托加工的应税消费品是指由委托方提供原料和主要材料，受托方只收取加工费和代垫部分辅助材料加工的应税消费品。对于由受托方提供原材料生产的应税消费品，或者受托方先将原材料卖给委托方，然后再接受加工的应税消费品，以及由受托方以委托方名义购进原材料生产的应税消费品，不论纳税人在财务上是否作销售处理，都不得作为委托加工消费品，而应当按照销售自制应税消费品缴纳消费税。因此，委托加工应税消费品与自制应税消费品的区分非常重要。

（1）为什么要对委托加工应税消费品规定严格的限定条件呢？这是因为，委托加工应税消费品是由受托方代收代缴消费税的，且受托方只就其加工劳务缴纳增值税。如果委托方不能提供原料和主要材料，而由受托方以某种形式提供原料，那就不能称其为委托加工，而是受托方在自制应税消费品。在这种情况下，就会出现受托方确定计税价格偏低，代收代缴消费税虚假的现象；同时，受托方也只以加工劳务缴纳增值税，逃避了自制应税消费品要缴纳消费税的责任，这是税法所不允许的。因此，对委托加工应税消费品要规定严格的限定条件。

（2）从委托加工应税消费品和自制应税消费品缴纳消费税的计算可以看出，委托加工应税消费品和自制应税消费品的税收负担不完全相同。在双方都没有同类货物市场销售价格的情况下，其组成计税价格的计算公式是不同的，现行规定为：

自产自用应税消费品的组成计税价格公式为：

组成计税价格 = 生产成本 ×（1 + 成本利润率）÷（1 − 消费税适用税率）

委托加工应税消费品的组成计税价格公式为：

组成计税价格 =（材料成本 + 加工费）÷（1 − 消费税税率）

从公式对比可以发现，前者的组成计税价格是含利润的，而后者的组成计税价格不含利润。因此，在同等条件下，委托加工应税消费品的税收负担要轻于自产应税消费品的税收负担。

（3）对于不符合委托加工应税消费品和自制应税消费品限定条件的情况如何处理？税法规定了严格的处理办法，即不论纳税人在财务上是否作销售处理，都不得作为委托加工应税消费品，而应当按照销售自制应税消费品缴纳消费税。也就是说，应确定由受托方按销售自制消费品缴纳消费税。这种处理办法体现了税收管理源泉控制原则，避免了应缴税款的流失。

（二）代收代缴消费税主体的确认

对于确实属于委托方提供原料和主要材料，受托方只收取加工费和代垫部分辅助材料加工的应税消费品，税法规定，由受托方在向委托方交货时代收代缴消费税。这样，受托方就是法定的代收代缴义务人。如果受托方对委托加工的应税消费品未代收代缴消费税，就要按照《税收征管法》的规定，承担代收代缴的法律责任。因此，受托方必须严格履行代收代缴义务，正确计算和按时代缴税款。为了加强对受托方代收代缴消费税的管理，1994 年 5 月，国家税务总局颁布的《关于消费税若干征税问题的通知》中规定，纳税人委托个体经营者加工应税消费品的，一律于委托方收回后在委托方所在地缴纳消费税。

对于受托方没有按规定代收代缴税款的，并不能因此免除委托方补缴税款的责任。在对委托方进行税务检查中，如果发现其委托加工的应税消费品受托方没有代收代缴税款，委托方要按规定补缴税款（对受托方不再重复补税，但要按《税收征管法》的规定，处以应代收代缴税款 50% 以上 3 倍以下的罚款）。对委托方补征税款的计税依据是：

如果在检查时，委托方收回的应税消费品已经直接销售的，按销售额计算补税；收回的应税消费品尚未销售或不能直接销售的（如收回后用于连续生产的），按组成计税价格计税。组成计税价格与下面"（三）"中的组成计税价格公式相同。委托加工的应税消费品，受托方在交货时已代收代缴消费税，委托方收回后直接出售的，不再征收消费税。

（三）组成计税价格及应纳税额计算的确认

委托加工的应税消费品，按照受托方的同类消费品的销售价格计算纳税，同类消费品的销售价格是指受托方（即代收代缴义务人）当月销售的同类消费品的销售价格，如果当月同类消费品各期销售价格高低不同，按照销售数量加权平均计算。但销售的应税消费品有下列情况之一的，不得列入加权平均计算：①销售价格明显偏低又无正当理由的；②无销售价格的。如果当月无销售，应按照同类消费品上月或最近月份的销售价格计算纳税。如果没有同类消费品的销售价格的，按照组成计税价格计算纳税。组成计税价格的计算公式为：

组成计税价格＝（材料成本＋加工费）÷（1－消费税税率）

应纳税额＝组成计税价格×适用税率

检查时，注意组成计税价格公式中的两个重要因素：

1. 材料成本

按照《消费税暂行条例实施细则》的解释，"材料成本"是指委托方所提供加工材料的实际成本。委托加工应税消费品的纳税人，必须在委托加工合同上如实注明（或以其他方式提供）材料成本，凡未提供材料成本的，受托方所在地主管税务机关有权核定其材料成本。从这一规定可以看出，税法对委托方提供原材料和主要材料，要求以明确的方式如实提供材料成本，其目的就是为了防止假冒委托加工应税消费品或少报材料成本，逃避纳税的现象。

2. 加工费

《消费税暂行条例实施细则》规定，"加工费"是指受托方加工应税消费品向委托方所收取的全部费用（包括代垫辅助材料的实际成本，不包括增值税税金），这是税法对受托方的要求。受托方必须如实提供向委托方收取的全部费用，这样才能既保证组成计税价格及代收代缴消费税准确地计算出来，又能使受托方按加工费得以正确计算其应纳的增值税。

（四）委托加工收回的应税消费品已纳税款扣除的确认

委托加工的应税消费品因为已由受托方代收代缴消费税，因此，委托方收回货物后用于连续生产的应税消费品的，其已缴纳税款准予按照规定从连续生产的应税消费品应纳消费税税额中抵扣。按照国家税务总局的规定，从1995年6月1日起，下列连续生产的应税消费品准予从应纳消费税额中按当期生产领用数量计算扣除委托加工收回的应税消费品已纳消费税税款：

(1) 以委托加工收回的已税烟丝为原料生产的卷烟；

(2) 以委托加工收回的已税化妆品为原料生产的化妆品；

(3) 以委托加工收回的已税护肤护发品为原料生产的护肤护发品；

(4) 以委托加工收回的已税珠宝玉石为原料生产的贵重首饰及珠宝玉石；

(5) 以委托加工收回的已税鞭炮、焰火为原料生产的鞭炮、焰火；

(6) 以委托加工收回的已税汽车轮胎生产的汽车轮胎；

(7) 以委托加工收回的已税摩托车生产的摩托车。

上述当期准予扣除委托加工收回的应税消费品已纳消费税税额的计算公式是：

当期准予扣除委托加工收回的应税消费品已纳消费税税额＝期初库存的委托加工应税消费品已纳税款＋当期收回的委托加工应税消费品已纳税款－期末库存的委托加工应税消费品已纳税款

需要说明的是，纳税人用委托加工收回的已税珠宝玉石生产的改在零售环节征收消费税的金银首饰，在计税时一律不得扣除委托加工收回的珠宝玉石的已纳消费税税款。

二、检查方法

（一）检查委托加工业务是否符合税法的规定范围

对于委托加工的应税消费品，首先应该审查其是否符合税法中规定的委托加工方式。检查时，先检查其加工合同，确认加工货物的原材料是委托方提供还是受托方提供。如果是受托方提供或者是以其他方式取得的，就不属于加工业务，应按照受托方自制货物销售处理，征收消费税。

（二）检查计税依据是否正确

检查代收代缴消费税所使用的计税价格是否正确，按照规定，如没有同类货物的市场价格，要按照组成计税价格计算纳税。组成计税价格的计算是否正确，直接关系到税款计算的准确性。检查有无扩大或缩小加工材料成本的情况。应将委托方拨付加工材料登记的数量或金额与其组成计税价格所使用的材料数量或金额进行核对，也可直接用“委托加工材料”、“应交税费——应交消费税”等明细账对照委托加工合同等原始凭证检查，看纳税人委托加工的应税消费品是否按照受托方的同类消费品的销售价格计算纳税；没有同类消费品销售价格的，看是否按照组成计税价格计算纳税，以及代收代缴的消费税税额计算是否正确。

（三）检查应纳税额计算是否正确

检查“委托加工材料”、“生产成本”、“应纳税费——应交消费税”等明细账，看纳税人用委托加工收回的已税烟丝等七种消费品连续生产应税消费品的，在计税时准予扣除收回的应税消费品的已纳消费税税款，是否按照当期生产领用数量计算，计算是否正确。审查“委托加工材料”、“应交税费——应交消费税”等明细账，看委托加工应税消费品直接售出的，有无重复征收消费税的问题。

（四）检查代收代缴消费税的核算是否正确

消费税是价内税，纳税人应缴纳的消费税税款在计算会计利润或者企业所得税应纳税所得额时，要从收入总额中予以扣除。按照现行规定，委托加工应税消费品由受托方代收代缴的消费税税款，在会计核算中与外购的已税消费品所负担的消费税的会计处理方法不同。外购已税消费品所负担的消费税计入外购应税消费品的成本，不单独对消费税作账务处理。当期生产领用已税消费品应抵扣的税额，直接在当期销售的应税消费品应缴纳的消费税额中抵扣，在会计处理上，将抵扣后的余额记入“营业税金及附加”账户核算，然后在计算会计利润或应纳税所得额时予以扣除即可。

委托加工环节由受托方代收代缴的消费税，委托方在会计处理上有两种方法。如果已知加工收回的应税消费品直接出售，委托方在支付加工环节应缴纳的消费税时，直接计入加工应税消费品的成本中。会计处理为：

借：委托加工物资——某物资

　贷：银行存款（或应付账款）——消费税

如果已知加工收回的应税消费品，继续用于生产应税消费品的，委托方支付加工环节应缴纳的消费税时，要将消费税额单独核算。会计处理为：

借：应交税费——应交消费税

　贷：银行存款（或应付账款）——消费税

[例 6－3] 甲公司为一般增值税纳税人，本期委托乙企业加工鞭炮、焰火一批，发出的原材料成本价格为 14 000 元，按合同规定支付受托方加工费 3 000 元、增值税 510 元，并取得乙企业开具的增值税专用发票。该批鞭炮、焰火无同类产品的市场销售价格。乙企业按照规定收取代收代缴的消费税后，向甲公司开具了有关票据。甲公司收回委托加工的鞭炮、焰火后直接对外销售。鞭炮、焰火的消费税税率为 15%，甲公司应作会计处理如下：

（1）甲公司发出委托加工材料时：

借：委托加工物资——鞭炮、焰火	14 000	
贷：原材料		14 000

（2）支付加工费时：

借：委托加工物资——鞭炮、焰火	3 000	
应交税费——应交增值税（进项税额）	510	
贷：银行存款——加工费		3 510

（3）支付乙企业代收代缴的消费税时：

组成计税价格 =（14 000 + 3 000）÷（1 − 15%）= 20 000（元）

代收代缴的消费税税额 = 20 000 × 15% = 3 000（元）

借：委托加工物资——鞭炮、焰火　　3 000

　贷：银行存款——消费税　　3 000

（4）甲公司收回委托加工产品时：

借：库存商品——鞭炮、焰火　　20 000

　贷：委托加工物资——鞭炮、焰火　　20 000

［例6-4］甲企业为一般增值税纳税人，本期委托乙企业加工应税消费品（半成品）一批，发出委托加工的原材料成本为30 000元，按合同规定，支付受托方加工费6 000元、增值税税额1 020元，取得乙企业开具的增值税专用发票。该半成品无同类应税消费品市场销售价格。乙企业按规定代收代缴消费税并向甲企业开具了有关票据。甲企业收回委托加工的半成品后，本期生产领用了50%。本期内取得连续生产应税消费品的销售价款50 000元、增值税税额8 500元，已向购货方开具了增值税专用发票。假定该应税消费品的消费税税率为10%，甲企业应作会计处理如下：

（1）甲企业发出委托加工材料时：

借：委托加工物资——半成品　　30 000

　贷：原材料　　30 000

（2）支付加工费时：

借：委托加工物资——鞭炮、焰火　　6 000

　　应交税费——应交增值税（进项税额）　　1 020

　贷：银行存款　　7 020

（3）支付代收代缴的消费税时：

组成计税价格 =（30 000 + 6 000）÷（1 - 10%）= 40 000（元）

代收代缴的消费税税额 = 40 000 × 10% = 4 000（元）

借：应交税费——应交消费税　　4 000

　贷：银行存款　　4 000

（4）甲企业收回委托加工产品时：

借：原材料　　36 000

　贷：委托加工物资——半成品　　36 000

（5）甲企业取得销售收入时：

借：银行存款　　58 500

　贷：主营业务收入　　50 000

　　　应交税费——应交增值税（销项税额）　　8 500

（6）计算应纳消费税时：

应纳消费税税额 = 50 000 × 10% = 5 000（元）

借：营业税金及附加　　5 000

　贷：应交税费——应交消费税　　5 000

（7）本期上缴消费税时：

本期应抵扣的消费税税额 = 4 000 × 50% = 2 000（元）

本期实际应缴纳消费税税额 = 5 000 − 2 000 = 3 000（元）

借：应交税费——应交消费税　　3 000

　贷：银行存款　　3 000

从上述例题可以看出，加工收回的货物直接对外销售和继续用于生产应税消费品的，其会计处理完全不同。检查时要注意纳税人在不同情况下的会计处理是否正确。否则，不但会影响消费税的正确核算，而且还会影响企业所得税的正确核算。

第三节　进口环节应纳消费税的检查

一、检查内容及规定

按照规定，进口的应税消费品，于报关进口时缴纳消费税。为了节约征税成本，进口消费税由海关代征。进口的应税消费品，由进口人或其代理人向报关地海关申报纳税。按照关税征收管理的相关规定，应当自海关填发税款缴纳书之日起15日内缴纳消费税税款。

纳税人进口应税消费品，按照组成计税价格和规定税率计算应纳税额。其计算公式有以下四种情况：

（一）实行从价定率办法的应税消费品的应纳税额（非进口卷烟）

组成计税价格 =（关税完税价格 + 关税）÷（1 − 消费税税率）

应纳税额 = 组成计税价格 × 适用税率

公式中所称的关税完税价格，是指海关核定的关税计税价格。

（二）实行从量定额办法的应税消费品的应纳税额

应纳税额 = 应税消费品的销售数量 × 单位税额

（三）实行从价定率和从量定额办法的应税消费品的应纳税额

应纳税额 = 组成计税价格 × 消费税税率 + 应税消费品数量 × 消费税单位税额

（四）进口卷烟应缴纳的消费税税额

进口卷烟消费税组成计税价格＝（关税完税价格＋关税＋消费税定额税总额）÷（1－进口卷烟消费税适用比例税率）

应纳消费税税额＝进口卷烟消费税组成计税价格×进口卷烟消费税适用比例税率＋消费税定额税总额

二、检查方法

（一）检查进口货物的应税范围

检查纳税人进口应税货物后，有无隐瞒真实情况、漏报应税项目的行为。检查时，结合消费税的税目、税率表进行核对，确定其应税的具体货物申报纳税是否正确。

（二）检查进口货物应缴纳的消费税税额是否正确

检查时，核对其进口货物的报关单，核对其进口货物的买价、运输费、保险费等是否正确，有无将应计入关税完税价格的支出未计入完税价格，或者，不应计入关税完税价格的支出而计入了关税的完税价格中的情况。检查进口关税和消费税的组成计税价格的计算是否正确，有无错用税率的现象。然后，用核定的数据与纳税人自报的相关数据比较，看有无差错的情况。

［**例6－5**］某大型商场本期进口一批成套化妆品，进口货物的到岸价格为100 000元人民币，关税税率为40%，消费税税率为30%，增值税税率为17%。商场按规定用银行存款缴纳了进口环节相关的税款，商品已验收入库。商场应作会计处理如下：

（1）支付进口货物到岸前的有关价款时：

借：在途物资——进口化妆品　　100 000

　贷：银行存款　　100 000

（2）缴纳关税、消费税、增值税时：

应纳进口关税＝100 000×40%＝40 000（元）

消费税的组成计税价格＝（100 000＋40 000）÷（1－30%）＝200 000（元）

应纳进口消费税＝200 000×30%＝60 000（元）

应纳进口增值税＝200 000×17%＝34 000（元）

借：在途物资——进口化妆品　　100 000

　　应交税费——应交增值税（进项税额）　　34 000

　贷：银行存款　　134 000

（3）商品验收入库时：

借：库存商品——进口化妆品　　200 000

　贷：在途物资——进口化妆品　　200 000

注意：纳税人进口应税消费品，按照海关提供的完税凭证上注明的消费税额，借记“材料采购”、“库存商品”、“原材料”、“固定资产”等科目，贷记“应付账款”、“银行存款”等科目，不需要通过“应交税费——应交消费税”账户核算单位，由于消费税是价内税，故已包含在组成计税价格之中，因而，进口环节缴纳的消费税直接计入进口应税消费品的成本。

第四节　零售环节应纳消费税的检查

一、检查内容及规定

目前，在零售环节征收消费税的货物主要是金银首饰。其他应税货物主要在前述的环节缴纳。按照财政部、国家税务总局于1994年12月24日下达的财税字〔1994〕095号文件——《关于调整金银首饰纳税环节的通知》，从1995年1月1日起，金银首饰消费税由生产环节征收改为在零售环节征收。从2002年1月1日起，钻石及钻石饰品由在生产、进口环节改为在零售环节征税。

金银首饰零售业务是指将金银首饰销售给中国人民银行总行批准的金银首饰生产、加工、批发、零售单位以外的单位和个人的业务（另有规定除外）。另外，视同零售业务的包括：①为经营单位以外的单位和个人加工金银首饰。加工包括带料加工、翻新改制、以旧换新等业务，不包括修理、清洗业务。②经营单位将金银首饰用于馈赠、赞助、集资、广告、样品、职工福利、奖励等方面。③未经中国人民银行总行批准经营金银首饰批发业务的单位将金银首饰销售给经营单位。

根据《金银首饰消费税征收管理办法》的规定，经中国人民银行总行批准经营金银首饰批发业务的单位将金银首饰销售给同时持有“经营金银制品业务许可证”影印件及“金银首饰购货（加工）管理证明单”的经营单位，不征消费税。但其必须保留购货方的上述证件，否则一律视同零售征收消费税。

经中国人民银行总行批准经营金银首饰批发业务的单位给同时持有“经营金银制品业务许可证”影印件及“金银首饰购货（加工）管理证明单”的经营单位加工金银首饰，不征消费税。但其必须保留购货方的上述证件，否则一律视同零售征收消费税。

经营单位兼营生产、加工、批发、零售业务的，应分别核算各自的销售额，未分别核算销售额或者划分不清的，一律视同零售征收消费税。

二、检查方法

（一）以旧换新、翻新改制应纳消费税的检查

首先，检查纳税人“主营业务收入”、“库存商品”、“原材料”、“营业税金及

附加”等明细账，并与金银首饰零售发票核对，看其是否按照规定申报缴纳消费税。其次，检查纳税人“其他应付款”、“销售费用”等明细账的贷方发生额或借方红字发生额，审查纳税人是否将收取的加工费挂“往来”账户或直接冲减费用未申报缴纳消费税。然后，将核定应缴纳税额与纳税人自行申报的应纳税额比较，查看有无少缴纳消费税的问题。

以旧换新方式销售的，按照会计处理规定，按收取旧首饰的协议价格，借记“原材料”、“库存商品”等科目；按新旧首饰收取的差价和应收取的增值税额，借记“现金”科目；按新首饰的不含增值税销项税额的销售价格，贷记“主营业务收入”科目；按应收取的增值税额，贷记“应交税费——应交增值税（销项税额）”科目；按计算的应纳消费税税额，借记“营业税金及附加”科目，贷记“应交税费——应交消费税”科目。

[**例6-6**] 某金银首饰零售商店，本期采用以旧换新销售方式收回旧金银首饰10件，每件作价1 000元，每件新首饰零售价为2 060元（含增值税），顾客以现金补齐差额。增值税征收率3%，消费税税率5%。商店应作会计处理如下：

（1）收回旧金银首饰和差价时：

金银首饰以旧换新，应按实际收取的不含增值税的全部价款确定计税依据。故：

新金首饰不含税销售额＝20 600÷（1＋3%）＝20 000（元）

增值税销项税额＝（20 000－10 000）×3%＝300（元）

借：原材料——回收旧首饰	10 000	
现金	10 600	
贷：主营业务收入		20 300
应交税费——应交增值税		300

（2）计算应纳消费税额时：

应纳消费税额＝10 000×5%＝500（元）

借：营业税金及附加	500	
贷：应交税费——应交消费税		500

（二）带料加工业务的检查

首先检查纳税人带料加工业务是否真实。将“原材料”、“生产成本”、“其他业务收入”等明细账与有关会计凭证相互对照检查，审查其是否符合带料加工业务的条件。然后检查纳税人带料加工业务的计税依据是否正确。对纳税人当期或最近时期的同类金银首饰销售价格的有关资料或“主营业务收入——加工收入”明细账和委托加工合同进行检查，审查纳税人使用的计税价格或计算的组成计税价格是否正确。

（三）馈赠、赞助、集资、广告、样品、职工福利、奖励等行为的检查

首先检查纳税人的“库存商品”等明细账户的贷方发生额，并与“营业外支出”、“应付职工薪酬”、“管理费用”、“ 销售费用”、“财务费用”等明细账核对，审查纳税人用于馈赠、赞助、集资、广告、样品、职工福利、奖励等方面的金银首饰是否按规定申报缴纳消费税。然后检查纳税人当期或最近时期的同类金银首饰销售价格的有关资料或“生产成本”明细账，审查纳税人使用的计税价格或计算的组成计税价格是否正确。

（四）成套金银首饰销售行为的检查

检查纳税人有无成套金银首饰的经营业务，并深入到金银首饰专柜，查看和了解有无成套金银首饰销售的样品及情况。然后审查纳税人“主营业务收入”明细账及有关会计凭证，并与金银首饰销售发票核对，审查纳税人若有成套金银首饰销售业务，是否按照规定申报缴纳消费税，有无分解销售收入少申报缴纳消费税的情况。

（五）旅游企业零售金银首饰应纳消费税的检查

按照会计处理规定，旅游企业销售金银首饰，取得的销售收入记入“主营业务收入”科目，销售金银首饰应缴纳的消费税，借记“营业税金及附加”科目，贷记“应交税费——应交消费税”科目。检查时，首先，注意应纳税额的计算是否正确，纳税人有无隐瞒收入的问题；其次，检查相关会计处理是否正确，有无在核算中不反映应缴纳的消费税，以达到偷逃税款目的的现象。

［例6－7］某旅游公司下设一销售部专门销售金银首饰，销售部由当地主管税务机关认定按小规模纳税人计算缴纳增值税。本期取得金银首饰的零售收入为12 480元，消费税税率为5%。旅游公司应缴纳的增值税、消费税及会计处理如下：

（1）取得销售收入时：

不含税销售额＝12 480÷（1＋4%）＝12 000（元）

应纳增值税额＝12 000×4%＝480（元）

借：现金	12 480
贷：主营业务收入	12 000
应交税费——应交增值税	480

（2）计算应缴纳的消费税时：

应纳的消费税额＝12 000×5%＝600（元）

借：营业税金及附加	600
贷：应交税费——应交消费税	600

（3）以银行存款上缴增值税、消费税时：

借：应交税费——应交消费税	600
应交税费——应交增值税	480
贷：银行存款	1 080

第五节　消费税检查案例

一、销售收入实现时，不通过“主营业务收入”账户，而是直接冲销产成品

［例6－8］某企业上年度对外销售应税消费品一批，适用增值税税率为17%，消费税税率为30%，该批货物含税销售额14 040元（实际成本为7 500元），货款已存入银行，并给购买方开具普通发票。企业的会计处理如下：

借：银行存款　　14 040

　贷：库存商品　　14 040

检查分析处理如下：

企业的会计处理有明显的错误。首先，其会计分录借方是银行存款，贷方是库存商品，不符合会计分录对应关系的规定。按照规定，借方银行存款增加，贷方科目一般为“收入”类科目，或者为“应付账款”、“其他应付款”、“应收账款”、“其他应收款”等科目；如果企业收到的存款属于外单位的投资或捐赠，其分录的贷方就一定是“资本”类科目；如果企业的存款增加属于借入款项，其分录的贷方应为“短期借款”或“长期借款”等科目，而贷方一般不会是“库存商品”科目。按照规定，库存商品在贷方，应属于减少。库存商品减少只能结转库存商品销售成本或转移商品位置才会出现。所以该企业的会计处理是错误的。其次，根据企业的实际经验，是销售商品而增加存款，理应作销售收入处理，否则既偷漏了消费税，又偷漏了增值税。同时，按商品销售收入额直接冲转库存商品成本也不正确，还偷逃了企业所得税。

根据企业经销业务的实际情况，按照规定，正确处理如下：

企业销售应税消费品，给购买方开具的是普通发票，普通发票上的收入金额为含税销售额。在进行会计处理时，还应将含税销售额换算为不含税（增值税）的销售额。处理如下：

（1）相关税额的计算：

不含税销售额＝14 040÷（1＋17%）＝12 000（元）

增值税销项税额＝12 000×17%＝2 040（元）

应纳消费税＝12 000×30%＝3 600（元）

（2）业务发生时正确的会计处理应为：

收入实现时，按不含增值税的销售额：

借：银行存款　　14 040

　贷：主营业务收入　　12 000

　　　应交税费——应交增值税（销项税额）　　2 040

同时结转成本。

借：主营业务成本　　7 500

　贷：库存商品　　7 500

按照规定计提的消费税额：

借：营业税金及附加　　3 600

　贷：应交税费——应交消费税　　3 600

（3）如果是次年纳税检查时发现上述错误，会计调账分录为：

借：以前年度损益调整　　5 640

　贷：应交税费——增值税检查调整　　2 040

　　　应交税费——查补的消费税　　3 600

同时，

借：库存商品　　6 540

　贷：以前年度损益调整　　6 540

900 元（6 540 - 5 640 = 900）与前面的差额是少记的利润，此项业务的利润应为 900 元（主营业务收入 - 主营业务成本 - 主营业务税金 = 12 000 - 7 500 - 3 600 = 900）。

二、将自制的应税消费品用于本企业基建工程、职工福利等方面，不计算纳税

主要表现为两种情况：一是将自产的应税消费品用了以后，不视同销售处理；二是将自产的应税消费品使用以后，视同收入处理，但不按市场价格计算纳税，而是按成本价格入账计算。

［例 6 - 9］某轿车生产企业上年度将试制的新型小轿车自用 2 辆，转为本企业的固定资产，该轿车还无市场价格，但知每辆成本金额为 96 000 元，成本利润率为 8%，该轿车的适用增值税税率为 17%，适用消费税税率为 5%。轿车已转移使用。该企业的会计处理为：

借：固定资产　　192 000

　贷：库存商品　　192 000

检查处理分析如下：

上述会计处理错误。该企业没有把自用的轿车视同销售，而是直接冲减轿车的生产成本转为固定资产的原值。这样，既没有按组成计税价格计算增值税的销项税额，也没按组成计税价格计算消费税。税款计算及会计处理如下：

（1）相关税额的计算如下：

轿车的组成计税价格 = 96 000 ×（1 + 8%）÷（1 - 5%）× 2 = 218 273.68（元）

增值税销项税额 = 218 273.68 × 17% = 37 106.53（元）

应纳消费税 = 218 273.68 × 5% = 10 913.68（元）

（2）业务发生时的会计处理为：

借：固定资产　　240 020.21

　贷：产成品　　192 000

　　应交税费——应交增值税（销项税额）　　37 106.53

　　应交税费——应交消费税　　10 913.68

（3）次年的调账分录为：

借：固定资产　　48 020.21

　贷：应交税费——增值税检查调整　　37 106.53

　　应交税费——查补的消费税　　10 913.68

如果检查时要考虑企业所得税，还应将视同销售的利润额直接调增应纳税所得额，同时也应该考虑城市维护建设税、教育费附加和固定资产折旧等因素。

三、收回委托加工货物后，不按规定计算纳税

应缴纳消费税的委托加工产品，按照规定，应于委托方提货时，由受托方代扣代缴税款。委托方将委托加工产品收回后用于直接销售的，应将委托加工产品所负担的消费税额计入其加工产品的成本；如委托加工产品收回后用于连续生产应税消费品的，应按照规定将受托方代扣代缴的税款予以抵扣。

委托加工产品常出现的错误有以下四种情况：①受托方不愿意代扣税款；②委托方收回委托加工产品后，把对外销售的应税消费品应负担的消费税也当作用于连续生产用的应税消费品，把税款予以扣除；③委托加工产品时，在无同类产品市场售价的同时，没有按组成计税价格计算纳税，而是按照成本价或是按估价计算应纳的消费税；④将委托加工的产品收回后，用于直接对外销售，有可能又按其销售额再征一次消费税。

在以上四种情况中，前三种都可能造成企业漏缴或少缴消费税，而最后一种情况则可能造成企业多缴纳消费税。

[例6－10] 某甲企业委托乙企业加工应税消费品一批。甲提供的材料成本为49 000元，支付给乙加工费5 000元，因甲、乙均为增值税一般纳税人，甲在支付加工费的同时，取得了乙开具的增值税专用发票，另负担的增值税税额为850元。加工的该应税消费品无同类产品市场销售价格。甲收回委托加工的消费品后，40%用于本企业继续生产消费税应税产品，60%用于直接对外销售，不含税销售额40 000元。该委托加工产品的消费税适用税率为10%，增值税税率为17%。甲、乙企业计算应缴纳的消费税及账务处理如下：

乙企业的账务处理：

（1）乙企业在计算代收代缴消费税时：

应代收代缴消费税＝（49 000＋5 850）×10%＝5 485（元）

借：应收账款　　5 485

　贷：应交税费——应交消费税　　5 485

（2）乙企业收到加工费及增值税销项税额时：

借：银行存款　　5 850

　贷：应交税费——应交增值税（销项税额）　　850

　　　其他业务收入——加工费　　5 000

甲企业的账务处理：

（1）甲企业提供委托加工材料时：

借：委托加工物资　　49 000

　贷：原材料　　49 000

（2）甲企业支付乙企业加工费时：

借：委托加工物资　　5 850

　贷：银行存款　　5 850

（3）甲企业应付乙企业代收代缴的消费税时：

借：应交税费——应交消费税　　5 485

　贷：应付账款　　5 485

（4）甲企业收回加工物资时：

借：库存商品　　54 850

　贷：委托加工物资　　54 850

检查分析处理如下：

上述甲、乙企业的账务处理有如下五处错误：

（1）乙企业在计算代收代缴消费税时，组成计税价格公式中的加工费不应包含加工费所负担的增值税。因此，计算出来的消费税计税价格是错误的。

（2）乙企业在计算代收代缴消费税时，组成计税价格公式中没有除以"1－消费税税率"，不符合消费税含税价格的基本原理。因此，计算出来的消费税计税价格不正确。

（3）甲企业在支付乙企业加工费时，取得增值税专用发票上注明的增值税额应作为进项税额单独反映，不应计入委托加工应税消费品的成本中。

（4）甲企业收回委托加工的应税消费品，只有40%用于连续生产消费品的应税产品，60%直接对外销售。因此，只能抵扣乙企业代收代缴消费税额的40%，不能将代收代缴的消费税全部记入"应交税费——应交消费税"账户的借方，直接对外销售的60%应负担的消费税额应记入"委托加工物资"账户核算。

（5）甲企业将收回物资销售收入的60%应计算增值税销项税额，而企业没有进行任何处理是错误的。

根据检查分析，正确的计算和账务处理如下：

乙企业受托加工业务的账务处理：

（1）代收代缴消费税时：

代收代缴消费税的组成计税价格 =（49 000 +5 000）÷（1 -10%）=60 000（元）

应代收代缴的消费税 =60 000 ×10% =6 000（元）

借：应收账款　　6 000

　贷：应交税费——应交消费税　　6 000

（2）乙企业收到甲企业交来的加工费及相应的增值税税额时，账务处理与原处理相同，是正确的。

甲企业委托加工业务的账务处理：

（1）甲企业提供委托加工材料时，账务处理与原处理相同，是正确的。

（2）甲企业支付加工费及加工费应负担的增值税时，应作进项税额处理：

借：委托加工物资　　5 000

　　应交税费——应交增值税（进项税额）　　850

　贷：银行存款　　5 850

（3）甲企业支付的加工环节的消费税税额为 6 000 元，40% 应记入“应交税费——应交消费税”账户的借方，60% 应计入委托加工应税消费品的成本中：

借：委托加工物资　　3 600

　　应交税费——应交消费税　　2 400

　贷：应付账款　　6 000

（4）甲企业收回委托加工物资时：

借：库存商品　　57 600

　贷：委托加工物资　　57 600

（5）甲企业销售加工收回的货物，应计算增值税销项税额：

40 000 ×17% =6 800（元）

借：银行存款　　46 800

　贷：主营业务收入　　40 000

　　　应交税费——应交增值税（销项税额）　　6 800

第七章　营业税的检查

【本章要点】

营业税是对在我国境内提供应税劳务、转让无形资产或者销售不动产的单位和个人，就其取得的营业额征收的一种税。营业税具有税源广泛、税负较轻、按行业设计税率、多环节征税等特点。本章主要讲述的是对营业税中交通运输业、建筑业、金融保险业、邮电通信业、文化体育业、娱乐业、服务业、销售不动产和转让无形资产等九个税目的检查，通过案例对营业税各税目的检查内容及方法进行了论证。

营业税是以纳税人从事经营活动的应税行为及销售不动产和转让无形资产为课税对象所征收的一种税。1994 年，我国税制改革后，营业税作为流转税的一个主体税种，与增值税、消费税一道，构成了新的流转税结构模式。2008 年 11 月 10 日，第 540 号国务院令公布了新修订的《中华人民共和国营业税暂行条例》（以下简称《营业税暂行条例》）。2008 年 12 月 15 日，财政部、国家税务总局以财政部和国家税务总局令第 52 号，发布了新修订的《中华人民共和国营业税暂行条例实施细则》（以下简称新细则），并规定与修订后的《营业税暂行条例》一起，从 2009 年 1 月 1 日开始实施。本章从营业税的税制要素和行业两个方面对营业税的检查分别进行介绍。

第一节　纳税义务人和扣缴义务人的检查

一、纳税义务人的检查

（一）法律法规的主要规定

1. 一般性规定

营业税的纳税人是指在我国境内提供应税劳务、转让无形资产或者销售不动产的单位和个人。

在我国境内提供条例规定的应税劳务、转让无形资产或销售不动产是指：

（1）提供或者接受条例规定劳务的单位或者个人在境内；

（2）所转让的无形资产（不含土地使用权）的接受单位或者个人在境内；

（3）所转让或者出租土地使用权的土地在境内；

（4）所销售或者出租的不动产在境内。

2. 特殊规定

（1）一项销售行为如果既涉及应税劳务又涉及货物，则为混合销售行为。除新细则第七条的规定外，从事货物的生产、批发或者零售的企业、企业性单位和个体工商户的混合销售行为，视为销售货物，不缴纳营业税；其他单位和个人的混合销售行为，视为提供应税劳务，缴纳营业税。

（2）纳税人兼营应税行为和货物或者非应税劳务的，应当分别核算应税行为的营业额和货物或者非应税劳务的销售额，其应税行为营业额缴纳营业税，货物或者非应税劳务销售额不缴纳营业税；未分别核算的，由主管税务机关核定其应税行为营业额。

（3）单位以承包、承租、挂靠方式经营的，承包人、承租人、挂靠人（以下统称承包人）发生应税行为，承包人以发包人、出租人、被挂靠人（以下统称发包人）名义对外经营并由发包人承担相关法律责任的，以发包人为纳税人；否则，以承包人为纳税人。

（4）中央铁路运营业务的纳税人为铁道部，合资铁路运营业务的纳税人为合资铁路公司，地方铁路运营业务的纳税人为地方铁路管理机构，基建临管运营业务的纳税人为基建临管线管理机构。

（二）会计核算

会计制度规定，营业税通过“应交税费——应交营业税”科目核算。计提营业税时，借记“营业税金及附加”科目，贷记“应交税费——应交营业税”科目；上缴时，借记“应交税费——应交营业税”科目，贷记“银行存款”科目。

（三）常见涉税问题

（1）无照经营和超出营业执照核定经营范围的单位和个人未按规定申报缴纳营业税。

（2）非从事货物生产、批发或零售的单位和个人的混合销售行为未按规定履行纳税义务。

（3）从事兼营业务的纳税人未按规定申报缴纳营业税。

（4）不符合承包条件的单位和个人未按规定申报缴纳营业税。

（四）主要检查方法

（1）通过营业执照、税务登记证的登记内容，确认有关职能部门认定的经营范围，结合营业税税目界定是否属于营业税的应税行为。对于无照经营和超出营业执照核定经营范围的纳税人，应注重实地核查，界定其经营业务的性质，确定其是否为营业税纳税人。如某市居民王某未办理经营手续而举办计算机培训班，2008 年收取费用 100 000 元。王某向学生提供了《营业税暂行条例》列举的“文化体育业”劳务，因而是营业税纳税义务人。

（2）检查纳税人的账簿、合同类资料等相关资料，核实纳税人的具体经营行为。从事货物生产、批发或零售的为增值税纳税人；其他单位和个人为营业税纳税人。对于混合销售业务，从事货物生产、批发或零售的企业、企业性单位及个体经营者以外的单位和个人为营业税纳税义务人。以从事货物的生产、批发或零售为主，并兼营营业税应税劳务的企业、企业性单位及个体经营者，年货物销售额超过50%，营业税应税劳务营业额不到50%的为增值税纳税人。从事运输业务的单位与个人，发生销售货物并负责运输所销售货物的混合销售为增值税纳税人。

（3）对从事兼营业务的纳税人，检查时应注意应税收入是否划分清楚。如果纳税人能将兼营项目分别核算，可以就不同项目的营业额（或销售额）按营业税（或增值税）的有关规定申报纳税；如果纳税人不能将兼营项目分别核算，则一并缴纳增值税。纳税人兼营的应税劳务是否应当一并缴纳增值税，由国家税务总局所属征收机关确定。

（4）对承包经营的行为，检查合同类资料，看其中的约定是否同时符合以下三个条件：①承包方以出包方名义对外经营，由出包方承担相关的法律责任；②承包方的经营收支全部纳入出包方的财务会计核算；③出包方与承包方的利益分配是以出包方的利润为基础的。如同时符合以上条件，则不征税；否则，纳税人应按规定申报纳税。

二、扣缴义务人的检查

（一）法律法规的主要规定

（1）营业税扣缴义务人包括：

①中华人民共和国境外的单位或者个人在境内提供应税劳务、转让无形资产或者销售不动产，在境内未设有经营机构的，以其境内代理人为扣缴义务人；在境内没有代理人的，以受让方或者购买方为扣缴义务人。

②国务院财政、税务主管部门规定的其他扣缴义务人。

（2）《营业税暂行条例》第十一条所称其他扣缴义务人规定如下：

①境外单位或者个人在境内发生应税行为而在境内未设有经营机构的，其应纳税款以代理者为扣缴义务人；没有代理者的，以受让者或者购买者为扣缴义务人。

②单位或者个人进行演出由他人售票的，其应纳税款以售票者为扣缴义务人。

③演出经纪人为个人的，其办理演出业务的应纳税款以售票者为扣缴义务人。

④分保险业务，以初保人为扣缴义务人。

⑤《个人转让暂行条例》第十二条第（二）项所称其他无形资产的，其应纳税款以受让者为扣缴义务人（《营业税暂行条例实施细则》第二十九条）。

（3）非雇员从聘用的企业取得收入的，支付应税非有形商品推销、代理等服务活动的企业为该非雇员应纳税款的扣缴义务人。

（4）建筑业纳税人从事跨地区（包括省、市、县）工程提供建筑业应税劳务的，或在劳务发生地没有办理税务登记或临时税务登记的，可以建设单位和个人作为营业税的扣缴义务人。

（二）常见涉税问题

（1）扣缴义务人未按规定履行扣缴义务。

（2）境外纳税人在境内发生应税行为，支付人未按规定履行扣缴义务。

（三）主要检查方法

（1）检查经营者的经营合同类资料，看是否属于与境外的单位和个人签订而在境内发生的应税行为；检查专利权、非专利技术、商标权、著作权、商誉等无形资产转让人是否为个人，以确定受让企业是否为扣缴义务人。

（2）扣缴义务人确定以后，进一步检查其是否依法履行扣缴义务，审查扣缴义务人的账簿资料和会计凭证，核实其对扣缴情况是否有明细记载，扣缴税款的计算是否正确。如对建筑安装业务进行分包转包的，检查分包转包合同类资料，核实“预付账款”、“应交税费”等账户，确认是否履行了扣缴义务。

（3）检查“无形资产”、“生产成本”、“销售费用”、“其他业务支出”等账户，核实扣缴义务人扣缴税款是否真实、完整，应注意扣缴义务人在计算应代扣代缴的税款时，是否已将全部应税款项计算在内，有无将某些价外收费剔除后扣税的问题。

（4）与外国企业、机构发生业务关系的纳税人，应检查其签订的劳务合同类资料或财产转让合同类资料，确认劳务发生地、货物起运地、无形资产使用地、不动产所在地；属于在境内提供应税劳务、转让无形资产或者销售不动产的，应进一步检查企业代扣税款情况。

（5）检查在境内从事保险、旅游等非有形商品经营的企业人工费用支出，对照劳动合同类资料界定雇员与非雇员、确认劳务性质，核实非本企业雇员为企业提供非有形商品推销、代理服务等活动取得的佣金、奖励和劳务费等名目的收入，是否按规定代扣代缴税款。

第二节　征税范围和税率的检查

一、法律法规的主要规定

营业税的税目、税率，依照《营业税暂行条例》所附的《营业税税目税率表》执行。

营业税共九个税目，即交通运输业、建筑业、金融保险业、邮电通信业、文化体育业、娱乐业、服务业、转让无形资产、销售不动产。

表 7－1　营业税税目税率表

税　目	税　率
一、交通运输业	3%
二、建筑业	3%

（续上表）

税　目	税　率
三、金融保险业	5%
四、邮电通信业	3%
五、文化体育业	3%
六、娱乐业	5%～20%
七、服务业	5%
八、转让无形资产	5%
九、销售不动产	5%

二、常见涉税问题

1. 未正确区分营业税与增值税的征税范围

（1）非从事货物生产、批发或零售的单位和个人的混合销售行为未按规定申报缴纳营业税。

（2）兼营营业税和增值税应税行为，营业项目已按明细分别核算，却将营业税应税项目申报缴纳增值税。

2. 混淆征税范围，错用税目、税率

（1）建筑安装企业租赁设备、场地设计、勘探和转让不动产等行为，错按“建筑业”税目征税；

（2）对航空公司、飞机场、民航管理局及其他单位和个人代售机票的手续费收入、境内远洋运输企业将船舶出租给境外单位或个人使用，错按“交通运输业”税目征税；

（3）对航空联运公司从事特快专递托运业务、对保安公司押运物品而取得的收入，错按“交通运输业”税目征税；

（4）广告的播映错按“文化体育业”税目征税；

（5）以租赁方式为文化活动、体育比赛提供场所，错按“文化体育业”税目征税。

三、主要检查方法

（1）对照政策规定，运用询问、实地查看和审阅法，结合经营合同类资料，审核纳税凭证和原始凭证，检查纳税人是否正确区分混合销售行为、兼营行为。如随汽车销售提供按揭服务或代办服务业务，应缴纳增值税；而单独提供代办按揭服务，并不销售汽车的，只缴纳营业税。又如，旅店中既提供住宿服务，又单独设立小卖部，并且分别单独核算收入，应分别申报缴纳营业税和增值税。

（2）将企业合同类资料、协议与纳税申报表进行对比，确认业务性质，结合“主营业务收入”、“其他业务收入”等明细账，检查企业是否正确使用税目、税率。例如，某广告公司收取广告费52万元，应按“服务业”税目5%的税率缴纳税款，不应按“文化体育业”税目3%的税率申报缴纳营业税。

（3）检查纳税申报表和“主营业务收入”账户，审核适用不同税率项目的收入是否分别核算，分别计税。例如，某酒店歌舞厅将销售饮料款15万元并入餐饮收入，应按“娱乐业”20%的税率申报缴纳营业税，不应按“服务业”税目5%的税率申报纳税。

第三节　计税依据的检查

一、法律法规的主要规定

（一）一般性规定

（1）纳税人提供应税劳务、转让无形资产或者销售不动产，按照营业额和规定的税率计算应纳税额。

（2）纳税人营业额未达到国务院财政、税务主管部门规定的营业税起征点的，免征营业税；达到起征点的，依照本条例规定全额计算缴纳营业税。

按期纳税的起征点幅度由月销售额200～800元提高到1 000～5 000元；将按次纳税的起征点由每次（日）营业额50元提高到每次（日）营业额100元。省、自治区、直辖市人民政府所属税务机关应在规定的幅度内，根据实际情况确定本地区适用的起征点，并报财政部、国家税务总局备案。

（3）纳税人的营业额为纳税人提供应税劳务、转让无形资产或者销售不动产向对方收取的全部价款和价外费用。

所称价外费用，包括收取的手续费、补贴、基金、集资费、返还利润、奖励费、违约金、滞纳金、延期付款利息、赔偿金、代收款项、代垫款项、罚息及其他各种性质的价外收费，但不包括同时符合以下条件代为收取的政府性基金或者行政事业性收费：

①由国务院或者财政部批准设立的政府性基金，由国务院或者省级人民政府及其财政、价格主管部门批准设立的行政事业性收费；

②收取时开具省级以上财政部门印制的财政票据；

③所收款项全额上缴财政。

（4）单位或个人自己新建（以下简称自建）建筑物后销售，其自建行为视同提供应税劳务。

（5）纳税人提供应税劳务、转让无形资产或销售不动产价格明显偏低而无正当理由的，主管税务机关有权按下列顺序核定其营业额：

①按纳税人最近时期发生同类应税行为的平均价格核定；

②按其他纳税人最近时期发生同类应税行为的平均价格核定；

③按下列公式核定：

营业额 = 营业成本或工程成本 ×（1 + 成本利润率）÷（1 − 营业税税率）

上列公式中的成本利润率，由省（自治区、直辖市）税务局确定。

（二）特殊规定

1. 金融保险

（1）保险企业已征收过营业税的应收未收保费，凡在财务会计制度规定的核算期限内未收回的，允许从营业额中减除。在会计核算期限以后收回的已冲减的应收未收保费，再并入当期营业额中。保险企业开展无赔偿奖励业务的，以向投保人实际收取的保费为营业额。

（2）中华人民共和国境内的保险人将其承保的以境内标的物为保险标的的保险业务向境外再保险人办理分保的，以全部保费收入减去分保保费后的余额为营业额。境外再保险人应就其分保收入承担营业税纳税义务，并由境内保险人扣缴境外保险人应缴纳的营业税税款。

（3）金融企业（包括银行和非银行金融机构，下同）从事股票、债券买卖业务，以股票、债券的卖出价减去买入价后的余额为营业额。买入价依照财务会计制度规定，以股票、债券的购入价减去股票、债券持有期间取得的股票、债券红利收入的余额确定。

（4）金融企业买卖金融商品（包括股票、债券、外汇及其他金融商品，下同），可在同一会计年度末，将不同纳税期出现的正差和负差按同一会计年度汇总的方式计算并缴纳营业税，如果汇总计算应缴的营业税税额小于本年已缴纳的营业税税额，可以向税务机关申请办理退税，但不得将一个会计年度内汇总后仍为负差的部分结转下一会计年度。

（5）金融企业从事受托收款业务，如代收电话费、水电煤气费、信息费、学杂费、寻呼费、社保统筹费、交通违章罚款、税款等，以全部收入减去支付给委托方价款后的余额为营业额。

（6）经中国人民银行、外经贸部（现商务部）和国家经贸委（现国资委）批准经营融资租赁业务的单位从事融资租赁业务的，以其向承租者收取的全部价款和价外费用（包括残值）减除出租方承担的出租货物的实际成本后的余额为营业额。

以上所称出租货物的实际成本，包括由出租方承担的货物的购入价、关税、增值税、消费税、运杂费、安装费、保险费和贷款的利息（包括外汇借款和人民币借款利息）。

2. 邮政通信

（1）电信单位销售的各种有价电话卡，由于其计费系统只能按有价电话卡面值出账并按有价电话卡面值确认收入，不能直接在销售发票上注明折扣折让额，以按面值确认的收入减去当期财务会计上体现的销售折扣折让后的余额为营业额。

（2）邮政电信单位与其他单位合作，共同为用户提供邮政电信业务及其他服务并由邮政电信单位统一收取价款的，以全部收入减去支付给合作方价款后的余额为营业额。

（3）中国移动通信集团公司通过手机短信公益特服号“8858”为中国儿童少年基金会接受捐款业务，以全部收入减去支付给中国儿童少年基金会的价款后的余额为营业额。

3. 销售不动产

（1）单位和个人销售或转让其购置的不动产或受让的土地使用权，以全部收入减去不动产或土地使用权的购置或受让原价后的余额为营业额。

（2）单位和个人销售或转让抵债所得的不动产、土地使用权的，以全部收入减去抵债时该项不动产或土地使用权作价后的余额为营业额。

4. 其他行业

（1）财税〔2003〕16号文件第三条的相关规定。

①经地方税务机关批准使用运输企业发票，按“交通运输业”税目征收营业税的单位将承担的运输业务分给其他运输企业并由其统一收取价款的，以其取得的全部收入减去支付给其他运输企业的运费后的余额为营业额。

②劳务公司接受用工单位的委托，为其安排劳动力，凡用工单位将其应支付给劳动力的工资和为劳动力上交的社会保险（包括养老保险、医疗保险、失业保险、工伤保险等，下同）及住房公积金统一交给劳务公司代为发放或办理的，以劳务公司从用工单位收取的全部价款减去代收转付给劳动力的工资和为劳动力办理社会保险及住房公积金后的余额为营业额。

③通信线路工程和输送管道工程所使用的电缆、光缆和构成管道工程主体的防腐管段、管件（弯头、三通、冷弯管、绝缘接头）清管器、收发球筒、机泵、加热炉、金属容器等物品均属于设备，其价值不包括在工程的计税营业额中。

其他建筑安装工程的计税营业额也不应包括设备价值，具体设备名单可由省级地方税务机关根据各自的实际情况列举。

④旅游企业组织旅游团在中国境内旅游的，以收取的全部旅游费减去替旅游者支付给其他单位的房费、餐费、交通费、门票或支付给其他接团旅游企业的旅游费后的余额为营业额。

⑤从事广告代理业务的，以其全部收入减去支付给其他广告公司或广告发布者（包括媒体、载体）的广告发布费后的余额为营业额。

⑥从事物业管理的单位，以与物业管理有关的全部收入减去代业主支付的水、电、燃气，以及代承租者支付的水、电、燃气、房屋租金的价款后的余额为营业额。

（2）纳税人采用清包工形式提供的装饰劳务，按照其向客户实际收取的人工费、管理费和辅助材料费等收入（不含客户自行采购的材料和设备价款）确认计税营业额。

二、常见涉税问题

（1）未申报或申报不实。

①单位将不动产无偿赠予他人，未按规定申报纳税。

②对销售自建建筑物只按“销售不动产”税目申报营业税，未申报“建筑业”税目营业税。

③价外费用未合并纳税。

④应税收入长期挂“往来”账，隐匿当期计税收入。

⑤利息收入（包括加息、罚息、结算罚款）不按规定计税；从事外汇、有价证券、期货买卖业务的计税依据不正确；保险业纳税人的储金业务收入计税不正确。

⑥邮政部门发行报刊、销售邮政物品和电信物品未申报纳税。

⑦兼营免税项目未按规定单独核算，混淆征、免税收入。

（2）以支抵收，冲减销售收入。

（3）销售自建的不动产未分别缴纳建筑环节和销售环节的营业税。

三、主要检查方法

（1）运用因素分析法分析资产负债表、利润表中的财务指标，并与纳税人纳税申报表进行纵向和横向的比较，若发现异常，进一步检查“应交税费”、“管理费用”、“营业外收入”等账户，核实纳税人是否存在分解、转移收入的问题。

（2）检查“应付账款”、“其他应付款”和“主营业务收入”等明细账，核实纳税人是否存在将代收的价外费用未合并计税的问题。

（3）检查“主营业务成本”、“管理费用”等明细账，核实纳税人是否存在将收入直接冲减费用的问题。

（4）检查纳税人的“应收账款”、“其他应收款”等明细账，对照有关的会计凭证，确定往来款项的性质或者用途，确认纳税人是否存在挂“往来”账少计收入的问题。

（5）检查纳税人的相关经营合同类资料，确定纳税人的经营内容和经营方式，对旅游、联运、广告代理、外币转贷业务、物业管理等按差额缴纳营业税的纳税人，检查“主营业务成本”等账户，核实纳税人抵扣项目和金额是否真实。

（6）企业减少不动产，应重点检查“固定资产清理”、“营业外收入”、“营业外支出”等账户，核实是否按规定计算缴纳营业税。对存在自建行为的纳税人，对照建筑安装合同类资料，检查“在建工程”等账户，无法提供合同类资料的，应结合工程的人工费、材料费等支出的核算方式，确认企业自建行为是否属实；对照纳税申报表，检查企业自建销售行为是否按规定计算缴纳营业税。

第四节　其他项目的检查

一、税收优惠的检查

(一) 法律法规的主要规定

有关税收优惠的法律法规的主要规定见表7－2。

表7－2　税收优惠的法律法规的主要规定

政策规定	政策依据
下列项目免征营业税： 1. 托儿所、幼儿园、养老院、残疾人福利机构提供的育养服务、婚姻介绍、殡葬服务 2. 残疾人员个人提供的劳务 3. 医院、诊所和其他医疗机构提供的医疗服务 4. 学校和其他教育机构提供的教育劳务，学生勤工俭学提供的劳务 5. 农业机耕、排灌、病虫害防治、植保、农牧保险及相关技术培训业务，家禽、牧畜、水生动物的配种和疾病防治 6. 纪念馆、博物馆、文化馆、美术馆、展览馆、书画院、图书馆、文物保护单位举办文化活动的门票收入，宗教场所举办文化、宗教活动的门票收入 7. 境内保险机构为出口货物提供的保险产品	《营业税暂行条例》
非金融机构和个人买卖外汇、有价证券或期货，不征收营业税	《营业税暂行条例实施细则》
将土地使用权转让给农业生产者用于农业生产，免征营业税	财税〔1994〕2号
工会疗养院（所）可视为“其他医疗机构”，免征营业税	国税发〔1994〕159号
对单位和个人（包括外商投资企业、外商投资设立的研究开发中心、外国企业和外籍个人）从事技术转让、技术开发和与之相关的技术咨询、技术服务业务取得的收入，免征营业税	财税〔1999〕273号
对住房公积金管理中心用住房公积金在指定的委托银行发放个人住房贷款取得的收入，免征营业税	财税〔2000〕94号
自2004年8月1日起，对军队空余房产租赁收入暂免征收营业税	财税〔2004〕123号
对按政府规定价格出租的公有住房和廉租住房暂免征收营业税；对个人按市场价格出租的居民住房，暂按3%的税率征收营业税	财税〔2000〕125号

（续上表）

政策规定	政策依据
对于从事国际航空运输业务的外国企业或中国香港、澳门、台湾企业从我国大陆运载旅客、货物、邮件的运输收入，在国家另有规定之前，应按4.65%的综合计征率计算征税	国税发〔1994〕19号
个人将购买不足5年的住房对外销售的，全额征收营业税；个人将购买超过5年（含5年）的普通住房对外销售的，免征营业税；个人将购买超过5年（含5年）的非普通住房对外销售的，按其销售收入减去购买房屋的价款后的余额征收营业税	财税〔2006〕75号
金融机构往来业务暂不征收营业税	财税〔2000〕191号
凡经中央及省级财政部门批准纳入预算管理或财政专户管理的行政事业性收费、基金，无论是由行政单位收取的，还是由事业单位收取的，均不征收营业税	财税〔1997〕5号
中国人民银行对金融机构的贷款业务，不征收营业税；中国人民银行对企业贷款或委托金融机构贷款的业务应当征收营业税	国税发〔1994〕88号

（二）常见涉税问题

（1）审批类减免税不履行报批手续，自行享受减免税优惠。

（2）减免税项目与应税项目未分别核算，多报减免税。

（三）主要检查方法

（1）检查审批类减免税项目是否有减免税批文，检查备案类的减免税项目是否按规定履行了备案手续。对取消和部分取消税收行政许可审批的项目，检查时应从税收征收管理资料入手，结合企业备查账簿，检查企业减免税项目的真实性。

（2）核对合同类资料及有关结算手续，确认收入性质；检查收入明细账，核实应税收入和免税收入是否分别核算，划分是否正确，有无将应税收入混入减免税收入的问题。例如，某机关幼儿园出租房屋取得收入12万元，应与育养服务收入区分开来，单独核算申报缴纳营业税。

二、纳税地点的检查

（一）法律法规的主要规定

（1）《营业税暂行条例》第十四条规定：

①纳税人提供应税劳务应当向其机构所在地或者居住地的主管税务机关申报纳税。但是，纳税人提供的建筑业劳务及国务院财政、税务主管部门规定的其他应税劳务，应当向应税劳务发生地的主管税务机关申报纳税。

②纳税人转让无形资产应当向其机构所在地或者居住地的主管税务机关申报纳税。但是，纳税人转让、出租土地使用权，应当向土地所在地的主管税务机关申报纳税。

③纳税人销售、出租不动产应当向不动产所在地的主管税务机关申报纳税。扣缴义务人应当向其机构所在地或者居住地的主管税务机关申报缴纳其扣缴的税款。

（2）纳税人承包的工程跨省、自治区、直辖市的，向其机构所在地主管税务机关申报纳税。(《营业税暂行条例实施细则》第三十一条)

（3）扣缴义务人代扣代缴的建筑业营业税税款的解缴地点为该工程建筑业应税劳务发生地。扣缴义务人代扣代缴跨省工程的，其建筑业营业税税款的解缴地点为被扣缴纳税人的机构所在地。

（4）财税〔2003〕16号文件规定：

①单位和个人出租土地使用权、不动产的营业税纳税地点为土地、不动产所在地；单位和个人出租物品、设备等动产的营业税纳税地点为出租单位机构所在地或个人居住地。

②在境内的电信单位提供电信业务的营业税纳税地点为电信单位机构所在地。

③在境内的单位提供的设计（包括在开展设计时进行的勘探、测量等业务，下同）工程监理、调试和咨询等应税劳务的，其营业税纳税地点为单位机构所在地。

④在境内的单位通过网络为其他单位和个人提供培训、信息和远程调试、检测等服务的，其营业税纳税地点为单位机构所在地。

（二）常见涉税问题

（1）从事交通运输的纳税人未在机构所在地缴纳营业税。

（2）跨区域承包工程纳税地点不正确。

（三）主要检查方法

（1）对纳税地点的检查，主要通过对工商及税务登记资料、合同类资料的审核，确认纳税人的纳税地点，核实纳税人是否在规定的地点缴纳营业税。例如，李某是A县居民，在B市以接受供车方式取得B市运输公司的大货车从事营运。因为该大货车的机构所在地为B市运输公司所在地，故李某应在B市缴纳税款。

（2）对跨区域施工的纳税人，核实自应申报之月（含当月）起6个月内有无向机构所在地主管税务机关提供其异地建筑业应税劳务收入的完税凭证。未在规定时限内提供完税凭证的，应就其异地提供建筑业应税劳务取得的收入一并计算缴纳营业税。

三、纳税义务发生时间的检查

（一）法律法规的主要规定

（1）营业税纳税义务发生时间为纳税人提供应税劳务、转让无形资产或者销售不动产并收讫营业收入款项或者取得索取营业收入款项凭据的当天。国务院财政、税务主管部门另有规定的，从其规定。营业税扣缴义务发生时间为纳税人营业税纳税义务发生的当天。

（2）纳税人转让土地使用权或者销售不动产，采用预收方式的，其纳税义务发生时间为收到预收款的当天。

（3）纳税人提供建筑业或者租赁业劳务，采取预收款方式的，其纳税义务发生时间为收到预收款的当天。

（4）纳税人将不动产或者土地使用权无偿赠送其他单位或者个人，其纳税义务发生时间为不动产所有权转移、土地使用权转移的当天。

（5）纳税人发生自建行为的，其纳税义务发生时间为销售自建建筑物的纳税义务发生时间。

（6）金融机构的逾期贷款纳税义务发生时间为纳税人取得利息收入权利的当天。

（7）会员费、席位费和资格保证金纳税义务发生时间为会员组织收讫会员费、席位费、资格保证金和其他类似费用款项或者取得索取这些款项凭据的当天。

（8）财税〔2006〕177 号文件的相关规定：

①建设方为扣缴义务人的，其扣缴义务发生时间为扣缴义务人支付工程款的当天；总承包人为扣缴义务人的，其扣缴义务发生时间为扣缴义务人代纳税人收讫营业收入款项或者取得索取营业收入款项凭据的当天。

②纳税人提供建筑业应税劳务，施工单位与发包单位签订书面合同类资料，如合同类资料明确规定付款（包括提供原材料、动力和其他物资，不含预收工程价款）日期的，按合同类资料规定的付款日期为纳税义务发生时间；合同类资料未明确付款日期的，其纳税义务发生时间为纳税人收讫营业收入款项或者取得索取营业款项凭据的当天。对预收工程价款，其纳税义务发生时间为工程开工后，主管税务机关根据工程进度按月确定的纳税义务发生时间。

③纳税人提供建筑业应税劳务，施工单位与发包单位未签订书面合同类资料的，其纳税义务发生时间为纳税人收讫营业收入款项或者取得索取营业收入款项凭据的当天。

（9）单位和个人提供应税劳务或转让专利权、非专利技术、商标权、著作权和商誉时，向对方收取的预收性质的价款（包括预收款、预付款、预存费用、预收定金等，下同），其营业税纳税义务发生时间以按照财务会计制度的规定、该项预收性质的价款被确认为收入的时间为准。

（二）常见涉税问题

（1）房地产企业预收款未及时申报纳税。

（2）采用分期收款结算方式未按约定时间确认收入。

（3）收取的预收性质的价款符合财务会计制度，确认收入的条件时故意不确认，延迟纳税义务发生时间。

（三）主要检查方法

（1）检查房地产企业“预收账款”账户贷方发生额及纳税申报表，核实预收账款是否及时申报纳税。例如，某房地产开发有限公司取得土地使用权后，开发房地产项目，对外公开预售取得收入记入“预收账款”科目，该公司纳税义务发生时间为收到预收款的当天。

（2）结合相关合同类资料、协议，检查“主营业务收入”账户，对纳税人采取分期收款结算方式的，要检查纳税人的发票、资金往来记录和相关的收入、成本、费用等，对照纳税人的“应交税费”明细账和纳税申报表，核实是否按合同类资料或协议约定的时间确认收入。

（3）检查“预收账款”、“其他应付款”、“其他应收款”等账户，结合有关的原始资料，确定预收款项的时间、用途和具体的经济实质，核实纳税人有无将实际符合确认收入条件的预收款项长期挂账不确认收入，故意延迟纳税义务发生时间。

第五节 交通运输业的检查

一、征税范围的检查

（一）征税范围的主要规定

交通运输业是指使用运输工具或人力、畜力将货物或旅客送达目的地，使其空间位置得以转移的业务活动。交通运输业包括陆路运输、水路运输、航空运输、管道运输、装卸搬运五大类。

（1）陆路运输，是指通过陆路（地上或地下）运送货物或旅客的运输业务，包括铁路运输、公路运输、缆车运输、索道运输及其他陆路运输。

（2）水路运输，是指通过江、河、湖、川等天然、人工水道或海洋航道运送货物或旅客的运输业务。打捞虽然不属于运输业务，但是与水路有着密切的关系，所以打捞可比照水路运输的办法征收营业税。另外，还包括港务局提供的引航、系解缆、停泊、移泊等劳务及引水员交通费、过闸费、货物港务费等。

（3）航空运输，是指通过空中航线运送货物或旅客的运输业务。与航空直接有关的通用航空业务、航空地面服务业务也按照航空运输业务征收营业税。

（4）管道运输，是指通过管道设施输送气体、液体、固体物资的运输业务。

（5）装卸搬运，是指使用装卸搬运工具或人力、畜力将货物在运输工具之间、装卸现场之间或运输工具与装卸现场之间进行装卸和搬运的业务。

（6）对远洋运输企业从事程租、期租业务和航空运输企业从事湿租业务取得的收入，也按“交通运输业”税目征收营业税。

程租业务是指远洋运输企业为租船人完成某一特定航次的运输任务并收取租赁费的业务。

期租业务是指远洋运输企业将配备有操作人员的船舶程租给他人使用一定期限，程租期内听候承租方调遣，不论是否经营，均按天向承租方收取租赁费，发生的固定费用（如人员工资、维修费用等）均由船东负担的业务。

湿租业务是指航空运输企业将配备有机组人员的飞机承租给他人使用一定期限，承租期内听候承租方调遣，不论是否经营，均按一定标准向承租人收取租赁费，发生的固定费用（如人员工资、维修费用等）均由承租方负担的业务。

（二）检查方法

交通运输业的征税范围非常广泛，在五大类交通运输业范围下还会涉及许多的具体业务，在实务中更是难以划分和确认。因此，检查时要依据税法的规定，认真分析具体业务的性质，准确判断征税的范围。同时，还要防止个别纳税人故意混淆征税项目，逃避纳税的行为。

二、应纳税额的检查

按照税法规定，交通运输业应缴纳的营业税等于提供的营运劳务所取得的营业收入乘以规定的适用税率（3%）。计算公式为：

应纳税额 = 交通运输业计税营业额 ×3%

（一）营业额的检查

按照规定，营业额（计税依据）为纳税人提供交通运输应税劳务时向对方收取的全部价款和一切价外费用、代收款项及其他各种性质的价外收费。除此基本规定外，还有以下具体规定：

（1）运输企业自中华人民共和国境内运输旅客或者货物出境，在境外改由其他运输企业承运旅客或者货物的，以全程运费减去付给该承运企业的运费后的余额为营业额。

（2）运输企业从事联运业务，以实际取得的营业额为计税依据。联运业务是指两个以上运输企业共同完成旅客或者货物从发货地点至到达地点进行的运输业务，联运的特点是一次购买、一次收费、一票到底。

从上述规定可知，对交通运输业应缴纳营业额的检查，主要检查其营业额。纳税人为了逃避应缴纳的税款，想方设法隐瞒或减少营业收入，将其取得的应税收入放入“小金库”，主要手段是不再在账面上反映，或者是将收入记入“基金”账户、“往来”账户，或直接冲减“费用”账户。

（二）检查方法

（1）将“运输收入”等收入明细账中记载的营业额与营业税纳税申报表及有关的发票、收款单据等原始凭证核对，核实已实现的营运收入是否及时、足额地申报纳税，有无将收入不及时入账、漏报收入或以收抵支的现象。

（2）检查“应付账款”、“预收账款”等会计科目相对应的原始凭证，看有无将已实现的运营收入长期挂账、不作收入处理的现象。

（3）有无将应税运营收入记入“营业外收入”账户，故意偷逃营业税款的现象。

（4）检查“运输支出”、“装卸支出”等支出类明细账，看是否存在以收入直接冲减费用支出、少计收入的情况。

（5）检查应纳税额的计算是否正确，将纳税人当期核定的应纳税额与其自行申报数比较，如发现有少缴款项的行为，在查明原因后，不但要补缴有关税款，还应按《税收征管法》的相关规定进行严肃的处理。

（三）检查案例

[例7-1] 某主管税务机关对辖区内一家汽车运输公司进行纳税检查，发现上年度10月份发生一次联运业务，取得销售收入总额700 000元，按照联运分段任务，公司只负责40%的运输路程，其他运输机构承担60%的运输路程，按规定公司支付给其他运输机构的转运费应为420 000元。该公司在运输途中支付汽油费15 000元、码头停车费用和装卸费用22 000元、驾驶员食宿费3 000元。

该汽车运输公司确认收入的会计处理为：

借：银行存款　　700 000

　贷：主营业务收入——运输收入　　240 000

　　应付账款——转运费　　420 000

　　销售费用　　40 000

计算确认该次应缴纳的营业税及会计处理为：

（700 000-420 000-40 000）×3%=7 200（元）

借：营业税金及附加　　7 200

　贷：应交税费——应交营业税　　7 200

分析处理：该公司的会计处理出现错误。运输途中支付汽油费15 000元、码头停车费用和装卸费用22 000元、驾驶员食宿费3 000元，不能直接冲销费用，而应将其记入“收入”账户，按规定缴纳营业税。因此，应补缴营业税1 200元（40 000×3%，此处不考虑其他费用）。

调账分录如下：

借：以前年度损益调整　　1 200

　贷：应交税费——查补营业税　　1 200

第六节　建筑业的检查

建筑业是指使用建筑材料为对方建造建筑物、构筑物和安装、修缮、装饰及进行其他工程作业的劳务活动。建筑业为人们提供了食宿、办公和生产经营的场所，在国民经济建设中起着重要的作用，同时也是纳税检查的主要行业。

一、征税范围的检查

（一）征税范围的主要规定

征税范围包括建筑、安装、修缮、装饰和其他工程作业等五项内容。

（1）建筑是指新建、改建、扩建各种建筑物、构筑物的工程作业，还包括与建筑物相连的各种设备或支柱、操作平台以及各种窑炉和金属结构工程作业在内。但自建自用建筑物，其自建行为不属于建筑业项目的征税范围。出租或投资入股的自建建筑物，也不属于建筑业的征税范围。

（2）安装是指生产设备、动力设备、起重设备、运输设备、传动设备、医疗实验设备及其他各种设备的装配、安置工程作业，包括与设备相连的工作台、梯子、栏杆的装设工程作业和被安装设备的绝缘、防腐、保温、油漆等工程作业。

（3）修缮是指对建筑物、构筑物进行修补、加固、养护、改善，使之恢复原来的使用价值或延长其使用期限的施工作业。

（4）装饰是指对建筑物、构筑物进行装饰，使之美观或具有特定用途的工程作业。

（5）其他工程作业是指建筑、修缮、安装、装饰以外的各种工程作业，如代办电信工程、疏浚、钻井（打井）、拆除建筑物、水利工程、道路修建、平整土地、搭脚手架、爆破等工程作业。

（二）检查方法

建筑业是一个非常复杂的工程作业，在建筑工程中可能涉及许多难以想象得到的相关联的劳务活动。因此，在对建筑业征税范围进行检查时，要严格按照营业税的规定，对每个具体的工程逐一对照，再结合相关工程的合同、协议所明确的权利和责任，来确认提供劳务的具体事项，分析其是否属于征税的对象和范围。根据建筑业不可移动的特点，必要时可到现场进行调查、取证后加以确定。

二、应纳税额的检查

按照税法规定，建筑业应缴纳的营业税等于提供的建筑、修缮、安装、装饰以外的各种工程作业劳务所取得的营业收入乘以规定的适用税率（3%）。计算公式为：

应纳税额＝建筑业计税营业额×3%

（一）营业额的检查

税法规定，建筑业营业税的营业额是纳税人提供建筑业应税劳务向对方收取的全部价款和一切价外收入。具体规定如下：

（1）从事建筑、修缮、装饰工程作业的纳税人，无论与对方如何结算，其营业额均应包括工程所用原材料及其他物资和动力的价款在内。

（2）从事安装工程作业的纳税人，要查看安装工程合同，凡以安装的设备价值作为安装工程产值的，其营业额应包括设备的价款在内。

（3）建筑业的总承包人将工程分包或转包给他人的，以其取得的全部价款和价外费用扣除其支付给其他单位的分包款后的余额为营业额。

（4）自建行为和单位将不动产无偿赠予他人，由主管税务机关核定后，按照同类项目当期或近期的市场公允价格作为营业额；没有同类项目公允价格的，按计算的组成计税价格视同营业额。组成计税价格公式为：

$$组成计税价格=\frac{计税营业成本或工程成本\times(1+成本利润率)}{1-营业税税率}$$

成本利润率由省（自治区、直辖市）税务局确定。

（5）纳税人自建自用的房屋不纳税，如纳税人（不包括个人自建自用住房销售）将自建的房屋对外销售，其自建行为应按建筑业的规定缴纳营业税。

（6）纳税人销售自产货物或提供增值税应税劳务并同时提供建筑业劳务的，按以下规定进行税务处理：

第一，纳税人以签订建设工程施工总包或分包合同（包括建筑、安装、装饰、修缮等工程总包和分包合同，下同）方式开展经营活动时，销售自产货物、提供增值税应税劳务并同时提供建筑业劳务（包括建筑、安装、修缮、装饰、其他工程作业，下同），同时符合以下条件的，对销售自产货物和提供增值税应税劳务取得的收入征收增值税，提供建筑业劳务收入（不包括按规定应征收增值税的自产货物和增值税应税劳务收入）征收营业税：

①具备建设行政部门批准的建筑业施工（安装）资质。

②签订的建设工程施工总包或分包合同中单独注明建筑业劳务价款。

凡不同时符合以上条件的，对纳税人取得的全部收入征收增值税，不征收营业税。

以上所称的建筑业劳务收入，以签订的建设工程施工总包或分包合同上注明的建筑业劳务价款为准。

纳税人通过签订建设工程施工合同，销售自产货物、提供增值税应税劳务的同时，将建筑业劳务分包或转包给其他单位和个人的，对其销售的货物和提供的增值税应税劳务征收增值税；同时，签订建设工程施工总承包合同的单位和个人，应扣缴提供建筑业劳务的单位和个人取得的建筑业劳务收入的营业税。

第二，扣缴分包人营业税的规定：

不论签订建设工程施工合同的总承包人是销售自产货物、提供增值税应税劳务并提供建筑业劳务的单位和个人，还是仅销售自产货物、提供增值税应税劳务不提供建筑业劳务的单位和个人，均应当扣缴分包人或转包人（以下简称分包人）的营业税。

①如果分包人是销售自产货物、提供增值税应税劳务并提供建筑业劳务的单位和个人，总承包人在扣缴建筑业营业税时的营业额为除自产货物、增值税应税劳务以外的价款。

②除本条第一款规定以外的分包人，总承包人在扣缴建筑业营业税时的营业额为分包额。

第三，自产货物的范围：

规定所称自产货物是指：

①金属结构件：包括活动板房、钢结构房；

②铝合金门窗；

③玻璃幕培；

④机器设备、电子通信设备；

⑤国家税务总局规定的其他自产货物，如钢结构产品、金属网架等产品。

第四，纳税人的认定。规定中所称纳税人是指从事货物生产的单位或个人。

纳税人销售自产货物、提供增值税应税劳务并同时提供建筑业劳务，应向营业税应税劳务发生地地方税务局提供其机构所在地主管国家税务局出具的纳税人属于从事货物生产的单位或个人的证明，营业税应税劳务发生地地方税务局根据纳税人持有的证明按本规定征收营业税。

（二）检查方法

纳税人从事建筑业务所取得的收入，在不同的行业中，会计核算也不相同。施工企业通过设置“主营业务收入——工程结算收入”科目进行核算，其他行业的建筑业务往往不是其主营业务，因而可在会计处理上设置“其他业务收入”科目来核算。因此，纳税检查中应根据纳税人不同的会计核算类型，重点检查以下五个方面：

1. 检查应税收入是否全额计算纳税

建筑业营业税的营业额包括建筑安装企业向建设单位收取的工程价款（即工程造价）及工程价款之外收取的各种费用。检查中应参照工程承包合同、纳税申报表，结合“工程结算收入”明细账户，核实纳税人“工程价款结算账单”中确认的价款是否全额申报纳税。

2. 有无分解工程价款、冲减营业额的现象

检查时，抽查“主营业务收入”、“主营业务成本”、“原材料”、“其他业务收入”、“营业外收入”等有关账户的原始凭证和记账凭证，核实材料出库单等原始凭证，确定实际完成工作量的施工成本。注意纳税人有无为逃避纳税、分解工程价款的情况。例如：

（1）将工程耗用的材料不计入施工成本，而是直接冲减库存材料，减少计税金额。

（2）将向发包单位收取的各种索赔款不作为计税收入，而记入“营业外收入”账户。

（3）向建设单位收取抢工费、全优工程奖和提前竣工奖等收入直接记入“应付职工薪酬”账户或直接作为职工奖励基金发放。

（4）将材料差价款直接冲减工程结算成本或材料等账户，少计工程总额。

3. 有无收入长期挂账的现象

检查时，重点注意“应付账款”、“预收账款”等往来明细账，核对记账凭证及原始凭证，看有无将已结算的工程价款长期挂账不转记“收入”账户的情况。

4. 有无分包转包工程未代扣代缴税款

建筑业的总承包人将工程分包或转包给他人的，应对照分包转包建筑安装工程合同及分包、转包工程的“工程价款结算账单”，核实“应付账款”等账户的核算内容，审查其营业额是否为工程的全部承包额减去付给分包人的价款后的余额。检查“应交税费——应交营业税”账户中的应缴税金，看其是否包含了总承包人应代扣代缴的营业税。

5. 有无发生自建行为未纳税的问题

对于企业、行政事业单位的自营施工单位为所在单位承担建筑安装工程的，应查验该纳税人是否为独立核算单位，是否与本单位结算了工程价款，从而确定该施工项目是否属于自建自用工程项目，有无借“自建自用建筑物”而未缴纳营业税的行为。

（三）检查案例

［例 7－2］某市地税稽查局对辖区内一建筑工程公司上年度的经营情况进行检查，发现多笔会计分录的贷方为“应收账款——×××单位”，而借方均为“原材料”科目，每笔业务均为整数且金额较大，合计金额有 1 200 000 元。该公司的会计处理合计为：

借：原材料——建筑材料　　　　1 200 000

　贷：应收账款——×××单位　　　　1 200 000

经对公司财务人员进行询问和调查业务相关的对方单位，查明这些业务均属于对方单位应付建筑公司的工程款，因货币资金发生不足，以材料顶替。再进一步核实建筑工程合同，每笔业务都已超过确认收入期限，也未申报经营收入。

分析处理：公司应补缴营业税 = 1 200 000 × 3% = 36 000（元）；补城市维护建设税 = 36 000 × 7% = 2 520（元）；补教育附加费 = 36 000 × 3% = 1 080（元）；处以滞纳金 2 000 元、罚款 20 000 元。并监督公司调整查补税费、上缴税费和罚款的会计处理如下：

（1）计提税费时：

借：应收账款——×××单位　　1 200 000

　贷：应交税费——补营业税　　36 000

　　　　　　——补城建税　　2 520

　　　　　　——补教育附加费　　1 080

　　　营业外支出——滞纳金、罚款　　22 000

　　　以前年度损益调整　　1 138 400

（2）上缴税费和罚款时：

借：应交税费——补营业税　　36 000

　　　　　——补城建税　　2 520

　　　　　——补教育附加费　　1 080

　营业外支出——滞纳金、罚款　　22 000

　贷：银行存款　　61 600

值得注意的是，该公司在计算补缴企业所得税时，上缴的滞纳金、罚款不得从查补的应纳税所得额中扣除。

第七节　金融保险业的检查

一、征税范围的检查

（一）征税范围的主要规定

金融保险业是指运用货币资金进行融资业务的一种经营活动。对其征税范围包括贷款业务、金融商品转让业务、金融经纪业务、保险业务等。

金融保险业具有非常强的行业性特征，人们对它并不陌生，但对内部核算和管理又知之甚少。因此，纳税检查时针对性很强。

1. 贷款业务

贷款是指将资金有偿贷予他人使用（包括以贴现、押汇方式）的业务。以货币资金投资收取固定利润或保底利润的行为，也属于这里所称的贷款业务。

2. 融资租赁业务

融资租赁（也称金融租赁）是指经中国人民银行或对外经济贸易合作部（现为商务部）批准，可从事融资租赁业务的单位所从事的具有融资性质和所有权转移特点的设备租赁业务。

3. 金融商品转让业务

金融商品转让是指转让外汇、有价证券或非货物期货的所有权的行为。包括股票转让、债券转让、外汇转让和其他金融商品转让。

4. 金融经纪业务

金融经纪业务是指受托代他人经营金融活动的中间业务。如委托业务、代理业务、咨询业务等。

5. 离岸银行业务

离岸银行业务是指银行吸收非居民的资金，服务于非居民的金融活动。包括外汇存款，外汇贷款，同业外汇拆借，国际结算，发行大额可转让存款证，外汇担保，咨询、见证业务，以及国家外汇管理局批准的其他业务。离岸银行业务主要是我国境内外资金融机构从事，属于在我国境内直接提供应税劳务，应当征收营业税。

6. 保险业务

保险业务是指将通过契约形式集中起来的资金，用以补偿被保险人的经济利益的活动。保险业在我国产生、发展的时间很短，但势头较旺。

（二）检查方法

金融保险业是个特殊行业，对其经营业务的范围国家有严格的规定。因此，对其涉税范围检查时，也可参照其他相关规定，明确什么样的机构可进行什么样的经营业务，有无违反规定的行为。然后再根据税法的规定确认其应税行为，这样更有利于提高纳税检查的效率和准确程度。

二、应纳税额的检查

金融保险业应缴纳的营业税，与前述两个行业的计算方法相同，应纳税额仍然等于营业额乘以适用税率。计算公式为：

应纳税额 = 营业额 × 税率

因此，营业额仍然是金融保险业纳税检查的重点。

（一）营业额的检查

营业额是计算应纳税额的关键，只有正确理解和把握税法的规定，才能对实践中具体业务的处理做到准确无误。金融保险业的营业额，根据不同的业务内容有其不同的规定。具体如下：

（1）一般贷款业务的营业额为贷款利息收入（包括各种加息、罚息等）。

（2）融资租赁以其向承租者收取的全部价款和价外费用（包括残值）减去出租方承担的出租货物的实际成本后的余额，以直线法折算出本期的营业额。计算方法为：

$$本期营业额 = （应收取的全部价款和价外费用 - 实际成本）\times \frac{本期天数}{总天数}$$

实际成本 = 货物购入原价 + 关税 + 增值税 + 消费税 + 运杂费 + 安装费 + 保险费 +

支付给境外的外汇借款利息支出

（3）金融企业从事股票、债券买卖业务的，以股票、债券的卖出价减去买入价后的余额为营业额，即营业额＝卖出价－买入价。卖出价是指卖出原价，不得扣除卖出过程中支付的各种费用和税金；买入价是指购进原价，不包括购进过程中支付的各种费用和税金。但买入价应依照财务会计制度规定，以股票、债券的购入价减去股票、债券持有期间取得的股票、债券红利收入。

金融企业买卖金融商品，可在同一会计年度末将不同纳税期出现的正差和负差按同一会计年度汇总的方式计算并缴纳营业税，如果汇总计算应缴的营业税税额小于本年已缴纳的营业税税额，可以向税务机关申请办理退税，但不得将一个会计年度内汇总后仍为负差的部分结转到下一会计年度。

（4）金融经纪业务和其他金融业务（中间业务）营业额为手续费（佣金）类的全部收入。

金融企业从事受托收款业务，如代收电话费、水电煤气费、信息费、学杂费、寻呼费、社保统筹费、交通违章罚款、税款等，以全部收入减去支付给委托方价款后的余额为营业额。

（5）保险业务营业额包括以下五个方面：

①办理初保业务。营业额为纳税人经营保险业务向对方收取的全部价款，即向被保险人收取的全部保险费。

②储金业务。保险公司如采用收取储金方式取得经济利益的（即以被保险人所交保险资金的利息收入作为保费收入，保险期满后将保险资金本金返还被保险人），其“储金业务”的营业额为纳税人在纳税期内的储金平均余额乘以中国人民银行公布的一年期存款的月利率。储金平均余额为纳税期期初储金余额与期末余额之和再乘以50%。

③保险企业已征收过营业税的应收未收保费，凡在财务会计制度规定的核算期限内未收回的，允许从营业额中减除；在会计核算期限以后收回的已冲减的应收未收保费，应并入当期营业额中。

④保险企业开展无赔偿奖励业务的，以向投保人实际收取的保费为营业额。

⑤中华人民共和国境内的保险人将其承保的以境内标的物为保险标的的保险业务向境外再保险人办理分保的，以全部保费收入减去分保保费后的余额为营业额。

境外再保险人应就其分保收入承担营业税纳税义务，并由境内保险人扣缴境外再保险人应缴纳的营业税税款。

（6）金融企业贷款利息征收营业税的其他规定。自2003年1月1日起，对金融企业（包括国有、集体、股份制、合资、外资银行，以及其他所有制形式的银行、城市信用社和农村信用社、信托投资公司和财务公司）按以下规定征收营业税：

①金融企业发放贷款（包括自营贷款和委托贷款，下同）后，凡在规定的应收未收利息核算期内发生的应收利息，均应按规定申报缴纳营业税；贷款应收利息自结息之日起，超过应收未收利息核算期限或贷款本金到期（含展期）超过90天尚未收回的，按照实际收到利息申报缴纳营业税。

②对金融企业2001年1月1日以后发生的已缴纳过营业税的应收未收利息（包括自营贷款和委托贷款利息，下同），若超过应收未收利息核算期限后仍未收回或其贷款本金到期（含展期）后尚未收回的，可从以后的营业额中减除。

③金融企业在2000年12月31日以前已缴纳过营业税的应收未收利息，原则上应在2005年12月31日前从营业额中减除完毕。但已移交给中国华融、长城、东方和信达资产管理公司的应收未收利息不得从营业额中减除。

④税务机关对金融企业营业税征收管理时，负责核对从营业额中减除的应收未收利息是否已征收过营业税，该项从营业额中减除的应收未收利息是否符合财政部或国家税务总局制定的财务会计制度以及税法规定。

金融企业从营业额中减除的应收未收利息的额度和年限以该金融企业确定的额度和年限确定，各级地方政府及其财政、税务机关不得规定金融企业应收未收利息从营业额中减除的年限和比例。

（7）外币折合成人民币。金融保险业以外汇结算营业额的，应将外币折合成人民币后计算营业税。原则上，金融业按其收到外汇的当天或当季季末中国人民银行公布的基准汇价折合营业额，保险业按其收到外汇的当天或当月最后一天中国人民银行公布的基准汇价折合营业额；报经省级税务机关批准后，允许按照财务制度规定的其他基准汇价折合营业额。

（二）检查方法

金融企业的收入在会计核算中的明细账户分为"利息收入"、"金融企业往来收入"、"手续费收入"、"汇兑收益"、"租赁收益"、"证券发行收入"等。因此，检查应结合企业营业税纳税申报表及各收入类账户进行。

1. 贷款利息收入的检查

（1）对于一般贷款业务，主要检查"利息收入"、"利息支出"、"营业费用"明细账及与其有关的原始凭证和记账凭证，核实纳税人有无随意分解收入，或将费用、支出直接冲减收入的现象。

（2）对于委托贷款业务，应重点检查"应付账款"和"手续费收入"账户，核实每期应付的委托贷款利息和扣收的手续费，查其有无错计、漏计营业收入，漏缴营业税的现象。

（3）对典当业的抵押贷款业务，应注意检查典当物品的保管费用和经营费用是否并入应税收入。

2. 融资租赁收入的检查

首先，根据租赁合同的相关事项，检查"应收账款——应收租赁收益"和"租赁收益”账户及与其有关的原始凭证；其次，检查纳税人从事融资租赁业务是否经有关部门批准，纳税人的应税营业额是否扣除了向承租方收取的该项出租货物的实际成本，扣除的金额是否正确。

3. 金融商品转让的检查

主要检查“销售收入”、“利息支出”、“金融企业往来支出”等账户，并抽查重要的原始凭证和记账凭证，核实从“利息收入”等科目中抵减的支出项目是否真实、正确。

4. 手续费收入的检查

主要检查“手续费收入”、“手续费支出”等明细账，并抽查相关原始凭证及记账凭证，核实其有无将收入冲减费用或差额计税的情况。

5. 保险业收入的检查

保险业以向投保者收取的全部保险费为营业额。在会计核算中，保险公司主要通过“保费收入”、“追偿款收入”、“利息收入”、“手续费收入”、“其他收入”等科目进行核算。具体检查方法主要有：

（1）首先将纳税人申报的纳税申报表中的应税金额与“保费收入”等相关账户进行核对，看纳税人的申报数是否正确，有无少报、瞒报收入的现象。然后将“保费收入”明细账与有关会计凭证相核对，看有无分解收入或将费用支出冲减收入的现象。

（2）检查分保险业务，应结合保险合同和分保账单，审查“保费收入”、“应付分保账款”、“分保费支出”等明细账及有关原始凭证和记账凭证，看其保费收入是否全部纳税，有无借故付给分保人保险费而减少应税营业额的现象。

（3）检查无赔款奖励业务。保险机构的无赔款奖励支出，进行冲减保费收入处理时，在计征营业税时仍要以冲减前的保费收入为计税依据，核实纳税人发生的无赔款奖励支出，在计算纳税额时，是否扣除了该部分支出而少纳了营业税。

（4）检查有无应税收费收入长期挂账的问题。按规定对保户采取分期收费的，必须全额贷记“保费收入”。检查时，应注意纳税人有无将收取的保费收入长期挂账而不结转缴纳税款的情况。

（三）检查案例

［**例** 7－3］某市税务稽查局当期对辖区内的某银行进行纳税检查。发现如下问题：

（1）检查“利息收入”明细账和贷款合同时，发现部分贷款业务未计算利息收入。该银行以利息未收到为由，对逾期 3 个月以内的应收利息 1 500 000 元既未进行收入核算，也未申报纳税。

（2）检查“贴现”、“其他应付款”等明细账及相关会计凭证时，发现该银行的贴现业务收入 1 200 000 元挂在“往来”账户上，未申报纳税。该银行账务处理为：

借：财务费用　　1 200 000

　贷：其他应付款　　1 200 000

（3）检查“手续费收入”明细账，发现该银行取得受托发放贷款的手续费收入 300 000 元，但没有代扣代缴营业税款的业务发生；再进一步核查“委托存款”、“其他应付款”等明细账，发现该银行受托发放贷款金额 60 000 000 元，取得受托贷款利息收入 3 000 000 元，未代扣代缴营业税。该银行的账务处理为：

借：银行存款　　3 000 000

　贷：其他应付款　　3 000 000

借：其他应付款　　300 000

　贷：其他业务收入——手续费收入　　300 000

分析处理：

（1）按照规定，银行部分贷款业务的利息收入逾期未过 90 天的，应计征营业税。银行应补缴营业税 =1 500 000 ×5% =75000（元）。调账分录为：

借：应收利息　　1 500 000

　贷：利息收入　　1 500 000

借：营业税金及附加　　75 000

　贷：应交税费——应交营业税　　75 000

（2）银行贴现业务收入属于其他金融业务范围，应依法计征营业税。银行将应税收入挂“往来”账户，少计了营业税。银行应补缴营业税 = 1200 000 × 5% = 60 000（元）。调账分录为：

借：其他应付款　　1 200 000

　贷：其他业务收入——贴现　　1 200 000

借：其他业务支出　　60 000

　贷：应交税费——应交营业税　　60 000

（3）银行受托发放贷款，按税法规定应履行代扣代缴税款的义务。银行少代扣代缴营业税 =3 000 000 ×5% =150 000（元）。调账分录为：

借：其他应付款　　150 000

　贷：应交税费——应交营业税　　150 000

（4）银行补缴营业税时，会计处理为：

借：应交税费——应交营业税　　285 000

　贷：银行存款　　285 000

金融企业实际代扣代缴的营业税与企业自己上缴的营业税时，均借记“应交税费——应交营业税”，贷记“银行存款”。

第八节 邮电通信业、文化体育业、娱乐业的检查

一、邮电通信业的检查

（一）征税范围的检查

邮电通信业是指专门办理信息传递的业务，包括邮政、电信。征税范围的检查，其前提是首先要掌握和理解征税范围的规定，它是检查的依据和标准。征税范围的主要规定有：

（1）邮政是指传递实物信息的业务，包括传递函件或包件（含快递业务）、邮汇、报刊发行、邮务物品销售、邮政储蓄及其他邮政业务。

（2）电信是指用各种电传设备传输信息的业务，包括电报、电传、电话、电话机安装、电信物品销售及其他电信业务。

另外，电信业务还包括基础电信业务和增值电信业务。基础电信业务是指提供公共网络基础设施、公共数据传送和基本语音通信服务的业务，具体包括固定网国内长途及本地电话业务、移动通信业务、卫星通信业务、因特网及其他数据传送业务、网络元素出租出售业务、电信设备及电路的出租业务、网络接入及网络托管业务、国际通信基础设施国际电信业务、无线寻呼业务和转售的基础电信业务。增值电信业务是指利用公共网络基础设施提供的电信和信息服务的业务，具体包括固定电话网增值电信业务、移动电话网增值电信业务、卫星网增值电信业务、因特网增值电信业务、其他数据传送网络增值电信业务等服务。

（二）营业额的检查

按照税法的基本规定，邮电通信业的营业额是纳税人向客户提供邮电通信劳务所取得的全部价款和一切价外收入。除此之外，还有以下具体规定：

（1）电信部门以集中受理方式为集团客户提供跨省的出租电路业务，由受理地区的电信部门按取得的全部价款减除分割给参与跨省电信业务的电信部门的价款后的余额为营业额计征营业税；对参与提供跨省电信业务的电信部门，按各自取得的全部价款为营业额计征营业税。

集中受理是指电信部门应一些集团客户的要求，为该集团所属的众多客户提供跨地区的出租电信线路业务，以便该集团所属众多客户在全国范围内保持特定通信联络。

（2）邮政电信单位与其他单位合作，共同为用户提供邮政电信业务及其他服务并由邮政电信单位统一收取价款的，以全部收入减去支付给合作方价款后的余额为营业额。

例如，中国移动通信集团公司通过手机短信公益特服号“8858”为中国儿童少年基金会接受捐款业务，以全部收入减去支付给中国儿童少年基金会的价款后的余

额为营业额。

（三）检查方法

由于科学技术的快速发展，邮电通信业由原来的简单业务发展为现在的高科技业务，给纳税检查带来了一定的困难，主要表现为新的服务业务在不断地产生，而相关的法规依据滞后。根据实际情况，相关检查方法如下：

（1）根据现行征税范围的规定，对纳税人的经营活动逐一进行核对，看有无将应税的项目纳入免税范围处理的行为，尤其是对那些新开拓的业务或征税界限难以划分和确认的业务，要认真对待。

（2）严格区分营业税和增值税的范围。目前有部分邮政电信单位经营业务的项目众多，不仅仅是传递实物信息、安装电话机等，同时还单独设立柜台销售电信物品。按照税法规定，单独设立柜台销售的电信物品与传递实物信息无关联的应该属于兼营业务，应分别征收增值税和营业税。应检查纳税人在收入核算和申报纳税的过程中，有无存在不分别核算或未按规定准确分别核算，而是按照3%的营业税率统一缴纳税款的情况。

（3）检查纳税人是否将当期的全部应税收入纳入“收入”账户核算，有无私设“小金库”的行为。重点检查的是主营业务收入以外的其他各项收入，如办理业务中的手续费收入、邮寄货物中的包装费收入等。一般情况下，这些收入金额较小，客户支付款项后对能否取得凭据也不在意。因此，纳税人往往在取得这些收入时都存在少开收据的现象，即使开具收据也未必全都是合法票据。

（4）检查账、证、报表是否齐全，所列数据和核算内容是否对应，有无存在不按期申报纳税或不全额申报纳税的现象。检查时，应将纳税申报表、会计报表、会计账证等相关核算资料进行对比，查找其中存在的问题。

二、文化体育业的检查

（一）检查内容及规定

文化体育业是指经营文化、体育活动的业务，包括文化业和体育业。具体如下：

（1）文化业是指经营文化活动的业务，包括表演、播映、经营游览场所和各种展览、培训活动，举办文学、艺术、科技讲座、讲演、报告会，以及图书馆的图书和资料的借阅业务等。

（2）体育业是指举办各种体育比赛和为体育比赛或体育活动提供场所的业务。

（3）文化体育业的营业额，一般情况下是纳税人向客户提供文化体育劳务等活动所收取的全部价款和一切价外收入。除此之外，还有部分特殊规定，例如，单位或个人进行演出时，应以全部票价收入或者包场收入减去付给提供演出场所的单位、演出公司或者经纪人的费用后的余额为营业额。

（二）检查方法

（1）检查经营收入的分类是否符合征税的范围。文化体育业的经营活动相对比较单一，但也存在部分疑难行为。如提供表演、比赛场所，就可能出现以下两种情况：

①与对方共同举办表演、比赛活动，一方以出场地为主要资源合作，另一方以组织、管理擅长为主要资源合作，然后将取得的总收入按一定比例分配。在这种情况下，以出场地为主的合作方取得的收入，以及另一方取得的收入均应按文化体育业的征收率（3%）征收营业税。

②有场地的一方将场地出让一定时间（如一个月、一个季度等）与对方合作，在这段时间内，无论对方组织多少场表演、比赛，与出场地一方没有直接联系，出场地一方只是按一定的时间取得固定收入。在这种情况下，出场地一方实际上是出租场地，取得的收入应按服务业中的租赁收入的征收率（5%）征收营业税。组织、管理表演、比赛的一方，应将收入总额扣除支付场地费用后的余额按文化体育业的征收率（3%）征收营业税。

（2）检查营业额的核算是否真实、正确。文化体育业活动实现的收入主要以售票的方式取得，一般情况下多为现金收入。组织机构实际售票数量多少，票价弹性多大比例等，外部机构难以有效监督。因此，要确定纳税人是否按实际经营收入申报缴纳了税款，对其监督检查是非常重要的环节。

三、娱乐业的检查

（一）检查内容及规定

娱乐业是指为娱乐活动提供场所和服务的业务，包括经营歌厅、舞厅、卡拉OK厅、音乐茶座、高尔夫球场、台球场、保龄球场、网吧、游艺场等娱乐场所，以及娱乐场所为顾客进行娱乐活动提供服务的业务。娱乐场所为顾客提供的饮食服务及其他各种服务也按照娱乐业征税。

按照现行规定，经营娱乐业向顾客收取的各项费用，包括门票收费、台位费、点歌费、烟酒和饮料收费及其他收费为营业额。另外，娱乐业使用的税率较高，除台球、保龄球活动取得的收入按5%征收营业税外，其他活动取得的收入应按20%的税率征收营业税。

（二）检查方法

（1）检查经营收入的划分是否正确，纳税人有无将适用高税率的收入计入低税率的收入额中。实践中，许多娱乐公司为顾客提供的服务不仅仅是娱乐活动，同时也兼营提供餐饮服务、客房服务等。还有一些宾馆、饭店也是这样，在为顾客提供餐饮、客房服务的同时，又提供娱乐场所供顾客娱乐。因此，在这种多项兼营的情况下，最容易产生将高税率收入计入低税率收入的金额中的情况，达到少缴纳税款的目的。检查时，对这种兼营行为的纳税人要认真划分各项业务收入，以免纳税人偷逃税款。

（2）检查营业收入额的正确性。娱乐业的特点是，大部分的营业额都来自现金，个人消费者偏多，在不需要报销的情况下，不索要票据的情况大量存在，为纳税人隐瞒收入留下了机会。因此，对营业收入的检查只停留在账簿上，还不能达到应有的效果，还应从实际出发，调查核实纳税人的真实情况。在实地调查中，摸清纳税人经营规模的大小、从业人员的多少、业务范围的广泛程度、平均日收入的情况等，然后，按科学的方法对营业额进行估算，再与纳税人自己的申报数对比，如相差不多，证明纳税人没有偷逃税行为，如果相差太大就应加以重视。

第九节 服务业的检查

一、征税范围的检查

服务业是指利用设备、工具、场所、信息或技能为社会提供服务的一种劳务活动。按照现行规定，其征税范围包括代理业、饮食业、旅游业、广告业、旅店业、仓储业、租赁业和其他服务业八方面。服务业的征税范围是营业税九个税目中涉及内容最大的一个税目，准确判断和确认征税范围，是纳税检查的重要环节。

服务业的征税范围除前述八个基本方面外，还包括以下特殊规定：

（1）对远洋运输企业从事光租业务和航空运输企业从事干租业务取得的收入，按“服务业”税目中的“租赁业”项目征收营业税。

光租业务是指远洋运输企业将船舶在约定的时间内出租给他人使用，不配备操作人员，不承担运输过程中发生的各种费用，只收取固定租赁费的业务。

干租业务是指航空运输企业将飞机在约定的时间内出租给他人使用，不配备机组人员，不承担运输过程中发生的各种费用，只收取固定租赁费的业务。

（2）自2002年1月1日起，对福利彩票机构发行销售福利彩票取得的收入不征收营业税。对福利彩票机构以外的代销单位销售福利彩票取得的手续费收入应按规定征收营业税。“福利彩票机构”包括福利彩票销售管理机构和与销售管理机构签有电脑福利彩票投注站代理销售协议书，并直接接受福利彩票销售管理机构的监督、管理的电脑福利彩票投注点。

（3）对社保基金投资管理人、社保基金托管人从事社保基金管理活动取得的收入，依照税法的规定征收营业税。

（4）双方签订承包、租赁合同（协议，下同），将企业或企业部分资产出包、租赁，出包、出租者向承包、承租方收取的承包费、租赁费（承租费，下同），按“服务业”税目征收营业税。出包方收取的承包费凡同时符合以下三个条件的，属于企业内部分配行为，不征收营业税：

①承包方以出包方名义对外经营，由出包方承担相关的法律责任；

②承包方的经营收支全部纳入出包方的财务会计核算；

③出包方与承包方的利益分配是以出包方的利润为基础。

(5) 单位和个人在旅游景点经营索道取得的收入按“服务业”税目“旅游业”项目征收营业税。

(6) 对拍卖行向委托方收取的手续费应征收营业税。

(7) 境内单位派出本单位的员工赴境外，为境外企业提供劳务服务，不属于在境内提供应税劳务。对境内企业外派本单位员工赴境外从事劳务服务取得的各项收入，不征收营业税。

(8) 对经过国家版权局注册登记，在销售时一并转让著作权、所有权的计算机软件征收营业税。计算机软件产品是指记载有计算机程序及其有关文档的存储介质(包括软盘、硬盘、光盘等)。

(9) 自2004年7月1日起，对商业企业向供货方收取的与商品销售量、销售额无必然联系，且商业企业向供货方提供一定劳务的收入，如进场费、广告费、促销费、上架费、展示费、管理费等，不属于平销返利，不冲减当期增值税进项税额，应按营业税的适用税目税率（5%）征收营业税。商业企业向供货方收取的各种收入，一律不得开具增值税专用发票。

二、营业额的检查

营业额是服务业计算应纳税额的依据。按照营业税的基本规定，营业额是提供服务业务时向对方收取的全部价款和一切价外费用。除此之外，还包括以下特许规定：

(1) 代理业以纳税人从事代理业务向委托方实际收取的报酬为营业额。如物业管理公司代有关部门收取水费、电费、燃（煤）气费、维修基金、房租等的行为，属于“服务业”税目中的“代理”业务，以其从事此项代理业务取得的手续费收入为征收营业税的营业额。

(2) 广告代理业的营业额为代理者向委托方收取的全部价款和价外费用减去付给广告发布者的广告发布费后的余额。

(3) 旅游企业组织旅游团到中华人民共和国境外旅游，在境外改由其他旅游企业接团，以全程旅游费减去付给该接团企业的旅游费后的余额为营业额。组织旅游团在中国境内旅游的，以收取的旅游费减去替旅游者支付给其他单位的房费、餐费、交通费、门票和其他代付费用后的余额为营业额；改由其他旅游企业接团的，按照境外旅游的办法确定营业额。

(4) 代购业务的营业额。所谓代购业务，是指受托方按照协议或委托方的要求，从事商品的购买，并按发票购进价格与委托方结算（原票转交）。代购业务行为凡同时具备以下条件的，不论企业的财务和会计账务如何处理，均应征收营业税：第一，受托方不垫付资金；第二，销货方将增值税专用发票开具给委托方，并由受托方将该项发票交给委托方；第三，受托方按代购实际发生的销售额和增值额与委托方结算货款，并另收取手续费。

例如，某机械厂委托金属材料公司购买钢材，事先预付一笔周转金 50 万元，该金属材料公司代购钢材后按实际购进价格向工厂结算，并将销货方开具给委托方的增值税专用发票原票转交，共计支付价格合计金额 50 万元。另按代购金额的 5% 收取手续费 2.5 万元，并单独开具了普通发票。在这种情况下，收取的 2.5 万元手续费应为征收营业税的营业额。

（5）从事物业管理的单位，以与物业管理有关的全部收入减去代业主支付的水、电、燃气，以及代承租者支付的水、电、燃气、房屋租金的价款后的余额为营业额。

三、检查方法

（一）饮食业的检查方法

（1）将“主营业务收入”明细账与有关的收款凭证和原始发票记录相核对，如服务员开具的菜单、报送的营业日报表等，检查纳税人有无分解营业收入的现象。若纳税人申报的收入明显偏低，与其经营规模、雇工人数、营业成本、水电费用等明显不成比例，则应查明其有无隐瞒收入的情况。必要时，通过原材料的耗用量来换算成品销售量，测算营业收入额，并与营业日报表和交款凭单核对，查明有无漏记、漏报或瞒报收入的情况。

（2）对配备有娱乐设施的饭馆、餐厅等饮食服务场所，检查时应注意其为顾客在就餐的同时所提供的娱乐性服务活动是否按娱乐业计算纳税。

（3）将“主营业务成本”、“销售费用”、“管理费用”等明细账与有关的凭证进行核对，注意成本、费用账户的贷方发生额，看有无将收入直接冲减成本、费用而未记“主营业务收入”的现象。

（4）将“应付账款”、“应收账款”等“往来”明细账与有关的记账凭证、原始凭证相核对，看有无将收入长期挂账、偷逃税款的现象，以及有无将收入不入账而直接抵顶租赁费、装修费、承包费等各项债务的情况。

（5）检查饮食业统一发票开具及领、用、存情况，并对照收入账户，看纳税人是否按规定开具发票，是否存在开具大头小尾发票等现象。对使用定额发票的纳税人，还应重点检查其发票的真假，防止纳税人滥用假发票，偷逃国家税款。

（二）旅店业的检查方法

对旅店业的检查，应区分不同情况进行。

对规模小、档次低的旅店，应认真地核查住宿登记本（或登记单），将登记本（或登记单）上登记的人次、天数与住宿收入相核对，看收到的款项是否有不入账或少入账的情况。

经营规模大、档次高的旅店，其功能除了住宿以外，还从事饮食、桑拿、歌舞厅、理发美容、会议、代理购票、代办长途电话、洗车、停车等多项服务。对这类纳税人的检查，首先要核实其经营项目、经营方式（如有些项目是承包经营的）收费标准等；然后对其会计资料进行审核，看其收入是否已全额入账，已入账的收入是否已全额申报纳税，已申报纳税的应税收入有无错用税目、税率的情况。例如，将属于“娱乐业”税目征税范围的歌舞厅经营收入并入属于“服务业——旅店业”项目征税范围计算征税，以达到从低适用税率、少缴税款的目的。

（三）旅游业的检查方法

（1）审核其自印收款凭证的领、用、存情况和旅客报名表等资料，查看“主营业务收入”账户贷方和“应收账款”等账户借方，核实其营业收入结算是否及时、正确，查看其有无在收费以外另收的餐费、保险费、签证费等费用不入账或少入账和不按规定计算税款的情况。

（2）检查“主营业务成本”账户借方及其对应账户，确定应当从旅游业营业收入中扣除计税的项目范围及金额，重点核实纳税人为旅游者支付给其他单位的住宿费、餐饮费、交通费和其他代付费用等有无取得合法凭证，扣除费用是否正确无误。

（四）广告业的检查方法

（1）检查广告承揽合同和收款凭证，看其取得的收入是否全部入账，有无以提供广告为理由向对方索取货物而不折算为收入入账的行为，或将收取的款项以赞助费、联营利润的名义入账，偷逃营业税款。

（2）检查纳税人有无将广告制作费、劳务费、播放费、信息费以党政机关报刊或广播电台、电视台的名义收款，混入免税收入中，偷逃税款。

（五）租赁业的检查方法

（1）核实租赁业务具体形式，判断其属于融资性租赁业务还是经营性租赁业务；属于营业税的征税范围还是增值税的征税范围。纳税人申报纳税时，有无确定不准的情况。

（2）检查“其他业务收入”、“营业外收入”和“往来”账户，审核纳税人是否将取得的出租收入通过“其他业务收入”科目反映，并按时申报纳税；有无将取得的收入通过“其他应付款”、“营业外收入”科目核算，逃避营业税。

（3）审核成本费用类账户，核实纳税人有无将取得的租赁收入直接冲减成本费用、隐瞒收入的现象。

第十节　销售不动产的检查

不动产是指不能移动的资产，移动后会引起财产的形状、性质发生变化。营业税中所指的销售不动产是指有偿转让不动产所有权的行为，包括销售建筑物或构筑物和销售其他土地附着物。在销售不动产时连同不动产所占土地的使用权一并转让的行为，比照销售不动产征收营业税。销售不动产的营业额是纳税人销售不动产向对方收取的全部价款和价外费用。由于不同的企业，其会计核算不尽相同，因此，对房地产开发企业和其他企业的检查内容、方法也有所不同。

一、房地产开发企业销售不动产的检查

房地产开发也叫城市建设综合开发，它是根据国民经济计划、土地利用计划和城市建设总体规划，对一个开发区域内的基础设施、民用住宅、工业通用厂房、办公楼等实行统一规划设计、统一征地拆迁、统一组织兴建，以取得房地产开发的经济效益、社会效益和环境效益的最佳结合，为城市的未来发展提供有效的物质技术基础。

房地产开发，可将土地和房屋合在一起开发，也可将土地和房屋分开开发。分开开发的，第一步先开发土地，进行旧城改造、房屋建设等与土地相关联的前期工作，如征地、动迁、七通一平（即给水、排水、供电、供热、供气、电信、道路畅通，场地平整）等，待土地开发后，将其有偿转让给房屋开发公司或其他企业单位；第二步再由房屋开发公司或者其他企业单位兴建各类住房、厂房、办公楼等。

（一）房地产开发企业开发产品销售收入的检查

房地产开发企业销售不动产（商品房）应缴纳的营业税，主要取决于不动产（商品房）的销售收入，由于销售方式（现款销售、分期付款销售、按揭销售、委托销售、先租后售、非货币交易等）众多，检查中是否能够准确把握税法的基本规定去处理实际问题十分重要。税法规定，自2003年7月1日起，各种经济性质的内资房地产开发企业，以及从事房地产开发业务的其他内资企业，开发、建造的以后用于出售的住宅、商业用房及其他建筑物、附着物、配套设施等，应根据收入来源的性质和销售方式，按下列原则分别确认收入的实现：

1. 开发产品销售收入的确认

（1）采取一次性全额收款方式销售开发产品的，应于实际收讫价款或取得了索取价款的凭据（权利）时确认收入的实现。

（2）采取分期付款方式销售开发产品的，应按销售合同或协议约定付款日确认收入的实现。付款方提前付款的，在实际付款日确认收入的实现。

（3）采取银行按揭方式销售开发产品的，其首付款应于实际收到日确认收入的实现，余款在银行按揭贷款办理转账之日确认收入的实现。

（4）采取委托方式销售开发产品的，应按以下原则确认收入的实现：

①采取支付手续费方式委托销售开发产品的，应按实际销售额于收到代销单位代销清单时确认收入的实现。

②采取视同买断方式委托销售开发产品的，应按合同或协议规定的价格于收到代销单位代销清单时确认收入的实现。

③采取包销方式委托销售开发产品的，应按包销合同或协议约定的价格于付款日确认收入的实现。包销方提前付款的，在实际付款日确认收入的实现。

④采取基价（保底价）并实行超过基价双方分成方式委托销售开发产品的，应

按基价加按超基价分成比例计算的价格于收到代销单位代销清单时确认收入的实现。

委托方和接受委托方应按月或按季为结算期，定期结清已销开发产品的清单。已销开发产品清单应载明售出开发产品的名称、地理位置、编号、数量、单价、金额、手续费等。

（5）将开发产品先出租再出售的，应按以下原则确认收入的实现：

①将待售开发产品转作经营性资产，先以经营性租赁方式租出或以融资性租赁方式租出以后再出售的，租赁期间取得的价款应按租金确认收入的实现，出售时再按销售资产确认收入的实现。

②将待售开发产品以临时租赁方式租出的，租赁期间取得的价款应按租金确认收入的实现，出售时再按销售开发产品确认收入的实现。

（6）以非货币性资产分成形式取得收入的，应于分得开发产品时确认收入的实现。

2. 开发产品预售收入的确认

房地产开发企业采取预售款方式销售开发产品的，按收到预收款的当天确认收入。

预售开发产品完工后，企业应及时按规定计算该项开发产品全部营业额减去预收款已缴纳税款收入的余额补缴税款。

3. 开发产品视同销售行为的收入确认

（1）下列行为应视同销售行为确认收入：

①将开发产品用于本企业捐赠、赞助等；

②将开发产品转作经营性资产及广告、样品、职工福利、奖励；

③将开发产品用作对外投资及分配给股东或投资者；

④以开发产品抵偿债务；

⑤以开发产品换取其他企事业单位、个人的非货币性资产。

（2）视同销售行为的收入确认时限。

视同销售行为应于开发产品所有权或使用权转移，或于实际取得利益权利时确认收入的实现。

（3）视同销售行为收入确认的方法和顺序。

①按本企业近期或本年度最近月份同类开发产品市场销售价格确定；

②由主管税务机关参照同类开发产品市场公允价值确定；

③按成本利润率确定，其中，开发产品的成本利润率不得低于15%（含15%），具体由主管税务机关确定。

根据《房地产开发经营业务企业所得税处理办法》（国税发〔2009〕31号）的规定，取消了自产自用需要视同销售的规定，也同《企业所得税法实施条例》第二十五条、国税函〔2008〕828号文件一脉相承。取消自产自用的规定后，开发企业可能会以房屋自用为名对存量房计提折旧，以减少税收负担。针对这种情况，根据

《房地产开发经营业务企业所得税处理办法》（国税发〔2009〕31号）第二十四条的规定，只有自用12个月以上者才可以对自用的开发产品计提折旧。也就是说，如果报建的是自建固定资产，可以直接计提折旧；如果报建的是开发产品，则只有自用12个月以上才可以计提折旧。这是实质重于形式原则的体现。

4. 代建工程和提供劳务的收入确认

房地产开发企业代建工程和提供劳务不超过12个月的，可按合同约定的价款结算日或在合同完工之日确认收入的实现；持续时间超过12个月的，可采用完工百分比法按季确认收入的实现。

完工百分比法是根据合同完工进度确认收入和费用的方法。完工进度可按累计实际发生的合同成本占合同预计总成本的比例、已经完成的合同工作量占合同预计总工作量的比例测量已完成合同工作量等方法确定。

房地产开发企业在代建工程、提供劳务过程中节省的材料、下脚料、报废工程或产品的残料等，如按合同规定留归房地产开发企业所有的，应于实际取得时按市场公平成交价确认收入的实现。

（二）检查方法

（1）检查"主营业务收入"账户设立是否符合规定。"主营业务收入"账户核算企业在销售商品房、提供劳务及让渡资产使用权等日常活动中所产生的收入。其贷方登记企业实现的主营业务收入；借方登记销售退回、销售折让，以及期末结转的主营业务收入。期末，应将此账户余额全部转入"本年利润"账户，结转后应无余额。此账户应按主营业务的种类设置明细账，如设置"商品房销售收入"、"配套设施销售收入"、"代建工程结算收入"、"出租产品租金收入"等明细账户。如果账户设置不正确，收入在核算中就可能出现差错。

（2）检查"其他业务收入"账户设立是否符合规定。"其他业务收入"账户核算企业除主营业务收入以外的其他销售或其他业务的收入，如材料销售等。其贷方登记企业取得的各项其他业务收入。期末，应将此账户的余额全部转入"本年利润"账户，结转后应无余额。此账户应按其他业务的种类设置明细账户进行核算，如设置"材料销售收入"、"无形资产使用费收入"、"固定资产出租收入"等明细账户。

（3）检查账载收入是否符合建造合同收入的内容。房地产开发涉及的金额大、时间长，为了避免和减少开发过程中出现的问题，开发工程都要签订合同（征地合同、搬迁合同、基础设施合同、建安合同、配套设施合同、销售合同等），明确各自的权利和责任。建造合同收入是指房地产开发企业与买方签订合同，按合同要求开发房地产所取得的收入。具体包括两个方面的内容：

①合同中规定的初始收入，即建造承包商与客户在双方签订的合同中最初商定的合同总金额，它构成合同收入的基本内容；

②因合同变更、索赔、奖励等形成的收入。这部分收入并不构成合同双方在签

订合同时已在合同中商定的总金额，而是在执行合同过程中由于合同变更、索赔、奖励等原因而形成的追加收入。建造承包商不能随意确认这部分收入，只有在符合条件时才能构成合同总收入。

检查时，如发现纳税人入账的收入与合同记载的收入相差太大，应进一步检查，找出差距的原因和存在的问题，防止纳税人低价开票，少计收入。这种手法表现为，房地产开发企业在销售房屋开票时，不按实际销售价格开具发票，而是低于实际价格开票入账，另一部分房价款开自制收据不入账，以此达到少缴税款的目的。这种手段多发生在个人承包开发经营的房地产项目。还有的开发商看到房子销路好，利用购房者急于买房又想得到一定折扣的心理，将合同签订的价格低于实际支付的价格，适当给购房者一定好处就与购房者达成协议按合同价格开票，从而少计收入。

（4）将“主营业务收入”账户记载的金额与有关会计凭证核对，检查纳税人开具的商品房发票和动迁房发票存根联，看其有无分解收入、减少营业额的现象。

（5）将“应付账款”、“预收账款”等往来明细账与有关记账凭证、原始凭证、销售合同等相接对，看有无将收入挂“往来”账户而不纳税的现象。

挂“往来”账户隐匿收入是房地产开发企业最常用的偷、逃税手法。具体表现形式为：纳税人在销售不动产时，采用收取定金或预收款方式，把收取的定金、预收款或当期售房款挂在“其他应付款”往来账上，不及时结转收入，使得应该马上缴纳的税款变成往来流动资金。预收房款一般由定金、首付、银行按揭款、分次付清的款项四个部分构成。①从理论上讲，定金有可能退回，因而房地产开发企业在会计处理上通常采用“预收账款”或“其他应付款”科目；②对于首付款等预收房款，有的企业也将其隐藏在“其他应付款”、“应付账款”或其他往来科目中核算，不视同销售收入计算缴纳营业税；③收到银行按揭款时，在会计处理上采用“预收账款”而不是采用“销售收入”，延迟纳税，有的把它放在“其他应付款”中隐瞒起来；④对房款押金、罚息收入、没收的违约保证金等收入，有的开发商也记入“营业外收入”或“往来”账户，不计入营业额缴纳营业税；⑤收取各种价外费用，不申报纳税。房地产开发企业代政府有关部门及其他企业收取的费用，如煤气管网费、市政建设费、邮政通信配套费、房屋交易费、水电增容费、有线电视初装费、电话电缆安装费、绿化费等，按照《营业税暂行条例》，应该并入营业额缴纳营业税。而在实际经营中，房地产开发企业往往以代收款项全部给了委托单位为由，在会计处理上不记收入而记入往来账户，或直接冲减开发成本，导致营业额减少，偷逃税款。

（6）检查纳税人以居换地时，其转让房屋的营业额是否为用采换取土地使用权的新建房屋的造价、旧有房屋的评估价格或旧有房屋的买价，有无故意隐瞒收入的情况。

（7）检查账载收入是否及时申报纳税。有的企业以工程尚未决算，收入、成本无法准确反映为由，不申报纳税。有些房地产开发企业在年度内随意调整税款的申报数额，通常做法是年初、年中减少申报数额，年末或楼盘售完后全部缴清。原因是资金紧张，少缴的5%的营业税刚好可以支付银行的利息，以致将遵守日常经济契约排列在税法之先。

(8) 检查有无不按规定开具发票或者开具假发票、假收据隐瞒收入的情况。很多商品房（住宅楼）的购买者一般都是个人，购房时多为现金交易。销售前期一般都由个人缴纳一定比例的预定款，并签订合同，确定余下款项的支付形式和时间。有的房屋开发商就在现金交易上做文章，隐瞒售房收入。

(9) 检查有无在银行多开设账户，隐瞒收入真实性的情况。目前开发企业在多家银行开设账户，多头核算的现象比较普遍。在实践中，如前期的业主遇上特殊情况要对签订的合同更名时，一般要给房产地产开发公司支付几千元的更名费，许多公司最常见的手法就是将更名费等收入不入账。绝大多数更名者是拿不到发票的，房地产开发公司将收到的更名费就直接放到“小金库”里。还有很多企业自建房产进行销售或出租，取得收入也不入账。从预售楼起，开出收据、发票取得收入就不一定全部反映到财务部门的销售账上，而是另外开设账户核算，或者将售房款放在其他公司的银行账户上。有时候购房者付给开发商的购房款可能有好几个账号，这样也很难查出其真实的营业收入。另外，多数开发企业与他人的单项合作开发项目，在项目开始实施后，便设立筹建处负责实施投资计划的各项工作。由于筹建处是临时机构，不具备法人资格，无须申办执照和税务登记，而财务成本核算又以单项合作项目为对象，在银行另外开设账户，因而，多数企业在本公司账务体系外又单独设账，待合作项目最终完成后才将经营成本转入开发企业的账上，这样极易造成单项合作项目收入偷逃营业税。

(10) 检查有无用以房换地的形式隐瞒收入的情况。在国家福利分房改为货币分房之后，很多大单位拿出土地和一些开发商合作，把土地的使用权转让给开发商，等房子建成之后，开发商再拿出一定数量的住房交给对方，这也就是通常所说的“以物易物”。他们想当然地认为这种行为属于双方“私下”的事，与税务部门无关。因其前期投入少，对企业资金需求压力不大而被房地产开发企业普遍采用。从表面来看，房地产开发企业与土地所有人在房屋与土地互换过程中均没有进行货币结算，实际上，在房屋与土地互换过程中，房地产开发企业以转让建成后的部分房屋所有权为代价，换取了土地使用权，发生了销售不动产的行为；土地所有人以转让土地使用权为代价，换取了部分房屋的所有权，发生了转让土地使用权的行为。因此，应当按照《营业税暂行条例实施细则》的规定分别核定双方各自的营业额，对房地产开发企业依“销售不动产”税目征税，对原土地所有人依“转让无形资产”税目征税。如原土地所有人将分得的房屋售出，则应对其销售收入再按“销售不动产”税目征收营业税。另外是一方出资金，另一方出土地，成立假合营公司，并没有办理成立合营公司的相关手续，从而也偷逃了税款。

（三）检查案例

[**例**7－4] 某A房地产开发公司是一家股份有限公司，主要从事房地产开发、

商品房销售及相关配套服务。2008 年度职工 300 人，实现销售收入 28 000 万元，自结利润总额 1 050 万元，自行核定应纳税所得额为 1 180 万元，并按自核应纳税所得额申报缴纳了企业所得税，该公司的长期投资采用成本法进行核算。该公司已办理个人所得税代扣代缴义务，每月人均工资、奖金为 2 000 元，所发工资、奖金已代扣代缴个人所得税。

2009 年 4 月 10 日主管税务稽查局派人对该公司上年度的经营情况进行检查，发现以下业务的会计处理情况：

（1）在检查“应付账款”明细账时，发现三份会计凭证如下：

①上年 2 月 15 日 28 号凭证摘要：向某银行借款。账务处理为：

借：银行存款　　1 000 000

　贷：应付账款——某银行　　1 000 000

②3 月 2 日 8 号凭证摘要：收拆迁还建差价款。账务处理为：

借：银行存款　　1 480 000

　贷：应付账款　　1 480 000

③12 月 10 日 98 号凭证摘要：计提应付 2 月 15 日向银行借款的利息费用。账务处理为：

借：财务费用　　45 000

　贷：应付账款——某银行　　45 000

（2）4 月 30 日 180 号凭证，将“拆一还一”回迁户等面积部分计入拆迁成本。账务处理为：

借：开发成本　　8 000 000

　贷：开发产品　　8 000 000

（3）5 月 5 日 15 号凭证摘要：A 小区会所及配套支出（A 小区已开始入住，会所目前的所有权为该公司所有且聘请了某物业公司进行管理）。账务处理为：

借：开发成本——房屋开发成本　　4 000 000

　贷：开发成本——小区配套设施　　4 000 000

（4）6 月 20 日 150 号凭证摘要：将土地评估增值计入开发成本（经检查核实原土地支付价款为 1 000 万元，评估增值到 1 500 万元）。账务处理为：

借：开发成本——土地开发费　　5 000 000

　贷：实收资本　　5 000 000

（5）7 月 10 日 60 号凭证摘要：向职工王平借款 3 万元。后附原始单据为一借款协议，内容主要为该公司向职工王平借款，形式是将 8 栋 301 号房的首付款作为借款，借款期为五年，年利率为 5%（同期银行贷款利率为 4.5%）。账务处理为：

借：银行存款　　30 000

　贷：其他应付款——王平　　30 000

经检查核实有关账簿、凭证，发现 7 月至 11 月间与王平同类型的业务还有 121

笔，共计金额557万元。该公司再与121名职工签订售房合同，并以此向银行办理购房按揭手续，共获得按揭款2 900万元（以上按揭房屋成本为2 743万元）。账务处理为：

借：银行存款　　29 000 000

　贷：长期借款　　29 000 000

在10月28日280号凭证中支付半年职工借款利息139 250元。账务处理为：

借：财务费用　　139 250

　贷：银行存款　　139 250

（6）检查"预收账款"明细账，全年收到商品房款全部记入该账户的贷方发生额，总金额为31 000万元，全年陆续按对应的项目进度结转销售收入28 000万元，并按已结转的销售收入申报、缴纳了营业税。

（7）检查"其他应收款"科目，其中有三笔大额个人借款共计900万元引起了检查人员的注意，经查证，借款人均是公司的股东，通过进一步的调查取证得知，该个人借款是企业为投资者分配的股息收入。其账务处理均为：

借：其他应收款——某某　　9 000 000

　贷：银行存款　　9 000 000

（8）8月6日5号凭证摘要：转付某工程队工程款，后附有一合同，合同中注明该公司以四套房屋共525平方米抵付某工程队工程款。账务处理为：

借：应付账款——某工程队　　1 050 000

　贷：开发产品　　1 050 000

（注：经检查核实，该同类房屋的售价为每平方米2 300元。）

（9）8月26日230号凭证摘要：支付平安保险公司"全福保本终身保险"的保险款15万元。账务处理为：

借：管理费用　　150 000

　　销售费用　　40 000

　贷：银行存款　　190 000

（10）9月28日260号凭证摘要：支付过节费9万元。后附300名职工签名表，每人300元。账务处理为：

借：应付职工薪酬　　90 000

　贷：银行存款　　90 000

（11）12月7日90号凭证摘要：支付陈明房屋销售手续费100 050元。后附合法的原始凭证，并附手续费兑付说明：陈明不是该公司的雇员，帮本公司销售团购房5套共计172.5万元，支付其佣金100 050元，佣金个人所得税已按规定代扣代缴。

（12）5月份至9月份该公司多次收取购房者安装防盗门、防盗网款记入"其他应付款"账户的贷方，共计金额为200万元。账务处理为：

借：银行存款　　2 000 000

　贷：其他应付款　　2 000 000

同时，在9月至12月在“其他应付款”借方相继支付购买、安装防盗门、防盗网相关款项，共计金额180万元。账务处理为：

借：其他应付款　　1 800 000

　贷：银行存款　　1 800 000

（13）从报表中反映的“投资收益”为负数这一不合理现象，发现该单位计提了“长期投资减值准备”30万元。账务处理为：

借：投资收益　　300 000

　贷：长期投资减值准备　　300 000

（14）该公司在销售费用、管理费用中列支有合法单据的业务招待费92万元。

（15）该公司全年列支广告费1 000万元，经检查预提费用，广告费采取预提的方式，全年预提广告费1 000万元，已支付800万元。

分析处理：（本案分析处理的内容只涉及营业税，其他税、费此处不予考虑）

第（1）笔业务：该业务中的第①笔和第③笔向某银行借款并计提利息的业务实为该公司与该银行的房屋销售回购业务，该公司将房产以100万元作价出售给银行，合同约定一年后公司以104.5万元购回房屋，经核实房屋成本已相应结转。此业务应作如下处理：

（1）补缴营业税：100万元×5%＝5（万元）

（2）账务调整：

借：以前年度损益调整　　50 000

　贷：应交税费——应交营业税　　50 000

该业务中的第②笔收到的拆迁还建差价款，未记入“主营业务收入”科目，却记入往来款项。《中华人民共和国营业税暂行条例》及其实施细则规定：“纳税人的营业额为纳税人提供应税劳务、转让无形资产或销售不动产向对方收取的全部价款和价外费用。”而“价外费用”包括向对方收取的手续费、基金、集资费、代收款项、代垫款项及其各种性质的价外收费。凡价外费用，无论会计制度规定如何核算，均应并入营业额计算应纳税额。因此，该公司应就所收款项全额并入收入作如下处理：

（1）补缴营业税：148万元×5%＝7.4（万元）

（2）账务调整：

借：应付账款　　74 000

　贷：应交税费——应交营业税　　74 000

借：应付账款　　1 406 000

　贷：本年利润　　1 406 000

第（2）笔业务：房地产开发企业对老城区或旧居民点进行开发时，对原有住户普遍采用以建成后新房等面积换取需拆占原住户面积，对原住户在“拆一还一”的基础上增加的面积依市场价或优惠价出售的方法（俗称“拆一还一，多增补价”）取得土地使用权。根据营业税政策中旧城改造涉税问题的有关条款，对“拆一还一”等面积的部分，应由当地税务机关按同类住宅房屋的实际成本核定征收营业税。故该公司将“拆一还一”回迁户等面积部分计入拆迁成本的同时应作如下处理：

（1）补缴营业税：800 万元 ×5% =40（万元）

（2）账务调整：

借：以前年度损益调整　　　　400 000

　贷：应交税费——应交营业税　　　　400 000

第（3）笔业务：该公司将能有偿转让的 A 小区会所的支出转入了房屋开发成本。根据会计制度规定：房屋开发成本应负担的配套设施费是指开发小区内不能有偿转让的公共配套设施支出，因而该支出只能待其用途和权属确定后才能进行相应的结转处理。因此，该业务不涉及营业税，只与企业所得税有关。

第（4）笔业务：该评估增值应调增所得 500 万元，账务处理正确。但对实收资本增加 500 万元应按“营业账簿”科目，依 0.05% 的税率征收印花税，而企业没有缴纳。该业务不涉及营业税。

第（5）笔业务：虽然公司的目的是取得银行贷款，缓解资金压力，但公司已与员工签订了售房协议，且已取得首付款和按揭款，已符合应税收入的确认原则，应全额作为收入计税。应作如下处理：

（1）补缴营业税：（2 900 万元 +557 万元） ×5% =172.85（万元）

对支付的 139 250 元利息，应代扣代缴个人所得税；对超过银行同期利率的部分，应调增企业所得税的应纳税所得额。

（2）账务调整：

借：以前年度损益调整　　　　1 728 500

　贷：应交税费——应交营业税　　　　1 728 500

第（6）笔业务：该公司只按会计制度的规定将预收账款结转了销售收入并申报纳税，而对其他收到的预收房款并没有申报纳税。根据《中华人民共和国营业税暂行条例》及其实施细则，纳税人转让土地使用权或销售不动产，采用预收账款方式的，其纳税义务发生时间为收到预收款的当天。账务处理为：

（1）应补缴营业税：（31 000 万元 -28 000 万元） ×5% =150（万元）

（2）账务调整：

借：以前年度损益调整　　　　1 500 000

　贷：应交税费——应交营业税　　　　1 500 000

第（7）笔业务：该公司以个人借款名义为投资者分配股息收入 900 万元，属于股东取得的股息收入，该公司应按“利息、股息、红利所得”，依 20% 的税率代扣代缴股东的个人所得税。

第（8）笔业务：该公司以四套房屋共计525平方米抵付某工程队工程款，在转开发成本时应按检查核实的该同类房屋的售价每平方米2 300元计算缴纳营业税，具体处理如下：

（1）补缴营业税：（525 ×2 300）×5% =60 375（元）

（2）账务调整：

借：以前年度损益调整　　60 375

　贷：应交税费——应交营业税　　60 375

第（9）笔业务：该公司为职工购买的平安保险公司"全福保本终身保险"，属于向商业机构投保的人寿险，根据国税发〔2004〕84号文件第五十条的规定，不得在所得税前扣除，应调增所得19万元。同时按缴付金额并入职工当月工资总额计算缴纳个人所得税，该公司每月个人所得税适用10%的税率，应补扣个人所得税。

第（10）笔业务：该单位从"应付职工薪酬－职工福利费"中支付的过节费应代扣代缴个人所得税。

第（11）笔业务：按企业所得税扣除办法的规定，陈明销售团购房五套共计172.5万元，支付其佣金100 050元，而按规定不得超过服务金额的5%，即86 250元，而该公司实际支付100 050元，超列支13 800元，应调增所得。

第（12）笔业务：该公司在销售商品房时，向购房者收取的安装防盗门、防盗网款项，未记入"经营收入"科目，却记入往来款项。《中华人民共和国营业税暂行条例》及其实施细则规定："纳税人的营业额为纳税人提供应税劳务、转让无形资产或销售不动产向对方收取的全部价款和价外费用。"而"价外费用"包括向对方收取的手续费、基金、集资费、代收款项、代垫款项及其各种性质的价外收费。凡价外费用，无论会计制度规定如何核算，均应并入营业额计算应纳税额。因此，该公司应就所收款项全额并入收入缴纳营业税，扣除相继支付购买、安装防盗门、防盗网相关款项180万元后调增所得。具体处理如下：

（1）补缴纳营业税：200万元×5% =10（万元）

（2）账务调整：

借：其他应付款　　200 000

　贷：以前年度损益调整　　100 000

　　　应交税费——应交营业税　　100 000

第（13）笔业务：该公司采取成本法核算投资收益，不能提取长期投资减值准备。同时，根据国税发〔2000〕84号文件规定，长期投资减值准备在计算所得时不得扣除，应调增所得300 000元。

第（14）笔业务：税法规定业务招待费按发生额60%的比例、最高不超过当年销售（营业）收入的5‰扣除，92万元×60% =55.2万元<28 000万元×0.5% =140万元，92万元业务招待费可以据实列支。

第（15）笔业务：仅从该企业全年列支广告费1 000万元来看，并没有超过房地产开发企业准予列支的范围，但经检查核实后，发现该单位广告费采取预提的方式，全年实际已支付800万元，超列200万元，应调增所得。

综上，该企业共计应补缴营业税为：

50 000 +74 000 +400 000 +1 728 500 +1 500 000 +60 375 +100 000 =3 912 875（元）

账务调整：

借：应交税费——应交营业税　　　　　　　　3 912 875

　贷：银行存款　　　　　　　　　　　　　　　　3 912 875

税务处理决定：

（1）根据《中华人民共和国营业税暂行条例》及《中华人民共和国营业税暂行条例实施细则》的规定，该单位应补缴营业税3 912 875元。

（2）根据《中华人民共和国税收征收管理法》第三十一条的规定，责令该公司在限期内清缴少缴的税款3 912 875元。

（3）根据《中华人民共和国税收征收管理法》第三十二条的规定，对该单位少缴税款的行为从滞纳税款之日起按日加收万分之五的滞纳金。

（4）根据《中华人民共和国税收征收管理法》第六十三条的规定，该单位少缴营业税的行为属于“在账少列或者不列收入”的偷税行为，对纳税人偷税行为处以少缴税款50%以上5倍以下的罚款。

（5）根据《中华人民共和国税收征收管理法》第六十九条的规定，扣缴义务人应扣未扣、应收未收税款的，由税务机关向纳税人追缴税款，对扣缴义务人处应扣未扣、应收未收税款50%以上3倍以下的罚款。

二、非房地产企业销售不动产的检查

（一）检查内容和方法

按照规定，单位和个人直接销售其购置的不动产，以全部收入减去不动产的购置原价后的余额为营业额。单位和个人直接销售抵债所得的不动产，以全部收入减去抵债时该项不动产作价后的余额为营业额。

按照会计制度的规定，非房地产企业销售使用过的不动产（购置、抵债的除外），发生的收入和费用应当通过“固定资产清理”账户进行核算，据以缴纳有关税费。因此，对非房地产企业销售不动产，主要检查“固定资产清理”账户的有关内容。

（1）将纳税人的纳税申报表中的相关金额与“固定资产清理”账户核算的有关内容核对，查看纳税人出售建筑物等不动产的收入是否如实申报纳税，其计税依据应为出售时获得的价款，而不是从所获价款中扣除清理费用以后的净收益。

（2）将“固定资产清理”账户核算的金额与有关记账凭证、原始凭证核算内容相核对，看有无隐瞒不动产销售额的现象。

（3）将“固定资产”、“营业外收入”等账户核算的内容与相关联的记账凭证、原始凭证核对，看有无将出售不动产的营业额未通过“固定资产清理”账户核算，而直接冲减营业外收入的情况。

（4）将“固定资产”、“营业外支出”等账户核算的内容与有关会计凭证相核对，看纳税人有无对外捐赠的不动产，未申报缴纳营业税的现象。

（二）检查案例

［例 7－5］某工业企业上期出售房屋一栋，并连同房屋所在范围的土地使用权一并转让，取得收入共计 200 万元，另外发生公证费、手续费共计 7 万元。该项固定资产原值 300 万元，已提折旧 160 万元。企业销售该房时，相关账务处理如下：

（1）取得销售收入时：

借：银行存款	2 000 000	
贷：资本公积		2 000 000

（2）支付公证费、手续费用时：

借：固定资产清理	70 000	
贷：银行存款		70 000

（3）转销固定资产时：

借：固定资产清理	1 400 000	
累计折旧	1 600 000	
贷：固定资产		3 000 000

（4）结转“固定资产清理”账户时：

借：营业外支出——处置非流动资产损失	1 470 000	
贷：固定资产清理		1 470 000

分析处理：

该企业销售房屋取得的销售收入，应记入“固定资产清理”账户核算。该企业将其记入“资本公积”账户核算，隐瞒了销售收入，偷逃了营业税和其他税费（此处不考虑）。

（1）调整收入：

借：资本公积	2 000 000	
贷：固定资产清理		2 000 000

（2）补缴营业税：

应补缴营业税 $= 2\ 000\ 000 \times 5\% = 100\ 000$（元）

借：固定资产清理	100 000	
贷：应交税费——应交营业税		100 000

（3）将“固定资产清理”账户贷方余额转入“营业外收入”账户：

借：固定资产清理	1 900 000	
贷：营业外收入——处置非流动资产利得		1 900 000

第十一节　转让无形资产的检查

一、检查内容及依据

无形资产是指无实物形态但能带来经济收益的资产。按照税法规定，纳税人转让无形资产的营业额是向受让方收取的全部价款和价外费用。但是，单位和个人转让其受让的土地使用权，以全部收入减去土地使用权受让原价后的余额为营业额；单位和个人转让抵债所得的土地使用权的，以全部收入减去抵债时该项土地使用权作价后的余额为营业额。

按照会计规定，纳税人发生无形资产转让行为，取得的收入记入“其他业务收入”账户核算，与其他业务收入相关的税费支出，记入“其他业务支出”账户核算。

二、检查方法

（一）检查纳税人转让无形资产时确认的收入额是否正确

检查时，将“其他业务收入”、“其他业务支出”、“无形资产”等账户核算的金额与有关记账凭证、原始凭证进行核对，看有无隐瞒收入，或将收入直接冲减无形资产成本或其他支出的现象。

（二）检查“应付账款”、“预收账款”等往来账户

检查时，将“应付账款”、“预收账款”等往来明细账核算的金额，与纳税人的“银行存款”账户或相关凭证核对，看有无将已实现的营业额，如预收定金等款项，久挂“往来”账户而不及时申报纳税的情况。

在经济交往中，有部分纳税人直接用自己的无形资产兑换土地使用权或房屋的所有权，而不按规定申报纳税。检查时，应认真核实纳税人“无形资产”账户贷方发生额的对应账户有无不符合规定核算的情况。如果纳税人转让无形资产取得的是货物或其他经济利益，审查中应注意其货物价值在合同中有无明确规定，如果没有明确规定，应按市场公允价值确定其转让额并予以征收税款。

［例7-6］某纳税人与某生产企业签订了一份无形资产的技术转让合同，标明转让金额为50万元，该项无形资产账面摊余价值为15万元。该纳税人的账务处理如下：

（1）取得收入时：

借：银行存款　　500 000

　贷：无形资产　　150 000

　　　其他业务收入　　350 000

(2) 计提营业税金时：

借：其他业务支出 17 500

　贷：应交税费——应交营业税 17 500

分析处理：该纳税人将取得转让无形资产的部分收入直接抵减无形资产的成本不正确，这样偷逃了营业税。按照规定：

应补缴营业税 = 150 000 × 5% = 7 500（元）

调账分录为：

借：其他业务支出 7 500

　贷：应交税费——应交营业税 7 500

第八章　企业所得税的检查

【本章要点】

企业所得税是我国税收体系中一个重要的税种，其地位非常重要。它是对企业的生产经营所得和其他所得所征收的一种税。由于企业所得税的计算复杂，是纳税检查中难度最大的一个税种。本章从企业所得税的基本要素构成出发，对企业所得税的一般要素、收入、扣除项目、成本、费用、税金、损失以及时间性差异和永久性差异等方面的检查进行了介绍，尽量使检查内容更加简单易懂，便于掌握。

企业所得税是国家参与企业利润分配的重要手段。随着市场经济的不断完善，世界经济一体化的快速发展，内、外资企业再分别实施不同的税法已不适应。为了国家和企业的分配关系和内、外资企业的税负公平，以利于促进我国经济的稳定发展，于2007年3月16日第十届全国人民代表大会第五次会议通过了《中华人民共和国企业所得税法》，合并了内、外资企业所得税法，并于2008年1月1日起施行。本章分别介绍了企业所得税一般要素的检查、收入的检查、成本费用及税金和损失的检查。

第一节　企业所得税一般要素的检查

一、纳税人的检查

根据《中华人民共和国企业所得税法实施条例》规定，除个人独资企业、合伙企业不适用《企业所得税法》外，凡在我国境内，企业和其他取得收入的组织为企业所得税的纳税人，依照本法规定缴纳企业所得税。它包括居民企业和非居民企业。居民企业是指依法在中国境内成立，或者依照外国（地区）法律成立但实际管理机构在中国境内的企业。这里的企业包括国有企业、集体企业、私营企业、联营企业、股份制企业、外商投资企业、外国企业以及由生产经营和其他所得的其他组织。非居民企业是指依照外国（地区）法律成立且实际管理机构不在中国境内，但在中国境内设立了机构、场所的，或者在中国境内未设立机构、场所，但其所得又来源于中国境内的企业。上述机构、场所是指在中国境内从事生产经营活动的机构、场所，包括：①管理机构、营业机构、办事机构；②工厂、农场、开采自然资源的场所；③提供劳务的场所；④从事建筑、安装、装配、修理、勘探等工程作业的场所；⑤其他从事生产经营活动的机构场所。

检查时，应注意纳税人的范围包括以下几种情况：

（1）居民企业和非居民企业纳税人的界定区分，要注意的是居民企业是就境内和境外所得征税，非居民企业是就来源于境内的相关联的所得征税。

（2）个人企业和合伙企业是不适用《企业所得税法》的，而是适用《个人所得税法》，注意区分企业的性质。

（3）采用汇总纳税的，应经国家税务总局批准，否则，企业不得自行确定汇总纳税。汇总纳税是指汇缴的下属企业和单位按照有关规定计算出应纳税所得额（或亏损额），由其总机构或规定的纳税人汇总缴纳所得税。

二、征税对象的检查

企业所得税的征税对象分为居民企业所得税的征税对象和非居民企业所得税的征税对象。居民企业所得税的征税对象包括来源于中国境内、境外的所得，所得包括销售货物所得、提供劳务所得、转让财产所得、股息红利等权益性投资所得，以及利息所得、租金所得、特许权使用费所得、接受捐赠所得和其他所得。非居民企业在中国境内设立机构、场所的，应当就其所设机构、场所取得的来源于中国境内的所得，以及发生在中国境外但与其所设机构、场所有实际联系的所得，缴纳企业所得税。非居民企业在中国境内未设立机构、场所的或虽设立机构、场所但取得的所得与其所设机构、场所没有实际联系的，应当就其来源于中国境内的所得缴纳企业所得税。

检查时应注意：

（1）居民企业和非居民企业纳税人机构设立的区分，如果纳税人总机构设在我国境内，所得包括来自中国境内外的全部所得，即就其境内外的全部所得计税。

（2）如果纳税人总机构或分支机构在我国境外取得的部分已在所在国缴纳所得税，即可凭纳税证明在总机构的应税所得额中抵免，但抵免额不得超过境外所得按我国税法计算的应纳税额。计算时遵循分国不分项的原则。

（3）纳税人在国内从其他企业分回的已纳所得税利润，由于涉及地区间所得税适用税率差异，其已缴纳的税额需要在计算本企业所得税时予以调整。

三、税率的检查

企业所得税税率包括以下几个档次：

（1）基本税率为25%，适用于居民企业和在中国境内设有机构、场所且所得与机构场所有关联的非居民企业；

（2）低税率为20%，适用于在中国境内未设立机构、场所的，或者虽设立机构、场所但取得的所得与其所设机构、场所没有实际联系的非居民企业。但实际征税时适用10%的税率。

税率检查时应注意：①对照纳税申报表和纳税鉴定，确定税率应用是否正确；②利用税率作为减免税优惠政策的，批文是否完备；③应纳税所得额是指弥补上一年度亏损后的余额，以此余额作为确定税率的依据。

四、税收优惠的检查

企业所得税的税收优惠政策包括：

（1）免征和减征的优惠：①从事农林牧渔业项目的所得包括减征和免征两部分；②从事国家重点扶持的公共基础设施项目投资经营的所得，自项目取得第一笔生产经营收入所属纳税年度起，第一年至第三年免征企业所得税，第四年至第六年减半征收企业所得税；③从事符合条件的环境保护、节能节水项目的所得，第一年至第三年免征企业所得税，第四年至第六年减半征收企业所得税；④符合条件的技术转让所得，只在一个纳税年度内，居民企业转让技术所有权所得不超过500万元的部分，免征企业所得税；超过500万元的部分，减半征收企业所得税。

（2）高新技术企业的优惠：国家需要重点扶持的高新技术企业减按15%的所得税税率征收企业所得税。

（3）小型微利企业的优惠：小型微利企业减按20%的所得税税率征收企业所得税。

（4）加计扣除的优惠：①研究开发费，未形成无形资产计入当期损益的，按照规定，在据实扣除的基础上，按照研究开发费用的50%加计扣除；形成无形资产的，按照无形资产成本的150%摊销；②企业安置残疾人员所支付的工资，在按照支付给残疾职工工资据实扣除的基础上，按照支付给残疾职工工资的100%加计扣除。

（5）创投企业的优惠：是指创业投资企业采取股权投资方式投资于未上市的中小高新技术企业2年以上的，可以按照其投资额的70%在股权持有满2年的当年抵扣该创业投资企业的应纳税所得额；当年不足抵扣的，可以在以后的纳税年度抵扣。

（6）加速折旧的优惠：采用缩短折旧年限方法的，最低折旧年限不得低于规定折旧年限的60%；采取加速折旧方法的，可以采取双倍余额递减法或者年数总和法。

（7）减计收入的优惠：是指企业综合利用资源，生产符合国家产业政策规定的产品所取得的收入，可以在计算应纳税所得额时减计收入。

（8）税额抵免的优惠：企业购置并实际使用相关规定的环境保护、节能节水、安全生产等专用设备的，该专用设备投资额的10%可以从企业当年的应纳税额中抵免；当年不足抵免的，可以在以后5个纳税年度内结转抵免。

（9）民族自治地方的优惠：民族自治地方的自治机关对本民族自治地方的企业应缴纳的企业所得税中属于地方分享的部分，可以决定减征或免征。自治州、自治县决定减征或免征的，须报省、自治区、直辖市人民政府批准。

（10）非居民企业的优惠：非居民企业减按10%的所得税税率征收企业所得税。

（11）其他优惠：①低税率优惠过渡政策；②“两免三减半”、“五免五减半”

过渡政策；③西部大开发优惠政策等。

检查时应注意：

(1) 确定减免税和征税的界限，对照减免税条件，确定减免税单位是否符合条件，是否属有权审批机构批准。

(2) 对定期临时减免税的，减免期过后应立即恢复征税。

(3) 所享受的减免税额是否按规定转入公积金，或者转入其他指定的账项。

(4) 一个企业存在减免税政策交叉时，是否只选择一项优惠政策。

(5) 原有企业已经改组、扩建、搬迁、转产、合并后继续经营，或者吸收新成员、改变领导关系及改变企业名称的，是否作为新办企业享受优惠政策。

(6) 纳税人发生年度亏损的，可以用下一年度税务所得税弥补；下一年度的所得不足弥补的，可以逐年延续弥补，但是延续弥补期最长不得超过5年。这一优惠政策需要把握几点：①亏损额应为按税法规定核实调整后的余额；②纳税年度为亏损也应确定实际亏损数，企业虚报亏损数不允许用所得予以弥补，虚报亏损部分还需另补缴所得税；③投资方从联营企业分回的税后利润按规定应补缴所得税，如果投资方企业发生亏损，其分回的利润可先用于弥补亏损，弥补亏损后仍有余额的，再按规定补缴企业所得税；④亏损弥补后必须按顺序连续弥补。

第二节　收入的检查

对收入总额进行检查，是企业所得税检查的首要环节，其目的是审核纳税人是否将一切收入完整地纳入核算范围，防止纳税人将部分收入不记入收入账户，而直接用于其他方面的支出或做假账，从而达到少缴所得税之目的。

企业所得税的应税收入总额，包括以货币形式和非货币形式从各种来源取得的收入。收入的具体构成为：①销售货物收入；②劳务收入；③转让财产收入；④股息、红利等权益性投资收益；⑤利息收入；⑥租金收入；⑦特许权使用费收入；⑧接受捐赠收入；⑨其他收入。纳税人取得的部分特殊收入包括：①以分期付款方式销售货物的收入；②企业受托加工制造机械设备、船舶、飞机以及从事建筑安装、装配工程业务或者提供其他劳务的收入；③采取产品分成方式取得的收入；④企业发生的非货币性资产交换，以及将货物、财产、劳务用于捐赠、偿债、赞助、广告、样品、职工福利或者利润分配等用途。

在检查纳税人的收入总额时，应注意两个问题：一是纳税人各项收入的结算是否真实、准确，有无为了逃避所得税而少计收入，或者人为调节利润而多计收入的情况；二是处理好检查重点收入和其他收入的关系。

一、销售货物收入的检查

销售货物收入是指企业销售商品、产品、原材料、包装物、低值易耗品以及其他存货取得的收入，是企业所得税检查中的重点。在所得税收入检查中，对销售货物收入的检查，在增值税、消费税、营业税各种收入的检查中都已作了详细介绍，在此就不作为重点内容（可参见增值税的检查、消费税的检查和营业税的检查三章中有关销售收入检查的内容）。

二、劳务收入的检查

劳务收入是指企业从事建筑安装、修理修配、交通运输、仓储租赁、金融保险、邮电通信、咨询经纪、文化体育、科学研究、技术服务、教育培训、餐饮住宿、中介代理、卫生保健、社区服务、旅游、娱乐、加工以及其他劳务服务活动取得的收入。劳务收入的检查是指通过纳税人提供的劳务经济合同，核实劳务的内容、形式、时间、金额，结合“主营业务收入”、“其他业务收入”、“预收账款”等账户贷方发生额，与企业所得税纳税申报表进行核对，核实是否存在合同中约定的各明细项目未确认收入的情况。结合“工程施工”、“劳务成本”等账户，通过劳务收入与劳务成本配比性的检查，对长期挂往来科目预收性质的劳务收入逐项核实，并通过审阅劳务合同或协议，按照结算方式检查劳务收入，是否存在应确认未确认的劳务收入。对餐饮、娱乐、建筑等现金收支比较大的企业，在检查时，要组织稽查人员同时控制住各个收银台、财务室、仓库等经营处、管理场所。查找销售日报表、营业额记录簿、“水单”、“账单”、签单簿、押金结算簿、已使用票据及各类合同等，核实企业入账不及时的问题。（也可参见增值税的检查和营业税的检查两章中有关劳务收入检查的内容。）

三、转让财产收入的检查

转让财产收入是指企业转让固定资产、生物性资产、无形资产、股权、债权等财产取得的收入。这里仅介绍固定资产转让收入和生物性资产转让收入的检查。

（一）固定资产转让收入的检查

纳税人由于生产经营方向或具体生产项目的改变，或者由于进行技术改造更新设备等原因，导致某些固定资产成为不需用的固定资产，对于这些不需用的固定资产，纳税人可有偿转让给其他纳税人，以避免资金闲置以及增加不必要的保管费用。

按照规定，固定资产有偿转让时，首先应将其原值减去累计折旧后的余额转入“固定资产清理”账户。出售固定资产所获得的价款，贷记“固定资产清理”账户。因此，检查的内容主要包括：

（1）固定资产的售价是否正确、合理，有无故意低估售价，经办人从中渔利的现象。

（2）固定资产净值、出售固定资产的有关费用，以及其与售价的差额的计算是否正确，是否通过“固定资产清理”科目核算后转入营业外收入或支出账户。

（二）生物性资产转让收入的检查

在处置生产性生物资产时，应按实际收到的金额，借记“银行存款”等科目，按已计提的累计折旧，借记“生产性生物资产累计折旧”科目，按其账面余额，贷记“生产性生物资产”科目，按其差额，借记“营业外支出——处置非流动资产损失”科目或贷记“营业外收入——处置非流动资产利得”科目。已计提减值准备的，还应同时结转减值准备。故检查时应看企业是否存在按规定处理，同时结合“银行存款”、“生产性生物资产”、“生产性生物资产累计折旧”、“营业外支出”或“营业外收入”等账户来进行。

（三）特许权使用费收入的检查

通过检查专利权、非专利技术、商标权、著作权转让合同，确定企业特许权使用费转让的金额、结算方式、结算时间等内容。检查“其他业务收入”、“其他业务成本”等账户，审核有无隐瞒、截留、挪用特许权使用费收入，以收抵支或直接冲减成本的情况。必要时到权属证书的发放部门调查取证，查实商标权等权利的许可使用情况。

股权、债权转让收入的检查在特殊业务检查中专门予以介绍。

四、股息、红利等权益性投资收入的检查

股息、利息收入检查是指检查“交易性金融资产”、“持有至到期投资”、“可供出售金融资产”、“长期股权投资”等账户借方发生额及上年借方余额，未体现投资收益的，应重点检查“其他应付款”、“应付账款”等往来账户，核实纳税人是否将投资收益挂往来账，必要时到对方单位调查取证。

通过“长期股权投资”账户查实纳税人在境外的投资情况，结合“投资收益”账户核实利润分配情况。发现疑点的可通过国际税务部门的情报交换，查实企业是否存在因合理的经营需要而对利润不作分配或者减少分配的情况，对上述利润中应归属于该居民企业的部分，应当记入该居民企业的当期收入。

五、租金收入的检查

租金收入是指提供固定资产、包装物或者其他有形资产的使用权获得的收入。租金收入的检查是指按照合同约定的承租人应付租金的日期确认收入的实现。按照税法和财务制度的规定，租金收入是除产品销售以外的其他销售或其他业务的收入，应在“其他业务收入”中反映。但在实际中容易发生的问题是纳税人将收到的租金挂在结算（往来）账户上，然后再将其作为非法开支，或者租金收得过高或过低，或者为了搞关系而不收租金。

对于此类问题，在了解到被查单位存在出租经济业务后，注意审阅其“其他业务收入”有关明细账中的记录内容，看其有无租金收入，并将其收入标准与有关协议进行核对，在调查、询问租入单位的基础上查证问题，看是否有将租金收入放入“小金库”或记入“其他应付款”科目内的问题。

具体检查方法有：第一，对照企业的房产、土地、机器设备等所有权属证明，通过实地查看，核查企业各种财产的实际使用情况，核实财产是否存在出租出借现象。有财产租赁行为的，通过对企业合同协议的检查，掌握企业对外租赁业务的真实情况，检查企业对外租赁业务的会计处理是否真实、完整。第二，审查“期间费用”等账户中有关财产租赁费用支出的单据，核实企业租入资产的实际使用情况，落实有无转租的情形；第三，对出租包装物的检查，要结合销售合同和账面记载出租包装物的流向，通过实地盘存法，核对出租包装物进销存情况，确认出租包装物核算是否正确。

六、接受捐赠收入的检查

接受捐赠收入是指企业接受的来自其他企业、组织或者个人无偿给予的货币性资产和非货币性资产。首先，检查所有捐赠业务往来科目明细账及记账原始凭证，审查企业是否存在将接受的捐赠收入长期挂往来账户而未结转损益的问题，结合资产的增减变动，重点审查企业是否存在取得捐赠不入账的情况；其次，检查“营业外收入”、“资本公积”明细账，查验有无接受非货币性捐赠的情况，落实取得的非货币性收入的计价依据，与同类物品的市场价格或公允价格进行对比，对其差价进行纳税调整；再次，到权属证书的发放部门调查取证，查实商标权、车辆等权属变化是否有捐赠情况；最后，可以检查“管理费用”、“销售费用”等账户，对比费用的前后期支出变动，核实有无支出异常情况，查实是否有接受捐赠的非货币性资产。如汽油费用突然增加，企业有可能接受车辆捐赠。根据税法规定企业接受货币性资产和非货币性资产的捐赠，须并入当期的应纳税所得额中，计算缴纳企业所得税。下面介绍企业接受货币性捐赠收入和接受非货币性资产捐赠收入的检查情况。

（一）接受货币性捐赠收入的检查

按照会计规定，企业接受货币性资产捐赠的收入应记入“营业外收入——捐赠利得”账户核算。

［例8－1］甲公司2009年12月接受乙公司捐赠的货币资金500 000元，款已收存银行。

（1）甲公司接受捐赠时，会计处理为：

借：银行存款　　500 000

　贷：营业外收入——捐赠利得　　500 000

（二）接受非货币性资产捐赠收入的检查

企业接受非货币性资产捐赠，可能是库存商品、固定资产、无形资产等。按照规定，无论何种情况，均按接受捐赠时的资产入账价值确认捐赠收入，并计入当期应纳税所得额，依法计算缴纳企业所得税。按新会计准则的规定，借记“固定资产”、“无形资产”、“原材料”等科目，贷记“营业外收入——捐赠利得”科目。如果接受捐赠货物时取得增值税专用发票，并且按照税法，属于可以抵扣范围，借记“原材料”、“库存商品”、“应交税费——应交增值税”等科目，贷记“营业外收入——捐赠利得”科目。对于企业计缴所得税，如果捐赠收入金额不大，所得税费用负担不重，直接借记“所得税”科目，贷记“应交税费——应交所得税”科目。如果捐赠收入金额较大，所得税费用负担较重，应按照捐赠资产计算的所得税费用借记“所得税”科目，按照计算的递延所得税负债贷记“递延所得税负债”科目，按当期应缴所得税贷记“应交税费——应交所得税”科目。

“接受捐赠资产按税法规定确定的入账价值”是指根据有关凭证等确定的、应计入应纳税所得额的接受捐赠非货币性资产的价值和由捐赠企业代为支付的增值税进项税额，不含按会计制度及相关准则规定应计入受赠资产成本的由受赠企业另外支付或应付的相关税费；如接受捐赠的资产为货币性资产，则指实际收到的金额。“接受捐赠资产按会计制度及相关准则规定确定入账价值”是指按会计制度及相关准则规定计入受赠资产成本的金额，包括接受捐赠非货币性的价值（不含可抵扣的增值税进项税额）和因接受捐赠资产另外支付的构成受赠资产成本的相关税费；如接受捐赠的资产为货币性资产，则指实际收到的金额。这里的货币性资产指现金、银行存款及其他货币资金，除货币性资产以外的资产为非货币性资产。

企业接受捐赠的非货币性资产在使用和处置时，其会计和税务处理方法应当与购进的其他资产的使用和处置方法一致。在会计处理上，企业对接受捐赠的固定资产应当按照确定的入账价格，预计尚可使用年限及预计净残值，按确定的折旧方法计提折旧。对接受捐赠的无形资产应当自取得当月起在预计使用年限内分期平均摊销，计入损益。在税务处理上，企业对接受捐赠的库存商品、固定资产、无形资产、长期股权投资等，可按税法规定结转销售成本、投资成本和计提折旧及无形资产摊销额等。

[**例** 8－2] 甲企业取得乙企业捐赠的库存商品 A 一批，取得乙企业开具的增值税专用发票，发票上注明价款 30 000 元、增值税额 5 100 元。按照税法规定，会计处理如下：

(1) 接受捐赠时：

借：库存商品	30 000	
应交税费——应交增值税（进项税额）	5 100	
贷：营业外收入——捐赠利得		35 100

如果接受非货币性资产捐赠收入额过大，一个纳税期内缴纳所得税有困难时，经主管税务机关核准，可按不超过 5 个纳税平均年度缴纳企业所得税。企业应按经主管税务机关审核确认的当期应计入应纳税所得额，待转接受资产价值部分，分期

结转。因而，会计和税法处理出现了时间性差异，企业在填报当期企业所得税申报表时，需要就接受捐赠收入进行纳税调整，确认应该在以后年度计入应纳税所得额的受赠资产部分，记入“递延所得税负债”科目中。

假定上例中，甲公司接受固定资产的捐赠数额为1 000 000元，经主管税务机关核准，按5个纳税年度平均缴纳，企业所得税税率为25%，则接受当期会计处理为：

（1）甲公司接受捐赠时：

借：固定资产 1 000 000

贷：营业外收入——捐赠利得 1 000 000

（2）年终汇算清缴时：

借：所得税费用 250 000

贷：应交税费——应交所得税 50 000

递延所得税负债 200 000

检查方法有：

（1）检查企业接受非货币性资产是否如实记入“营业外收入”账户，有无故意隐瞒捐赠收入，偷、逃企业所得税。例如，在接受非货币资产捐赠的情况下，将其记入“应付账款”贷方，视同外购货物而未付款的业务处理。

（2）检查接受非货币性资产捐赠的实物价值，有无错计金额，隐瞒税收。如与增值税应纳税额相关时，还应重点检查接受捐赠方是否取得了合法的票据，有无多计增值税进项税额的情况。纳税人是否将增值税税额扣除后的余额计算了企业所得税。

七、其他收入的检查

其他收入是指企业取得的除上述八项收入以外的其他收入，包括企业资产溢余收入、逾期未退包装物押金收入、确实无法偿付的应付款项、已作坏账损失处理后又收回的应收款项、债务重组收入、补贴收入、违约金收入、汇兑收益等。对于其他收入的检查，应审查企业“其他应付款——包装物押金”、“营业外收入”、“管理费用”、“销售费用”、“财务费用”等相关账户，特别注意非对应账户间的会计核算，审核合同协议，必要时可到经营业务相关方外调核查，取得企业发生其他收入的证据，对照其账务处理，核实企业有无少计或不计收入，以及将收入挂账的问题。首先，检查“其他应付款”明细账，对长期未支付的大额款项进行调查，确实无法偿付的要计入收入；其次，检查企业“其他应付款——包装物押金”明细账中包装物押金的收取情况，对照企业合同协议中有关包装物押金处理的约定，核实是否存在逾期未退押金未作收入的情况；最后，检查“坏账准备”和往来类账户，与坏账损失审批表相对照，核实已确认并转销的应收款项又收回以后是否进行正确的账务处理。

债务重组收入在特殊业务检查中专门予以介绍。

第三节 材料成本的检查

成本是指企业在生产经营活动中发生的销售成本、销货成本、业务支出以及其他耗费，即企业销售商品（产品、材料、下脚料、废料、废旧物资等）、提供劳务、转让固定资产、无形资产（包括技术转让）的成本。

企业必须将经营活动中发生的成本合理划分为直接成本和间接成本。直接成本是可直接计入有关成本计算对象或劳务的经营成本中的直接材料、直接人工等。间接成本是指多个部门为同一成本对象提供服务的共同成本，或者同一种投入可以制造、提供两种或两种以上的产品或劳务的联合成本。直接成本可根据有关会计凭证、记录直接计入有关成本计算对象或劳务的经营成本中。间接成本必须根据与成本计算对象之间的因果关系、成本计算对象的产量等，以合理的方法分配计入有关成本计算对象中。

成本内容：外购存货的实际成本包括购货价格、购货费用和税金，计入存货成本的税金是指购买、自制或委托加工存货发生的消费税、关税、资源税和不能从销项税额中抵扣的增值税进项税额。纳税人自制存货的成本包括制造费用等间接费用。

成本计价方法：纳税人的各种存货应以取得时的实际成本计价。各项存货的发出或领用的成本计价方法，可采用个别计价法、先进先出法、加权平均法、移动平均法、计划成本法、毛利率法或零售价法等。如果纳税人正在使用的存货实物流程与后进先出法一致，也可采用后进先出法确定发出或领用存货的成本。纳税人采用计划成本法或零售价法确定存货成本或销售成本，必须在年终申报纳税时及时结转成本差异商品进销差价。

实际上，成本的检查主要是指销售产品成本，因为销售产品成本的多少直接影响到当期的应纳税所得额。但是，销售成本的真实、正确与否，取决于完工产品成本的正确程度；完工产品成本的正确程度又取决于生产成本的正确程度以及其在完工产品与在产品之间的分配；生产成本的正确程度来源于生产领用的材料成本、人工成本和其他费用等的正确核算。因此，成本的检查主要是从材料成本、生产成本、完工产品成本和销售产品成本等几个环节着手。

材料成本是指生产企业为了生产某种产品而备用的原材料的价值量。原材料的取得形式是多样的，如外购原材料、自制原材料、接受捐赠的原材料等。一般情况下，原材料成本金额的大小主要取决于材料的数量和单位两个因素。但工业生产企业的原材料成本还包括外购原材料的附带成本，即运输费用、装卸费用、入库前的挑选费用等。此处，以外购材料成本检查为例予以介绍。

一、外购材料成本的检查

纳税人为了生产经营需要，总要购进相当数量的存货。所谓存货是指纳税人在生产经营过程中为销售或耗用而储备的各种资产，包括原材料、在产品、自制半成品、产成品、商品、包装物和低值易耗品等。检查外购存货的成本有两个方面：一是购货价格；二是附带成本。

（一）购货价格的检查

按照会计制度的要求，凡购入的材料或商品，都应根据发票金额，确定购货价格。但是，在实际工作中，纳税人常常存在采购不合理、核算不正确的问题，从而导致购货价格不真实。

1. 采购不合理的问题

采购不合理的问题是通过过高价格反映出来的。某些纳税人购进的存货价格往往高于市价，可能有以下原因：一是纳税人为了转移利润，逃避所得税，而向关联纳税人高价购进存货；二是纳税人的采购部门为了建立“小金库”而高价购进存货；三是纳税人的采购人员为了收受“回扣”、中饱私囊而高价采购存货。

对这类问题进行检查时，要求检查人员掌握相关的价格信息，结合采购渠道、地点进行分析判断。若发现有舍低求高、舍近求远的情况，应进一步查明原因。

2. 核算不正确的问题

核算不正确的问题有三种表现：一是固定资产错作存货入账；二是价外税虽作了进项税处理，但仍作购货价格反映；三是购货折扣的核算不正确。

固定资产和存货在理论上有严格区别，在实际中，纳税人只要认真执行财务会计制度和资产的税务处理规定，就不难搞好两者的核算。但是，纳税人有时为了早日回收固定资产的投资支出，就采取将固定资产挤入存货核算的方法，如把固定资产化整为零，改换名称，作为材料、商品、低值易耗品，或直接领用挤入生产成本，从而扩大了当期的生产成本，等于把规定需要在以后若干年内收回全部价值的固定资产，在一年内快速地收回了其全部价值，减少了当年的应纳税所得额。检查时，一是检查购货发票，如识别商品名称、进货周期等；二是检查领料凭证，通过其领料部门和发料用途来鉴别究竟是属于存货还是属于固定资产。一般而言，外购半成品是供基本生产车间装配产品的零部件；修理用备件是供检修部门修理固定资产的备用件；低值易耗品是车间领用并定有消耗定额的工具、用具和劳动保护水平。

所谓价外税，目前仅指增值税。按照增值税条例规定，一般纳税人采购存货，取得的是价税分开的增值税专用发票，即存货采购成本不包含所支付的增值税税额。但是有些人虽然将增值税已经作了进项税处理，但仍然将其并入购货价格，从而影响其购进价格的真实性。检查时，主要是核对增值税专用发票，看有无价税混淆在一起的情况。

关于购货折扣核算不正确的问题。购货折扣包括销售方实施的商业购货折扣和现金购货折扣。按照增值税专用发票管理办法的规定，纳税人以商业折扣方法购进存货时，在提货时取得专用发票，并按应付货款的净额借记“材料（物资）采购”账户，按应付的货款净额和增值税税额之和，贷记“银行存款”或“应付账款”等账户；纳税人以现金折扣方法赊购货物时，在交付货款时取得专用发票，并按扣除现金折扣后应付账款借记“材料（商品）采购”账户，按专用发票所填列的增值税税额借记“应交税费——应交增值税（进项税额）”账户，按应付的汇款净额和增值税税额之和贷记“银行存款”账户。

[**例** 8－3] 甲公司于4月17日向乙公司赊购商品一批，不含税价为10 000元，付款条件为2/10、n/30（即10天内付清账款的，可从总价中扣减2%，若超过10天延迟到30天内付清账款，付全全价）。甲公司于10天内付款时，取得专用发票，应作如下分录：

借：库存商品	9 800
应交税费——应交增值税（进项税额）	1 666
贷：银行存款	11 466

但是有些纳税人习惯采取“总价法”核算，按如下做账：

借：库存商品	10 000
应交税费——应交增值税（进项税额）	1 666
贷：银行存款	11 466
财务费用	200

这种核算方法由于采购成本是按未扣除现金折扣的总价计算入账的，因此，既使存货数偏高，财务收益不实，又违反了增值税专用发票管理办法。检查中应予以纠正。

（二）附带成本的检查

1. 检查内容

生产企业外购的货物，其采购成本除购价外还应包括在购入、保管这些物品的过程中所需支付的一切直接或间接费用，如购货方负担的运杂费、包装费、保险费、保管费等。这些费用构成购货成本的一部分，是购货成本的附加，即附带成本。

附带成本是否记入存货成本，一般根据会计准则、行业财务会计制度、税法规定及纳税人的具体情况而定。我国的商品流通企业，外购商品的附带成本不计入存货成本，而全部将其作为经营费用，属于期间费用的范围，直接计入当期损益。其他企业存货的附带成本中的包装、运杂费直接计入存货采购成本；采购保管费在工业企业计入管理费用，而不计入存货采购成本，在施工企业采购保管费单独核算，将其分配计入物品的采购成本。

实际中的问题是，有些纳税人不能正确核算存货的附带成本。如工业企业将途中不正常损耗和短缺损失、超额完成采购计划而发放的奖金、在采购过程中请客送礼所支付的费用等挤入材料成本，从而扩大材料成本，造成材料实际成本的不真。有的纳税人则把附带成本直接计入当期生产成本，虚增当期完工产品的单位成本。

2. 检查方法

（1）检查原始凭证及其汇总表，一些不属于存货采购成本的支出，通常都会在原始凭证中表现出来。

（2）检查“材料（物资）采购”明细账。在工业企业“材料采购”明细账的借方金额栏中有“买价”、“采购费用”、“其他”、“合计”四个小栏。对供应单位是外地的，有一定的运杂费，应在“采购费用”栏表现出来；对其在运输途中有合理损耗和入库前需要加工、挑选、整理的材料，发生的费用也应在“其他”栏内表现出来。如果没有表现出来，就可能将运杂费、途中合理损耗和加工、挑选整理费用挤入了诸如“管理费用”等账户。

二、材料入库核算的检查

材料进入企业之后，往往不是立即消耗或销售，而要经过一段时间的储备，这就涉及一个入库核算的问题。在实际中，对入库储备的存货有多种核算方法，如，在工业企业，有按实际成本核算的，有按计划成本核算的；在商业企业，有按进价核算的，也有按售价核算的。

（一）按成本核算的检查

按照工业企业财务制度的规定，材料按照实际成本计价。购入的，按照买价加运输费、装卸费、保险费、途中合理损耗、入库前的加工、整理及挑选费用以及不能计入进项税额的税金等计价；自制的、按照制造过程中的各项实际支出计价；委托外单位加工的，按照市价耗用的原材料或者半成品加运输费、装卸费、保险费和加工费用等计价；投资者投入的，按照评估确认或者合同、协议约定的价值计价；盘盈的，按照同类存货的实际成本计价；接受捐赠的，按照发票账单所列金额加纳税人负担的运输费、保险费等计价；无发票账单的，按照同类存货的市价计价。

所谓材料按实际成本核算，就是指不论材料的来源渠道如何，在它们被验收入库时，均按规定的实际成本登记“原材料”、“包装物”、“低值易耗品”等账户。“原材料”账户所反映的是材料的实际价格。这里仅针对加工改制材料介绍一下实际成本的核算。

材料加工改制有两种情况：一种是自己加工改制，叫自制材料；另一种是委托外单位加工的材料，叫委托加工材料。自制材料的会计核算，是先通过“生产成本”账户进行归集核算，当加工的材料入库时，再按实际成本，借记“原材料”科目，贷记“生产成本”科目。委托加工的材料，通过“委托加工材料”或“委托加工物资”等账户进行核算，在发出材料委托加工时，借记“委托加工材料”，贷记“原材料”等账户。当发生运杂费和支付给受托方加工费时，借记“委托加工材料”账户，贷记“银行存款”账户。加工完成验收入库的材料，按实际成本借记“原材料”账户、贷记“委托加工材料”或“委托加工物资”等账户。

1. 自制材料成本的检查

自制材料是指纳税人为了满足生产的需要，把某种库存的原材料，改制成另一种原材料。如把原木锯成木板，生皮革制成熟皮革等。对自制材料成本的检查，主要是检查其实际成本是否正确，有无将自制材料成本计入当期完工产品成本中去。

自制材料实际成本的组成，应包括直接材料费用、直接人工费用、制造费用。存在的问题是，有的纳税人只把直接材料费用作为自制材料成本转账，不计或少计直接人工费用和应负担的制造费用，从而造成把加工过程中发生的直接人工费用和制造费用，计入当月完工产品或销售产品成本中，影响了当月的利润总额和应缴纳的企业所得税。

检查方法：从账户处理看，结转自制材料成本的对应科目是“生产成本”，若是从“原材料”科目转账，就有可能没有包括加工过程中发生的其他成本。从燃料、动力、制造费用的分配表来看，自制材料分摊费用的工时数应与实际工时数相等，与完工产品的统一分配标准（如工时、生产工人工资等）、分配费用的分配率也应该一致。如不一致，则要检查自制材料有无少摊费用的现象。

2. 委托加工材料成本的检查

委托加工材料成本是指纳税人提供原材料及主要材料委托外单位加工改制成另一种材料。对委托加工材料成本的检查，主要检查其归集和结转是否正确。

通常发现成本归集不实的情况有：提高拨付加工材料的实际成本；将加工费、运杂费直接计入生产成本；以加工剩余的材料作价抵交加工费，不作销售处理。

对这类问题的检查，应结合原始凭证和加工合同，检查“委托加工材料”账户的借方发生额，按加工材料成本发生的顺序逐一核对。一查入账成本的计算是否正确；二查应该入账的成本有无不计入的情况，必要时与“生产成本”、“管理费用”等账户进行核对。

对于收回委托加工材料时任意结转成本情况的检查：一是注意结转成本的账务处理，如果出现与往来账户对应的，如借记“其他应收款”，贷记“委托加工材料”，一般属于异常现象，应进一步核查其原始凭证落实问题；二是直接检查“委托加工材料”明细账，如果发现收回的材料结转的单价偏高或出现红字余额，应责令纳税人及时调整账务。

（二）按计划成本核算的检查

材料品种繁多的企业，一般采用计划价格进行日常核算。材料的计划价格也称材料的计划成本，一般是根据材料的市场价格，并结合运输方式、合理损耗、供货地点等因素制定。计划价格一经确定，在一个年度内一般不作变动。

材料按计划成本计价，是指对每一种材料的收、发、结存均按预先制定的计划成本计价计算入账，计划成本与实际成本之间的差异，则通过“材料成本差异”账户另行计算，最终将收、发、结存材料的计划成本调整为实际成本的一种计价方法。

在材料入库成本使用计划价格核算时，“原材料”等账户和“材料成本差异”账户是“形”和“影”的关系。事实上，“材料成本差异”账户既有调整账户的性质，又有成本费用账户的性质。

作为调整账户，“材料成本差异”账户既有附加调整功能，又有备抵调整的功能。当其表现为借方余额时，借方余额与原材料等账户的借方余额相加之和为库存材料的实际成本（附加调整）；当其表现为贷方余额时，贷方余额与原材料等账户的借方余额相减之差即为库存材料的实际成本（属备抵调整）。作为成本费用类账户，它将发出原材料（计入生产成本）的计划成本调整为实际成本。

值得注意的是：

（1）作为库存材料总是以计划价格反映，并不需要将计划成本调整为实际成本，而发出材料的计划成本必须按月、按材料类别调整为实际成本，以保证各期成本及财务成果核算的真实性。

（2）作为原料的调整账户，直接用材料成本差异的余额（无论借方或贷方）与被调整账户的借方余额求得代数和即可得出库存材料的实际成本；而调整发出材料的实际成本时，只需从差异账户的贷方转出。当月末为借方余额，属于计划成本小于实际成本，为超支差异时，借方余额分配时用蓝字借记“生产成本”等科目，贷记本科目；当月末为贷方余额，属于计划成本大于实际成本，为节约差异时，贷方差额的分配则用红字金额作上述登记。

在材料入库成本用计划价格反映时，错误往往发生在“材料成本差异”科目上：一是将不该记入本科目的金额记入本科目（借方或贷方），如原材料盘盈也记入“材料成本差异”账户，二是调整或调减库存材料计划成本时，不记入本科目而转入其他科目；三是应记入本科目的金额记入其他科目，如接受投资转来的材料成本差异记入“其他应付款”账户，挤占生产成本。

检查材料成本差异发生额是否存在错弊，可以从有关会计分录的对应科目来分析。第一，借方发生额仅为差异科目时，如贷方科目不为差异正常调整科目（如原材料），就应予以注意；当贷方发生额仅为差异科目时，除期末摊销发出材料应负担的差异及调整计划价格外，若对应的借方科目为“原材料”时，常常是将本应由其他科目（如生产成本）转销的项目记入差异。第二，如属调整计划价格，必然涉及“材料成本差异”，否则必有问题。第三，自制完工、委托加工收回、建设单位转来的材料，如同外购材料一样，一般也应有差异金额，如未同时结转差异，应查明原因，对此不应忽视。

三、材料出库、耗用、销售的检查

企业存货出库、耗用、销售的过程，一方面是储备减少的过程，如库存原材料、库存产成品、库存商品等减少；另一个方面是成本增加的过程，如生产成本、在建工程成本、销售成本等增加。可见，存货出库问题不仅关系到如何核算生产成本、销售成本问题，而且关系到纳税人的财务成果和国家税收问题，所以存货出库的检查是所得税检查的重要环节。

（一）存货出库数量的检查

对某种存货在一定时期的出库总数量进行检查，可以使用盘存倒计法，即根据该存货正确的期末结存量倒计出本期出库量。计算公式为：

存货出库量＝期初结存量＋本期入库量－期末结存量

1. 对存货账面结存量的检查

（1）账面余额的数量、金额都是红字。一般而言，某种存货的账面余额通常表现为蓝字或零。如果账面余额的数量和金额都为红字，除了外来存货不入账而耗用或销售之外，多数属于对发货的计量、计价偏高，多转出库存货的成本所致。

计算企业多转发货成本数额时，首先，检查是否有账外存货。所谓账外存货，是指账上没有记载，而实际在仓库中仍有存放的货物。如果经过盘点，发现有账外存货，就应查清其数量。其次，采用正确的计价方法，确定账外存货所适用的单价。如果不存在账外存货，而出现账面余额的数量和金额都为红字时，纳税人虚转发货的金额，可按下列公式计算：

多转发货成本＝库存存货实际数量×适用单价＋账面结存红字金额

如果库存无存货数量，那么多转发货成本就等于账面红字金额。

（2）账面余额数量是蓝字，金额是红字的，肯定属于发货计价偏高，多转成本的现象，多转发货成本的计算公式为：

多转发货成本＝库存存货实际数量×适用单价＋账面结存红字金额

（3）账面数量结存是红字，而金额为蓝字的，多数属于发货计价偏低，少转成本的现象，应将全部蓝字金额转入生产成本或调减当期利润。

2. 对存货盘点及其处理的检查

为了真实反映存货的实有数额，做到账实相符，财务制度规定企业要定期或不定期地进行各种存货盘点，年度终了前必须进行一次全面的盘点清查。盘点以后，要把盘点的实存数与存货明细账账面结存数量相核对，如有盘盈、盘亏的情况，还应查明盘盈、盘亏的数额和原因，并且编制“存货盘点报告表”，报有关部门审批。批准前先按实际盘点数额调整有关存货账簿，记入“待处理财产损溢”账户，待有关部门批准后再进行转账。

但在实际工作中，有些企业长期不盘点，或盘点以后，不按实际情况入账，不按会计规定处理。比如，提高盘亏单价，压低盘盈单价，少转盘盈金额，不按规定转账等。检查时应注意的主要问题有：

（1）检查“存货盘点报告表”的原始资料是否齐全，数字是否正确。可向企业索取盘点的原始记录，查对各仓库、车间盘点表的编号、页数是否齐全，核对“存货、盘点报告表”有无漏计、错计的情况，有无记录本企业委托其他企业加工、代销、储备的存货，注意有无某个车间或某个材料漏盘的情况。如果发现有不符的情况，要向纳税人了解清楚，再进一步检查。

（2）检查“待处理财产损溢——待处理流动资产损溢”明细科目。以其贷方对照“存货盘点报告表”，核对盘盈存货是否如数入账。如果发现“存货盘点报告表”中有盘盈存货，而在“待处理流动资产损溢”账户贷方没有反映出盘盈数字，在这种情况下，就要查找“原材料”等明细账盘存入账的记账凭证，从其对应账户中检查分析，确定有无将盘盈存货金额直接记入结算账户的情况。以其借方对照“存货盘点报告表”，核对盘亏的存货数字有无出入。

（3）检查“待处理财产损溢——待处理流动资产损溢”明细账的转销情况。对于盘盈发生额，有无违反规定擅自处理，或长期挂账不处理的问题。对于盘亏发生额，有无违反规定擅自处理的问题，如有发生，应转回“待处理财产损溢——待处理流动资产损溢”账户。

（4）检查盘点表计价是否正确。用“存货盘点报告表”与“原材料”等有关存货明细账核对，核实其使用的单价是否正确。检查时应注意有无在盘盈时压低单价，盘亏时，提高单价，以及以盈补亏、自行削价等问题。如果存在这些问题，应根据税法据实调整。

（5）对采用计划成本核算存货的企业，在盘点中发现盈余，应按计划成本结转。借记“原材料”等科目，贷记“待处理财产损溢”科目和“材料成本差异”科目；在盘点中发现的盘亏和毁损，先按计划成本结转，借记“待处理财产损溢”科目，贷记“原材料”等科目，然后再分摊应由盘亏和毁损材料负担的成本差异，借记“待处理财产损益”科目，贷记“材料成本差异”科目（实际成本小于计划成本的差异用红字）。检查时，应注意企业有无按正确的差异率及时调整盘亏存货应负担的差异额。

（二）存货出库计价的检查

由于材料或商品往往是以不同的单位成本购入和生产出来的，要确定出库存货成本，就需要确定和选择合理的计价方法。存货的计价方法是指对发出物品和每次发出后存货价值的计算进行确定的方法。从世界范围来看，存货的计价方法主要有三类：成本法、估计法及成本与市价孰低法。从我国的会计实务来看，改革前主要使用成本法，包括使用先进先出法、加权平均法、移动平均法、个别计价法；商品流通企业由于其经营管理的需要，还可以使用估计法，包括使用毛利率法、综合差价分摊法和分距组差价分摊法。改革后的财会制度规定，企业除可以使用过去的计价方法之外，还可以使用后进先出法，但暂不实行成本与市价孰低的原则。在日常核算中，采用先进先出法和加权平均法计价核算的偏多。

1. 先进先出法

先进先出法是以最先进料或商品最先出库为假设前提。即假定物品先进先出，后进作存，并依据此种假定的成本次序对出库存货和期末结存存货进行计价，亦即按最先进货的单位成本依次计算出期末存货的成本。在先进先出法下，具体方法有定期盘存法和永续盘存法两种。

检查方法有：

（1）根据先进先出法计价核算发出材料成本金的特点，以材料明细账上期末结存的数量与当期最后一次进货的数量对比。如果结存数量小于最后一次进货的数量，就必然存在期末结存材料的单价等于最后一次进货的单价的现象；如果二者不相等，就证明材料成本金额结转有误，应进一步查明原因。

（2）如果存在期末结存数量小于最后一次进货的数量的问题，可用核定的期末结存数量乘以最后一次进货的单价，计算出期末结存材料的成本金额，然后与账面结存金额对比，如果二者不等，则说明纳税人当期结转的材料成本金额存在问题，应进一步查明原因，核定错误金额。如果核定的期末结存材料金额等于账面结存金额，证明结转下期的材料成本金额是正确的，但还不能证明当期结转的材料成本就一定正确，还得进一步检查当期结转的材料成本是否全部计入生产成本，有无用于非应税项目的材料成本也计入了生产成本之中。

（3）如果检查时，账面结存材料数量大于当期最后一次进货的数量，应用期末结存的材料金额减去最后一次进货的材料金额的余额，除以账面结存数量减去最后一次进货数量的金额，用得到的材料单价与当期倒数第二期进货的材料单价对比，如果二者不相等，则证明结转的材料成本仍然存在问题。同样，用上述的检查方法进行核审，查找错误的金额。

2. 加权平均法

加权平均法是指企业的存货按实际成本进行明细分类核算时，以本期各批入库数量和期末存货数量为权数计算存货的平均单位成本的一种方法，其计算公式为：

本期存货的平均单位成本的金额 =（期末结存金额 + 本期各批购进成本金额之和）÷（期末结存数量 + 本期各批购进数量之和）

期末结存存货成本金额 = 期末结存存货数量 × 平均单位成本金额

本期出库存货成本金额 = 本期出库存货数量 × 平均单位成本金额

采用加权平均法确定的存货成本，受每批进货数量和单价的影响，但可以较真实地反映一定时期内存货的成本金额。当物价逐渐上涨时，加权平均成本会低于现价成本，反之，高于现价成本。因加权平均法一般是一个月计算一次，工作量相对较小，许多企业结转材料成本金额时都采用此法。

检查方法：

加权平均法计价核算的特点是本期发料的单价与本期结存材料的单价应是相等

的。检查时，如果发现材料明细账上本期结转材料成本金额是错误的，可能造成多转或少转发料的成本金额。在此情况下，应用加权平均法核定正确金额与账面结转成本金额比较，计算出多转或少转的材料成本金额。

3. 对采用个别计价法核算的发料成本的检查

检查时，应根据“原材料”明细账每次发出的材料与购进该批材料的供应地点、单位、质量、规格、单价等，对号入座进行认定，如果不相符，必然错用不同批次的进价，应核实计算有无多转发出材料成本的情况。

第四节　资产的检查

一、固定资产的检查

纳税人的固定资产是指使用期限超过一年的房屋、建筑物、机器、机械、运输工具及其他与生产经营有关的设备、器具、工具等。不属于生产、经营主要设备的物品，单位价值在2 000元以上，并且使用期限超过2年的，也应当作为固定资产。

固定资产与存货的区别主要表现在两个方面：

（1）在生产经营过程中的物资形态不同。固定资产能够连续在一年以上或若干个生产经营周期中发挥作用，并保持原有的实物形态；存货只能在一年以内或一个征税周期内发挥作用，并在此期间内完全改变其原有的实物形态。

（2）价值转移的方式不同。固定资产的价值是随着磨损程度逐渐降低的，部分以折旧的形式转移到产品成本中去，而存货的价值是在一个生产经营周期中一次性转移的。

不过，固定资产与存货的区别并不是绝对的。有一些存货（如低值易耗品）就具有固定资产的特征：能在若干个生产经营周期中发挥作用而保持原有的物质形态不变；有些低值易耗品转移方式也与固定资产一样，采用逐渐部分转移的方式。

在实际工作中，一些企业对固定资产的处理常常是既不符合税法的规定，也不符合财会制度的要求，主要表现在混淆固定资产与存货的界限，将本属于固定资产原值的费用挤入生产成本，多提固定资产折旧费用等。这些行为都将影响应纳税额的正确性，因此，对固定资产的检查非常必要。

（一）固定资产增加计价的检查

固定资产增加的主要途径有外购、自行建造、融资租入、盘盈、捐赠、投资、非货币性交换、债务重组、改建等。对于增加的固定资产，其价值计算的正确与否，不仅关系到成本、利润及折旧的提取，而且影响到税收，所以要认真检查。检查时，由于固定资产增加的途径不同，所以，检查的内容要有所不同。

（1）自行建造的固定资产，以在竣工结算前发生的支出为计税基础。检查时，应注意工程成本计算的真实性，有无多计或少计的现象，有无将工程费用列入生产费用的现象。

（2）外购的固定资产，应按购买价款和支付的相关税费以及直接归属于该资产达到预定用途发生的其他支出为计税基础。从国外引进的设备的价值应包括设备买价，进口环节税金，国内运杂费、安装费。检查时，应注意计入固定资产的费用是否有遗漏，是否有运杂费、安装费计入生产费用。

（3）以融资租赁方式租入的固定资产，按照租赁合同约定的付款总额和承租人在签订租赁合同过程中发生的相关税费为计税基础。租赁合同未约定付款总额的，以该资产的公允价值和承租人在签订租赁合同过程中发生的相关费用为计税基础。检查有无将运输费、安装费挤入存货采购成本和生产费用的情况。

（4）纳税人接受捐赠的固定资产，应以该资产的公允价值和支付的相关费用为计税基础。检查时，应注意费用有无多计少计的情况，无支付单据的，市价确定得是否合理。

（5）盘盈的固定资产应按同类固定资产的重置完全价值计价。所谓重置完全价值，是指在某一日期重新建造、购置或安装某项固定资产，根据当时生产条件和市场情况所需要的全部支出。检查时，应注意企业是否按规定计价，对盘盈固定资产的账务处理是否正确。

（6）纳税人接受投资的固定资产，应当按资产折旧程度，以合同协议确定的合理价格或者参照有关的市场价格固定的合理价格确定。检查时，应注意合同、协议是否合理、合法，约定价格是否公平，有无故意抬高或压低的现象，评估价格是否正确地反映了固定资产的价值，有无不按标准估值的情况。

（7）在原有的固定资产基础上进行改扩建的，应按照固定资产的原价，加上改扩建发生的支出，减除改扩建过程中发生的固定资产变价收入后的余额确定。检查时要注意是否有漏增、漏减的情况。

（二）固定资产折旧的检查

固定资产折旧的提取是为了补偿固定资产在使用过程中的损耗。企业正确计提折旧，是正确核算商品成本额、确保损益、保证固定资产更新以及保证国家税收的必要条件。固定资产折旧的检查包括两个方面：一是固定资产折旧计提范围的检查；二是折旧方法的检查。

1. 固定资产折旧范围的检查

企业的固定资产种类很多，但并不是所有的固定资产都可以提取折旧。按照税法的规定，下列固定资产应当提取折旧：

（1）房屋、建筑物；

（2）在用的机器设备、运输车辆、器具、工具；

（3）以经营租赁方式租出的固定资产；

（4）以融资租赁方式租入的固定资产；

（5）季节性停用和大修理停用的机器设备。

下列固定资产，不得提取折旧：

（1）房屋建筑物以外未投入使用的固定资产；

（2）以经营租赁方式租入的固定资产；

（3）以融资租赁方式租出的固定资产；

（4）已足额提取折旧仍继续使用的固定资产；

（5）与经营活动无关的固定资产；

（6）单独估价作为固定资产入账的土地；

（7）其他不得计算折旧的固定资产。

检查时，应根据企业的实际情况，结合固定资产明细科目，来分清哪些固定资产应计提折旧，哪些固定资产不能计提折旧。

在检查了固定资产折旧的计提范围之后，还要注意提取折旧的依据。按照规定，纳税人的固定资产应当从使用月份的次月起计提折旧；停止使用的固定资产，应当从停止使用月份的次月起停止计提折旧。固定资产在计算折旧前，应当估计残值，从固定资产原价中减除，固定资产的预计净残值一经确定，不得变更。

2. 固定资产折旧方法的检查

我国行业财会制度规定可采用的提取折旧的方法有直线法和加速折旧法两类，税法在此基础上给予了进一步明确。

（1）直线折旧法的检查。

根据税法规定，固定资产的折旧原则上采用直线法（即平均年限法和工作量法）计算。根据直线法，提取的固定资产折旧额是根据固定资产的原始价值和预计使用年限来平均计算的。预计使用年限不仅要根据固定资产本身的质量和复合程度，以及未来技术发展的速度等因素确定，还要符合税法规定年限。税法规定，固定资产折旧年限在不短于以下规定年限内，可根据企业的不同情况，经主管税务机关审核批准后执行。

①房屋、建筑物，为20年；

②飞机、火车、轮船、机器、机械和其他生产设备，为10年；

③与生产经营活动有关的器具、工具、家具等，为5年；

④飞机、火车、轮船以外的运输工具，为4年；

⑤电子设备，为3年。

从事开采石油、天然气等矿产资源的企业，在开始商业性生产前发生的费用和有关固定资产的折耗、折旧方法，由国务院财政、税务主管部门另行规定。

按直线法计算提取的折旧额时，还有其他两个因素，即预计固定资产清理时的清理费用和残余价值。清理费用是指固定资产清理时所发生的拆卸、搬运、清除等费用。这些清理费用是连同固定资产的原始价值，由使用期间的产品成本负担，计入产品成本的。残余价值是指固定资产清理后剩来下的一些材料、零件、废料等的价值。这些残料或可供自己利用，或可自己出售，在计算折旧时，残余价值要从固定资产原始价值中扣除。

在实际工作中，企业往往是根据国家规定的各类固定资产使用年限计算出每类固定资产的折旧率，再根据折旧率计算出每月或每年的折旧额。

固定资产折旧率的计算公式如下：

固定资产折旧率＝（原始价值＋预计清理费用－预计残余价值）÷（预计使用年限×原始价值）×100%

或者：

固定资产折旧率＝固定资产年折旧额÷固定资产原始价值×100%

根据固定资产年折旧率可得出月折旧率：

固定资产月折旧率＝固定资产年折旧率÷12

根据折旧率计算折旧额的公式是：

固定资产年（月）折旧额＝固定资产原值×固定资产年（月）折旧率

用平均年限法计算起来简易，但只有当固定资产在各个使用期间使用程度比较均衡的情况下，才比较合理。

直线法的检查方法：对平均年限法，除检查固定资产原值外，重点是检查折旧率。检查企业是否按照国家规定的折旧年限和净残值率进行计算，是否有人为变更、提高和降低折旧率的情况。

（2）加速折旧法的检查。

《企业所得税法》第三十二条所称“可以采取缩短折旧年限或者采取加速折旧的方法的固定资产”包括：①由于技术进步，产品更新换代较快的固定资产；②常年处于强震动、高腐蚀状态的固定资产。采取缩短折旧年限方法的，最低折旧年限不得低于《企业所得税法实施条例》第六十条规定的折旧年限的60%；采取加速折旧方法的，可以采取双倍余额递减法或者年数总和法。(《企业所得税法实施条例》第九十八条)；③对采用双倍余额递减法的，应以固定资产在每一会计期间的期初净值作为计提基数，注意有无按其原值计算折旧的情况；对采用年数总和法的，有无将原值不扣除预计净残值作为计提基数；对缩短折旧年限的，计提折旧的年限是否低于税法规定最低折旧年限的60%。

二、无形资产的检查

无形资产是指企业长期使用但没有实物形态的资产，包括专利权、商标权、著作权、土地使用权、非专利技术、商誉等。

无形资产一般具有以下一些特点：

（1）不存在物质实体并能为企业长期拥有；

（2）可以使企业在较长时期内取得较高的经济效益；

（3）它们所能提供的未来经济效益具有很大的不确定性；

（4）是有偿取得的。

无形资产可以从不同角度进行分类，按其有效期限可分为无期限无形资产和有期限无形资产；按其来源可分为国家给予的某种特权、外单位作为资本投入的、从外单位购入的；按其所有权是否可以转让可分为可以依据法律程序办理转让和出售的、不能脱离企业单独存在和转让的。

企业的无形资产通过“无形资产”科目核算，并应按其类别设置明细账。无形资产科目的余额反映尚未摊销的无形资产的价值。

（一）无形资产的计价

税法规定，无形资产按照以下方法确定计税基础：外购的无形资产，以购买和支付的相关税费，以及直接归属于使该资产达到预定用途发生的其他支出为计税基础；自行开发的无形资产，以开发过程中该资产符合资本化条件后至达到预定用途前发生的支出为计税基础；通过捐赠、投资、非货币性资产交换、债务重组等方式取得的无形资产，以该资产的公允价值和支付的相关税费为计税基础。对企业自行开发的无形资产，要严格审核该开发项目有关部门的批文，可行性报告，技术、财务等各种资源的计量标准，落实是否达到无形资产的条件，检查“研发支出”明细账和相关原始凭证，核实支出的归集是否符合规定。对属于无形资产计税价值范围内的支出未予以资本化的，应进行合理的调整。

（二）无形资产的摊销

税法规定，无形资产的摊销应当采取直线法。即企业的无形资产应当从收益之日起，按照规定的期限分期等额平均摊销，其摊销直接冲减无形资产账户。受让或投资的无形资产，如在协议合同中规定使用年限的，可以按照其使用年限分期摊销；如果没有规定使用年限的，或者自行开发的无形资产，摊销期限不得少于10年。自行开发的支出已在计算应纳税所得额时扣除的无形资产；自创商誉；与经营活动无关的无形资产；其他不得计算摊销费用扣除的无形资产不得摊销。外购商誉的支出，在企业整体转让或者清算时，准予扣除。

（三）无形资产的检查方法

对于无形资产，首先检查它的来源及取得时的成本，核实计价方法是否符合各项规定，有无故意抬高计价标准，虚列摊销费用等情况。具体方法有以下几种：

（1）检查有关专利权的证明文件和受让购入合同、契约。如专利项目众多，应向企业索取专利权明细表，逐一加以查对分析，以确定其权利是否存在，有无争议；

（2）检查专利权的计价是否正确无误，有无将其他费用挤入专利权价值中，或虚列专利权价值，从而影响资产数额的情况；

（3）检查无形资产的贷方记录，并检查其账务处理是否正确无误。如检查专利权时，其摊销期限和标准是否恰当合法，有无以此项资产的摊销来调节盈余的情况，多摊或少摊，在不同的会计年度有无采用不同的摊销方法。

对自行扩大加计扣除无形资产成本的检查。首先，是通过检查研发项目立项书、计划书等，审核研发项目是否符合“新产品、新技术、新工艺”的规定，是否符合加计扣除无形资产的范围；其次，是检查“无形资产”“研发支出”、“管理费用——研发费”等账户，审核有无对已计入“管理费用——研发费”的支出重复计入无形资产并加计扣除；最后，是检查形成无形资产成本项目的原始凭证，审核企业是否将与形成无形资产无关的支出计入加计扣除的无形资产。

三、生产性生物资产处理的检查

生产性生物资产是指为产出农产品、提供劳务或出租等目的而持有的生物资产，包括经济林、薪炭林、产畜和役畜等。

（一）生产性生物资产计价

生产性生物资产按照以下方法确定计税基础：①外购的生产性生物资产，以购买价款和支付的相关税费为计税基础；②通过捐赠、投资、非货币性资产交换、债务重组等方式取得的生产性生物资产，以该资产的公允价值和支付的相关税费为计税基础。主要检查“生产性生物资产”明细账中的借方发生额，对新增的生物资产要查阅相关合同、协议和原始凭证，实地查看确定资产的构成项目、金额，核实生物资产的计价是否准确。

（二）生产性生物资产折旧的检查

生产性生物资产按照直线法计算的折旧，准予扣除。企业应当自生产性生物资产投入使用月份的次月起计算折旧；停止使用的生产性生物资产，应当自停止使用月份的次月起停止计算折旧。企业应当根据生产性生物资产的性质和使用情况，合理确定生产性生物资产的预计净残值。生产性生物资产的预计净残值一经确定，不得变更。主要检查“生产性生物资产”和“生产性生物资产累计折旧”明细账，核实计提折旧的时间，查看是否存在当月新增资产计提折旧的情况；检查“生产性生物资产”、“生产性生物资产累计折旧”等明细账账户，结合有关处置合同、协议，检查处置的结转是否正确，相应的累计折旧是否结转，残值收入是否入账，处置收入是否转入“营业外收入——处置非流动资产利得”账户。

（三）生产性生物资产的折旧年限

生产性生物资产计算折旧的最低年限如下：①林木类生产性生物资产，为 10 年；②畜类生产性生物资产，为 3 年。掌握计提折旧的年限，核实是否超过税法规定的最低年限标准；核实前后期残值是否一致。

四、长期待摊费用的检查

长期待摊费用是指企业已经支出，但摊销期限在 1 年以上的各项费用。长期待摊费用不能全部计入当年损益，应当在以后年度内分期摊销，具体包括开办费、固定资产修理支出、租入固定资产的改良支出及摊销期限在 1 年以上的其他待摊费用。其中开办费是指企业在筹建期间内所发生的费用，包括员工薪酬、办公费用、培训支出、差旅费、印刷费、注册登记费以及不计入固定资产价值的借款费用等。开办费、固定资产修理费用、租入固定资产的改良费用以及摊销期限在 1 年以上的其他待摊费用，都在本科目按规定进行摊销。其在资产负债表中的数额，反映的是企业各项尚未摊销完的长期待摊费用的摊余价值。长期待摊费用的主要特征是：①长期待摊费用属于长期资产；②长期待摊费用是企业已经支出的各项费用；③长期待摊费用应能使以后会计期间受益。

企业所得税法及其实施条例规定：

（1）固定资产的大修理支出，是指同时符合下列条件的支出：一是修理支出达到取得固定资产时的计税基础的 50% 以上；二是修理后固定资产的使用年限延长 2 年以上。该项支出，按照固定资产尚可使用年限分期摊销。在计算应纳税所得额时，企业发生的下列支出作为长期待摊费用，按照规定摊销的，准予扣除：已足额提取折旧的固定资产的改建支出；租入固定资产的改建支出。

（2）其他应当作为长期待摊费用的支出：固定资产的改建支出是指改变房屋或者建筑物结构、延长使用年限等发生的支出。已足额提取折旧的固定资产的改建支出，按照固定资产预计尚可使用年限分期摊销；租入固定资产的改建支出，按照合同约定的剩余租赁期限分期摊销。改建的固定资产延长使用年限的，除上述两项规定外，应当适当延长折旧年限。

（3）《企业所得税法》第十三条第（四）项所称“其他应当作为长期待摊费用的支出”，自支出发生月份的次月起，分期摊销，摊销年限不得低于 3 年。

主要检查方法有：

（1）长期待摊费用计量的检查。查阅租入固定资产的租赁合同以及改建工程的建筑安装合同，确定改良支出费用的承担人，对应由租入方承担改良费用的，查阅改良支出的料、工、费的原始凭证，核实其计量是否准确。检查“长期待摊费用”明细账，核实有无将其他固定资产的维修等支出列入改建支出，或将其他不允许税前列支的支出计入改建支出的问题。

（2）长期待摊费用摊销的检查。通过检查长期待摊费用摊销计算表，审查计算表中的摊销年限，审核对租入固定资产的改良支出是否在剩余租赁期内将改良支出平均摊销；对已提足折旧固定资产的改良支出是否按照预计尚可使用年限分期摊销；对改建的固定资产延长使用年限的，是否适当延长了折旧年限；对其他应当作为长期待摊费用的支出，是否自支出发生月份的次月起，分期摊销，摊销年限是否低于3年。

第五节　生产成本的检查

一、生产成本基本内容的检查

生产成本检查的基本内容是多方面的，根据不同的标准可以将成本划分为不同的类型。常见的有以下几种：

（1）按照各类生产在企业内部所负担的使命不同，生产成本检查的内容包括基本生产成本和辅助生产成本。

（2）按照会计期间结束时（月末，年末）各种产品所处生产过程（或者称作产品完工程度）不同，生产成本检查的内容包括产成品（含自制半成品）成本和在产品成本。

（3）按照生产成本构成（即成本项目）不同，生产成本检查的内容包括直接材料、直接工资、其他直接支出和制造费用。

二、生产成本检查的程序

（一）辅助生产成本的检查

辅助生产是为基本生产服务而进行的产品生产和劳务供应。如制造工具、模型、发电、供应蒸汽、煤气以及修理设备作业等。会计制度规定，属于企业辅助生产车间为产品生产提供的动力等直接费用，应在“辅助生产成本”明细科目核算后，再转入“基本生产成本”明细科目。检查也可符合这一顺序。在进行辅助生产成本检查时应首先检查其“制造费用”，然后再按辅助生产成本明细账（或成本计算单）检查各项直接费用，最后检查辅助生产成本按受益对象进行分配的情况。

（二）制造费用分配的检查

主要检查基本生产车间制造费用及其分配的真实性、合法性及正确性。对摊提费用，要按会计期间的划分进行检查，以验证其是否符合权责发生制原则。

（三）直接费用真实性等的检查

主要检查基本生产车间直接费用的计算与分配是否真实、准确。不但要从费用的金额进行检查，还要从计算、分配方法上进行检查。

（四）生产总成本在完工产品和在产品之间分配的检查

生产总成本是纳税人在一定期间内生产一定数量产品的总费用，是各单位产品成本的总和。单件产品成本直接关系到生产经营的利润总额。有个别纳税人为了达到少缴纳税款或延期缴纳税款的目的，人为地增大完工产品的成本，而减少在产品的成本。因此，总成本在完工产品和在产品之间分配的检查也非常必要。

三、成本项目的检查要点

生产成本的检查方法，总的来说是按成本项目进行，检查构成成本项目的各项耗费的归集及其分配是否真实、合理、合法。

（一）直接材料的检查

新的《工业企业财务制度》规定，直接材料包括企业在生产过程中实际消耗的原材料、辅助材料、备品配件、外购半成品、燃料、动力、包装物以及其他直接材料。检查时，应根据领料单、退料单、材料库存报表、材料分配明细表等资料进行。

检查要点是：

（1）有无将非生产单位领料和生产车间的非生产用料混在其中。即行政福利部门，基建工程领料以及生产车间领用的非生产用料等材料费用必须予以剔除，以保证直接材料均是构成产品实体或有助于产品形成的各种物质消耗。

（2）退库材料、回收的边废料价值是否已冲减了原来的领料金额，材料盈亏和毁损的价值有无混入直接材料成本。

（3）检查直接材料的价格构成是否合理；领用材料是否按其实际成本核算；材料的实际成本是按哪种方法确定的，有无超出税法规定的四种计价方法；对采用计划成本核算的其应负担的材料成本差异是否据实结转。

（4）对燃料动力的检查要注意有无生产用电和生活用电互相挤占的情况，如有外单位借用电力，是否已从直接费用中作了扣除，厂区内及车间的照明或取暖用电是否与生产消耗划分清楚，有无互相挤占。

（5）检查生产领用后又随同产品一起销售的包装物的价值是否混在直接材料费用中，按《工业企业会计制度》的规定，上述包装材料费用应记入“产品销售费用”或“其他业务支出”，而不属于直接材料。直接材料额应符合下列公式计算的结果：

直接材料成本 ＝领用金额－退库金额＋材料成本差异－回收的边废料价值

（6）检查直接材料的分配。直接材料应直接计入产品成本，要检查有无通过分摊的办法计入；对多种产品共用的直接材料的分配，应检查分配依据是否合理，计算是否正确。

（二）直接工资和其他直接支出的检查

按新财务制度的规定，直接工资是指直接从事产品生产的人员的工资、奖金和津贴。其他直接支出是按上述人员工资总额的14%计提的职工福利费。

对这两项费用的检查，应通过抽查记账凭证、工资计算表、工资及福利分配表等资料及“应付工资”、“应付福利费”账户，结合查对有关劳动人事记录和职工考勤表等进行检查。

（1）直接工资额是否符合“从事产品生产人员”这一规定，有无虚列多报“吃多额”从中贪污问题，有无非生产人员工资及生产人员从事非生产工作的工资。

（2）直接工资额中是否包含发给职工的医药费、福利补助、退休费等。

（3）直接工资列支原材料、燃料节约奖，要检查原材料、燃料的节约额、奖金率和奖金额是否真实、正确、符合规定。

（4）检查直接工资逐级汇总中有无故意加多夜班费、加班费、津贴等，少计病、事假扣款等问题。

（5）检查包括直接工资额在内的企业工资总额是否超出税法规定的工资扣除标准。税法明确指出，纳税人的工资包括企业以各种形式支付给职工的基本工资、浮动工资、各类补贴、津贴、奖金等工资性收入。企业发放工资在计税工资标准以内的，按实扣除，超出标准的部分不允许扣除。如果企业的工资核算符合财务制度但不符合税法规定的计税标准，对超出部分应调增企业所得税应纳税所得额计算征收所得税。

（6）检查职工福利费的计算基数即计税工资总额是否正确，计提比例是否符合规定，计算结果是否正确。

（7）检查直接工资及其他直接支出的分配。直接工资及其他直接支出的分配，按有关规定应直接计入各种产品成本中，但在实践中由于是多品种同时或连续生产，一个生产人员在同一时间生产两种以上产品时就需要对这两项费用进行合理分配，所以，对这两项费用分配情况的检查，主要是检查分配依据的合理性以及分配的数据是否正确。

（三）制造费用的检查

制造费用是各生产单位（分厂、车间）为组织和管理生产所发生的费用，即为生产产品发生的间接费用，所以要分单位按项目进行检查，检查各项费用支出的真实性、正确性、合法性。

制造费用明细项目有18个之多，大致分为三类，一类是直接支付的费用，如工资、修理费、水电费、办公费等；另一类是按规定比例计算提取的费用，如职工福利费、固定资产折旧费；最后一类是摊提费用，如低值易耗品摊销、保险费等。因此，制造费用的检查要点是：

（1）检查有无非本部门的间接费用混入。

（2）对摊提费用，要检查费用项目的必要性，检查有无用摊提费用来调剂生产成本和当年利润的现象，分摊期限和付款期限是否超过一年。

(3) 检查有无将不应列入成本费用的支出挤入制造费用。例如：

① 资本性支出；

② 无形资产受让、开发支出；

③ 违法经营的罚款和被没收财物的损失；

④ 各项税收的滞纳金、罚金和罚款；

⑤ 自然灾害或者意外事故损失有赔偿的部分；

⑥ 超过国家规定允许扣除的公益、救济性的捐赠，以及非公益、救济性的捐赠；

⑦ 各种赞助支出；

⑧ 与取得收入无关的其他各项支出。

(4) 对用现金或银行存款支付的其他各项目支出，要检查报销发票的合法性及正确性，检查有无涂改发票中饱私囊的问题。

(5) 对制造费用在各种产品之间的分配，要检查分配依据的真实性、合理性；对分配结果要检查其计算的数据是否正确。

(四) 期初在产品成本的检查

期初在产品成本对产成品成本有直接影响，检查的重点在数量方面（价格问题与期末在产品成本检查一并讨论）。先与上期账面记载的期末在产品总成本进行比较，看有无异常变化情况，再对变动幅度大的各种在产品进行抽查，如有严重失实的情况，应在税务人员监督下，请被查企业重点盘点，按下列公式确定期初在产品成本：

本期期初在产品成本 = 抽查日实物成本 + 上期末至抽查日转出成本 − 上期末至抽查日投入成本

四、期末在产品与本期完工产品成本的检查

期末在产品成本和本期完工产品成本的计算公式：

期末在产品成本 = 期初在产品成本 + 本期投入的生产费用 − 本期完工产品成本

本期完工产品成本 = 期初在产品成本 + 本期投入的生产费用 − 期末在产品成本

根据上述公式可知，期末在产品成本与本期完工产品成本的检查，实质上是检查生产成本在本期完工产品和期末在产品之间的分配情况。按照会计核算的规定，生产成本在本期完工产品与在产品之间分配的方法很多，但本节只介绍难度较大的

约当产量法和定额成本法。

（一）约当产量法

约当产量是指将期末在产品的数量按其完工程度或投料程度折算为完工产品的数量。约当产量法是指根据完工产品的数量和在产品的约当量一起分配生产费用，以确定完工产品和期末在产品实际成本的一种方法。由于原材料费用的投入和其他费用的发生程度并不一致，故不能采用一种约当来分配生产费用。

1. 用以分配直接材料成本的在产品约当量的计算

在产品耗用材料的多少，与在产品的投料程度有关，而与其完工程度的多少无直接关系。因此，用以分配材料成本的在产品约当量要根据在产品的投料程度来计算。在会计实务中，怎样根据投料程度来计算在产品约当量，又可分为以下三种情况：

（1）原材料于生产开始时一次投入。在这种情况下，无论在产品完工程度如何，其耗用的原材料都与完工产品一样多。因此，分配直接材料费用时，在产品的约当量按在产品的实际数量计算，不进行折算。

（2）原材料随生产过程陆续投入。在这种情况下，原材料投入程度与生产工时投入的进度完全一致或基本一致。因此，分配直接材料成本的在产品约当量也按在产品的完工程度折算。计算公式如下：

在产品的约当量＝在产品的实际数量×在产品的完工程度

（3）原材料分阶段批量投入。在这种情况下，原材料是随着生产进度分工序投入，在每道工序中是一开始就投入，则应将一次投入的计算方法和陆续投入的计算方法结合起来计算在产品的投料程度。

假定某种产品由两道工序制成，其原材料分两道工序在每道工序开始时一次投入，其有关数据及计算见表8－1。

表8－1　某产品各工序投资情况表

工序	各工序开始时单位产品一次投料定额（千克）	各工序在产品的投料情况（%）	各工序在产品的实际数量（件）	在产品的约当量（件）
1	70	70%	200	140
2	30	100%	120	120
合计	100	—	320	260

上述用以分配直接材料成本的在产品约当量的计算一般有三种情况，但在会计实务中，情况可能还要复杂些。按照会计制度的规定，直接材料这个成本项目的内

容包括生产产品而直接耗用的燃料、动力等费用。其动力费的耗用程度与产品的加工程度有关，而与其投料程度无关，所以，动力费用是否与材料费用合在一起分配，要视其数额的大小及其对成本计算的影响程度而定。当动力费用较少，对成本计算的影响不大时，可将直接材料成本项目作为一个整体进行分配，没有必要将动力费剔除来另行分配。

2. 用以分配其他成本项目的在产品约当量的计算

按照制造成本法，产品成本分为直接材料、直接工资、其他直接支出和制造费用四个成本项目。除直接材料成本外，其他几项成本的消耗均与产品的完工程度有关。因此，分配其他成本项目的在产品约当量，要按在产品的完工程度折合计算。按在产品的完工程度来计算在产品的约当量，根据有关条件的不同，又分为以下几种方法：

（1）估算。在各道工序生产进度和在产品数量比较均衡的条件下，在产品的完工程度可一律按50%计算，即在产品约当量＝在产品数量×50%。

（2）按完成的定额工时计算。采用这种方法计算在产品约当量，关键在于计算期末在产品完成的定额工时。某厂2000年7月在产品定额工时计算见表8－2。

表8－2　期末在产品完成定额工时计算表

零件名称	单件定额工时（小时）	半成品		正在加工中的在产品			完成定额工时合计（小时）
		数量（台）	工时定额（小时）	数量（台）	约当量（台）	工时定额（小时）	
A	8	40	320	80	40	320	
B	4	50	200	60	30	120	
C	5	44	220	90	45	225	
……			……			……	
合计			1 400			1 650	3 050

假定该厂单台产成品的工时定额为122小时，则：

该厂在产品的约当量＝3 050÷122＝25（台）

（3）分阶段计算。产品结构复杂、生产工序多的企业，难以按一个比例计算在产品约当量，可先分阶段计算在产品约当量，然后加总起来分配生产费用。

［例8－4］某企业征税的甲产品要连续经过一、二、三道工序才能完成，各工序定额工时分别为12小时、12小时和6小时，停留在各工序的在产品的完工程度为本工序的50%，甲产品停留在第一、第二、第三工序的在产品分别为60台、50台和50台。

在产品完工程度的计算：

第一工序 =（12×50%）÷30×100% =20%

第二工序 =（12+12×50%）÷30×100% =60%

第三工序 =（12+12+6×50%）÷30×100% =90%

期末在产品约当量的计算：

第一工序 =60×20% =12（台）

第二工序 =50×60% =30（台）

第三工序 =50×90% =45（台）

合计 87 台。

3. 约当产量法检查实例

［例 8-5］某企业生产乙产品单件工时定额为 800 小时，经过两道工序制成，其中第一道工序工时定额为 480 小时，第二道工序工时定额为 320 小时。在产品在第一道工序结存 40 件，第二道工序结存 50 件，产成品产量 60 件。原材料在开始生产时一次投入，其他费用采用约当产量比例分配。乙产品月初费用和本月耗用原材料费用 97 500 元，燃料和动力费用共计 14 560 元，工资及附加费 23 520 元，其他费用 29 120 元。企业账面计算的在产品数额为 87 000 元。

根据以上数字检查处理如下：

（1）确定各工序的完工率：

第一工序在产品完工率 =（480×50%）÷800×100% =30%

第二工序在产品完工率 =（480+320×50%）÷800×100% =80%

（2）计算在产品约当量：

第一道工序在产品约当量 =40×30% =12（件）

第二道工序在产品约当量 =50×80% =40（件）

两道工序约当量合计 =12+40 =52（件）

（3）按成本项目确定应保留的在产品成本：

月末在产品原材料费用 =97 500÷（60+90）×90 =58 500（元）

月末在产品燃料和动力费用 =14 560÷（60+52）×52 =6 760（元）

月末在产品工资及附加费 =23 520÷（60+52）×52 =10 920（元）

月末在产品其他费用 =29 120÷（60+52）×52 =13 520（元）

月末在产品成本合计 =58 500+6 760+10 920+13 520 =89 700（元）

（4）确定本期完工产品多摊或少摊成本：

以期末在产品成本应保留数，减去企业账面记载数额，正数差额为多摊完工产品成本数，负数为少摊完工产品成本数。本例为：89 700-87 000 =2 700（元），即多摊入完工产品成本数额为 2 700 元。

（5）检查方法有：

①在检查“约当产量法”计算产品成本时，要了解该产品的投料是否在开始时

是一次投入。对一次投料的，就要检查其材料成本的约当程度是否为100%，如果不是100%，而是使用了工资、费用的约当程度，则是少计了在产品成本。检查时，可以按上面程序，对企业的整个计算过程进行复查，查出多计或少计的在产品数额，据此调增或调减“生产成本”账户。

②检查期末在产品数量，看是否把期末在产品数量作为调节完工产成品成本的“蓄水池”。由于在产品散布在各个工序上并处于周转中，而且品种规格繁多，适宜使用分析验证法或抽样法。只要账物数量接近，就应视为正确。如果差额过大应重新进行盘点，并用盘点结果推算期末在产品数量。

③检查在产品的计价方法是否正确及前后期是否一致。计价方法很多，有无人为调整经营利润，任意改变计价方法的情况。

（二）定额成本法

定额成本法是指期末在产品的直接材料、直接工资、其他直接支出、制造费用等项成本，都按定额成本计算，产品的全部生产费用（月初在产品成本与本期生产费用）减去按定额成本计算的月末在产品成本，其余额即为完工产品的成本。

某些企业的产品生产已经定型，生产中的各种耗费都有较准确的消耗定额，而且这些产品的在产品数量在月份之间变化不大。在这种条件下可采用定额成本法来简化完工产品与月末在产品之间的分配工作。

定额成本法计算案例：

［**例8－6**］假设某企业2008年12月生产甲、乙、丙三种产品，每种产品原材料消耗定额分别为76元、114元和152元，原材料于生产开始时一次投入。月末甲、乙、丙三种在产品结存量分别为200件、100件和50件。月末在产品共完成定额工时10 000小时，计划每小时工资0.7元，制造费用0.5元，其他费用0.07元。月初在产品和本月投入的生产费用及期末在产品按定额成本计算的方法见表8－3。

表8－3　完工产品、期末在产品生产费用分配表　　金额：元

成本项目	生产费用			期末在产品定额成本	本期完工产品成本
	期初定额成本	本期	合计		
直接材料费	28 000	250 000	278 000	34 200	243 800
直接人工费	6 600	24 000	30 600	7 000	23 600
制造费用	4 100	11 000	15 100	5 000	10 100
其他费用	700	2 300	3 000	700	2 300
合计	39 400	287 300	326 700	46 900	279 800

1. 期末在产品成本（定额成本）的计算

（1）直接材料 $=76\times200+114\times100+152\times50=34\ 200$（元）

（2）直接工资 $=10\ 000\times0.7=7\ 000$（元）

（3）制造费用 $=10\ 000\times0.5=5\ 000$（元）

（4）其他费用 $=10\ 000\times0.07=700$（元）

2. 分析检查

在定额成本法下，月末在产品成本脱离定额的差异，全部归完工产品负担，因而这一方法只宜在各月在产品数量变化不大，月初、月末在产品成本所应负担的差异基本上可以相抵的情况下采用，否则就会影响费用分配的合理性。

检查时，首先应检查规定的定额成本是否正确、合理，其组成是否包含了全部成本项目，如果只计原材料费用，不计工资和其他费用，就少计了在产品成本。其次，检查是否按规定的定额标准计算，有无任意估算的情况。

第六节 期间费用的检查

一、销售费用的检查

（一）销售费用的检查内容

销售费用是指应由企业负担的为销售商品而发生的费用，包括广告费、运输费、装卸费、包装费、展览费、保险费、销售佣金（能直接认定的进口佣金调整商品进价成本）、代销手续费、经营性租赁费及销售部门发生的差旅费、工资、福利费等费用。

从事商品流通业务的纳税人购入存货抵达仓库前发生的包装费、运杂费、运输存储过程中的保险费、装卸费，运输途中的合理损耗和入库前的挑选整理费用等购货费用可直接计入销售费用。如果纳税人根据会计核算的需要已将上述购货费用计入存货成本的，不得再以销售费用的名义重复申报扣除。

从事房地产开发业务的纳税人的销售费用还包括开发产品销售前的改装修复费、看护费、采暖费等。

从事邮电等其他业务的纳税人发生的销售费用已计入营运成本的不得再计入销售费用重复扣除。

不同行业销售费用的具体范围和内容，是由不同行业的企业财务制度规定的，检查某一行业的销售费用，应以该行业的财务制度和企业所得税的规定为依据。凡不属于规定范围的费用支出均不能作为销售费用列支。在现实工作中，费用的列支问题较多，往往一查就可以查出问题。因此，掌握销售费用的检查方法，不仅对销售费用的检查非常方便，而且对整个期间费用的检查都十分重要。

（二）销售费用的检查方法

企业的销售费用支出项目繁多，在纳税检查时不可能对每一项目、每一时期的销售费用内容都进行全面而广泛的检查，只能是有重点地检查有关项目。销售费用分析检查法就是依据销售费用的特点和变化规律，通过分析有关纳税资料和调查研究，发现不正常项目，确定检查重点的一种检查方法。

1. 了解销售费用的特点和变化规律

销售费用按照与销售商品或提供劳务或整个经营环节的密切程度可以划分为直接费用和间接费用两大类。直接费用的特点是随着商品销售额的增减变化而发生相应的增减变化。即销售费用上升，直接费用增加；商品销售下降，直接费用减少。例如运输费、装卸费、包装费、保险费等。因此，反映直接费用水平的直接费用率是基本稳定的。间接费用的特点是不随着商品销售额的升降而升降，具有相对的稳定性。例如专设销售机构的人员工资、职工福利费、折旧费、修理费等。他们一般不受商品销售额大小的影响。因此，反映间接费用水平的间接费用率是变动的。

销售费用率 =（直接费用 + 间接费用）÷商品或劳务的销售额 ×100%

由此可见，费用水平与销售费用和商品销售额之间的变化规律是：当商品销售额扩大的时候，商品销售费用也相应增加，但由于间接费用相对稳定，整个销售费用增加的幅度应当低于商品销售额增加的幅度，从而整个销售费用水平应当有所下降；在商品销售额减少的情况下，销售费用应当减少，但由于间接费用并不随之减少而是相对稳定的，因此，销售费用减少的幅度要低于商品销售下降的幅度，从而整个销售费用水平有所上升。

2. 运用销售费用变化规律检查“损益表”

企业的“损益表”反映了销售费用的支出情况和费用水平的状况。在正常情况下，销售费用的变化与商品销售额的变动应符合上述特点和规律。因此，我们可以运用上述特点和规律来分析企业销售费用是否正常，从而发现违背规律的月份。分析方法是：将检查期销售费用率与财务计划以及上期实际的销售费用率进行比较，看是上升还是下降；对检查期内分月费用情况进行比较分析，找出变化大的月份再进行重点检查。

3. 检查有关账簿、凭证，弄清原因

在确定了重点检查月份后，应有针对性地检查“销售费用”明细账或相关凭证，搞清变化的原因。在检查账簿及凭证过程中要注意以下几个方面的问题：

（1）有无扩大销售费用开支范围的情况。在实际工作当中，扩大销售费用开支范围的现象是经常发生的，检查时，应注意划清销售费用与生产成本及制造费用之间的界限，划清销售费用与固定资产、无形资产支出之间的界限，划清销售费用与集体福利和个人消费支出之间的界限。

（2）有无提高销售费用列支标准的问题。有些费用虽然属于销售费用的开支范围，但税法对其规定了一定的开支标准。如福利费、工会经费、折旧费、差旅费、广告费等都规定了一定的比例或开支标准。因此，检查时应依据规定的标准对照企业实际的提取数或列支数，看其是否符合规定的标准，有无违反规定的情况。

（3）有无弄虚作假、贪污浪费的问题。必须严格检查费用开支的合法性、真实性，杜绝和纠正一切违法违纪的开支。由于直接支付的费用，其对方科目是现金、银行存款或业务周转金，容易弄虚作假，出现贪污的行为，所以对金额较大的支出，必须检查记账凭证、原始凭证，检查对方科目、收款单位、发票等是否正常、真实。

4. 深入实际进行调查研究，判定问题性质

有些费用存在的问题仅从报表分析和账面检查上，还不能作出定性判断，尚需作进一步的调查研究，了解发生支付费用的有关情节，如业务发生地点、费用支付时间和方式、实物验收情况等。经过查证落实、判定问题的真实性后有利于作出正确的处理。

（三）销售费用账户各子项目的检查

在“销售费用”明细账中设有许多子项目进行明细核算，纳税检查时在众多的费用中选出部分重要项目进行检查，有利于纳税检查效率的提高。

1. 运输费的检查

运输费在工业企业中是一种重要的销售费用，是指产品销售过程中发生的应由企业负担的运费及与运输商品有关的各项杂费，如调车费、过桥费、站台码头租用费等；在商品流通企业中是一种重要的经营费用，是在商品购销中发生的应由企业负担的运费及运输商品有关的各项杂费。检查时，应注意检查下列非运输费用是否列为“运输费”。

（1）固定资产的运输费。

企业购买运输工具应根据金额大小和使用年限分别按固定资产或低值易耗品处理，不得列入运输费用。

（2）原材料、材料物质、工程物质、包装物、低值易耗品的运输费。

工业企业原材料的运杂费应属于原材料的采购成本，在“材料采购”科目核算；商业企业专用物质的运杂费属专用物质的采购成本，在“专用物资”科目核算；工程物质、包装物、低值易耗品，在它们各自的实际成本中都有运杂费部分，因此，其运输费分别在“在建工程”、“包装物”、“低值易耗品”科目核算。

（3）委托加工材料、加工商品的运杂费。

工业企业委托加工材料与商业企业委托加工商品所发生的往返运杂费，各自构成委托加工材料和委托加工商品的成本，分别在“委托加工材料”、“加工商品”科目核算，不得列为“运输费”。

（4）为外单位代垫的运杂费。

代垫的运杂费是对方负担的费用，代垫运杂费的所有权属于代垫方，经过一定

时间可以收回，因此，代垫运杂费不作“运输费”入账，应作为“其他应收款”记账处理。

2. 包装费的检查

包装费的发生与包装物、包装材料的使用有着密切联系。一般而言，包装费的产生有以下几种情形：

（1）随同产品（或商品）销售不单独计价的包装物，会计处理为：

借：销售费用

　贷：周转材料——包装物

（2）销售过程领用包装材料，会计处理为：

借：销售费用

　贷：原材料（或材料物质）

（3）出借包装物的摊销、修理，会计分录为：

借：销售费用

　贷：周转材料——包装物（或待摊费用、原材料、银行存款、生产成本）

检查包装费时应注意以下几个问题：

（1）工业企业生产过程中领用包装物是否挤入了包装费。按规定，生产领用包装物，应借记“生产成本”、贷记“包装物”，但有的企业为了压低利润，不按规定将生产领用包装物计入生产成本，而是直接计入当期损益，扩大包装费支出。检查时，可从领料单入手，看看领取包装物的单位是生产部门还是销售部门。

（2）随同产品或商品销售的包装物是否单独计价，防止单独计价的包装物作为包装费支出。单独计价的包装物，其销售收入借记“银行存款”等账户，贷记“其他业务收入”账户；按包装物实际成本借记“其他业务支出”账户，贷记“包装物”账户。将单独计价的包装物混同不单独计价的包装物，作“包装费”列支，有违“收入与其相关的成本、费用应当相互配比”的基本原则。

（3）出租包装物的实际成本是否记入“包装费”。企业包装费的出租与出借是有区别的。出租包装物要向对方收取租金，此项租金形成企业的其他业务收入，收入与成本配比，出租包装物的实际成本就形成其他业务支出。而出借包装物不向对方收取租金，所以，出借包装物的实际成本，才以“包装费”进入销售费用或经营费用。检查时，要了解租借包装物究竟是租还是借，有无隐瞒租金收入，多计包装费的情况。

（4）出借包装物报废时收回的残值是否冲减了“包装费”。

3. 广告费的检查

做广告是企业沟通信息，实现并扩大销售的有效手段。随着市场经济的发展，做广告成为越来越多的企业采取强有力的措施，因此，在销售费用中，广告费的增长速度很快。在检查时，要注意有无非广告性质的支出挤入广告费。

按照规定，企业发生的符合条件的广告费和业务宣传费支出，除国务院财政、税务主管部门另有规定外，不超过当年销售（营业）收入的15%的部分，准予扣除；超过部分，准予结转以后纳税年度扣除。

纳税人申报扣除的广告费支出应与赞助支出严格区分。纳税人申报扣除的广告费支出，必须符合以下条件：

（1）广告是通过工商部门批准的专门机构制作的；

（2）已实际支付费用，并已取得相应发票；

（3）通过一定的媒体传播。

广告费的检查方法有：

（1）检查申报扣除的广告费支出是否已经实际支付，是否取得相应的发票。

（2）检查已申报扣除的广告是否已通过一定媒体播放，是否将预支的以后年度广告费支出提前申报扣除。

（3）纳税人是否严格区分广告费与其他费用的界限，特别是广告费、业务招待费的界限。

（4）具有广告性质的礼品是否计入业务宣传费按规定比例扣除。

（5）对当年未能在税前扣除的广告支出是否建立台账进行管理，跟踪其以后年度的扣除情况。

（6）有无非广告性质的赞助支出挤进广告费的情况。检查时要区别对待，凡是取得了接受赞助单位开具的广告费发票，且收费合理的，允许在广告费里列支，其余部分就不得列支。

（7）有无条件摊派挤进广告费的情况。一般来说，企业的被摊派支出，取得的是行政事业收费收据，收费部门具有某种行政特权。对于这种摊派支出要从广告费中剔除。

（8）有无超过规定标准的业务招待费挤进广告费的情况。有的企业业务招待费超过税法规定的标准，在管理费用中无法列支，就移到广告费中。发现这种情况要剔除。

二、管理费用的检查

（一）管理费用检查的内容

管理费用是指企业的行政部门为管理组织经营活动提供各项支援性服务而发生的费用。管理费用包括由纳税人统一负担的总部（公司）经费、研究开发费（技术开发费）、社会保障性缴款、劳动保护费、业务招待费、工会经费、职工教育经费、股东大会或董事会费、开办摊销费、无形资产摊销（含土地使用费、土地损失补偿费）、矿产资源补修费、坏账损失、印花税等税金、消防费、排污费、绿化费、外事费和法律、财务、资料处理及会计事物方面的成本（咨询、诉讼费、聘期中介机构费、商标注册费等），以及向总机构（指同一法人总公司性质的总机构）支付的与本身营利活动有关的合理的管理费等。除经国家税务总局或其授权的税务机关批准外，纳税人不得列支向其关联企业支付的管理费。

“管理费用”科目核算企业行政管理部门为组织和管理企业生产经营活动所发生的上述管理费用，发生时借记本科目，贷记“现金”、“银行存款”、“待摊费用”、“无形资产”、“累计折旧”、“应交税费”、“应付职工薪酬——应付工资”、“应付职工薪酬——应付福利费”、“坏账准备”等科目，期末应将本科目余额转入“本年利润”科目，结转后本科目应无余额。

检查时，要对支出的具体内容进行分析，着重检查不符合政策和规定的各项费用开支。具体为：有无不属于管理费用的支出；有无违反开支标准和发放范围的支出；有无违反财经纪律的支出等。

（二）管理费用检查的方法

首先检查“管理费用”总账各月的借方发生额，对发生额偏高的月份，对其偏高原因应作重点分析，检查存在问题；再查“管理费用”明细账的借方发生额和摘要栏，逐项检查。对有疑问的、支付金额较大的，应进一步检查其原始凭证，分析其真实性、合理性和合法性。

（三）管理费用账户各子目的检查

1. 工资、薪金、职工福利费、工会经费、职工教育经费的检查

（1）工资、薪金支出费用的检查。

企业发生的合理的工资、薪金支出准予据实扣除。

由于我国企业劳动工资制度、干部人事制度正在改革，所以在检查工资、薪金时要根据某一个时期的有效工资政策办事，要检查工资是否按规定的标准发放。管理人员实行计时工资制，其考勤制度是否健全、是否落实，可抽查一下行政部门的考勤记录，看是否以此为依据计发工资。当企业各种奖金、津贴、补助统一纳入工资总额管理后，要看企业发放的管理人员工资系数是否偏高。企业有无将非管理人员的工资纳入到“管理费用”核算。

（2）职工福利费的检查。

管理费用中的职工福利费是根据不超过行政管理人员、企业福利人员工资薪金总额的14%提取的。检查时，要注意计提依据是否扩大，有无把根据生产经营人员、在建工程人员工资提取的职工福利费也列入管理费用当中，计提比例是否正确。

对于（1）、（2）两项，国家税务总局《关于企业工资薪金及职工福利费扣除问题的通知》（国税函〔2009〕3号）作了明确的规定：一、关于合理工资薪金问题《实施条例》第三十四条所称的“合理工资薪金”，是指企业按照股东大会、董事会、薪酬委员会或相关管理机构制订的工资薪金制度规定实际发放给员工的工资薪金。税务机关在对工资薪金进行合理性确认时，可按以下原则掌握：（一）企业制订了较为规范的员工工资薪金制度；（二）企业所制订的工资薪金制度符合行业及地区水平；（三）企业在一定时期所发放的工资薪金是相对固定的，工资薪金的调整是有序进行的；（四）企业对实际发放的工资薪金，已依法履行了代扣代缴个人所得税义务；（五）有

关工资薪金的安排，不以减少或逃避税款为目的。二、关于工资薪金总额问题。《实施条例》第四十、四十一、四十二条所称的“工资薪金总额”，是指企业按照本通知第一条规定实际发放的工资薪金总和，不包括企业的职工福利费、职工教育经费、工会经费以及养老保险费、医疗保险费、失业保险费、工伤保险费、生育保险费等社会保险费和住房公积金。属于国有性质的企业，其工资薪金不得超过政府有关部门给予的限定数额；超过部分，不得计入企业工资薪金总额，也不得在计算企业应纳税所得额时扣除。三、关于职工福利费扣除问题。《实施条例》第四十条规定的企业职工福利费，包括以下内容：（一）尚未实行分离办社会职能的企业，其内设福利部门所发生的设备、设施和人员费用，包括职工食堂、职工浴室、理发室、医务所、托儿所、疗养院等集体福利部门的设备、设施及维修保养费用和福利部门工作人员的工资薪金、社会保险费、住房公积金、劳务费等。（二）为职工卫生保健、生活、住房、交通等所发放的各项补贴和非货币性福利，包括企业向职工发放的因公外地就医费用、未实行医疗统筹企业职工医疗费用、职工供养直系亲属医疗补贴、供暖费补贴、职工防暑降温费、职工困难补贴、救济费、职工食堂经费补贴、职工交通补贴等。（三）按照其他规定发生的其他职工福利费，包括丧葬补助费、抚恤费、安家费、探亲假路费等。四、关于职工福利费核算问题。企业发生的职工福利费，应该单独设置账册，进行准确核算。没有单独设置账册准确核算的，税务机关应责令企业在规定的期限内进行改正。逾期仍未改正的，税务机关可对企业发生的职工福利费进行合理的核定。这些规定自2008年1月1日起执行。

（3）工会经费、职工教育经费的检查。

税法规定，企业拨缴的工会经费，不超过工资薪金总额2%的部分准予扣除；职工教育经费支出，不超过工资薪金总额的2.5%的部分准予扣除，超过部分准予结转以后纳税年度扣除。

检查时，要注意计提依据是否是计税工资薪金总额，对于超出计税工资薪金总额计提的工会经费、职工教育经费是否予以剔除。

2. 社会保险费的检查

社会保险费包括：①企业依照国务院有关主管部门或者省级人民政府的范围和标准为职工缴纳的“五险一金”；②企业为投资者或职工支付的补充养老保险费、补充医疗保险费及为特殊职工支付的人身安全保险费；③企业参加的财产保险，按照规定缴纳的保险费。这些费用在规定的标准和范围都准予扣除。

检查时，要注意社会保险费的开支范围是否正确，是否按规定用在了相关人员身上，有无虚报冒领的情况。要严格审核，对超出规定比例扣除部分，要从管理费用中剔除调增应纳税所得额。

3. 研究开发费、业务招待费的检查

（1）研究开发费的检查。

所谓的研究开发费是指企业为开发新技术、新产品、新工艺发生的研究开发费用，未形成无形资产计入当期损益的，在按照规定据实扣除的基础上，按照研究开发费用的50%加计扣除；形成无形资产的，按照无形资产成本的150%摊销。

检查研究开发费用时，首先，应了解企业有无新产品、新技术、新工艺的研究开发，有无专门从事研究开发的机构和人员。其次，检查技术开发费的列支是否真实、合法，例如有无将非研究人员的工资、非研究设备的折旧费挤进研究开发费。

（2）业务招待费的检查。

所谓业务招待费，是指企业为业务经营的合理需要而支付的费用。无论是财务制度，还是所得税实施细则，都对业务招待费作了相同限额的规定，具体扣除标准如下：企业发生的与企业生产经营活动有关的业务招待费支出，按照发生额的60%扣除，但最高不得超过当年销售（营业）收入的5‰。

检查业务招待费时，可以从两个角度去把握：①业务招待费的发生是否合理、合法。凡是业务招待费，应该与本企业生产经营有关，不相关的就不应该列为业务招待费，如其他单位的业务招待费、本企业职工私人的招待费，就不应该在业务招待费里报销 。所谓合法，就是发生业务招待费后应该取得合法有效的凭证，“白条”不允许报销。②要从全年发生的业务招待费总额上把关，将按照规定标准核定出的准许在企业所得税前扣除的金额与企业实际发生额进行比较。如果实际发生额小于核定的标准，实际发生额可据实扣除；如果实际发生额大于核定的标准，对于超过的部分应调增应纳税所得额。

4. 坏账损失的检查

所谓坏账损失，是指因债务人破产或死亡，以其破产财产或者遗产清偿后，仍然不能收回的应收账款，或者因债务人未按期履行偿债义务超过3年仍然不能收回的应收账款。按照所得税实施细则规定，不建立坏账准备金的纳税人，发生的坏账损失，经报主管税务机关核定后，按当期实际发生数额扣除；纳税人按规定提取的坏账准备金和呆账准备金，准予在计算应纳税所得额时扣除；纳税人已作为支出、亏损或呆账坏账处理的应收款项，在以后年度全部或部分收回时，应计入收回年度的应纳税所得额。

检查时，对于不建立坏账准备金的纳税人所列支的坏账损失，要查看有无主管税务机关的核定文件，账务处理是否正确。对于历年已作坏账、呆账处理的应收账款，是否仍在索债，有无全部或部分收回的情况。对于收回的坏账，有无用作建立“小金库”的现象。对于建立坏账准备金的企业 ，要检查其是否按规定的比例和基数提取“坏账准备”，实际发生坏账准备时，是否先冲减坏账准备金的数额。

三、财务费用的检查

财务费用是指企业筹集经营性资金而发生的费用，包括利息净支出、汇总净损失、金融机构手续费以及其他非资本化支出。这类费用过去也有，但在会计上未单独列一个科目进行核算。随着市场经济体系的建立，资金市场将日趋繁荣、活跃，企业到资金市场上筹集资金将成为企业资金来源的重要渠道。为反映这方面的费用情况，会计制度和税法均单独开设了“财务费用”项目。此外，随着对外开放的扩大和我国外汇管理体制的改革，企业利用外资或外汇的现象也越来越多，外币同人民币之间的汇率将实现并轨，实行以市场供求为基础，单一的、有管理的浮动汇率制。涨跌的汇差应纳入“财务费用”之中。

（一）财务费用的税务处理规定

1. 利息费用

非金融企业向金融企业借款的利息支出、金融企业的各项存款利息支出和同业拆借利息支出、企业经批准发行的债券的利息支出可据实扣除；非金融机构向非金融机构企业借款的利息支出，不超过按照进入金融企业同期同类贷款利率计算的数额的部分可据实扣除，超过部分不允许扣除。

2. 借款费用

企业在生产经营活动中发生的合理的不需要资本化的借款费用，准予扣除；企业为购置、建造固定资产、无形资产和经过12个月以上的建造才能达到预定可销售状态的存货发生借款的，在有关资产购置、建造期间发生的合理的借款费用，应予以资本化，作为资本性支出有关资本的成本；有关资产交付使用后发生的借款利息，可在发生当期扣除。

3. 汇兑损失

企业在货币交易中，以及纳税年度终了时将人民币以外的货币性资产、负债按照期末即期人民币汇率中间价折算人民币时产生的汇兑损失，除已经计入有关资产成本以及向所有者进行利润分配相关的部分外，准予扣除。

（二）财务费用支出的检查

1. 检查财务费用的支出范围

检查纳税人有无将不属于财务费用的支出计入财务费用的支出中，主要检查是否将建造、购置固定资产，开发、购置无形资产，以及筹办期间发生的利息支出记入“财务费用”账户。按照规定，为生产经营筹集资金而发生的利息支出等，是财务费用；为建造、购置固定资产，开发、购置无形资产而进行筹资，其利息等支出又发生在固定资产、无形资产交付前，则有关费用计入固定资产、无形资产、开办费价值中，不能记入“财务费用”科目核算。在检查时，应严格区别这两种不同的情况，分清楚两种费用的界限。

2. 检查财务费用的支出标准

由于企业筹集资金的渠道多元化，超过同期银行贷款利率标准的行为时有发生。正常情况下，非金融机构的借款利率都可能高于金融机构的借款利率，而税法规定超过的部分不能在企业所得税前扣除。因此，纳税检查时，一定要注意支付给非金融机构的费用是否超标准。

（三）账务处理的检查

检查财务费用的账务处理是否正确。财务费用中的利息支出、利息收入，应按权责发生制核算。外汇损益也需要按当日银行挂牌汇率折算，因互相抵销后的性质不同，可能涉及不同科目。检查时，应注意是否及时入账，是否用对了会计科目，是否记入了科目正确的一方。

企业有无只计财务支出而不计财务收入的情况，财务费用是财务收入抵减支出后的净支出（或净收益），而非只有支出或不考虑收入。作为财务费用的利息支出，应抵减利息收入；汇兑损失，同样应抵减汇兑收益，彼此抵减的结果，财务费用可能是正值，即真正的费用，也可能是负值，转变成了财务收益。与此有关的手续费等，只会是支出而无收益。检查时应区分这种收入和支出，不仅要查明是否多列了支出，还要核实是否多列了利息收入。特别是汇兑损益的计算，同汇率波动有着密切的联系，要检查所采用的银行挂牌汇率的正确性，折算的准确性，防止多计汇兑损失，少计汇兑收益的情况，从而确保财务费用计算的正确性。

第七节　其他支出和损失的检查

其他支出是指除成本、费用、税金、损失外，企业在生产经营活动中发生的与生产经营活动有关的、合理的支出。

损失是指企业在生产经营活动中发生的固定资产和存货的盘亏、毁损、报废损失，转让财产损失、呆账损失、坏账损失，自然灾害等不可抗力因素造成的损失以及其他损失。

一、营业外支出的检查

（一）营业外支出的内容

营业外支出是指与企业生产经营无直接关系的各项支出。按照企业财务制度的规定，营业外支出包括固定资产盘亏、毁损、报废损失和出售的净损失，非季节性和非修理期间的停工损失，职工子弟学校经费，技工学校经费，非常损失，公益救济性捐赠，赔偿金、违约金、援外费用支出等。

营业外支出虽然与企业的生产、经营没有直接关系，但它是企业收入总额的一个减项，其支出大小直接影响到国家的所得税收入。所以，在检查企业所得税时，一定不能忽视对营业外支出的检查。

（二）营业外支出的检查方法

1. 检查营业外支出中是否有其他费用

在实际工作中，有些企业往往将一些不准计入产品、商品成本和期间费用的支出列作营业外支出。因此，检查时应该分清成本、费用开支范围和营业外支出的界限，分清税后利润开支和营业外支出的界限，防止把应在税后利润或生产成本、期间费用列支的费用挤入营业外支出。

对这类问题的检查可以对照制度规定，结合凭证检查每笔营业外支出项目的内容，分析其是否属于营业外支出范围。例如，检查停工损失，就要辨别引起损失的停工是季节性、修理期间停工，还是非季节性、非修理期间的停工，因为按规定，前者属于制造费用，后者才算营业外支出。

2. 检查损失中的赔偿收入是否抵减了损失

检查非常损失，要看引起非常损失的原因是自然灾害还是意外事件，损失的是固定资产还是流动资产，这些资产是否办理了财产保险，若纳税人参加了财产保险，则因遭受自然灾害或意外事故而由保险公司给予的赔偿，应从非常损失总额中扣除。

3. 检查公益捐赠的扣除额

（1）检查公益捐赠是否属于直接捐赠。

税法规定，公益捐赠是指企业通过公益性社会团体或者县级以上人民政府及其部门，用于《中华人民共和国公益事业捐赠法》规定的公益事业捐赠。

公益捐赠必须通过公益性团体，县级以上人民政府及其部门来进行，如果纳税人直接捐赠给受赠者，即使列入了营业外支出，在计算应纳税所得额时也要予以全额调整，税前不得扣除。

（2）检查公益捐赠是否超标准。

按照规定，纳税人用于公益性捐赠，除另有规定外，应不超过年度利润总额的12%的范围内准许扣除，超过标准的部分不能在税前扣除。

4. 检查行政性处罚损失与经营性处罚损失的处理是否正确

税法规定，纳税人违法经营而被行政部门或司法部门处以的罚款、罚金和被没收财物的损失，以及违反税法规定被处罚的各项税收滞纳金、罚款、罚金，不能在企业所得税前扣除。而纳税人在经营过程中不能履行合同所负担的违约金、赔偿金，不属于行政性处罚的，可以在所得税前扣除。因此，检查时要认真区分它们的性质，以保证税前扣除项目的正确性。

二、投资损失的检查

投资损失包括投资者到期收回或者中途转让取得款项低于账面价值的差额，以及按照权益法核算的股权投资在被投资单位减少的净资产中所分担的数额等。在检查投资净收益时，可以一方面检查投资收益，另一方面检查投资损失，因为无论是投资收益还是投资损失，企业都通过“投资收益”会计科目来核算，所以对二者的检查可以结合起来。

三、经营亏损及其弥补的检查

企业的利润总额包括销售（营业）利润、投资净收益、汇兑损益、营业外收支净额及国家补贴收入等。在损益表上，企业的利润总额可能是正数，即为盈利，也可能是负数，即为亏损。对经营亏损进行检查，主要有两个方面的内容：一是经营亏损是否真实；二是弥补是否正确。

（一）企业经营亏损的检查

在社会主义市场经济条件下，企业经营的根本目的是追求合法利润。但是，企业的动机和实际经营结果难免有出入，一些企业在生产经营中（尤其在开办初期）会出现亏损的情况。对此，税务机关要认真查实，要调查经营亏损额是否真实，有无作假的情况，经营亏损额有无受人为因素的影响。例如，利用关联企业（尤其是境外关联企业）控制货物的购销权，高进低出转移利润；来料加工冒名进料生产，以佣金形式转移利润；压低来料加工的料工费金额，暗中转移利润；扩大成本、费用、损失的开支范围和标准，不计或少计收入等，通过一系列行为偷、逃税款。因此，税法中所述的亏损额是经主管税务机关核定后的亏损额，而不是纳税人损益表中自己确认的亏损额。

（二）亏损弥补的检查

税法规定，企业某一纳税年度发生的亏损可以用下一年度所得弥补，下一年度所得不足弥补的，可以逐年延续弥补，但最长不得超过5年。而且，企业在汇总计算缴纳企业所得税时，其境外营业机构的亏损不得抵减境内营业机构的盈利。

在检查企业亏损的递补顺序时，要特别注意以下两种情况：第一，企业连续发生年度亏损是怎样弥补的；第二，企业发生年度亏损，用以后年度盈利不足弥补，且连续补期未达到规定的年限发生新的亏损是怎样处理的。

如果企业连续发生年度亏损，下年度盈利后，应首先弥补以前年度的亏损。若盈利额大于以往年度的累计亏损的，且未超过规定的抵补年限，应一次性将以往年度的亏损全部予以弥补；若盈利额小于以往年度的累积亏损额，可先弥补第一个亏损年度的亏损额，然后再弥补第二个亏损年度的亏损额，依此类推。若在规定的弥补年限内未能补足第一个亏损年度的亏损额，未补足部分不得再弥补，应转向弥补第二个亏损年度的亏损额。

如果企业发生年度亏损，用以后年度所得不足弥补，且延续抵补期未达到规定年限又发生新亏损，在盈利后，应按照相应的年限所得中提取相应的数额进行弥补的原则来办理，即：对第一个亏损年度而言，第二至第六年是它的法定弥补期；对第二个亏损年度来说，第三至第七年是它的法定弥补期，我们可以按照平行移动法来实现亏损弥补。

第八节　税收优惠的检查

企业所得税税收优惠见表8－4。

表8－4　企业所得税税收优惠

项目	优惠种类	优惠形式	序号	优惠项目	新法条款	同原法比较
第一项	收入优惠（4项）	收入免税（3项）	1	国债利息收入	二十六条	同原法
			2	符合条件的居民企业之间股息红利等权益性投资收益		新规定
			3	符合条件的非营利性组织符合免税规定的收入		同原法
		减计收入	4	综合利用资源取得的收入减计90%	三十三条	具体规定不同
第二项	扣除优惠（4项）	加速折旧	5	由于科技进步，产品更新换代较快的固定资产和常年处于强震动、高腐蚀状态的固定资产	三十二条	缩短折旧年限不同
		加计扣除（2项）	6	新技术、新产品、新工艺的开发费用加计扣除50%；形成无形资产的，按照无形资产成本的150%摊销	三十条	同原法
			7	残疾人员工资加计扣除100%		新规定
		投资额抵扣所得额（1项）	8	创投企业在中小高新技术企业的投资额为70%且股权持有满两年的当年抵扣应纳税所得额	三十一条	新规定
第三项	所得优惠（7项）	所得免税（2项）	9	蔬菜、粮食、农作物、中药、林木等的种植，牲畜、家禽的饲养，林产品的采集、灌溉，农产品初加工、兽医、农、林、牧、渔服务等	二十七条	具体规定不同
			10	非居民企业取得的符合规定（外国政府或国际金融组织贷款利息）所得的预提所得税		同原法
		减半征收	11	花卉、茶以及其他饮料作物和香料作物的种植，海水内陆养殖		具体规定不同
		免征＋减半	12	技术转让所得500万元以内部分免税；500万元以上部分减半征收		具体规定不同

（续上表）

项目	优惠种类	优惠形式	序号	优惠项目	新法条款	同原法比较
第三项	所得优惠（7项）	免征或减半	13	民族自治地方对属于地方分享所得税部分	二十九条	具体规定不同
		三免三减半（2项）	14	公共基础设施项目所得	二十七条	具体规定不同
			15	环境保护、节能节水项目所得		新规定
第四项	税率优惠（3项）	20%税率	16	小型微利企业	二十八条	具体规定不同
		15%税率	17	高新技术企业		具体规定不同
		10%税率	18	非居民企业的预提所得税	二十七条	同原法
第五项	税额优惠（3项）	设备投资的税额抵免10%（3项）	19	环保专用设备购置	三十四条	新规定
			20	节能节水设备购置		新规定
			21	安全生产专用设备购置		新规定

对企业所得税优惠的检查主要从以下几方面入手：

1. 企业享受税收优惠条件的检查

应对照有关文件规定的条件进行检查。如国家需要重点扶持的高新技术企业，减按15%的税率征收企业所得税。《企业所得税法》中对高新技术企业的规定应同时具备“五个条件”。检查时可采用审阅法对照分析。

2. 企业享受税收优惠范围的检查

对照税收优惠的各项规定，核实企业享受优惠的项目是否在法定范围之内。如国债利息收入中是否混入国债转让收益，有无将应补税的投资收益作为免税的投资收益申报等。

3. 企业享受优惠期限的检查

通过检查企业工商登记证照、企业成立章程等有关资料，逐项审核享受税收优惠过渡期的企业的资格是否符合税法规定，如，享受过渡优惠政策的老企业，是否在《企业所得税法》发布之日前，即2007年3月16日以前完成工商登记的企业。对于新设高新技术企业，是不是在2008年1月1日后设立的企业。

4. 企业享受优惠金额的检查

企业同时从事减免项目与非减免项目的，应分别核算，独立计算减免项目的计税依据以及减免税额度。不能分别核算的，不能享受减免税。同一项目，定额享受减税、免税的，超额部分要准确计算所得税额。如，技术转让所得不超过500万元的部分，免征企业所得税；超过500万元的部分，减半征收企业所得税。

第九节 永久性差异和时间性差异的检查

一、永久性差异的检查

永久性差异是指企业在一定会计期间，由于会计制度和税法在计算收益、费用或损失时的口径不同，所产生的税前会计利润与应税所得额之间的差异。这种差额在本期发生，并不能在以后各期转回。

（一）检查内容

按照会计制度和税法的规定，永久性差异主要包括：

（1）国债利息收入按会计核算规定作为会计利润，按税法规定不属于纳税所得范围。

（2）企业实发工资总额、按实发工资总额计提的职工福利费、工会经费、职工教育经费，按会计规定全部作为费用支出，按税法规定超过计税工资标准的工资额以及按超过计税工资标准的工资额计算提取的职工福利费、工会经费、职工教育经费都不能在税前扣除。

（3）企业向金融机构和非金融机构的借款利息支出，按会计规定可作为财务费用列支，按税法规定，向非金融机构借款的利息费用超过国家规定标准的部分在税前不能扣除。

（4）企业的各种赞助费，对外的直接捐赠，通过非营利部门对公益、救济性捐赠超过标准的部分，按会计规定全部作为支出，按税法规定税前不能扣除。

（5）企业以自己生产的产品用于工程项目，会计制度规定按成本转账，不产生利润，不计入当期损益；税法上规定按该产品的售价与成本的差额计入应税所得。

（6）企业被处以的罚款、罚金、滞纳金等，按会计规定准予在“营业外支出”中列支，按税法规定不能在税前扣除。

（7）企业提取和转回的各项资产减值准备，按照会计制度及相关准则的规定，企业应当定期或者至少于每年年度终了时，对各项资产进行全面检查，并根据谨慎性原则的要求，合理地预计各项资产可能发生的损失，对可能发生的各项资产损失计提资产减值准备。包括短期投资跌价准备、存货跌价准备、长期投资减值准备、固定资产减值准备、在建工程减值准备、无形资产减值准备和委托贷款减值准备等，提取的各项资产减值准备计入当期损益，在计算当期利润总额时扣除。按照税法规定，企业所得税前允许扣除的项目，原则上必须遵守真实发生的据实扣除原则，除国家税收规定外，企业根据财务会计制度等规定提取的任何形式的准备金（包括资产准备、风险准备）都不得在企业所得税前扣除。

（二）检查方法

检查会计核算与税务处理的永久性差异时，首先要掌握会计制度和税法的具体规定，准确区分会计制度规定和税法规定的产生永久性差异的范围和内容；其次要计算各项永久性差异产生的数据或者金额，来确定当期企业所得税的应纳税所得额是增加还是减少；最后检查永久性差异的会计核算过程是否正确。

按照税法相关规定，企业产生的永久性差异，在所得税会计核算中采用应付税款法。应付税款法是指将本期税前会计利润与纳税所得之间的差异造成的影响纳税的金额直接计入当期损益，而不是递延到以后各期。在应付税款法下，当期计入损益的所得税费用等于当期应缴纳的企业所得税。企业按应纳税所得额计算的应纳所得税，借记“所得税”科目，贷记“应交税费——应交所得税”科目。企业实际上缴所得税时，借记“应交税费——应交所得税”科目，贷记“银行存款”科目。

二、时间性差异的检查

时间性差异是指企业在一定时期的税前会计利润与纳税所得之间的差额，其发生是由于有些收入和支出项目计入纳税所得的时间与计入税前会计利润的时间不一致所产生的。时间性差异发生于某一时期，但在以后的一期或若干期内可以转回。

（一）检查内容

（1）企业转让土地使用权或销售不动产，采用预收款方式的，按税法规定纳税义务时间为收到预收款的当天，按财务会计制度规定则收入并未实现。

（2）企业发生的无形资产费用、递延资产费用，企业摊销的期限与税法规定不一致。

（3）固定资产的折旧期限，财务制度规定与税法规定不一致。

（4）产品保修费用，按照会计制度可于产品销售的当期可能发生的金额预提并计入当期费用，但税法规定，当期预提的产品保修费用不能从应税所得中扣除，而应该于实际发生时从应税所得中扣除。

（二）检查方法

检查会计核算与税务处理的时间性差异时，与前述永久性差异的方法相同。首先要掌握会计制度和税法的具体规定，准确区分会计制度和税法规定产生时间性差异的范围和内容；其次是计算各项时间性差异或者金额，来确定当期企业所得税的应纳税所得额是增加还是减少；最后检查时间性差异的会计核算过程是否正确。

按照所得税会计规定，企业发生的时间性差异，采用纳税影响会计法进行核算。

纳税影响会计法是指将本期税前会计利润与纳税所得之间的时间性差异造成的影响纳税的金额，递延和分配到以后各期。采用纳税影响会计法时，可按递延法或债务法进行会计处理。

1. 递延法

递延法是指把本期由于时间性差异而产生的影响纳税的金额，保留到这一差异发生相反变化的以后期间予以转销的方法。在采用递延法时，发生在本期的时间性差异影响纳税的金额，用现行税率计算，以前各期发生而在本期转销的各项时间性差异影响纳税的金额，按发生时（当初）的税率计算转销。当税率发生变化或开征新税种时，不需要调整由于税率的变动或新税种的征收对“递延税款”余额的影响。

在纳税影响会计法下，企业按税前会计利润（或税前会计利润加或减发生的永久性差异后的金额）计算的所得税，借记“所得税”科目；按照纳税所得额计算的应缴所得税，贷记“应交税费——应交所得税”科目；按照税前会计利润（或税前会计利润加或减发生的永久性差异后的金额）计算的所得税与按照纳税所得计算的应缴所得税之间的差额，作为递延税款，借记或贷记“递延税款”科目。本期发生的递延税款待以后期转销时，如为借方余额，应借记“所得税”科目，贷记“递延税款”科目；如为贷方余额，应借记“递延税款”科目，贷记“所得税”科目。实际上缴所得税时，借记“应交税费——应交所得税”科目，贷记“银行存款”科目。

2. 债务法

债务法是指把本期由于时间性差异而产生的影响纳税的金额，保留到这一差额发生相反变化时转销。在债务法下，发生在本期的时间性差异对纳税的影响，用现行税率计算；以前各期发生而在本期转销的各项时间性差异对纳税的影响，也用现行税率计算。在税率变动或开征新税种时，递延税款的余额要按照税率的变动或新征税款作相应的调整。

第十节　特别纳税调整的检查

特别纳税调整是指税务机关出于实施反避税目的而对纳税人特定纳税事项所作的税务调整，包括针对纳税人转让定价、资本弱化、避税港避税及其他避税情况所进行的税务调整。

一、特别纳税调整相关法律法规的规定

《企业所得税法》第四十一条规定，企业与其关联方之间的业务往来，不符合

独立交易原则而减少企业或者其关联方应纳税收入或者所得额的，税务机关有权按照合理方法调整。

企业与其关联方共同开发、受让无形资产，或者共同提供、接受劳务发生的成本，在计算应纳税所得额时应当按照独立交易原则进行分摊。

第四十二条规定，企业可以向税务机关提出与其关联方之间业务往来的定价原则和计算方法，税务机关与企业协商、确认后，达成预约定价安排。

第四十三条规定，企业向税务机关报送年度企业所得税纳税申报表时，应当就其与关联方之间的业务往来，附送年度关联业务往来报告表。税务机关在进行关联业务调查时，企业及其关联方，以及与关联业务调查有关的其他企业，应当按照规定提供相关资料。

第四十四条规定，企业不提供与其关联方之间业务往来资料，或者提供虚假、不完整资料，未能真实反映其关联业务往来情况的，税务机关有权依法核定其应纳税所得额。

第四十五条规定，由居民企业，或者由居民企业和中国居民控制的设立在实际税负明显低于本法第四条第一款规定税率（25%）水平的国家（地区）的企业，并非由于合理的经营需要而对利润不作分配或者减少分配的，上述利润中应归属于该居民企业的部分，应当计入该居民企业的当期收入。

第四十六条规定，企业从其关联方接受的债权性投资与权益性投资的比例超过规定标准而发生的利息支出，不得在计算应纳税所得额时扣除。

第四十七条规定，企业实施其他不具有合理商业目的的安排而减少其应纳税收入或者所得额的，税务机关有权按照合理方法调整。

第四十八条规定，税务机关依照本章规定作出纳税调整，需要补征税款的，应当补征税款，并按照国务院规定加收利息。

《企业所得税法实施条例》对上述规定进行了解释。

（1）第一百零九条规定，《企业所得税法》第四十一条所称关联方是指与企业有下列关联关系之一的企业、其他组织或者个人：（一）在资金、经营、购销等方面存在直接或者间接的控制关系；（二）直接或者间接地同为第三者控制；（三）在利益上具有相关联的其他关系。

（2）第一百一十条规定，《企业所得税法》第四十一条所称独立交易原则，是指没有关联关系的交易各方，按照公平成交价格和营业常规进行业务往来遵循的原则。

（3）第一百一十一条规定，《企业所得税法》第四十一条所称合理方法包括：

①可比非受控价格法，是指按照没有关联关系的交易各方进行相同或者类似业务往来的价格进行定价的方法；

②再销售价格法，是指按照从关联方购进商品再销售给没有关联关系的交易方的价格，减除相同或者类似业务的销售毛利进行定价的方法；

③成本加成法，是指按照成本加合理的费用和利润进行定价的方法；

④交易净利润法，是指按照没有关联关系的交易各方进行相同或者类似业务往来取得的净利润水平确定利润的方法；

⑤利润分割法，是指将企业与其关联方的合并利润或者亏损在各方之间采用合理标准进行分配的方法；

⑥其他符合独立交易原则的方法。

(4) 第一百一十三条规定，《企业所得税法》第四十二条所称预约定价安排是指企业就其未来年度关联交易的定价原则和计算方法，向税务机关提出申请，与税务机关按照独立交易原则协商、确认后达成的协议。

(5) 第一百一十四条规定，《企业所得税法》第四十三条所称相关资料包括：(一) 与关联业务往来有关的价格、费用的制定标准、计算方法和说明等同期资料；(二) 关联业务往来所涉及的财产、财产使用权、劳务等的再销售（转让）价格或者最终销售（转让）价格的相关资料；(三) 与关联业务调查有关的其他企业应当提供的与被调查企业可比的产品价格、定价方式以及利润水平等资料；(四) 其他与关联业务往来有关的资料。

(6)《企业所得税法》第四十三条所称与关联业务调查有关的其他企业，是指与被调查企业在生产经营内容和方式上相类似的企业。

(7) 企业应当在税务机关规定的期限内提供与关联业务往来有关的价格、费用的制定标准、计算方法和说明等资料。关联方以及与关联业务调查有关的其他企业应当在税务机关与其约定的期限内提供相关资料。

(8) 第一百一十五条规定，税务机关依照《企业所得税法》第四十四条的规定核定企业的应纳税所得额时，可以采用下列方法：(一) 参照同类或者类似企业的利润率水平核定；(二) 按照企业成本加合理的费用和利润的方法核定；(三) 按照关联企业集团整体利润的合理比例核定；(四) 按照其他合理方法核定。企业对税务机关按照前款规定的方法核定的应纳税所得额有异议的，应当提供相关证据，经税务机关认定后，调整核定的应纳税所得额。

二、特别纳税调整检查方法

关联企业常利用转移定价来逃避缴纳税款，常见涉税问题主要是纳税人销售货物或应税劳务的价格明显低于同行业其他企业同期的销售价格，或某一笔交易的货物（应税劳务）销售价格明显低于同期该货物的平均销售价格。

对此，主要检查方法有：

(1) 采用比较分析法，将纳税人的货物（应税劳务）销售价格、销售利润率与本企业和其他同业企业的同期销售价格、销售利润率进行对比，核实销售价格和销售利润率是否明显偏低。

（2）采用询问、调查等方法，了解纳税人的经营战略、发展规划和销售政策，了解纳税人与价格明显偏低的销售对象是否存在关联关系，审核纳税人货物销售价格偏低的理由是否正当，如无正当理由，应予以补缴税款。

具体检查的内容包括：

①企业与其关联方之间的业务往来，不符合独立交易原则而减少企业或者其关联方应纳税收入或者所得额的，税务机关有权按照合理方法调整。

②企业可以向税务机关提出与其关联方之间业务往来的定价原则和计算方法，税务机关与企业协商、确认后，达成预约定价安排。

③企业不提供与其关联方之间业务往来资料，或者提供虚假、不完整资料，未能真实反映其关联业务往来情况的，税务机关有权依法核定其应纳税所得额。

④由居民企业，或者由居民企业和中国居民控制的设立在实际税负明显低于本法第四条第一款规定税率（25%）水平的国家（地区）的企业，并非由于合理的经营需要而对利润不作分配或者减少分配的，上述利润中应归属于该居民企业的部分，应当计入该居民企业的当期收入。

⑤企业从其关联方接受的债权性投资与权益性投资的比例超过规定标准而发生的利息支出，不得在计算应纳税所得额时扣除。

⑥企业实施其他不具有合理商业目的的安排而减少其应纳税收入或者所得额的，税务机关有权按照合理方法调整。

第九章 个人所得税的检查

【本章要点】

本章主要介绍个人所得税纳税义务人、扣缴义务人、征税范围、计税依据、适用税率、应纳税额、税收优惠和个人所得税特殊业务的检查，重点内容包括各税目的区分和特殊业务的检查。

个人所得税是对居民和非居民取得的个人所得征收的一种税。征税时对各项不同所得采取了不同的计税方法。所以，对个人所得税的计税依据，应按不同项目分别检查。

第一节 纳税义务人和扣缴义务人的检查

一、纳税义务人的检查

个人所得税纳税义务人依据住所和居住时间两个标准，可分为居民纳税义务人和非居民纳税义务人。

（一）法律法规的规定

1. 居民纳税义务人

根据《个人所得税法》和《个人所得税法实施条例》的规定，居民纳税义务人是指：

（1）在中国境内有住所，或者无住所而在境内居住满一年的个人，从中国境内和境外取得的所得，依照本法规定缴纳个人所得税。

（2）在中国境内有住所是指纳税人因户籍、家庭、经济利益关系而在中国境内习惯性居住。

（3）在中国境内居住满一年，是指在一个纳税年度中，在中国境内居住满 365 日。在计算居住天数时，对在一个纳税年度中一次不超过 30 日或者多次累计不超过 90 日的离境视为临时离境，不扣减其在华居住天数。

（4）在中国境内无住所，但是居住一年以上五年以下的个人，其来源于中国境外的所得，经主管税务机关批准，可以只就由中国境内公司、企业以及其他经济组织或者个人支付的部分缴纳个人所得税；居住超过五年的个人，从第六年起，应当就其来源于中国境外的全部所得缴纳个人所得税。

（5）年所得 12 万元以上的纳税义务人，在年度终了后 3 个月内到主管税务机关办理纳税申报。

2. 非居民纳税义务人

根据《个人所得税法》和《个人所得税法实施条例》的规定，非居民纳税义务人是指：

（1）在中国境内无住所又不居住或者无住所而在境内居住不满一年的个人，从中国境内取得的所得，依照本法规定缴纳个人所得税。

（2）在中国境内无住所，但是在一个纳税年度中在中国境内连续或者累计居住不超过90日的个人，其来源于中国境内的所得，由境外雇主支付并且不由该雇主在中国境内的机构、场所负担的部分，免予缴纳个人所得税。

（3）根据国税发〔1994〕148号文件规定，对在中国境内无住所的个人取得工资薪金所得的个人所得税有关规定详见表9－1。

表9－1　中国境内无住所的个人取得工资薪金所得的个人所得税有关规定

90天内 183天内（有税收协定）	（1）境内工作期间的所得由中国境内雇主支付的应缴个人所得税，境外支付的则免交 （2）境外工作期间的所得，无论境内还是境外支付均免
90天~1年 183天~1年（有税收协定）	（1）境内工作期间的所得由中国境内雇主支付的应缴个人所得税，境外支付的也应缴个人所得税 （2）境外工作期间的所得，无论是境内还是境外支付均免
1~5年	（1）境内工作的所得由中国境内雇主支付的应缴个人所得税，境外支付的也应缴个人所得税 （2）境外工作期间的所得由中国境内雇主支付的部分应缴个人所得税，境外雇主支付的免缴
担任境内企业高层管理职务的人员无时间划分规定	缴纳个人所得税参照上述规定办理

（二）主要检查方法

对居民纳税人和非居民纳税人的检查方法主要有：

（1）对在中国境内任职的外籍人员，检查其与任职单位签署的合同、薪酬发放资料，对照个人护照记录，到进出境机关核实了解进出境时间，并根据相关税收协定的规定，判断其属居民纳税人还是非居民纳税人。

（2）检查居民纳税人在境内、外取得的所得是否履行纳税义务时，需要通过与国际税收管理部门进行情报交换，调查其在境外取得所得的情况，核对其境内、外取得所得的申报资料，从中发现疑点，并将相关疑点呈交国际税收管理部门，由其负责查询个人所得税境外缴纳情况，确定是否存在居民纳税人按非居民纳税人履行纳税义务的情况。

（3）检查企业“应付职工薪酬”、“应付利息”、“财务费用”等账户，通过相关部门查询纳税人买卖股票、证券、基金及福利彩票等所得，特别是对于在两处以上兼职取得收入的个人要采取函证、协查或实地核查等方式，检查确认个人在一个纳税年度取得的各项所得汇总是否达到12万元以上，是否按规定进行申报。

[例9-1] 美籍个人张某、韩籍个人刘某，同时于2008年7月31日至2009年12月1日来华讲学，实际居住16个月。在华讲学期间，两人每月可获中方支付的工资、薪金收入为8万元，同时美籍个人张某在本国还有固定收入，每月折合人民币12万元，韩籍个人刘某在本国还有固定收入，每月折合人民币11万元。经检查发现，两人在中国境内实际居住天数超过365日，但他们在一个纳税年度中在中国境内居住未满365日。

如何判断两人是居民纳税人还是非居民纳税人？这不仅要根据我国税法的相关规定，同时还要考虑我国分别与美国、韩国签订的双边税收协定的规定。根据我国与美国的税收协定有关停留期间的规定是以公历年计算的。由此可确认美籍个人张某为非居民纳税人，应仅就其在中国境内取得的所得申报缴纳个人所得税；根据我国与韩国签订的税收协定，有关停留期间的规定是以任何连续12个月计算的，该韩籍个人居住天数已超过365日，由此可确认韩籍个人刘某为居民纳税人，应就其在中国境内和境外的全部所得缴纳个人所得税。

二、扣缴义务人的检查

（一）法律法规的规定

根据《个人所得税法》和《个人所得税法实施条例》的规定，扣缴义务人是指：①个人所得税以支付所得的单位或者个人为扣缴义务人。扣缴义务人应当按照国家规定办理全员全额扣缴申报；②扣缴义务人在向个人支付应税款项时，应当依照税法规定代扣税款，按时缴库，并专项记载备查。这里所说的支付，包括现金支付、汇拨支付、转账支付和以有价证券、实物以及其他形式的支付。

（二）主要检查方法

对扣缴义务人的检查方法主要有：

（1）检查“应付职工薪酬”、“应交税费——应交个人所得税”等明细账，审查职工薪酬发放单，核实职工的月工资、薪金收入，对达到征税标准的，扣缴义务人是否按规定履行代扣税款义务。

（2）检查“生产成本”、“管理费用”、“产品销售费用”等明细账，核查企业是否有支付给临时外聘的技术人员的业务指导费、鉴定费，是否有列支的邀请教授、专家的授课培训费、评审费等，是否按规定履行代扣税款义务。

（3）检查“利润分配——应付股利”、“财务费用”等账户，核实对支付给个人的股息、红利、利息是否全额计算扣缴税款。在对金融机构检查时，检查支付给个人的储蓄存款利息是否按规定履行代扣代缴税款义务，是否及时解缴代扣税款。

（4）检查直接在各成本、费用账户中列支或通过其他渠道间接支付给员工的各种现金、实物和有价证券等薪酬，是否按规定全部合并到工资、薪金中一并计算应扣缴的税款。

（5）检查企业"应交税费——应交个人所得税"明细账户、员工薪酬收入明细表和《个人所得税扣缴情况报告表》及完税证或缴款书，查看账表数额是否相符，代扣税款是否正确、完整，是否按规定期限解缴税款。

第二节 征税范围和计税依据的检查

一、法律法规的规定

根据《个人所得税法》和《个人所得税法实施条例》的规定，我国个人所得税的征税范围包括：①工资、薪金所得；②个体工商户的生产、经营所得；③对企事业单位的承包经营、承租经营所得；④劳务报酬所得；⑤稿酬所得；⑥特许权使用费所得；⑦利息、股息、红利所得；⑧财产租赁所得；⑨财产转让所得；⑩偶然所得；⑪经国务院财政部门确定征税的其他所得。

另外，自2000年1月1日起，对个人独资企业和合伙企业停止征收企业所得税，其投资者的生产经营所得，比照个体工商户的生产、经营所得征收个人所得税。根据《个人所得税法》有关规定，国务院决定自2008年10月9日起，对储蓄存款利息所得暂免征收个人所得税。

各项个人所得的征税范围详见表9－2。

表9－2 个人所得税征收范围

税目、税率	征税范围
1. 工资、薪金所得（5%～45%）	指个人因任职或者受雇而取得的工资、薪金、奖金、年终加薪、劳动分红、津贴、补贴以及与任职或者受雇有关的其他所得
2. 个体工商户的生产、经营所得（5%～35%）	（1）个体工商户从事工业、手工业、建筑业、交通运输业、商业、饮食业、服务业、修理业以及其他行业生产、经营取得的所得 （2）个人经政府有关部门批准，取得执照，从事办学、医疗、咨询以及其他有偿服务活动取得的所得 （3）其他个人从事个体工商业生产、经营取得的所得 （4）上述个体工商户和个人取得的与生产、经营有关的各项应纳税所得

（续上表）

税目、税率	征税范围
3. 对企事业单位的承包经营、承租经营所得（5%～35%）	是指个人承包经营、承租经营以及转包、转租取得的所得，包括个人按月或者按次取得的工资、薪金性质的所得
4. 劳务报酬所得（20%）	是指个人从事设计、装潢、安装、制图、化验、测试、医疗、法律、会计、咨询、讲学、新闻、广播、翻译、审稿、书画、雕刻、影视、录音、录像、演出、表演、广告、展览、技术服务、介绍服务、经纪服务、代办服务以及其他劳务取得的所得
5. 稿酬所得（20%）	是指个人因其作品以图书、报刊形式出版、发表而取得的所得
6. 特许权使用费所得（20%）	是指个人提供专利权、商标权、著作权、非专利技术以及其他特许权的使用权取得的所得；提供著作权的使用权取得的所得，不包括稿酬所得
7. 利息、股息、红利所得（20%）	是指个人拥有债权、股权而取得的利息、股息、红利所得（2008 年 10 月 9 日起对储蓄存款利息所得暂免个税）
8. 财产租赁所得（20%）	是指个人出租建筑物、土地使用权、机器设备、车船以及其他财产取得的所得
9. 财产转让所得（20%）	是指个人转让有价证券、股权、建筑物、土地使用权、机器设备、车船以及其他财产取得的所得
10. 偶然所得（20%）	是指个人得奖、中奖、中彩以及其他偶然性质的所得
11. 其他所得（20%）	是指经国务院财政部门确定征税的其他所得

二、具体征税范围的检查

（一）工资、薪金所得检查

工资、薪金所得是指通过任职和受雇形式取得的个人收入。在确定个人收入总额时，应判定某项所得是属于工资薪金所得还是属于劳务报酬所得，可从纳税人与任职单位所存在的雇佣或非雇佣关系方面，判定是否属于非独立劳务，如存在雇佣关系就属于非独立劳务，应按“工资薪金所得”税目征税，否则应按“劳务报酬所得”征税。

工资、薪金所得包括薪金、奖金、年终加薪、劳动分红、津贴、补贴以及与任职或受雇有关的其他所得。但不包括下列不属于工资、薪金性质的补贴和津贴：

（1）独生子女补贴。

（2）执行公务员工资制度未纳入工资总额的补贴、津贴差额和家属成员的副食品补贴。

（3）托儿补助费。

（4）差旅费津贴、误餐补助。其中，误餐补助是指按照财政部规定，个人因公在城区、郊区工作，不能在工作单位或返回就餐的，根据实际误餐顿数，按规定的标准领取的误餐费。单位以误餐补助名义发给职工的补助、津贴不包括在内。

1. 两处以上工资、薪金的检查

中方个人有两处以上工资、薪金收入的检查，检查代扣代缴义务人代扣的税款有无及时申报缴纳。现行会计制度没有具体规定代扣税款在什么账户核算，但一般在以下两个账户核算：一是通过"应交税费"账户核算；二是通过"其他应付款"账户核算，在这两个账户下设置"代扣代缴个人所得税"明细账户。检查时，看这两个账户的明细账户，检查有无代扣应缴个人所得税账户，其贷方有无余额，是否已按规定期限缴纳了税款。同时还要检查代扣代缴义务人是否履行税法规定的代扣代缴义务。个人的工资、薪金所得在代扣代缴义务人单位均在"应付职工薪酬"账户核算。企事业单位应付给职工的工资总额，包括各种工资、奖金、津贴等。检查"应付职工薪酬"账户时，根据每月会计记账凭证号码，核对记账凭证所附的工资单（工资单详细记录基本工资、职务工资、各种补贴、津贴、奖金等），审查发给每人每月应付工资的总额，有无达到应缴个人所得税的收入。另外，还可通过"管理费用"账户中的"应付职工薪酬——应付福利费"明细账户，审查企业有无把工资性质的收入记入该账户之中，如企业发放给职工的午餐补贴、医疗补贴、住房补贴及各种实物分配等。最后审查"盈余公积"和"利润分配"两个账户，注意企业有无年终时分配奖金通过"盈余公积"或"利润分配——未分配利润"账户，而不通过"应付职工薪酬"账户分配的情况。对于纳税人一个人从两个或两个以上单位或个人处取得的工资、薪金所得，或者取得两次或两次以上的工资、薪金是否按规定合并计算纳税情况进行检查时，还要看有无分别计算而少纳税款的问题。了解纳税人有无外派劳务人员、双重职务人员和双重单位人员，核查从两处或两次取得的工资收入是否合并纳税。

2. 外籍个人（包括港澳台同胞）工资、薪金收入的检查

外籍个人的情况比较复杂，在检查前，应了解外籍个人的工资、薪金的构成、聘任期限、职务、福利待遇，以及国籍、在华时间等情况。检查时，首先，要看外籍个人在境内担任企业董事或高层管理职务，其在境内连续或累计居住是否超过 90 天，或在税收协定规定期间在境内连续累计居住是否超过 183 天但不满 1 年的个人，是否对工作期间取得的由中国境内企业或个人雇主支付和由境外企业或个人雇主支付的工资、薪金所得一并申报纳税。检查时，可根据外籍个人提供的派遣单位开具的原始明细工资单（包括奖金、津贴证明资料），与"个人所得税月份申报表"相

对照，审核申报收入是否真实，是否按规定从入境第一天开始计算；其次，外商投资企业的董事长同时担任企业直接管理职务，应核查其是否分别就董事长身份取得董事费和以雇员身份取得的工资、薪金所得征收个人所得税。担任中国境内企业董事或高层管理人员取得的由中国境内企业支付的董事费或工资、薪金，不论个人是否在中国境内履行职务，均应申报缴纳个人所得税；最后，企业以实物向雇员提供福利，如向外籍雇员提供的汽车、住房等个人消费品，应根据不同情况作不同的纳税处理。通过检查所购房屋产权证和车辆发票，如房屋产权证和车辆发票均填写职员姓名，并满足一定条件后，房屋、车辆属于职员，这种情况应按规定申报纳税。纳税义务发生时间为取得实物的当月，将实物折合为现金，在规定工作年限内（高于五年的按五年计算）按月平均计算纳税。

3. 税前扣除额的检查

对工资、薪金所得税前扣除额的检查：

（1）通过调查人力资源信息资料、签署的劳动合同，社会保险机构的劳动保险信息，结合考勤花名册、岗位生产记录、人员交接班记录等，核实单位的用工人数、用工类别、人员构成结构及分布，要特别注意检查高管人员、外籍人员等高收入者的有关信息；然后审查财务部门“工资结算单”中发放工资人数、姓名与企业的实际人数、姓名是否相符，企业有无为降低高收入者的工资、薪金收入，故意虚增职工人数、分解降低薪酬，或者编造假的工资结算表，人为调剂薪酬发放月份，以达到少扣缴税款或不扣缴税款的目的。

（2）检查“生产成本”、“制造费用”、“管理费用”、“销售费用”、“在建工程”、“应付职工薪酬”等账户，核实有无通过以上账户发放奖金、补助等情况；还应注意职工食堂、工会组织等发放的现金伙食补贴、实物福利、节假日福利费等，是否合并计入工资、薪金收入总额中计算扣税。

（3）检查《个人所得税扣缴情况报告表》中的工资、薪金总额与“工资结算单”工资总额，审查企业有无扣除水电费、住房租金、托儿费、补充养老保险、企业年金等费用后的实发工资扣缴税款的情况。

（4）通过检查劳动保险部门保险缴纳清单和工资明细表，核实企业是否有扩大劳动保险交纳的基数、比率，降低计税依据的问题。如提高住房公积金的缴纳比例，降低计税依据。对效益较好的经营单位，要查看是否为员工建立企业年金计划，是否将为员工缴纳的补充商业险等合并计入工资、薪金所得计税。

（5）对单位外派分支机构人员，要通过人力资源部门获取详细的薪酬发放信息，通过函证、协查方式检查员工同时从两处或两处以上取得的工资、薪金所得，是否仅就一处所得申报或在两处分别申报，重复扣除税前扣除项目，而未进行合并申报。

4. 应纳所得税额的检查

应纳税额的计算公式为：

应纳税额 = 应纳税所得额 × 适用税率 − 速算扣除数

应纳税所得额 = 每月收入额 − 2 000

（1）雇用单位和派遣单位分别支付工资、薪金的所得税的检查。

在外商投资企业、外国企业和外国驻华机构工作的中方人员取得的工资、薪金收入，凡是由雇用单位和派遣单位分别支付工资的，支付单位应扣缴应纳的个人所得税，遵循以下办法：雇用单位在支付工资、薪金时，按税法规定减除费用，计算扣缴税款；派遣单位支付的工资、薪金不再减除费用，以支付全额直接确定适用税率，计算扣缴税款。

（2）个人一次取得数月奖金、年终加薪或劳动分红的所得税的检查。

对个人一次取得的年终加薪或劳动分红，可平均后计算纳税。

（3）特定行业职工取得的工资、薪金所得应纳所得税的检查。

为了照顾采掘业、远洋捕捞业因季节、产量等因素的影响，职工的工资、薪金收入呈现较大幅度波动的实际情况，对这几个特定行业的职工取得的工资、薪金所得采取按年计算、分月预缴的方式计征个人所得税。年度终了后30日内，合计其全年工资、薪金所得，再按12个月平均并计算实际应纳的税款，多退少补。

（4）对实行年薪制的企业经营者的所得税计算的检查。

年薪制是指企业经营者平时按规定领取基本工资，年度结束后，根据其经营业绩的考核结果，再确定其效益收入。对实行年薪制的企业经营者取得的工资、薪金所得应纳的税款，可以实行按年计税，分月预缴的方式计征，即企业经营者按月领取的基本收入，应在减除2 000元的费用之后，按适用税率计算应纳税款并预缴，年度终了领取效益收入后，合计其全年基本收入和效益收入，再按12个月平均计算实际应纳的税款。

（5）雇主为其雇员负担个人所得税税款的检查。

在实际工作中，有的雇主（单位或个人）常常为纳税人负担税款，即支付给纳税人的报酬（包括工资、薪金、劳务报酬等所得）是不含税的净所得或称为税后所得，纳税人的应纳税额由雇主代为缴纳。这种情况下，就不能以纳税人实际取得的收入直接乘以适用税率计算税额，否则，就会缩小税基，降低适用税率。正确的方法是，将纳税人的不含税收入换算为应纳税所得额，即含税收入，然后再计算应纳税额。分两种情况处理：

①雇主全额为雇员负担税款。应将雇员取得的不含税收入换算成应纳税所得额后，计算单位应当代扣代缴的税款。

②雇主为其雇员负担部分税款。又可分为定额负担部分税款和定率负担部分税款两种情形。雇主为其雇员定额负担部分税款的，应将雇员取得的工资、薪金所得换算成应纳税所得额后，计算单位应当代扣代缴的税款。

雇主为其雇员定额负担税款的，应将雇员取得的工资、薪金所得换算成应纳税所得税后，计算征收个人所得税。工资薪金收入换算成应纳税所得额的计算公式为：

应纳税所得额＝雇员取得的工资＋雇主代雇员负担的税款－费用扣除标准

雇主为其雇员负担一定比例的工资应纳的税款或者负担一定比例的实际应纳税款的，应将不含税收入额计算应纳税所得额的公式中“不含税收入额”替换为“未含雇主负担的税款的收入额”，同时将速算扣除数和税率两项分别乘以上述的“负担比例”，按此调整后的公式，以其未含雇主负担的税款的收入额换算成应纳税所得额，计算应纳税款。即：

应纳税所得额＝（未含雇主负担的税款的收入额－费用扣除标准－速算扣除数×负担比例）÷（1－税率×负担比例）

应纳税额＝应纳税所得额×适用税率－速算扣除数

根据《国家税务总局关于印发〈征收个人所得税若干问题的规定〉的通知》（国税发〔1994〕089号）第十四条的规定，单位或个人为纳税义务人负担个人所得税税款的，应将纳税义务人取得的不含税收入额换算为应纳税所得额，计算征收个人所得税。为了规范此类情况下应纳税款的计算方法，现将计算公式明确如下：

不含税收入额为3 360元（即含税收入额4 000元）以下的：

应纳税所得额＝（不含税收入额－800）÷（1－税率）

不含税收入额为3 360元（即含税收入额4 000元）以上的：

应纳税所得额＝［（不含税收入额－速算扣除数）×（1－20%）］÷［1－税率×（1－20%）］

应纳税额＝应纳税所得额×适用税率－速算扣除数

前两个公式中的税率是指不含税所得按不含税级距对应的税率；第三个公式中的税率是指应纳税所得额按含税级距对应的税率。

（二）个体工商户的生产、经营所得的检查

个体工商户的生产、经营所得，包括：①个体工商户从事工业、手工业、建筑业、交通运输业、商业、饮食业、服务业、修理业以及其他行业生产、经营取得的所得；②个人经政府有关部门批准，取得执照，从事办学、医疗、咨询以及其他有偿服务活动取得的所得；③其他个人从事个体工商业生产、经营取得的所得；④上述个体工商户和个人取得的与生产、经营有关的各项应税所得。

个体工商户的生产、经营所得以每一纳税年度的收入总额，减除成本、费用以及损失后的余额，为应纳税所得额。这里所说的成本、费用，是指纳税义务人从事生产、经营所发生的各项直接支出，制造商耗费的材料和人员工资、经营商的进货成本等，以及分配计入成本的制造费用等间接费用，生产经营发生的销售费用、财务费用、管理费用和商品流通费用等；这里所说的损失，是指纳税人在生产、经营过程中发生的各项营业外支出。对个体工商户生产、经营所得的检查，基本上与工、商企业的检查相同。但是，个体工商户经营规模小，管理不够健全，人员结构复杂，法制观念淡薄，存在的税收问题较多。检查时，应从分析经营动态、收集各种信息入手，研究货源和货运的规律，密切与有关部门如工商、银行等单位联系，查管结合，账内账外结合。

（三）企事业单位的承包经营、承租经营所得征税范围的检查

根据承包（承租）合同内容、经营者的实际承包（承租）方式、性质和收益归属、工商登记情况确定是否属于企事业单位的承包经营、承租经营所得项目的征税范围。在检查中，一是审查被承包、承租企业的工商登记执照的性质，确认该企业发包或出租前后的变更情况。如工商登记仍为企业的，则应进一步审查其是否首先按规定申报企业所得税，然后按照承包、承租经营合同（协议）规定取得的所得申报个人所得税；如果工商登记已改变为个体工商户的，则应审查是否按个体工商户生产、经营所得项目申报个人所得税。二是审查承包（承租）人与发包（出租）方签订的承包（承租）合同，如果承包（承租）人对企业经营成果不拥有所有权，仅是按合同（协议）规定取得一定所得的，则确定承包（承租）人取得的所得是属于工资、薪金所得的征税范围；如果承包、承租人按合同（协议）的规定只向发包（出租）方交纳一定费用后，企业经营成果归其所有的，则承包、承租人取得的所得属于对企事业单位承包经营、承租经营所得的征税范围。

（四）劳务报酬所得的检查

劳务报酬所得实行定额和定率相结合，劳务报酬所得每次收入不超过 4 000 元的，减除费用 800 元；4 000 元以上的，减除 20% 的费用，其余额为应纳税所得额。适用 20% 比例税率，按次计征，并对一次收入畸高的，实行加成征收。凡是个人一次劳务报酬，其应纳税所得额在 20 000 ~ 50 000 元的部分，依照税法规定计算应纳税额后再按照应纳税额加征五成；超过 50 000 元的部分，加征十成。

检查时可从以下几方面来进行：

（1）通过调查劳务报酬的支付方，了解具体的支付情况，审查劳务报酬所得的真实性；核实劳务项目的组成及其支付方式、支付时间，与支付单位的会计记录、《个人所得税扣缴税款报告表》相对照，从中发现是否存在故意隐瞒劳务报酬数额的问题。

（2）通过审核劳务报酬协议、合同等，核查其对“每次收入”政策界定的执行情况，有无将“一次收入”人为分解减少应纳税所得。如某演员一个月内在某县连续演出五场，每场支付 100 000 元。该演员本月五场收入应合并为一次纳税，却按五次分别进行纳税申报，重复扣除费用，减少应纳税所得。

（3）通过检查劳务报酬协议，核实纳税人有无将本属于一个人单独取得的收入，虚报为两个或两个以上的个人共同取得收入，进而导致纳税人利用分别减除费用的规定，多扣减费用少缴税款。

（4）检查纳税人与接受方签署的合同、协议，根据合同、协议约定的劳务报酬支付时间、支付方式、支付金额等资料，与《个人所得税扣缴税款报告表》对照，核实取得的劳务报酬金额是否符合加成征收条件，是否按规定计算申报。

（五）稿酬所得和特许权使用费所得征税范围的检查

检查出版单位账簿明细，结合相关的合同、协议，查看原始的支付凭证，按照经济行为的实质，分析、核实支付给个人的报酬属于特许权使用费所得征税范围还是稿酬所得征税范围。若作者将其作品的使用权因出版、发表而提供给他人使用，则此项所得属稿酬所得的征税范围。若作者将自己的文字作品手稿原件或复印件公开竞价拍卖而取得的所得，属于转让个人著作的使用权，则此项所得属于特许权使用费所得的征税范围。

稿酬所得实行定额和定率扣除相结合，适用20%比例税率，按次计征，并按应纳税额减征30%。凡是稿酬每次不满4 000元（含4 000元）的，减除800元的费用，然后就其余额按20%的比例税率和30%的减征比例计算应缴税款。

检查时，应注意以下问题：

（1）作者出版一部著作所得稿酬，不论是分次取得还是一次取得，均应按一次计征个人所得税；所取得的再版稿酬为另一次收入，应再次计征个人所得税。作者的作品先在刊物上连载，应就连载同一作品的全部稿酬所得按一次计征个人所得税；其后又单独出书所得稿酬，应再次计征个人所得税。

（2）两个以上的个人（包括两人）共同取得同一项目的收入，按规定需要减除费用的，可以对每个人分得的收入分别减除费用。

（六）其他所得和偶然所得征税范围的检查

检查企业“销售费用”、“营业费用”、“营业外支出”等账户，针对支付给个人的支出，要正确区分是否属于其他所得和偶然所得征税项目，其他所得由国务院财政部门单独确定，偶然所得则强调其偶然性和不可预见性。如对企业在产品发布会、总结会议、业务往来等活动中向有关人员发放的赠品、纪念品等应按照其他所得代扣个人所得税。对于中奖、中彩或企业举办有奖销售等活动中的中奖者个人则按照偶然所得代扣税款。

（七）利息、股息、红利所得的检查

对利息、股息、红利所得的检查可从以下几方面着手：

（1）企业向个人支付利息的检查应根据检查“应付股利”、“应付利息”、“财务费用”等账户，对照《扣缴个人所得税税款报告表》、《支付个人收入明细表》等，核实企业有无把支付的利息、股息、红利性质的所得按照工资、薪金所得，少代扣代缴个人所得税；是否把不属于减税或免税范围的利息、股息、红利所得作为减税或免税处理，少代扣或未代扣代缴个人所得税。检查“财务费用”明细账借方发生额、“其他应付款”明细账贷方等有关凭证，了解企业是否有职工个人集资，核查企业支付集资利息费用，对于支付的集资利息是否按规定代扣代缴税款，企业为个人负担税款的是否将不含税的利息收入换算成含税的收入纳税，对职工个人出资缴纳的风险抵押金利息收入是否按利息所得处理。

（2）企业向个人支付股息、红利的检查。通过了解发行股票、债券的公司或企业向个人分派股息、配股以及支付利息的情况，检查个人取得的应税利息、股息及红利所得是否按规定进行了纳税申报。

三、对个人取得的经济补偿金的检查

个人因与用人单位解除劳动关系而取得的一次性补偿收入（包括用人单位发放的经济补偿金、生活补助费和其他补助费用），其收入在当地上年职工平均工资3倍数额以内的部分，免征个人所得税；超过的部分按照《国家税务总局关于个人因解除劳动合同取得经济补偿金征收个人所得税问题的通知》（国税发〔1999〕178号）的有关规定，计算征收个人所得税。个人领取一次性补偿收入时按照国家和地方政府规定的比例实际缴纳的住房公积金、医疗保险费、基本养老保险费、失业保险费，可以在计征其一次性补偿收入的个人所得税时予以扣除（财税〔2001〕157号）。对于个人因解除劳动合同而取得一次性经济补偿收入，应按“工资、薪金所得”项目计征个人所得税。考虑到个人取得的一次性经济补偿收入数额较大，而且被解聘的人员可能在一段时间内没有固定收入，因此，对于个人取得的一次性经济补偿收入，可视为一次取得数月的工资、薪金收入，允许在一定期限内进行平均。具体平均办法为：以个人取得的一次性经济补偿收入，除以个人在本企业的工作年限数，以其商数作为个人的月工资、薪金收入，按照税法规定计算缴纳个人所得税。个人在本企业的工作年限数按实际工作年限数计算，超过12年的按12年计算。按照上述方法计算的个人一次性经济补偿收入应纳的个人所得税税款，由支付单位在支付时一次性代扣，并于次月7日内缴入国库。个人按国家和地方政府规定比例实际缴纳的住房公积金、医疗保险金、基本养老保险金、失业保险基金在计税时予以扣除。个人在解除劳动合同后又再次任职、受雇的，对个人已缴纳个人所得税的一次性经济补偿收入，不再与再次任职、受雇的工资、薪金所得合并计算补缴个人所得税（国税发〔1999〕178号）。

检查时，要通过审核劳动合同，检查职工档案和缴纳劳动保险的时间来确认解除劳动关系的实际工作年限，确认是否虚构工作年限；到劳动部门、统计部门确认当地上年度职工平均工资、各项保险金金额，确定是否存在降低平均收入，少缴或不缴个人所得税的现象。

四、个人因认购股票等有价证券而从雇主取得的折扣或补贴收入的检查

中国境内的公司、企业为吸引人才，按有关法律和本公司制度，向其雇员折价发放股票等有价证券。其税务处理办法为：在中国境内负有纳税义务的个人（包括在中国境内有住所和无住所的个人）认购股票等有价证券，因其受雇期间的表现或业绩，从其雇主以不同形式取得的折扣或补贴（指雇员实际支付的股票等有价证券的认购价格低于当期发行价格或市场价格的数额），属于该个人因受雇而取得的工资、薪金所得，在雇员实际认购股票等有价证券时计税。从雇主取得的折扣或补贴，因一次收入较多，全部计入当月工资、薪金所得纳税有困难的，自其实际认购股票等有价证券的当月起，在不超过6个月的期限内平均分月计入工资、薪金所得计税。

检查中应重点查明折扣或补贴的收入计算是否正确，有无未经税务机关批准自行分摊或超过批准月数平均到各月工资、薪金中，降低税率，少申报个人所得税。

五、捐赠扣除计税的检查

个人将其所得对教育事业和其他公益事业捐赠的部分，按照国务院有关规定从应纳税所得中扣除。个人将其所得对教育事业和其他公益事业的捐赠，是指个人将其所得通过中国境内的社会团体、国家机关向教育和其他社会公益事业以及遭受严重自然灾害地区、贫困地区的捐赠。捐赠额未超过纳税义务人申报的应纳税所得额30%的部分，可以从其应纳税所得额中扣除。

捐赠扣除计税可从以下方面进行检查：

（1）检查纳税人捐赠行为时，要重点核实纳税人是否通过国家批准成立的教育和其他公益事业组织进行捐赠，捐赠单据和公章是否相符，是否符合国家税法规定；结合纳税人的自行申报，与办理捐赠事宜的有关社会团体、国家机关取得联系，查核纳税人的捐赠行为是否真实，手续是否合法，捐赠款项是否到位，捐赠数额是否如实申报。

（2）检查纳税人所得计算的准确性，核实捐赠扣除基数，查实有无扩大基数的问题。如某个体商业户纳税申报个人所得100万元，其中经营收入500万元，成本费用400万元，捐赠80万元。该纳税人申报时按经营收入500万元计算扣除捐赠限额，扩大扣除捐赠基数，减少应纳税额。

（3）检查通过社会团体捐赠的受赠人身份，是否是符合全额扣除标准的受赠人。如某人对中国光彩事业促进会进行捐赠，该受赠人不属于政策规定的全额扣除的受赠人，该捐赠应不予税前全额扣除。

六、应纳税额抵扣的检查

纳税义务人从中国境外取得的所得，准予其在应纳税额中扣除已在境外缴纳的个人所得税税额。但扣除额不得超过该纳税义务人境外所得依照本法规定计算的应纳税额。这里所说的已在境外缴纳的个人所得税税额，是指纳税义务人从中国境外取得的所得，依照该所得来源国家或者地区的法律应当缴纳并且实际已经缴纳的税额。

应纳税额，是指纳税义务人从中国境外取得的所得，区别不同国家或者地区和不同所得项目，依照税法规定的费用减除标准和适用税率计算的应纳税额；同一国家或者地区内不同所得项目的应纳税额之和为该国家或者地区的扣除限额。纳税义务人在中国境外一个国家或者地区实际已经缴纳的个人所得税税额，低于依照前款规定计算出的该国家或者地区扣除限额的，应当在中国缴纳差额部分的税款；超过该国家或者地区扣除限额的，其超过部分不得在本纳税年度的应纳税额中扣除，但是可以在以后纳税年度的该国家或者地区扣除限额的余额中补扣。补扣期限最长不得超过五年。纳税义务人依照税法第七条的规定申请扣除已在境外缴纳的个人所得税税额时，应当提供境外税务机关填发的完税凭证原件。对于自行申报的纳税义务人，在申报纳税时，其在中国境内已扣缴的税款，准予按照规定从应纳税额中扣除。

检查方法主要有以下两方面：

（1）了解纳税人收入来源的国家和地区，不同应税项目应区分国家或地区分别计算抵免限额。扣除在境外已缴纳的税款时，应将纳税人在该国已缴纳的税额在按我国税法计算出的各项所得的抵扣限额总额中综合扣除。

（2）境外已纳税款的抵免（扣除）应符合下列有关条件：①境外已纳税款应是依照所得来源国法律应计算缴纳并实际已经缴纳的税款，要注意是否存在所得来源国税务机关错征或纳税人错缴税款的问题；②在申请扣除境外已纳税款时，必须提供境外税务机关填发的完税手续，不得以复印件申请税款抵扣，而且必须是本项、本次所得已缴纳的税款，要注意是否存在无证抵扣和混淆抵扣税额的问题。

［**例 9－2**］2009 年 1 月，某市涉外分局在与外国情报交换过程中获悉，某公司中国公民张某 2007 年在 A 国获得工资、薪金收入折合人民币（下同）105 600 元，缴纳个人所得税 6 100 元；获得劳务报酬 28 000 元，缴纳个人所得税 3 000 元；在 B 国获稿酬收入 42 000 元，缴纳个人所得税 5 700 元。2008 年，张某到 B 国工作，获工资、薪金所得 96 600 元，缴纳个人所得税 2 800 元。2009 年 2 月，税务人员得知张某从国外回国探亲，遂对其进行检查，张某提供了相关资料，未在国内申报缴纳。

2007 年张某在 A 国缴纳个人所得税的扣除限额为：

工资、薪金所得税的扣除限额 $= [(105\ 600 \div 12 - 4\ 800) \times 15\% - 125] \times 12 =$ 5 700（元）

劳务报酬所得的扣除限额 =28 000 × （1 -20%） ×30% -2 000 =4 720（元）

由于采用“分国不分项”的方法，在一国中各项所得的扣除限额和已纳税额都可以合并起来。2007 年张某在 A 国缴纳个人所得税的抵扣限额为：5 700 +4 720 =10 420（元）。

2007 年张某在 A 国实际缴纳个人所得税为：6 100 +3 000 =9 100（元），小于抵扣限额 10 420 元，可以全额抵扣，同时张某还应补缴个人所得税款 1 320 元（10 420 -9 100）。

2007 年张某在 B 国缴纳稿酬所得的个人所得税的抵扣限额为：

42 000 × （1 -20%） ×20% × （1 -30%） =4 704（元）

张某在 B 国实际缴纳的税额为 5 700 元，大于抵扣限额 4 704 元，不能全部扣除，超出扣除限额的 996 元（5 700 -4 704）税款，只能在以后的五个纳税年度中从 B 国税额扣除限额的余额中结转补扣。

2008 年张某在 B 国缴纳个人所得税的扣除限额为：

工资、薪金所得的扣除限额 = ［（96 600 ÷12 -4 800） ×15% -125］ ×12 =4 350（元）

张某 2008 年度实际在 B 国缴纳的税款为 2 800 元，小于抵扣限额 4 350 元，可以全额扣除。再从余额 1 550 元（4 350 -2 800）中补扣 2007 年度尚未扣除完的税额 996 元，则张某 2008 年需补缴个人所得税 554 元（1 550 -996）。

七、股票期权所得个人所得税的检查

企业员工股票期权（以下简称股票期权）是指上市公司按照规定的程序授予本公司及其控股企业员工的一项权利，该权利允许被授权员工在未来时间内以某一特定价格购买本公司一定数量的股票。其中“某一特定价格”被称为“授予价”或“施权价”，即根据股票期权计划可以购买股票的价格，一般为股票期权授予日的市场价格或该价格的折扣价格，也可以是按照事先设定的计算方法约定的价格；“授予日”也称“授权日”，是指公司授予员工上述权利的日期；“行权”也称“执行”，是指员工根据股票期权计划选择购买股票的过程；员工行使上述权利的当日为“行权日”，也称“购买日”。

员工行权时，其从企业取得股票的实际购买价（施权价）低于购买日公平市场价（指该股票当日的收盘价，下同）的差额，是因员工在企业的表现和业绩情况而取得的与任职、受雇有关的所得，应按“工资、薪金所得”适用的规定计算缴纳个人所得税。

对因特殊情况，员工在行权日之前将股票期权转让的，以股票期权的转让净收入作为工资薪金所得征收个人所得税。

员工行权日所在期间的工资薪金所得，应按下列公式计算工资薪金应纳税所得额和应纳税额：

股票期权形式的工资薪金应纳税所得额 =（行权股票的每股市场价 - 员工取得该股票期权支付的每股施权价）×股票数量

应纳税额 =（股票期权形式的工资薪金应纳税所得额 ÷ 规定月份数 × 适用税率 - 速算扣除数）×规定月份数

公式中的规定月份数，是指员工取得来源于中国境内的股票期权形式工资、薪金所得的境内工作期间月份数，长于 12 个月的，按 12 个月计算；上述公式中的适用税率和速算扣除数，以股票期权形式的工资薪金应纳税所得额除以规定月份数后的商数，对照《国家税务总局关于印发〈征收个人所得税若干问题〉的通知》（国税发〔1994〕089 号）所附税率表确定。

员工将行权后的股票再转让时获得的高于购买日公平市场价的差额，是因个人在证券二级市场上转让股票等有价证券而获得的所得，应按照“财产转让所得”适用的征免规定计算缴纳个人所得税。

员工因拥有股权而参与企业税后利润分配取得的所得，应按照“利息、股息、红利所得”适用的规定计算缴纳个人所得税。

主要检查方法是要认真查阅企业的股票期权计划或实施方案、股票期权协议书、授权通知书等资料，结合员工花名册，核实个人接受或转让的股票期权以及认购的股票情况（包括种类、数量、施权价格、行权价格、市场价格、转让价格等），检查适用的税目、税率是否正确，有无混淆，代扣代缴的个人所得税计算是否正确等。

第三节　税收优惠的检查

一、法律法规的规定

（一）下列各项个人所得，免纳个人所得税

（1）省级人民政府、国务院部委和中国人民解放军军以上单位，以及外国组织、国际组织颁发的科学、教育、技术、文化、卫生、体育、环境保护等方面的奖金；

（2）国债和国家发行的金融债券利息；

（3）按照国家统一规定发给的补贴、津贴；

（4）福利费、抚恤金、救济金；

（5）保险赔款；

（6）军人的转业费、复员费；

（7）按照国家统一规定发给干部、职工的安家费、退职费、退休工资、离休工资、离休生活补助费；

（8）依照我国有关法律规定应予以免税的各国驻华使馆、领事馆的外交代表、领事官员和其他人员的所得；

（9）中国政府参加的国际公约、签订的协议中规定免税的所得；

（10）经国务院财政部门批准免税的所得。

第（2）项所说的国债利息，是指个人持有中华人民共和国财政部发行的债券而取得的利息；所说的国家发行的金融债券利息，是指个人持有经国务院批准发行的金融债券而取得的利息。

第（3）项所说的按照国家统一规定发给的补贴、津贴，是指按照国务院规定发给的政府特殊津贴、院士津贴、资深院士津贴，以及国务院规定免纳个人所得税的其他补贴、津贴。

第（4）项所说的福利费，是指根据国家有关规定，从企业、事业单位、国家机关、社会团体提留的福利费或者工会经费中支付给个人的生活补助费；所说的救济金，是指各级人民政府民政部门支付给个人的生活困难补助费。

第（8）项所说的依照我国法律规定应予免税的各国驻华使馆、领事馆的外交代表、领事官员和其他人员的所得，是指依照《中华人民共和国外交特权与豁免条例》和《中华人民共和国领事特权与豁免条例》规定免税的所得。

（二）有下列情形之一的，经批准可以减征个人所得税

（1）残疾、孤老人员和烈属的所得；

（2）因严重自然灾害造成重大损失的；

（3）其他经国务院财政部门批准减税的。

这里所说的减征个人所得税，其减征的幅度和期限由省、自治区、直辖市人民政府规定。

（三）下列所得，暂免征收个人所得税

（1）外籍个人以非现金形式或实报实销形式取得的住房补贴、伙食补贴、搬迁费、洗衣费。

（2）外籍个人按合理标准取得的境内、外出差补贴。

（3）外籍个人取得的探亲费、语言训练费、子女教育费等，经当地税务机关审核批准为合理的部分。

（4）个人举报、协查各种违法、犯罪行为而获得的奖金。

（5）个人办理代扣代缴税款手续，按规定取得的扣缴手续费。

（6）个人转让自用达五年以上，并且是唯一的家庭生活用房取得的所得。

（7）对按《国务院关于高级专家离休退休若干问题的暂行规定》（国发〔1983〕141号）和《国务院办公厅关于杰出高级专家暂缓离退休审批问题的通知》（国办发〔1991〕40号）的规定，达到离休、退休年龄，但确因工作需要，适当延长离休、退休年龄的高级专家（指享受国家发放的政府特殊津贴的专家、学者），其在延长离休、退休期间的工资、薪金所得，视同退休工资、离休工资，免征个人所得税的情况。

（8）外籍个人从外商投资企业取得的股息、红利所得。

（9）凡符合下列条件之一的外籍专家取得的工资、薪金所得，可免征个人所得税：

①根据世界银行专项贷款协议，由世界银行直接派往我国工作的外国专家；

②联合国组织直接派往我国工作的专家；

③为联合国援助项目来华工作的专家；

④援助国派往我国专为该国无偿援助项目工作的专家；

⑤根据两国政府签订文化交流项目来华工作两年以内的文教专家，其工资、薪金所得由该国负担的；

⑥根据我国大专院校国际交流项目来华工作两年以内的文教专家，其工资、薪金所得由该国负担的；

⑦通过民间科研协定来华工作的专家，其工资、薪金所得由该国政府机构负担的。

二、税收优惠的主要检查方法

对个人所得税优惠主要检查以下三方面：

（1）通过核实政府的有关文件，依据政府奖励的人员名单及奖金发放的有关情况，对企业“其他应付款”、“其他应收款”、“银行存款”、“现金”等账户进行检查，对照《个人所得税扣缴税款报告表》，审查有无将该项奖励混同免税所得未扣缴个人所得税的情况。

（2）检查企业“应付职工薪酬——职工福利”、“应付职工薪酬——工会经费”等账户，有无对员工采取实物方式发放福利的行为；对企业以“生活补助”名义发放的项目，要逐项审查原始资料，核对受助人员是否符合条件，有无名为补助、实为变相福利的情况，混同免税所得未扣缴个人所得税。

（3）检查员工薪酬发放明细表，对允许税前扣除的基本养老保险、医疗保险、住房公积金、失业保险等项目是否按规定比例计算扣除，核实有无提高计算比例增加扣除额或变相为员工增加薪酬的问题。

第四节　案　例

［**例9－3**］工程师张某为某工业企业提供设计服务，取得设计收入3 000元，

按协议由支付单位代其缴纳个人所得税。该企业作如下处理：

企业代扣代缴税款 =（3 000 - 300）×15% - 125 = 280（元）

工程师不属于该企业的雇员，该企业与该工程师之间不存在雇佣关系，该工程师提供设计服务属于独立劳务活动，所以应按“劳务报酬所得”税目计算缴纳个人所得税。由于个人所得税税款是由企业负担，应将不含税收入换算成含税收入。具体计算如下：

不含税所得额 = 3 000 - 800 = 2 200（元）

应纳税所得额 = 2 200 ÷（1 - 20%）= 2 750（元）

应纳税额 = 2 750 ×20% = 550（元）

应补税额 = 550 - 280 = 270 元）

[例 9 - 4] 职工李某 2008 年 9 月取得工资、薪金及各项补助收入 5 600 元，其中包括：

（1）按当地财政部门规定发放的差旅费津贴 200 元；

（2）本单位的误餐补助 180 元；

（3）企业以现金形式发给李某的住房补贴 1 000 元，医疗补助 400 元。

该企业代扣代缴李某个人所得税如下：

该企业代扣代缴李某个人所得税 =（5 600 - 200 - 180 - 1 000 - 400 - 2 000）×10% - 25 = 157（元）

一个单位以误餐补助名义发给职工的补贴、津贴，应当并入当月工资、薪金所得计征个人所得税。因此，李某取得的差旅费津贴不征税，误餐补助属于工资奖金性质，应按规定征税。

应代扣代缴李某个人所得税 =（5 600 - 200 - 2 000）×15% - 125 = 385（元）

[例 9 - 5] 某上市公司副厂级以上干部实行年薪制。该企业老总李某平时按规定领取基本收入 4 000 元，年度结束后根据该企业经营业绩的考核结果再确定其效益收入。2007 年底，根据业绩考核结果，李总一次性取得年度效益收入 120 000 元。当地规定每月扣除标准 2 000 元。李总的个人纳税情况如下：

（1）各月领取基本收入时缴纳税额 =（4 000 - 2 000）×10% - 125 = 75（元）

（2）领取效益收入时缴纳税额 =（120 000 ÷ 12 ×20% - 375）×12 = 19 500（元）

税务稽查局检查后认为李总的应纳税额正确计算如下：

（1）各月领取基本收入时应纳税额 =（4 000 - 2 000）×10% - 25 = 175（元）

（2）个人取得全年一次性奖金，单独作为一个月工资、薪金所得计算纳税。按 12 个月分摊后，每月的奖金 = 120 000 ÷ 12 = 10 000，适用税率 20%，速算扣除数 375，全年一次性奖金应纳税额 = 120 000 ×20% - 375 = 23 625（元）

（3）应补税额 = 23 625 - 19 500 = 4 125（元）

[例 9 - 6] 2008 年 4 月，某市稽查局在对某剧院检查其“代扣代缴”明细账时，发现其支付某外地歌唱演员一次性劳务报酬 7 万元。经审核其演出合同，7 万

元为税后所得，剧院在进行纳税申报时，为其代扣代缴的税款为：70 000 ×（1 - 20%）×40% - 7 000 = 15 400（元）。

根据国税发〔1996〕161号文件规定：单位或个人为纳税义务人负担个人所得税的，应将纳税义务人取得的不含税收入额换算为应纳税所得额，计算征收个人所得税。故应将纳税人取得的不含税收入换算为应纳税所得额。

应纳税所得额 = ［（不含税收入额 - 速算扣除数）×（1 - 20%）］÷［1 - 税率×（1 - 20%）］= 74 117.65（元）

应纳税额 = 74 117.65 ×40% - 7 000 = 22 647.06（元）

该剧院应补扣税款 = 22 647.06 - 15 400 = 7 247.06（元）

［例9-7］美国汤姆逊电子有限公司在华投资兴办一外商投资企业——汤雅（广州）电子有限公司。2007年1月1日，美国汤姆逊电子有限公司的汤姆先生因工作需要被派往中国的汤雅（广州）电子有限公司工作（担任高级管理人员），限期5个月。

汤姆先生的工资由美方国内公司支付，月工资折合人民币40 000元（每月均在境外扣缴税款折合人民币6 500元），中方企业每月再付给汤姆工资6 000元，如果汤姆因公临时离境，离境期间中方照常支付工资。

汤姆于2007年1月1日来华，2007年3月1日回原单位开会，返回时间为2007年3月31日，实际离境30天。我国已与美国签有《避免双方重复征税协定》。

汤雅（广州）电子有限公司给汤姆先生扣缴3、4月份税款如下：

（1）2007年3月不纳税。

（2）2007年4月：

应纳税所得额 = 6 000 - 2 000 - 3 200 = 800（元）

应纳税额 = 800 ×10% - 25 = 55（元）

汤姆先生2007年3、4月份应纳个人所得税额计算如下：

（1）2007年3月份，美国公司支付的工资免税，只对境内企业支付的工资纳税。

应纳税所得额 = 6 000 - 2 000 - 3 200 = 800（元）

应纳税额 = 800 ×10% - 25 = 55（元）

（2）2002年4月份，境内外工资、薪金所得应合并纳税，境外已纳税额限额扣除。

应纳税所得额 = 40 000 + 6 000 - 2 000 - 3 200 = 40 800（元）

应纳税额 = 40 800 ×30% - 3 375 = 8 865（元）

境外工资抵免限额 = 40 000 ÷（40 000 + 6 000）×8 805 = 7 656.52

已知在境外已纳税款6 500元，其在境外已纳税款允许全额抵免。

抵免后实际应纳税额 = 7 656.52 - 6 500 = 1 156.52（元）

［例9-8］甲电影制片厂聘请乙电影制片厂导演张先生为其拍摄一部叫《绿

岛》的电影，张导演为此取得报酬80 000元。《绿岛》剧本是根据作家李先生的小说《绿岛的故事》改编的，《绿岛的故事》先在《小说月刊》上连载，共连载18期，每期稿费1 500元，合计取得稿费27 000元。该小说于1999年4月获得国家级文学奖，取得奖金5 000元。甲电影制片厂为了拍摄电影《绿岛》，约请李作家将《绿岛的故事》改编成剧本《绿岛》，李作家为此获得报酬60 000元。2000年8月，李作家将该小说在某出版社出书，取得稿费20 000元，因该小说十分畅销，2001年3月，出版社将该书加印5 000册，恰巧这时李作家在一次车祸中不幸去世，出版社将小说加印的稿酬3 000元按规定支付给了李作家的儿子。纳税检查时发现问题如下：

（1）甲电影制片厂为张导演代扣代缴个人所得税，按工资、薪金所得项目计征所得税，其计算应纳税额为：

代扣代缴应纳税额 =（80 000 − 800）×35% − 6 375 = 21 345（元）

（2）李作家的纳税情况如下：

①视为稿酬所得的应税项目：

连载小说应纳税额 =（1 500 − 800）×20% ×（1 − 30%）×18 = 1 764（元）

出书第一笔稿酬应纳税额 = 20 000 ×（1 − 20%）×20% ×（1 − 30%）= 2 240（元）

改编剧本所得应纳税额 = 60 000 ×（1 − 20%）×20% ×（1 − 30%）= 6 720（元）

加印该书的稿酬由于李作家的去世而未纳税。

②视为其他所得的应税项目：

奖金的应纳税额 = 5 000 ×20% = 1 000（元）

正确的纳税计算为：

（1）甲电影制片厂为了拍摄影视片临时聘请非本厂导演、演职人员，其所得的报酬，应按“劳务报酬所得”应税项目计征个人所得税：

张导演应纳税额 = 80 000 ×（1 − 20%）×40% − 7 000 = 18 600（元）

（2）李作家的应纳税项目：

①稿酬所得：

连载小说应纳税额 = 27 000 ×（1 − 20%）×20% ×（1 − 30%）= 3 024（元）

出书第一笔稿酬应纳税额 = 20 000 ×（1 − 20%）×20% ×（1 − 30%）= 2 240（元）

加印稿酬应补缴税额 =（20 000 + 3 000）×（1 − 20%）×20% ×（1 − 30%）− 2 240 = 336（元）

②奖金：

李作家获得国家级文学奖而获取的5 000元奖金免于征税。

③特许权使用费所得：

电影制片厂向作者征稿而支付给作者的报酬，属于提供著作权中的使用权而取得的所得，应按“特许权使用费所得”应税项目计征个人所得税：

应纳税额 = 60 000 ×（1 − 20%）×20% = 9 600（元）

综上，李作家合计应纳个人所得税 =3 024 +2 240 +336 +9 600 =15 200（元）。

［例9 -9］李某在一家实行年薪制企业任总经理，2007 年取得以下收入：

（1）每月基本收入3 000 元，年终效益工资收入为60 000 元；

（2）转让自有门面房一间，原价160 000 元，转让价200 000 元；为改善住房条件，将自购已居住四年的唯一住房对外转让，原价 100 000 元，转让价 120 000 元（城市维护建设税税率适用7%，教育费附加征收率3%）。

（3）一月份购入某种债券2 000 份，每份买入价10 元，支付相关税费共计200 元。6 月份将买入的债券一次性卖出500 份，每份卖出价12 元，支付卖出债券的税费共计150 元。

（4）购买体育彩票中奖收入500 000 元，向红十字基金捐赠50 000 元。

（5）通过拍卖行将一幅珍藏多年的名贵字画拍卖，取得收入500 000 元，主管税务机关核定的原价为100 000 元。

（6）从甲国取得股息所得折合人民币2 400 元，已在甲国缴纳个人所得税600 元；从乙国取得财产租赁所得折合人民币 40 000 元，在乙国缴纳个人所得税 5 000元。

2005 年初，李某向某税务师咨询相关纳税事宜。

（1）对实行年薪制的企业，可采取按年计算、分月预缴的方式计征个人所得税。按月领取的基本收入在减除扣除费用之后，按适用税率计算应纳税款并预缴，年度终了在领取效益收入后，合计其全年基本收入和效益收入，再按12 个月平均并计算实际应纳的税款，多退少补。

李某每月应纳税款 =（3 000 -2 000） ×10% -25 =75（元）

取得全年一次性奖金，单独作为1 个月工资、薪金所得计算纳税。按12 个月分摊后，每月的奖金 =60 000 ÷12 =5 000，适用税率15%，速算扣除数125，则：

奖金应纳税额 =60 000 ×15% -125 =8 875（元）

年终应补税款 =8 875 -75 ×12 =7 975（元）

（2）财产转让所得中允许减除的是资产原值及合理费用。

①转让门面房应纳税额计算：

应纳营业税、城建税及教育费附加 =200 000 ×5% ×（1 +7% +3%） =11 000（元）

应纳印花税 =200 000 ×0. 05% =100（元）

应纳个人所得税 =（200 000 -160 000 -11 000 -100） ×20% =5 780（元）

②转让住房应纳税额计算：

应纳印花税 =120 000 ×0. 05% =60（元）

应纳个人所得税 =（120 000 -100 000 -60） ×20% =3 988（元）

（3）出售债券的应纳税额的计算：

卖出债券可扣除的买价及费用 =（2 000 ×10 +200） ÷2 000 ×500 +150 =5 200（元）

应纳个人所得税 =（500 ×12 -5 200） ×20% =160（元）

（4）体育彩票中奖所得应纳税额的计算：

捐赠给红十字基金会、青少年活动场所的款项，可以全额扣除。

应纳个人所得税 =（500 000 - 50 000）×20% = 90 000（元）

（5）个人将书画、古玩等拍卖取得的收入所得税的计算：

应纳个人所得税 =（500 000 - 100 000）×20% = 80 000（元）

（6）境外所得的个人所得税计算：

①来自甲国所得抵免限额 = 2 400 × 20% = 480（元）

在甲国实际缴纳个人所得税 600 元，超过了抵免限额 120 元，超过限额部分不允许在应纳税额中抵扣，但可以从以后纳税年度仍来自甲国的不足限额部分中补扣。

②来自乙国所得的抵免限额 =（40 000 ÷ 12 - 800）×20% ×12 = 6 080（元）

李某已在乙国缴纳个人所得税 5 000 元，应补缴个人所得税 1 080 元。

第十章　其他各税的检查

【本章要点】

在我国的税种构成中，除去流转税类、所得税类之外，还有一些较小的税种，其在我国组织财政收入、调节经济发展、实现国家宏观调控的目标中也发挥着不可忽视的作用，尤其是对于地方经济的发展。本章主要讲述的是对一些较小税种的检查，其中包括资源税、城镇土地使用税、印花税、城市维护建设税及教育费附加、土地增值税和契税等。通过本章的学习，可以了解到各税种的基本组成要素、检查内容和方法。同时，也加强了对小税种的学习，提醒我们在日常的纳税检查中不要忽视对小税种的检查。

第一节　资源税的检查

资源税是指对我国境内从事开采应税矿产品和生产盐的单位和个人，为调节因资源的生成和开发条件差异而形成的级差收入，就其销售数量而征收的一种税。我国的资源税目前只对税法列举的资源征税。收购未税矿产品的单位为资源税的扣缴义务人。原则上以开采取得的原料产品或者自然的初级产品为征税对象，不包括经过加工的产品。其征税范围有矿产品和盐两大类，矿产品具体包括原油、天然气、煤炭、其他非金属矿原矿、黑色金属矿原矿、有色金属矿原矿，盐包括固体盐和液体盐。

资源税采取从量定额征收方式，即以纳税人的销售数量或者使用量为计税依据。具体规定如下：

（1）纳税人开采或者生产应税产品销售的，以销售数量为保税数量。

（2）纳税人开采或者生产应税产品自用的，以自用数量为课税数量。

（3）纳税人不能准确提供应税产品销售数量或移送使用数量的，以应税产品的产量或主管税务机关确定的折算比换算成的数量为课税数量。

征收资源税，在规定的定额税率不变的情况下核定计税依据，是正确计算缴纳资源税的关键，也是资源税检查的重要方式。

一、应税产品课税数量的检查

（一）应税产品销售数量的检查

纳税人开采或者生产应税产品销售的，以销售数量为课税数量。应检查“营业税金及附加"、"应交税费——应交资源税"等账户，对照销售发票存根联等原始凭证，确认课税数量是否正确。对不能确认的，应以应税产品产量或主管税务机关确定的折算比换算成的数量为课税数量。检查时应注意以下问题：

（1）有无少报、漏报销售数量。如煤炭企业以自产应税原煤直接生产的洗煤、选煤，只就洗煤、选煤数量缴纳资源税的。

（2）有无已实现销售未申报纳税。如预收货款的发出产品部分，分期收款结算方式的按合同规定已经到期的货款，是否按时结转"主营业务收入"账户，核算销售收入。

（3）有无以物易物未记销售。这种情况，一般反映为借记"原材料"科目，贷记"库存商品"科目。对此，应在核定计价的基础上补计销售纳税。

检查时，将企业的纳税申报表中的销售数量与其"主营业务收入"明细账中的数量进行比较，看两者是否一致。

[例 10-1] 在对某油田（增值税一般纳税人）进行纳税检查时，发现当期企业下列两笔经济业务异常：

（1）用原油 50 吨等价换柴油互开普通发票，账务处理为：

借：原材料——燃料（柴油） 30 000（成本价）

贷：库存商品——原油 30 000（成本价）

（2）有一笔产成品减少 300 吨的会计分录为：

借：银行存款 351 000

贷：库存商品 180 000

其他应付款 171 000

经核实，该油田资源税的计算以销售数量为课税数量，适用单位税额为每吨 10 元，该油田销售原油每吨不含增值税售价为 1 000 元。检查人员认为，按现行税法及会计制度规定，用原油产品串换原材料应作销售处理，并缴纳资源税、增值税，企业用原油换原材料直接冲减"库存商品"成本，漏记销售收入 50 000 元（1 000×50），少计增值税 8 500 元（50 000 × 17%），少缴资源税 500 元（10 × 50）。企业销售原油 300 吨，未记入"主营业务收入"账户 300 000 元，少缴资源税 3 000 元，增值税 51 000 元，故予以调账处理：

（1）串换原材料业务的账务调整。

借：原材料 28 500

主营业务成本 30 000

贷：主营业务收入 50 000

应交税费——应交增值税（销项税额） 8 500

（2）300 吨原油未记收入的账务调整。

借：其他应付款 171 000

主营业务成本 180 000

贷：主营业务收入　　300 000

　　应交税费——应交增值税（销项税额）　　51 000

（3）补提资源税。

借：营业税金及附加　　3 500

　贷：应交税费——应交资料税　　3 500

（4）将收入转入“本年利润”账户。

借：主营业务收入　　350 000

　贷：本年利润　　350 000

（5）将成本、销售税金及附加结转本年利润。

借：本年利润　　213 500

　贷：主营业务成本　　210 000

　　营业税金及附加　　3 500

（6）结转增值税应缴税金。

经查该批产品数量为200吨，每吨成本为400元，对外不含增值税售价为500元/吨，该煤矿适用的资源税税额为每吨1元。按《资源税暂行条例》的有关规定，纳税人自用应税产品，应在移送使用环节按使用数量计算缴纳资源税。而该厂将自产原煤用于职工宿舍自用直接冲减生产成本，既漏计增值税，又少计资源税。

企业少计资源税额 $=1\times200=200$（元）

企业少计增值税额 $=500\times200\times17\%=17\ 000$（元）

账务调整如下：

（1）补提税金。

借：应付职工薪酬　　17 200

　贷：应交税费——应交增值税（销项税额）　　17 000

　　　　　　——应交资源税　　200

（2）结转增值税应交税费。

借：应交税费——应交增值税（转出未交增值税）　　17 000

　贷：应交税费——未交增值税　　17 000

（3）补缴税金。

借：应交税费——应交资源税　　200

　　　　　——未交增值税　　17 000

　贷：银行存款　　17 200

（二）收购未税矿产品的检查

应重点检查“物资采购”、“原材料”、“应交税费——应交资源税”等账户，对照购货发票，确认收购数量及资源税的缴纳是否正确。

（1）检查独立矿山、联合企业收购的未税矿产品，是否按本单位适用资源税的单位税额，依据收购数量在收购地代扣代缴资源税。

（2）检查其他收购未税矿产品的单位，是否按税法规定的单位税额，依据收购数量在收购地代扣代缴资源税。

［例 10－2］检查人员对某工业企业进行纳税检查，发现企业所用煤炭是从农民自开的小煤窑收购的，均未缴纳资源税。经核实，当期企业收购煤炭 1 000 吨，每吨收购价为 60 元，该地区煤炭资源税单位税额为每吨 2.4 元。

企业原账务处理为：

借：物资采购　　60 000

　贷：银行存款　　60 000

验收入库后：

借：原材料——煤炭　　60 000

　贷：物资采购　　60 000

该企业收购未税矿产品未履行代扣代缴义务，应承担补税的责任，应补缴资源税 2 400 元（2.4 ×1 000）。账务调整如下：

（1）补提代扣代缴资源税。

借：原材料　　2 400

　贷：应交税费——应交资源税　　2 400

（2）补缴资源税。

借：应交税费——应交资源税　　2 400

　贷：银行存款　　2 400

（三）自产、自用应税产品数量的检查

企业在生产、生活过程中消耗自用产品难以核准。如煤炭企业的食堂、浴室、职工宿舍耗用的生活用煤，下属商店、服务公司等耗用的取暖用煤等。检查时，可以直接审查“库存商品”明细账的贷方发生额和“生产成本”的借方发生额，对照产品实物账及“产品出库单”或“领料单”，核实企业是否按照当期应税产品的实际消耗数量作为资源税的计税数量。如果当期有产品损耗，还应认真审查“待处理财产损溢”明细账及“账存实存对比表”和“盘存单”，以便核实损耗的具体原因和实际数量，报经有关部门审批后，再从计税数量中予以剔除。将核实数量与企业纳税申报表上的申报数量相核对，如不相符，应按核实的数量计算应纳税款，确定应补税数额。还应审查“生产成本”总账及明细账，特别是涉及“生产成本”贷方发生额的，要根据记账凭证上的科目对应关系逐笔查对，核实纳税人是否将生产的应税产品自用后直接冲减“生产成本”，不作库存商品增加和减少的账务处理，进而少申报缴纳税款。

（四）煤矿以自产原煤连续加工洗煤、选煤或用于炼焦、发电的检查

对于连续加工前无法计算耗用量，按产品综合回收率计算的，检查时需从“库存商品”明细账入手，先核实加工后的入库产品数量，再核实企业还原计算的原煤数量和资源税纳税申报表，验证企业使用的折算比是否符合规定，折算使用的加工后产品数量是否真实，折算的原煤课税数量是否准确。

（五）按选矿比将精矿折算为原矿数量作为课税数量的检查

首先应审查“库存商品——××精矿”明细账，查看原始入库单据，并实地监测，核实车间精矿数量是否账实相符，并按规定的选矿比计算出原矿数量，再与企业申报的原矿数量相比较，核实是否少申报缴纳税款。

二、适用税目、税率的检查

根据《资源税暂行条例》及其实施细则的规定，资源税的税目共有原油、天然气、煤炭等七个及若干个子目。其适用税额分为两个层次：一是原则性的幅度税额；二是具体的明细税额。检查时，应注意纳税人生产的应税产品是否属资源税产品。对照“资源税税目税额幅度表”、“资源税税目税额明细表”及地方政府有关资源税的具体规定，确定应税产品的适用税额。

三、资源税纳税环节的检查

根据《资源税暂行条例》的规定，资源税的纳税环节如下：

（1）纳税人开采或生产应税产品直接销售的，在销售环节纳税。具体规定如下：

①纳税人采取分期收款结算方式的，其纳税义务的发生时间，为销售合同规定收款日期的当天。

②纳税人采取预收货款结算方式的，其纳税义务的发生时间，为发出应税产品的当天。

③纳税人采取其他结算方式的，其纳税义务发生时间，为收到销售款或者取得索取销售款凭据的当天。

（2）纳税人自产自用应税产品的，在移送使用环节纳税。

（3）由扣缴义务人代扣代缴的，在收购环节纳税。检查时，注意纳税人是否按上述规定的时间及时缴纳了税款。检查的重点是企业自用应税产品，是否在移送使用环节及时计算缴纳了税款。实行代扣代缴办法的，扣缴义务人是否有不履行代扣代缴义务的情况。尤其要注意检查的是企业收购未税矿产品，履行代扣税款时的账务处理是否正确。

四、减免税项目的检查

在检查中，应注意纳税人有减税、免税项目的，是否单独核算课税数量，未单独核算或不能准确核算数量的按规定不能享受减税和免税。目前，具体关于减税、免税的规定为：

（1）开采原油过程中用于加热、修井的原油，免税。

（2）纳税人开采或者生产应税产品过程中，因意外事故或者自然灾害等原因遭受重大损失的，由省、自治区、直辖市人民政府酌情决定减税或者免税。

（3）对地面抽采煤层气暂不征收资源税。

第二节　城镇土地使用税的检查

土地使用税以纳税人实际占用土地面积为计税依据，依照当地政府根据国务院制定颁布的条例和省、自治区、直辖市人民政府规定的年税额幅度确定的适用税额计算征收。在检查时，应重点检查纳税人实际占用土地的面积、减免税土地面积适用单位税额以及税款计算缴纳等问题。

土地使用税的征税范围为城市、县城、建制镇、工矿区。土地使用税是采用分类分级的幅度定额税率，按城市大小分四个档次，每平方米的年幅度税额分别为：大城市1.5～30元；中等城市1.2～24元；小城市0.9～18元；县城、建制镇、工矿区0.6～12元。具体适用税额幅度由省、自治区、直辖市人民政府确定。

一、应税土地面积的检查

应税土地面积是纳税人实际占用土地的面积。它是计算土地使用税的直接依据。凡已由省、自治区、直辖市人民政府指定的单位组织测定土地面积的，以实际测定的土地面积为应税土地面积；凡未经省、自治区、直辖市人民政府指定的单位组织测定的，以政府部门核发的土地使用证书确认的土地面积为应税土地面积；对尚未核发土地使用证书的，暂以纳税人据实申报的土地面积为应税土地面积。检查时，应将“土地使用税纳税申报表”中填报的应税土地面积与实际测定的土地面积、土地使用证书确认的土地面积、“固定资产”明细账中记载的土地面积相核对，看其是否相符。

二、减免税土地面积的检查

城镇土地使用税的免税项目有：

（1）国家机关、人民团体、军队自用的土地；

（2）由国家财政部门拨付事业经费的单位自用的土地；

（3）宗教寺庙、公园、名胜古迹自用的土地；

（4）市政街道、广场、绿化地带等公共用地；

（5）直接用于农、林、牧、渔业的生产用地；

（6）经批准开山填海整治的土地和改造的废弃土地，从使用的月份起免缴土地使用税五年至十年；

（7）由财政部另行规定免税的能源、交通、水利用地和其他用地。

对免税单位无偿使用纳税单位的土地（如公安、海关等单位使用铁路、民航等单位的土地），免征土地使用税；纳税单位无偿使用免税单位的土地，纳税单位应照章缴纳土地使用税。纳税单位与免税单位共同使用、共有使用权土地上的多层建筑物，对纳税单位可按其占用的建筑物面积占总面积的比例计算城镇土地使用税。

在检查中，应严格掌握土地使用税的减免税规定，对纳税人新征用的土地面积，可依据土地管理机关批准征地的文件来确定；对开山填海整治的土地和改造的废弃土地，可依据土地管理机关出具的证明文件来确定。对于非社会性的公共用地不能免税，如企业内的广场、道路、绿化等占用的土地；对直接从事种植、养殖、饲养的专业用地免税，而农副产品加工厂占地和从事农、林、牧、渔业生产单位的生活、办公用地不免税。另外，要检查是否有将免税土地用于出租，或者多报免税土地面积的问题。

三、应纳税额的检查

土地使用税的计算公式为：

应纳税额 = 单位适用税额 × 占用土地面积（平方米）

土地使用税按年计算、分期缴纳，缴纳期限由省、自治区、直辖市人民政府确定。其会计处理为：

借：管理费用

　贷：应交税费——应交城镇土地使用税

根据土地位置和用途，对照当地人民政府对本地区土地划分的等级及单位税额，审核纳税人适用税率是否正确。在此基础上，进一步复核“土地使用税纳税申报表”和有关完税凭证，检查纳税人应纳税款的计算正确与否，税款是否及时申报缴纳入库。

[例 10－3] 某市一商场坐落在该市面的繁华地段，企业土地使用证书记载占用土地的面积为 5 000 平方米，经确定属一级土地；该商场另设两个统一核算的分店坐落在市区三等地段，共占地 8 000 平方米，其中绿化面积 1 000 平方米；该商场自办托儿所占地面积 2 500 平方米，属三等地段，当地政府规定的一等地段年税额每平方米 4 元，三等地段每平方米 2 元，该企业应纳土地使用税为：

商场占地应纳税额 = 4 × 5 000 = 20 000（元）

分店占地应纳税额 = 2 × 8 000 = 16 000（元）

（企业绿化用地不免税，商场自办托儿所按税法规定免税）

全年应纳土地使用税 = 20 000 + 16 000 = 36 000（元）

第三节 印花税的检查

印花税是对在中国境内的经济活动和经济交往中书立、使用、领受具有法律效力的凭证的单位和个人征收的一种税。

一、应税凭证的检查

(一) 应税合同的检查

印花税应税合同是指纳税人在经济活动和经济交往中书立的各类经济合同或具有合同性质的凭证。

1. 检查征税范围

纳税人在经济交往中书立的凭证种类很多，鉴别所书立的凭证是否具有合同性质，是判别征免的主要标准。在到有关部门掌握凭证书立或领受情况后，应根据有关政策规定，对纳税人的有关凭证从其内容、性质等方面进行审核。例如，检查纳税人有无错划凭证性质，将应税凭证划为非应税凭证，或因对政策规定理解有误，而将应税凭证作为免税凭证，造成漏纳印花税的问题。

2. 检查应税合同的计税依据

根据每一应税合同的内容审定各类经济合同上记载的计税金额，看其计税依据的确定是否正确，有无不按规定确定计税依据而多纳或少纳印花税的情况。对于已完税的应税合同，以其已纳税额除以该合同的适用税率，便可核查出其计税依据的计算正确与否。例如，若一份合同是由两方或两方以上当事人共同签订的，有无将计税金额在当事人之间进行分摊，未按全额计税的情况。

3. 检查应税合同的适用税率

主要检查有无混淆合同性质，从低适用税率的问题。例如，对载有两个或两个以上经济事项的，应税合同是否分别按规定计税，即对同一合同中多个经济事项分别记载金额的，是否依适用税率计算应纳税额，按其相加后合计税额贴花；对未分别记载金额的，是否按其中一种最高的适用税率计税贴花，有无错用税率的情况。

4. 检查应税合同的计税情况

对只载明数量，未标明金额的合同，是否按规定先计算出计税依据后再计算贴花；对所载金额为外国货币的合同，是否按规定先折合人民币后再计税贴花；对到期不能兑现或不能完全兑现的合同，有无将已贴印花税票揭下重用的情况。

[例 10-4] 在对某银行进行纳税检查时，稽查局发现该银行办公用房为租赁用房，并在检查其有关费用账户时发现为租金支出，立即要求该企业出示租赁协议书，发现该协议未贴印花。租赁协议规定：租期为 10 年，租赁协议总金额为 8 000

万元。

该企业租赁协议未贴印花税票，违反了《中华人民共和国印花税暂行条例》的规定，其行为属未按规定缴纳税款。应补贴印花税票：

80 000 000 × 0.1% = 80 000（元）

账务调整为：

借：递延资产——待摊印花税　　80 000

　贷：银行存款　　80 000

（二）其他凭证的检查

1. 检查营业账簿的计税情况

首先，检查企业有无错划核算形式，漏缴印花税的问题。例如，采用分级核算形式的纳税人，仅就财会部门本身设置的账簿计税贴花，对设置在二级核算单位和车间的明细账未按规定计税贴花的情况。其次，检查资金账簿计税情况是否正确。例如，企业“实收资本”和“资本公积”两项合计金额大于已贴花资金的，是否按规定就增加部分补贴印花税票。再次，检查其他账簿是否按规定计税贴花，除总分类账簿以外的账簿，包括日记账簿和各明细分类账等，是否按件贴花。

2. 检查产权转移书据，权利许可证照的计税情况

了解和掌握纳税人在经济活动和经济交往中都书立、领受了哪些产权转移书据，如从政府部门领受的房屋产权证、工商营业执照、商标注册证、专利证、土地使用证等权利许可证照，看其是否按规定每件贴花5元。

二、应纳税额的检查

（一）减免税检查要点

下列凭证免纳印花税：①已缴纳印花税的凭证的副本或者抄本；②财产所有人将财产赠给政府、社会福利单位、学校所立的书据；③经财政部批准免税的其他凭证。

下列凭证免纳印花税：①国家规定的收购部门与村民委员会、农民个人书立的农副产品收购合同；②无息、贴息贷款合同；③外国政府或者国际金融组织向我国政府及国家金融机构提供优惠贷款所书立的合同。

检查时，要注意纳税人已按免税处理的凭证是否为免税合同，有无混淆征免税界限，扩大减免税范围的情况。

（二）履行完税手续检查

（1）检查纳税人是否按规定及时、足额地履行完税手续，有无在应纳税凭证上未贴或少贴印花税票的情况；已贴印花税票有无未注销或者未划销的情况；有无将已贴用的印花税票揭下重用的问题。

（2）检查平时“以表代账”的纳税人，在按月、按季或按年装订成册后，有无

未按规定贴花完税的问题。

第四节 城市建设维护税与教育费附加的检查

城市维护建设税和教育费附加是以纳税人实际缴纳的增值税、消费税和营业税（以下简称“三税”）为计税依据所征收的一种税。具有附加税性质，其收入归地方财政所有，专门用于城市公用事业和公共设施的建设和维护。对外商投资企业和外国企业暂不征收城市维护建设税和教育费附加，海关对进口产品代征的增值税、消费税不征收城市维护建设税和教育费附加。

一、城建税的检查

1. 税额计算的检查

城建税的税额计算，首先应注意征免范围的划分。按照税法规定，除了涉外企业以外，所有的“三税”的纳税义务人均应计算缴纳城建税；除了进口环节以外，所有的“三税”的纳税环节都应同时计算缴纳城建税。按照这一原则，在城建税检查时，可结合“三税”的检查同时进行。其次应注意税率的运用。城建税的税率是按照纳税人所在地分别确定的，检查时主要应注意纳税人有无混淆适用税率，将城市郊区划为县城范围、将县城郊区划为农村，降低适用税率的现象。再次要注意代扣、代征“三税”的纳税人，代扣城建税时是否存在未按代扣义务人所在地的税率计征的现象。最后要注意流动经营的“三税”纳税义务人，缴纳城建税时，是否适用的是经营所在地的税率。

2. 征收管理的检查

由于城建税的附加性质，其征收管理的检查可与“三税”同时进行。

二、教育费附加的检查

教育费附加的检查，主要应注意卷烟和烟叶生产企业，应在征收率3%基础上减半计征。其他与城市维护建设税的检查方法相同。

第五节 土地增值税的检查

土地增值税是指对转让国有土地使用权、地上建筑物及其附着物并取得收入的单位和个人，就其转让房地产所取得的增值额征收的一种税。我国开征土地增值税的主要目的：一是为了进一步改革和完善税制，增强国家对房地产开发和房地产市场调控力度的客观需要；二是为了抑制炒买炒卖土地投机获取暴利的行为；三是为了规范国家参与土地增值收益的分配方式，增加国家财政收入。

由于房地产开发与转让周期长，核算难度大，加之该税种开征的时间不长，有少部分纳税人为了自身利益，导致土地增值税的大量流失。

一、征税范围的检查

（一）征税范围的主要规定

征税范围是每个税种的第一道环节，土地增值税也不例外，准确地判断征税范围是正确计算征收税款的前提。根据《土地增值税暂行条例》及其实施细则的规定，土地增值税的征税范围包括两大基本部分：

（1）转让国有土地使用权。按照国家法律规定，城市的土地属于国家所有，农村和城市郊区的土地除由法律规定属于国家所有的以外，其余属于集体所有。原则上转让城市的土地都应缴纳土地增值税，而转让农村和城市郊区的土地不缴纳土地增值税。但是，国家为了公共利益，可以依照法律规定对集体土地实行征用，依法被征用后的土地属于国家所有。

（2）连同国有土地使用权一并转让的地上的建筑物及其附着物。地上的建筑物是指土地上的一切建筑物，包括地上地下的一切附属设施。附着物是指附着于土地上的不能移动或一经移动即遭损坏的物品。

除上述基本规定外，在征税范围的划分上还存在以下具体行为的相关规定：

1. 以继承、赠与方式转让的房地产

这种情况虽然发生房地产产权的转让，但没有取得相应的收入，属于无偿转让房地产的行为，所以不纳入土地增值税的征税范围。这里又可以分为两种情况：

（1）房地产的继承是指房产的原产权所有人、依照法律规定取得土地使用权的土地使用人死亡以后，由其继承人依法承受死者房产产权和土地使用权的民事法律行为。这种行为虽然发生了房地产的权属变更，但作为房产产权、土地使用权的原所有人（即被继承人）并没有因为权属的转让而取得任何收入。因此，这种房地产的继承不属于土地增值税的征税范围。

（2）房地产的赠与。房地产的赠与是指房产所有人、土地使用权所有人将自己所拥有的房地产无偿地交给其他人的民事法律行为。但这里的赠与仅指以下情况：

①房产所有人、土地使用权所有人将房屋产权、土地使用权赠与直系亲属或承担直接赡养义务人的。

②房产所有人、土地使用权所有人通过中国境内非营利的社会团体、国家机关将房屋产权、土地使用权赠与教育、民政和其他社会福利、公益事业的。

如果赠与的对象不属于上述两种情况，应纳入征税范围。

2. 房地产的出租

房地产的出租是指房产的产权所有人和依照法律规定取得土地使用权的土地使

用人将房产、土地使用权租赁给承租人使用，由承租人向出租人支付租金的行为。房地产的出租，出租人取得了收入，但没有发生房产产权、土地使用权的转让，因此，不属于土地增值税的征收范围。

3. 房地产的抵押

房地产的抵押是指房产的产权所有人、依法取得土地使用权的土地使用人作为债务人或第三人向债权人提供不动产作为清偿债务的担保而不转移权属的法律行为。这种情况由于房产的产权、土地使用权在抵押期间产权并没有发生权属的变更，房产的产权所有人、土地使用权人仍能对房地产行使占有、使用、收益的权利，房产的产权所有人、土地使用权人虽然在抵押期间取得了一定的抵押贷款，但实际上这些贷款在抵押期满后是要连本带利偿还给债权人的，因此，对房地产的抵押，在抵押期间不征收土地增值税。待抵押期满后，视该房地产是否转移占有而确定是否征收土地增值税。对于以房地产抵债而发生房地产权属转让的，应列入土地增值税的征税范围。

4. 房地产的交换

房地产的交换是指一方以房地产与另一方的房地产进行交换的行为。由于这种行为既发生了房产产权、土地使用权的转移，交换双方又取得了实物形态的收入，因此它属于土地增值税的征税范围。但目前对个人之间互换自有居住用房地产的，经当地税务机关核实，可以免征土地增值税。

5. 以房地产进行投资、联营

以房地产进行投资、联营是指投资、联营的一方以土地（房地产）作价入股进行投资或联营，凡所投资或联营的企业从事房地产开发的，或者房地产开发企业以其建造的商品房进行投资和联营的，或是对投资、联营企业将上述房地产再转让的，都应征收土地增值税。

6. 合作建房

合作建房是指一方出地，一方出资金，双方合作建房，建成后按比例分房自用的，暂免征收土地增值税；建成后转让的，应征收土地增值税。

7. 企业兼并转让房地产

在企业兼并中，对被兼并企业将房地产转让到兼并企业中的，暂免征收土地增值税。

8. 房地产的代建行为

房地产的代建是指房地产开发公司代客户进行房地产的开发，开发完成后向客户收取代建收入的行为。对于房地产开发公司而言，虽然取得了收入，但没有发生房地产权属的转移，其收入属于劳务收入性质，故不属于土地增值税的征税范围。

9. 房地产的重新评估

房地产的重新评估是指国有企业在清产核资时对房地产进行重新评估而使其升值的情况。这种情况下，房地产虽然有增值，但其既没有发生房地产权属的转移，房产产权、土地使用权人也未取得收入，所以不属于土地增值税的征税范围。

10. 房地产用于职工福利等情形

开发的房地产用于职工福利、奖励、对外投资、分配给股东或投资人、抵偿债务、换取其他单位和个人的非货币性资产等，发生所有权转移时应视同销售房地产，其销售收入按下列方法和顺序审核确认：①按本企业在同一地区、同一年度销售的同类房地产的平均价格确认；②由税务机关参照当地、当年、同类房地产的市场价格或评估价值确认。

11. 关于国家收回国有土地使用权的情况

国家收回国有土地使用权，征用地上的建筑物及其附属物而使房地产权属发生转让的，免征土地增值税。

（二）检查方法

（1）用现行规定与纳税人开发并转让房地产的具体行为进行核对，核实各种具体行为是否属于税法规定的征税范围。看纳税人有无将应征税行为转化为征税范围之外的情况。

（2）检查过程中，主要是核对纳税人的建造合同或销售转让合同，逐项确认纳税人房地产转让业务的性质，看有无作假的行为。例如，将房地产赠与是否符合国家规定的赠与对象。

二、应纳税额的检查

（一）房地产开发企业应纳增值税额的检查

房地产转让业务中，新开发房地产的销售占有绝对比重。房地产开发业务的特点是周期长，少则几个月，多则几年。按照土地增值税的有关规定，一般采取预交和营业收入实现或项目全部竣工、办事结算后进行清算的征管办法。土地增值税的计算公式如下：

增值额＝收入总额－扣除项目金额

增值比例＝增值额÷扣除项目金额

应纳土地增值税税额＝增值额×适用税率－扣除项目金额×速算扣除系数

根据上述公式可知，土地增值税应纳税额的计算，首先计算增值额，其次计算增值的比例，最后计算应纳税额。根据计税的程序，检查的内容主要有：因土地增值税采用的是四级超率累进税率，而适用税率又是依据增值的比例确定的，只有在增值额存在时才能计算增值的比例。

1. 收入总额的检查

按照税法规定，收入总额包括纳税人转让房地产取得的全部价款及有关的经济收益。从收入的形式来看，包括货币收入、实物收入和其他收入。货币收入是指纳税人转让房地产而取得的现金、银行存款、支票、银行本票、汇票等各种信用票据和国库券、金融债券、企业债券、股票等有价债券。这些类型的收入其实质都是转让方因转让土地使用权、房屋产权而向取得方收取的价款。实物收入是指纳税人转让房地产而取得的各种事务形态的收入，如钢材、水泥等建材，房屋、土地等不动产等。其他收入是指纳税人转让房地产而取得的无形资产收入或具有财产价值的权利，如专利权、商标权、著作权、专有技术使用权、土地使用权、商誉权等。

三种收入中，货币收入比较容易确定。实物收入的价值不太容易确定，一般要对这些实物形态的财产进行估价。其他收入比较少见，其价值需要进行专门的评估。根据收入的不同特点，检查的主要方法有：

（1）对其自行申报的收入额与会计核算中的利润表、销售总分类账、销售明细账、销售发票等资料的发生额进行核对，审核它们之间的数据是否相等，有无隐瞒收入的情况。

（2）银行存款借方发生的销售收入额，与开具发票的金额核对，看纳税人有无收款后不按时开票，或是隐瞒预收款项不按规定纳税的情况。

（3）检查销售合同或转让合同，确定付款的形式和日期，收款方式是现金还是通过银行结算，有无将收取的现金放入“小金库”的情况。

（4）在取得实物和其他收入的情况下，是否在会计收入中如实反映，购销双方办理了哪些手续，在评估销售额的过程中是否存在虚假行为。

2. 扣除项目的检查

按照规定，房地产企业销售的房地产，在计算增值额时准许扣除的项目有五项：

（1）取得土地使用权所支付的金额。

包括纳税人为取得土地使用权所支付的地价款和在取得土地使用权时按国家统一规定缴纳的有关费用。如果是以协议、招标、拍卖等出让方式取得土地出让权的，地价款为纳税人所支付的土地支付金；如果是以行政划分方式取得土地使用权的，地价款为按照国家有关规定补交的土地出让金；如果是以出让方式取得土地使用权的，地价款为向原土地使用权人实际支付的地价款。费用是指纳税人在取得土地使用权过程中为办理有关手续，按国家统一规定缴纳的有关登记、过户手续费。

（2）房地产开发成本。

房地产开发成本是指纳税人房地产开发项目实际发生的成本。包括土地征用及拆迁补偿费、前期工程费、建筑安装工程费、基础设施费、公共配套设施费、开发间接费用等。土地征用及拆迁补偿费包括土地征用费、耕地占用税、劳动力安置费及有关地上、地下附着物拆迁补偿的净支出、安置动迁用房支出等。前期工程费包括规划、设计、项目可行性研究和水文、地质、勘察、测绘、“三通一平”等支出。建筑安装工程费包括以出包方式支付给承包单位的建筑安装工程费，以自营方式发生的建筑安装工程费。基础设施费包括开发小区内道路、供水、供电、供气、排污、排洪、通信、照明、环卫、绿化等工程发生的支出。公共设施配套费包括不能有偿转让的开发小区内公共配套设施发生的支出。开发间接费用指直接组织、管理开发项目发生的费用，包括工资、职工福利费、折旧费、修理费、办公费、水电费、劳动保护费、周转房摊销等。

（3）房地产开发费用。

房地产开发费用是指与房地产开发项目有关的销售费用、管理费用和财务费用。根据现行财务会计制度的规定，这三项费用作为期间费用，直接计入当期损益，不按成本核算对象进行分摊。故作为土地增值税扣除项目的房地产开发费用，不按纳税人房地产开发项目实际发生的费用进行扣除，而按《实施细则》的标准进行扣除。具体计算方法是：纳税人能够按照转让房地产开发项目计算分摊利息支出，并能提供金融机构的贷款证明的，其允许扣除的房地产开发费用为：利息 +（取得土地使用权所支付的金额 + 房地产开发成本）×5% 以内（利息最高不能超过按商业银行同类同期贷款利率计算的金额）；纳税人不能按转让房地产项目计算分摊利息支出或不能提供金融机构贷款证明的，其允许扣除的房地产开发费用为：（取得土地使用权所支付的金额 + 房地产开发成本）×10% 以内。

（4）与转让房地产有关的税金。

与转让房地产有关的税金是指在转让房地产时缴纳的营业税、城市维护建设税、印花税。因转让房地产缴纳的教育费附加，也可视同税金予以扣除。房地产开发企业按照《施工、房地产开发企业财务制度》有关规定，其在转让时缴纳的印花税因列入管理费用中，故在此不允许再单独扣除。其他纳税人缴纳的印花税（按产权转移数据所载金额的 0.5‰贴花）允许在此扣除。

（5）其他扣除项目。

对从事房地产开发的纳税人，按照《实施细则》规定，可按取得土地使用权所支付的金额和房地产开发成本金额的合计，加计 20% 的扣除。此条优惠只适用于从事房地产开发的纳税人，除此之外的其他纳税人不适用。

计算土地增值税的增值额时，其扣除项目金额的计算非常复杂，它不像增值税那样只是将购进的货物或劳务进行扣除。土地增值税的增值额的计算实际类似于利润的计算。扣除项目的检查方法主要有：①检查扣除项目的相关票据是否齐全，所扣金额是否属于税法规定的范围。②检查相关数据的计算是否正确，某些项目的扣除是否超过规定的标准。由于扣除项目众多且计算较复杂，要认真审核每一项应扣除的数据。检查时，用核定的各项金额与纳税人自己账载金额核对，如有差异应予以调整。③检查各环节签订的协议或合同，核对扣除项目是否符合相关的内容，账载金额是否与合同的有关数据一致。

3. *增值比例和计算税额的检查*

增值比例的正确与否，直接关系到适用税率的正确程度。因此，对纳税人自行计算的增值比例和应纳税额适用的税率，以及计算的应纳税额要逐项核定，防止纳税人错用比例和税率偷、逃税款。

表 10－1 土地增值税四级超率累进税率表

级数	增值额占扣除项目金额比例	税率	速算扣除率
1	未超过 50% 的部分	30%	0
2	超过 50%，未超过 100% 的部分	40%	5%
3	超过 100%，未超过 200% 的部分	50%	15%
4	超过 200% 的部分	60%	35%

（二）非房地产企业应纳土地增值税的检查

非房地产企业一般不直接开发房地产转让，因此，非房地产企业销售的房产或建筑物一般为存量房产。按照规定，销售旧房或建筑物应纳土地增值税的计算公式为：

增值额＝收入总额－评估价－相关税费
增值比例＝增值额÷扣除项目金额
应纳土地增值税税额＝增值额×适用税率－扣除项目金额×速算扣除系数

根据公式可知，存量房地产销售应缴纳的土地增值税的计算方法，除评估项目不同以外，其他方面与房地产开发企业应纳土地增值税的计算方法一致。因此，对存量房地产应纳土地增值税的检查重点在于评估价的核定。

按照规定，旧房及建筑物的评估价格是指在转让已使用的房屋及建筑物时，由政府批准设立的房地产评估机构评定的重置成本乘以成新度折扣率后的价格。重置成本的含义是：对旧房及建筑物，按转让时的新旧程度作一定比例的折扣。例如，某栋房屋已使用近 10 年，建造时的造价为 2 000 万元，按转让时的建材及人工费用计算，建同样的新房需花费 3 000 万元，该房有六成新，则该房的评估价格为 1 800 万元（3 000×60%）。

检查时，注意纳税人自行申报的金额是否正确。检查方法是，核定评估机构为纳税人出具的评估报告，比较计算应纳税额的相关数据是否一致，有无扩大或缩小的情况。

三、应纳税额的计算及会计处理

［例 10－5］某主营房地产开发业务的华伦房地产开发公司，某年度内开发房地产 1 万平方米对外销售，按签订的购销合同共计取得销售收入 2 000 万元。在开发

过程中支付取得土地使用权的费用200万元；支付开发房地产的成本费用600万元；支付开发房地产的借款利息支出80万元，并能提供金融机构的证明，利率未超过银行同类同期贷款利率的规定标准，当地政府规定其他房地产开发费用的扣除标准为5%；转让房地产应缴纳的营业税、城市维护建设税、教育费附加按规定计算；华伦房地产开发公司按照当地主管税务机关的规定，在第一至第四季度分别预交土地增值税30万元。华伦房地产开发公司开发该房地产应缴纳的土地增值税及其会计处理如下（营业税税率为5%，城市维护建设税税率为7%，教育费附加征收率3%）：

（1）每季度预交土地增值税时：

借：应交税费——应交土地增值税　　300 000

　贷：银行存款　　300 000

（2）计算共计应缴纳的土地增值税税额：

①计算应扣除的项目金额：

扣除项目金额＝取得土地使用权所支付的金额＋房地产开发成本＋房地产开发费用＋转让地产有关的税金＋加计扣除费用

房地产开发费用＝80＋（200＋600）×5%＝120（万元）

应缴纳的营业税＝2 000×5%＝100（万元）

应缴纳的城市维护建设税＝100×7%＝7（万元）

应缴纳的教育费附加＝100×3%＝3（万元）

加计扣除费用＝（200＋600）×20%＝160（万元）

合计扣除项目金额＝200＋600＋120＋100＋7＋3＋160＝1 190（万元）

②计算增值额：

增值额＝收入总额－扣除项目金额＝2 000－1 190＝810（万元）

③增值额占扣除项目金额的比例＝810÷1 190×100%＝68.07%

④确定适用税率：该房地产转让应征收土地增值税的适用税率为40%。

⑤计算应纳土地增值税税额：

应纳土地增值税额＝增值额×适用税率－扣除项目金额×速算扣除系数

＝810×40%－1 190×5%

＝264.5（万元）

（3）计算应交土地增值税的会计处理：

借：营业税金及附加　　2 645 000

　贷：应交税费——应交土地增值税　　2 645 000

该年度华伦房地产开发公司“应交税费——应交土地增值税”登记账户如下：

"应交税费——应交土地增值税" 单位：元

时间	凭证	摘要	借方	贷方	余额
略	略	略	300 000 300 000 300 000 300 000	2 645 000	
合计			1 200 000	2 645 000	

（4）年末结算华伦公司应补缴土地增值税时：

应补缴土地增值税 =264.5 －120 =144.5（万元）

上缴土地增值税时：

借：应交税费——应交土地增值税 1 445 000

　贷：银行存款 1 445 000

［例10－6］某工业企业转让10年前建造的办公楼一栋，取得转让收入1 200万元，10年前建造时的造价为300万元，已计提折旧120万元。按转让时的建材及人工费用计算，建造同样的新房需耗费1 000万元，该房还有六成新。由于办公楼所占土地面积的原使用权属于国家无偿划拨的，企业在转让办公楼时补缴土地出让金200万元。企业转让该存量房应缴纳的土地增值税及有关账务处理如下（营业税税率5%、城市维护建设税税率7%、教育费附加征收率3%）：

转让时冲减固定资产和累计折旧：

借：固定资产清理 1 800 000

　　累计折旧 1 200 000

　贷：固定资产 3 000 000

取得转让收入时：

借：银行存款 12 000 000

　贷：固定资产清理 12 000 000

支付土地出让金时：

借：固定资产清理 2 000 000

　贷：银行存款 2 000 000

（5）计算应缴纳的营业税、城市维护建设税、教育费附加时：

应纳营业税 =（1 200 －300 －200）×5% =700 ×5% =35（万元）

应纳城市维护建设税 =35 ×7% =2.45（万元）

应交教育费附加 =35 ×3% =1.05（万元）

借：固定资产清理 385 000

　贷：应交税费——应交营业税 350 000

应交税费——城市维护建设税　　24 500
其他应交款——教育费附加　　10 500

计算应缴纳的土地增值税：

计算增值额：

办公楼的评估价格 =1 000 ×60% =600（万元）

增值额 =1 200 -600 -200 -38.5 =361.5（万元）

计算增值额占扣除项目金额的比例：

361.5 ÷（600 +200 +38.5） =43%

计算应纳土地增值税额：

增值额占扣除项目金额的比重在50%以内，适用税率为30%。

应纳土地增值税额 =361.5 ×30% =108.45（万元）

计算土地增值税时的会计处理：

借：固定资产清理　　1 084 500
　贷：应交税费——应交土地增值税　　1 084 500

（6）上缴土地增值税时：

借：应交税费——应交土地增值税　　1 084 500
　贷：银行存款　　1 084 500

固定资产清理净损益的处理：

借：固定资产清理　　6 730 500
　贷：营业外收入——处理固定资产净收益　　6 730 500

第六节　契税的检查

契税是指以所有权发生转移变动的不动产为征税对象，向产权承受人征收的一种财产税。现行契税的基本规定是 1997 年 7 月 7 日国务院发布并于同年 10 月 1 日开始实施的《中华人民共和国契税暂行条例》。

一、征税范围的检查

（一）征税范围的基本规定

契税的征税范围是境内转移土地、房屋权属。具体包括以下五项内容：

1. 国有土地使用权出让

国有土地使用权出让是指土地使用者向国家交付土地使用权出让费用，国家将国有土地使用权在一定的年限内让与土地使用者的行为。

2. 土地使用权的转让

土地使用权的转让是指土地使用者以出售、赠与、交换或者其他方式将土地使用权转移给其他单位和个人的行为。土地使用权的转让不包括农村集体土地承包经营权的转移。

3. *房屋买卖*

房屋买卖是以货币为媒介，出卖者向购买者过渡房产所有权的交易行为。以下几种特殊情况，视同买卖房屋：

（1）以房产抵债或实物交换房屋。

经当地政府和有关部门批准，以房产抵债和实物交换房屋，均视同房屋买卖，应由产权承受人，按房屋现值缴纳契税。例如，甲某因无力偿还乙某债务，而以自有的房产折价抵偿债务。经双方同意，有关部门批准，乙某取得甲某的房屋产权，在办理产权过户手续时，按房产折价款缴纳契税。如以实物（金银首饰等等价物品）交换房屋，应视同以货币购买房屋。

（2）以房产作投资或作股权转让。

这种交易业务属房屋产权转移，应根据国家房地产管理的有关规定，办理房屋产权交易和产权变更登记手续，视同房屋买卖，由产权承受方按契税税率计算缴纳契税。例如，甲某以自有房产，投资于乙企业，其房屋产权变为乙企业所有，故产权所有人发生变化，因此，乙企业在办理产权登记手续后，按甲某入股房产现值（国有企事业房产须经国有资产管理部门评估核价）缴纳契税。又如，丙某以股份方式购买乙企业房屋产权，丙某在办理产权登记后，按取得房产买价缴纳契税。以自有房产作股投入本人独资经营企业，免纳契税。因为以自有的房地产投入本人独资经营企业，产权所有人和使用权使用人未发生变化，不需办理房产变更手续，也不办理契税手续。

（3）买房拆料或翻建新房，应照章征收契税。

例如，甲某购买乙某房产，不论其目的是取得该房产的建筑材料还是翻建新房，实际构成了房屋买卖，甲某应首先办理房屋产权变更手续，并按买价缴纳契税。

（4）房屋赠与是指房屋产权所有人将房屋无偿转让给他人所有。其中，将自己的房屋转交给他人的法人和自然人，称作房屋赠与人，接受他人房屋的法人和自然人，称为受赠人。房屋赠与的前提必须是，产权无纠纷，赠与人和受赠人双方自愿。

由于房屋是不动产，价值较大，故法律要求赠与房屋应有书面合同（契约），并到房地产管理机构或农村基层政权机关办理登记过户手续，才能生效。如果房屋赠与行为涉及涉外关系，还需公证处证明和外事部门认证，才能生效。房屋的受赠人要按规定缴纳契税。

4. *房屋交换*

房屋交换是指房屋所有者之间互相交换房屋的行为。

（二）检查方法

（1）检查纳税人有无发生承受土地、房屋权属的行为，是否如实申报缴纳了契税。应税项目是否与免税项目互相混淆。

（2）检查承受土地、房屋权属的协议或者合同，是否真实反映了承受土地、房屋权属的内容。

二、应纳税额的计算

按照现行规定，契税应纳税额的计算公式为：

契税应纳税额 = 计税依据 × 税率

（一）税率的检查

契税实行3% ~5%的幅度税率。实行幅度税率是考虑到我国经济发展的不平衡，各地经济差别较大的实际情况。因此，各省、自治区、直辖市人民政府可以在3% ~5%的幅度税率规定范围内，按照本地区的实际情况决定。检查时，核对纳税人有无错用税率的情况，有无不按当地政府规定，任意变动适用税率的情况。

（二）计税依据的检查

契税的计税依据为不动产的价格。由于土地、房屋权属转移方式不同，定价方法不同，因而具体计税依据视不同情况而决定。

国有土地使用权出让、土地使用权出售、房屋买卖，以成交价格为计税依据。成交价格是指土地、房屋权属转移合同确定的价格，包括承受者应交付的货币、实物、无形资产或者其他经济利益。

土地使用权赠与、房屋赠与，由征收机关参照土地使用权出售、房屋买卖的市场价格核定。

土地使用权交换、房屋交换、计税依据为所交换的土地使用权、房屋的价格差价。就是说，交换价格相等时，免征契税；交换价格不等时，由多交付货币、实物、无形资产或者其他经济利益的一方缴纳契税。

以划拨方式取得土地使用权，经批准转让房地产时，由房地产转让者补交契税。计税依据为补交的土地使用权出让费用或者土地收益。

房屋附属设施征收契税的依据：

（1）采取分期付款方式购买房屋附属设施土地使用权、房屋所有权的，应按合同规定的总价款计征契税。

（2）承受的房屋附属设施权属如为单独计价的，按照当地确定的适用税率征收契税；如与房屋统一计价的，适用与房屋相同的契税税率。

（3）为了避免偷、逃税款，税法规定，成交价格明显低于市场价格并且无正当理由的，或者所交换土地使用权、房屋的价格的差价明显不合理并且无正当理由的，征收机关可以参照市场价格核定计税依据。

（三）检查方法

检查纳税人计算契税的依据是否正确，有无人为调整计税依据的情况。

检查自行申报缴纳的税款是否正确，有无隐瞒支付金额。检查时，应将纳税人自行申报数与相关的账簿、凭证记载金额核对。

三、应纳税额的计算及会计处理

企业缴纳契税，设置“应交税费——应交契税”科目进行核算，该科目贷方反映企业应缴纳的税款，借方反映企业已缴纳的税款，期末贷方余额表示企业应缴而未缴纳的契税。企业计算提取应纳契税时，借记“固定资产”、“无形资产”、“管理费用”等科目，贷记“应交税费——应交契税”科目。

[**例** 10－7] 某A公司购进厂房一栋，支付金额5 000万元，已办完各种相关手续。假定契税税率为4%，公司计算处理如下：

公司应交契税＝5 000×4%＝200（万元）

公司缴纳的契税应计入其固定资产的价值中。会计处理为：

购房和计提税款时：

借：固定资产——厂房	52 000 000	
贷：银行存款		50 000 000
应交税费——应交契税		2 000 000

上缴契税时：

借：应交税费——应交契税	2 000 000	
贷：银行存款		2 000 000

第七节　车船税的检查

在中华人民共和国境内，车辆、船舶的所有人或者管理人为车船税的纳税人。车辆管理人是指对车船具有管理使用权，不具有所有权的单位。车船的所有人或者管理人未缴纳车船税的，使用人应当代为缴纳。从事机动车交通事故责任强制保险业务的保险机构为机动车车船税的扣缴义务人，应当依法代收代缴车船税。

一、征税范围的检查

（1）对办理交强险业务的保险公司，根据其办理的交强险情况，检查其是否完全履行代收代缴车船税义务。

（2）对纳税人车船税申报检查时，可充分利用车船管理部门提供的资料，核实车船税是否准确。

二、计税依据和使用税率的检查

对各种不同类型的车辆和船舶分别以辆、自重吨位或净吨位为计税依据。其中，车辆中的载货汽车、三轮汽车和低速货车以自重吨位为计税依据，其他车辆按辆数为计税依据，船舶以净吨位为计税依据。

（1）应重点核实纳税人各种应税车船的计税依据是否正确，适用税率是否得当，是否分别按辆数、自重吨位数或净吨位数计算缴纳税款。检查时，应把“固定资产”明细账和实物逐一对照，注意查实纳税人的应税车船是否全部登记入账、账面数量与实存数量是否一致、规格型号是否真实、入账凭证是否合法、应纳税款计提和申报是否及时、足额。

（2）检查扣缴义务人是否对纳税人所拥有的全部应税车船依法履行代收代缴义务，其代收代缴税款是否计算正确，是否及时、足额缴库。

第十一章　特殊业务的检查

【本章要点】

本节主要介绍建造合同、非货币性资产交换、债务重组、投资业务、企业合并、股权转让企业等特殊经济业务的检查内容及其检查方法。

第一节　建造合同的检查

建造合同由于本身的特殊性，其开工日期与完工日期通常分属于不同的会计年度，如何将合同收入与合同成本进行配比，分配计入实施工程的会计年度，就成为一个十分非常重要的问题。《建造合同准则》在收入、费用的确认与计量上和现行的有关税收政策存在着差异，同时由于经济业务日趋复杂等原因，建造合同普遍存在偷税、逃税行为，因而，加强对建造合同的税务检查十分必要。

一、建造合同简述

（一）建造合同的确认

建造合同是指为建造一项或数项在设计、技术、功能、最终用途等方面密切相关的资产而订立的合同。其资产是指房屋、道路、桥梁、水坝等建筑物以及船舶、飞机、大型机械设备等。建造合同分为固定造价合同和成本加成合同。

（二）建造合同收入、成本的组成和计量

1. 建造合同收入的内容

（1）合同规定的初始收入，即建造承包商与客户在双方签订的合同中最初商定的合同总金额，它构成合同收入的基本内容。

（2）因合同变更、索赔、奖励等形成的收入。

2. 建造合同成本的内容

合同成本应当包括从合同签订开始至合同完成为止所发生的、与执行合同有关的直接费用和间接费用。但不包括应当计入当期损益的管理费用、销售费用和财务费用。

3. 合同收入和合同费用的计量

采用完工百分比法确认合同收入和合同费用，关键要确定工程的完工进度。因此，在具体运用完工百分比法时，首先要确定合同的完工程度，然后根据完工百分比确认和计量当期的合同收入和合同费用。公式如下：

当期确认的合同收入＝（合同总收入×完工进度）－以前会计年度累计已确认的收入

当期确认的毛利＝（合同总收入－合同预计总成本）×完工进度－以前会计年度累计已确认的毛利

当期确认的合同费用＝（同预计总成本×完工进度）－以前会计年度累计已确认费用

当期完成的建造合同，应当按照实际合同总收入扣除以前会计期间累计已确认收入后的金额，确认为当期合同收入；同时，按照累计实际发生的合同成本扣除以前会计期间累计已确认费用后的金额，确认为当期合同费用。

二、政策依据和会计处理

（一）政策依据

建造合同具体政策依据见表11－1。

表11－1　建造合同政策依据一览表

文件	具体规定
《增值税暂行条例》第十九条	销售货物或者应税劳务，为收讫销售款或者取得销售款凭据的当天。销售额为纳税人销售货物或者应税劳务向购买方收取的全部价款和价外费用。
《营业税暂行条例实施细则》第九条	营业税的纳税义务发生时间为纳税人收讫营业收入款项或者取得营业收入款项凭据的当天。
《企业所得税法实施条例》第二十三条	企业受托加工制造大型机械设备、船舶、飞机，以及从事建筑、安装、装配工程业务或者提供其他劳务等，持续时间超过12个月的，按照纳税年度内完工进度或者完成的工作量确认收入的实现。

（续上表）

文件	具体规定
财税〔2006〕177号	纳税人提供建筑业应税劳务，施工单位与发包单位签订书面合同，如合同明确规定付款（包括提供原材料、动力和其他物资，不含预收工程价款）日期的，按合同规定的付款日期为纳税义务发生时间；合同未明确付款（同上）日期的，其纳税义务发生时间为纳税人收讫营业收入款项或者取得索取营业款项凭据的当天。 上述预收工程价款是指工程项目尚未开工时收到的款项。对预收工程价款，其纳税义务发生时间为工程开工后，主管税务机关根据工程形象进度按月确定的纳税义务发生时间。 纳税人提供建筑业应税劳务，施工单位与发包单位未签订书面合同的，其纳税义务发生时间为纳税人收讫营业收入款项或者取得索取营业收入款项凭据的当天。 纳税人自建建筑物，其建筑业应税劳务的纳税义务发生时间为纳税人销售自建建筑物并收讫营业收入款项或者取得索取营业收入款项凭据的当天。 纳税人自建建筑物对外赠与，其建筑业应税劳务的纳税义务发生时间为该建筑物产权转移的当天。

（二）会计核算

建造合同具体会计核算见表11－2。

表11－2 建造合同会计核算一览表

项目	类型	合同收入、费用的确认
建造合同收入与合同费用的确认时间		资产负债表日； 合同完工时； 能得到补偿的费用发生的当期。
建造合同收入与合同费用的确认	建造合同的结果能够可靠估计	建造合同的结果能够可靠估计的，应采用完工百分比法确认合同收入和合同费用。 企业确定合同完工进度可以选用下列方法： 累计实际发生的合同成本占合同预计总成本的比例； 已经完成的合同工作量占合同预计总工作量的比例； 实际测定的完工进度。

（续上表）

项目	类型	合同收入、费用的确认
建造合同收入与合同费用的确认	建造合同的结果不能够可靠估计	不采用完工百分比法确认合同收入和合同费用，应区分以下情况进行处理： 一是合同成本能够收回，合同收入根据能够收回的实际合同成本加以确认，合同成本在其发生的当期确认为费用； 二是合同成本不能收回的，应在发生时当期确认为费用，不再确认收入。 如果预计合同总成本超过预计合同总收入，应将预计损失立即确认为当期费用。

三、常见涉税问题及主要检查方法

建造合同的经济业务复杂，业务持续的时间长，为纳税人操纵收入、成本提供了很多便利。纳税人通常采用少计合同收入、虚计或多计合同成本等方式偷、逃税费。稽查人员在对建造合同进行检查时，应抓住建造合同可能出现人为调节的关键点进行重点审查，可采取实地观察、审阅账簿资料、询问等检查方法，查清建造合同中存在的各项税收违法行为。

（一）常见涉税问题

（1）合同收入未按照完工百分比法分期确认，少缴流转税和企业所得税；

（2）因合同变更、索赔、奖励等形成的收益不计入收入，偷、逃税款；

（3）合同完成后处置残余物资取得的收益不计入收入；

（4）对于合同预计总成本超过合同总收入的预计损失，企业提取损失准备，在计算应纳税所得额时不作调整；

（5）借款费用重复扣除或提前扣除。

（二）检查方法

1. 合同收入未按照完工百分比法分期确认，少缴流转税和企业所得税

该类涉税问题表现为以下两种形式：

（1）采用完工百分比法计算完工程度时，故意降低合同完工程度，少缴税款；

（2）在资产负债表日或合同完工时建造合同的结果不能够可靠估计时，按能得到补偿的费用确认收入，少缴税款。

主要检查方法有：

（1）通过查看纳税人签订的建造合同的相关条款，核实合同规定的建造工程结算日期、会计确认收入的日期，对比税法有关收入确定的规定，从而确定纳税人是

否存在迟计收入，推迟纳税的现象。

（2）实地察看工程完成情况，深入现场了解工程的真实情况，特别是对可能出现人为调节的关键点进行重点核实；结合运用查询法、问题式调查等方法，提高实地察看效果。一方面查看工程完工进度计算是否正确，另一方面查看在确认合同收入和合同成本时，所运用的完工进度是否一致，从而发现纳税人是否存在少计收入、多转成本的情况。

（3）审核“管理费用”、“营业外支出”等账户，查看纳税人是否存在合同成本不可能收回的情况，是否存在不确认建造合同收入，而直接作为损失扣除的情况。

[例 11-1] 某稽查局对 A 船舶制造公司 2009 年度纳税情况进行检查，稽查人员通过审核经济合同和询问有关人员，了解到该船舶制造公司于 2009 年初签订了一项总金额为 10 000 万元的建造合同，为乙公司建造一艘集装箱运输船。查看双方签订的建造合同，船舶已于 2009 年 2 月开工，将于 2010 年 6 月完工，预计工程总成本为 8 000 万元，按照工程的完工程度按季结算工程款。

稽查人员审查有关资料和账簿得知，截至 2009 年 12 月 31 日，该项目已经发生的成本为 5 000 万元，预计完成合同还将发生成本 3 000 万元，已结算工程价款 6 500万元，其中实际收到 2 500 万元。由于乙公司当年经营发生严重困难，A 船舶制造公司今后很难收到船舶价款，属于建造合同的结果不能可靠估计的情况，不能按完工百分比法确认合同收入。船舶制造公司只能将已经发生的成本中能够得到补偿的部分 2 500 万元确认为收入，同时将发生的合同成本 5 000 万元确认为当期成本费用，会计上确认建造合同的收益为 -2 500 万元（2 500 -5 000）。

经复核 2009 年度企业所得税纳税申报表的有关项目，建造合同的收入、成本、税金及附加都按会计数填报。

分析：根据税法规定，A 船舶制造公司应按完工进度确认工程收入和成本。2009 年，该项船舶制造工程的完工进度为 62.5%（5 000 ÷ 8 000），应确认收入 6 250万元（10 000 ×62.5%）、成本 5 000 万元（8 000 ×62.5%）；2009 年，税收上确认建造合同所得 1 250 万元（6 250 -5 000）。

2009 年，对于此项建造合同，会计上确认收益为 -2 500 万元，税务上确认所得1 250万元，会计处理比税务处理少计所得 3 750 万元。因此，A 船舶制造公司应调增应纳税所得额 3 750 万元，应补缴企业所得税 937.5 万元（3 750 ×25%）。

2. 因合同变更、索赔、奖励等形成的收益不计收入，偷、逃税款

将因合同变更、索赔、奖励等形成的收益不计入收入总额，偷、逃税款。具体形式包括：

（1）将因合同变更、索赔、奖励等形成的收益计入账外账；

（2）将因合同变更、索赔、奖励等形成的收益计入往来账和盈余公积金；

（3）将因合同变更、索赔、奖励等形成的收益直接冲减费用。

主要检查方法有：

（1）查看纳税人签订的建造合同，双方有无索赔、奖励条款的约定；审查“工程质量检验报告”等原始资料，核实建造质量和完工时间是否达到建造合同的规定标准，确认是否存在收取索赔、奖励的情况。

（2）实地察看工程或产品，询问工程负责人和技术人员，结合建造合同条款的审查，核实有无改变合同规定作业内容的情形；如有改变合同规定的作业内容，核查有无合同变更收入的核算。

（3）检查“主营业务收入”等账户本期贷方发生额，核实合同变更收入、赔款收入、奖励款收入是否及时入账；如无收入入账，则检查“其他应付款”、“盈余公积”、“管理费用”等账户，防止纳税人将收到的合同变更收入、索赔款收入、奖励款收入直接记入往来账户或者直接冲减费用处理。

3. 合同完成后处置残余物资取得的收益不计入收入

将建造合同完成后处置残余物资取得的收益不计入收入总额，偷、逃税款。具体形式包括：

（1）将残余物资取得的处置收益计入账外账；

（2）将残余物资取得的处置收益计入往来账和盈余公积金；

（3）将残余物资取得的处置收益直接冲减费用。

主要检查方法有：

（1）审查建造合同的有关条款，确认建造合同完成后残余物资是否归建造方所有；审查纳税人内控制度，核实残余物资占发出材料的一般比例。

（2）检查“原材料”等明细账本期收入的金额、数量，查看纳税人是否存在残余物资入库的记录；将实际入库的残余物资数量与内控制度规定残余物资占发出材料比例推算结果进行比较，是否存在少计残余物资数量的嫌疑。

（3）审核“生产成本”（或“工程施工”）、“管理费用”等账户有无借方红冲纪录，查看是否存在直接冲减合同成本、费用情况；审查通过“银行存款”、“现金”、“其他应付款”、“盈余公积”等账户，核实纳税人是否存在残余物资出售而不计入收入，偷、逃税款。

（4）复核“流转税纳税申报表”和“企业所得税纳税申报表”的有关项目，查看建造合同完成后残余物资取得的收益是否按规定申报纳税。

4. 对于合同预计总成本超过合同总收入的预计损失，企业提取损失准备，在计算应纳税所得额时不作调整

合同预计总成本超过合同总收入形成合同预计损失，按照会计准则计提资产减值准备，但在企业所得税纳税申报时不作纳税调增，偷、逃企业所得税税款。

主要检查方法有：

（1）查看纳税人内部的财务管理制度，了解纳税人计提资产减值准备的条件、比例和审批流程、权限的规定。

（2）审查“存货减值准备”、“资产减值损失”等账户的记录和资产减值准备

计算表，核实纳税人发生的预计损失有无提取损失准备。

(3) 复核“企业所得税纳税申报表”的调增项目中是否有资产减值准备的调增金额。

[例11-2] 某稽查局对某船舶制造公司2007年度纳税情况进行了检查，稽查人员通过审核合同和询问，得知该公司于2007年1月3日与某运输公司签订了一项总金额为580万元的船舶固定造价合同，预计于2008年12月15日交付。2007年度照累计实际发生的合同成本占合同预计总成本的比例确定合同完工进度为80%。由于材料价格上涨等因素调整了预计总成本，预计工程总成本已为600万元。由于该合同预计总成本600万元大于合同总收入580万元，预计发生损失总额为20万元。

稽查人员通过逆查法检查该事项的记账凭证为：

借：资产减值损失　　200 000

　贷：存货减值准备——合同预计损失准备　　200 000

稽查人员经对“企业所得税纳税申报表”的复核，该船舶制造公司本年提取的资产减值准备未作纳税调增。

按照税法规定，未经核准的减值准备不得税前扣除，调增所得额20万元。

5. 借款费用重复扣除或提前扣除

该类涉税问题表现为如下两种形式：①应计入合同成本的支出而直接计入期间费用提前扣除；②已计入合同成本的借款费用，重复计入财务费用在税前扣除。

主要检查方法有：

(1) 查看纳税人与银行等单位签订的借款合同，查实纳税人借款的用途、利率、期限等条款的相关约定，结合审查“生产成本”（或“工程施工”）、“财务费用”账户，核实稽查期间纳税人借款费用的税务处理是否正确。

(2) 审核“生产成本”（或“工程施工”）账户借方本期发生额，查看合同成本的构成项目是否齐全，合同成本金额有无明显异常；结合检查财务费用的具体项目，查看是否存在混淆成本费用界限，有无将应计入合同成本的利息费用作为期间费用在当期扣除。

(3) 核对“生产成本”（或“工程施工”）、“财务费用”账户借方发生额中的利息费用，查看借款利息是否存在重复列支的问题。

第二节　非货币性资产交换的检查

非货币性资产交换是一种非经常性的特殊交易行为，由于非货币性资产交换交易方式日趋复杂和灵活多变，会计与税收处理上具有较大的可操纵性和隐蔽性，纳税人常常通过隐匿非货币性资产交换业务等方式少缴税款，稽查人员应加强非货币性资产交换的稽查。

一、非货币性资产交换简述

（一）非货币性资产交换业务的确认

非货币性资产交换是指交易双方主要以存货、固定资产、无形资产和长期股权投资等非货币性资产进行的交换。该交换不涉及或只涉及少量的货币性资产（即补价）。

在涉及货币性资产（补价）的情况下，判断非货币性资产交换的参考比例为25%，即支付的货币性资产占换入资产公允价值（或占换出资产公允价值与支付的货币性资产之和）的比例，或者收到的货币性资产占换出资产公允价值（或占换入资产公允价值和收到的货币性资产之和）的比例低于25%的，均确认为非货币性资产交换。

（二）非货币性资产交换的种类

会计准则将非货币性资产交换分成两大类，即具有商业实质且公允价值能够可靠计量的非货币性资产交换和不具有商业实质或公允价值不能可靠计量的非货币性资产交换。每一类的换入资产的计量方法和损益确定的方法有所不同。

（1）具有商业实质且公允价值能够可靠计量的非货币性资产交换。

以换出资产公允价值（加支付补价或减收到补价）作为换入资产的成本，换出资产公允价值与换出资产账面价值的差额计入当期损益。

（2）不具有商业实质或公允价值不能可靠计量的非货币性资产交换。

以换出资产账面价值（加上支付补价或减收到补价），加上应支付的相关税费，作为换入资产的成本。不论是否涉及补价，会计上均不确认损益。

二、政策依据和会计核算

（一）政策依据

非货币性资产交换政策依据具体见表11－3。

表11－3　非货币性资产交换政策依据一览表

文件	具体规定
国税发〔1993〕156号	纳税人用于换取生产资料和消费资料（即以物易物方式销售）、投资入股和抵偿债务等方面的应税消费品，应当以纳税人同类应税消费品的最高销售价格作为计税依据计算消费税。
国税发〔1996〕155号	采取以物易物方式交易的，收货单位可以凭以物易物与之相符的增值税专用发票，确定进项税额。

（续上表）

文件	具体规定
《营业税暂行条例实施细则》第二十条	纳税人有条例第七条所称“价格明显偏低并无正当理由”或者本细则第五条所列视同发生应税行为而无营业额的，按下列顺序确定其营业额： （一）按纳税人最近时期发生同类应税行为的平均价格核定； （二）按其他纳税人最近时期发生同类应税行为的平均价格核定； （三）按下列公式核定： 营业额 = 营业成本或者工程成本 ×（1 + 成本利润率）÷（1 - 营业税税率） 公式中的成本利润率由省、自治区、直辖市税务局确定。
《企业所得税法实施条例》第二十五条	企业发生非货币性资产交换，以及将货物、财产、劳务用于捐赠、偿债、赞助、集资、广告、样品、职工福利和利润分配等用途的，应当视同销售货物、转让财产和提供劳务，但国务院财政、税务主管部门另有规定的除外。
《企业所得税法实施条例》第十三条	企业以非货币形式取得的收入，应当按照公允价值确定收入额。公允价值是指按照市场价格确定的价值。
国税发〔2000〕118 号	作为资产置换交易补价（双方全部资产公允价值的差额）的货币性资产占换入总资产公允价值不高于 25% 的，经税务机关审核确认，资产置换双方企业均不确认资产转让的所得或损失。
国税发〔2003〕45 号	暂不确认资产转让所得的企业整体资产转让、整体资产置换、合并和分立等改组业务中，取得补价或非股权支付额的企业，应将所转让或处置资产中包含的与补价或非股权支付额相对应的增值，确认为当期应纳税所得。
国税函〔2002〕420 号	转让企业全部产权涉及的应税货物的转让，不属于增值税的征税范围，不征收增值税。
国税函〔2002〕165 号	转让企业产权的行为不属于营业税征收范围，不应征收营业税。
国税发〔1991〕155 号	商品购销活动中，采用以货换货方式进行商品交易签订的合同，应按合同所载的购、销合计金额计税贴花。合同未列明金额的，应按合同所载购、销数量依照国家牌价或市场价格计算应纳税金额。

（二）会计核算

企业应当遵循实质重于形式的要求，判断非货币性资产交换是否具有商业实质。不同类型的非货币性资产交换的会计核算方法有所不同，具体方法见表 11 - 4。

表 11－4　非货币性资产交换会计核算方法一览表

类型	换入资产的计量	换出资产的处理	损益的确认
具有商业实质且换入资产或换出资产的公允价值能够可靠地计量	以换出资产公允价值（加支付补价或减收到补价）或换入资产公允价值加上应支付的相关税费，作为换入资产的成本。	换出资产为存货的，应当视同销售处理。	换出资产公允价值和换出资产账面价值的差额，作为营业利润。
		换出资产为固定资产、无形资产的，应当视同转让资产处理。	换出资产公允价值和换出资产账面价值的差额，计入营业外收入或营业外支出。
		换出资产为长期股权投资、可供出售金融资产的，应当视同转让资产处理。	换出资产公允价值和换出资产账面价值的差额，计入投资收益。
不具有商业实质或不符合公允价值计量条件	以换出资产账面价值（加上支付的补价或减去收到的补价），加上应支付的相关税费，作为换入资产的成本。	换出资产作减少的核算	不论是否涉及补价，均不确认损益。

三、常见涉税问题及主要检查方法

非货币性资产交换业务隐蔽性大，且业务类型复杂多样，交易行为涉及的税种、税率、税额计算的方式又各不相同，具有较大的可操纵性。稽查人员对非货币性资产交换业务进行检查时，应结合被查企业的具体情况，采取查询及函证、实地观察、审阅账簿资料等检查的方法，判断非货币性资产交换纳税申报的真实性和合法性。

（一）非货币性资产交换业务通过体外循环的方式，偷、逃税款

纳税人未按规定在有关账簿中核算非货币性资产交换业务，通过体外循环的方式，偷、逃税款。具体表现为：

（1）非货币性资产交换业务未在有关账簿进行核算，作为体外循环的业务处理；

（2）非货币性资产交换业务发生的非货币性资产减少作为虚假的盘亏处理，增加的非货币性资产未在账上反映。

主要检查方法有：

（1）审阅被查企业的有关会议记录和注册会计师审计报告，审查纳税人在稽查期间内是否发生非货币性资产交换业务。

（2）实地查看，寻找非货币性资产交换业务的实物证据。实地查看企业的实物资产保管以及内部控制的执行情况，获取实物证据查明非货币性交易的发生情况。在查看时，稽查人员要结合运用查询法、调节法、问题式调查表等多种方法进行。如在对某企业的税务检查中，稽查人员通过实地查看发现企业新添了固定资产的项目，但在审查“固定资产目录”和“固定资产”账簿记录中被查企业购买的固定资产种类、数量与实地察看的情况不一致，可以确认被查企业有非货币性资产交换业务的发生。稽查人员应对有关存货和固定资产减少业务进行重点审查，可以发现被查企业隐匿的非货币性资产交换业务。

（3）采用盘存法对存货、固定资产等资产进行盘点，审核存货和固定资产实际盘点的品种、规格、数量是否与账面数一致。如不一致要分析存货、固定资产增加的来源和存货、固定资产减少的去向，结合其他检查方法认定被查企业有无体外循环的非货币性资产交换业务。

（4）检查纳税人财务、供应、生产、销售、仓库等部门的有关资料，查找账外资料。

（二）直接调整非货币性资产的账面记录，不确认损益申报纳税

具有商业实质且换入资产或换出资产的公允价值能够可靠地计量的非货币性资产交换业务，不按会计准则的规定对交换出去的非货币性资产作销售（转让）的会计核算，而是直接调整非货币性资产的账面记录，偷、逃流转税和企业所得税。

对该类涉税问题的检查主要通过账户之间的勾稽关系来进行审查，具体检查方法如下：

（1）对纳税人的有关“原材料”、“库存商品”明细账和“材料采购”等账户进行对应检查。

如果稽查人员在审查中发现纳税人“原材料”、“库存商品”等账户的借方核算内容，与“材料采购”、“在途物资”账户同期贷方核算内容不一致，应检查有没有生产领用材料退库或下脚料、委托加工材料入库。如没有材料退库或下脚料、委托加工材料入库，或虽有上述材料入库，但扣除这部分材料以后，还有一部分材料与“材料采购”、“在途物资”账户核算内容不一致的，检查纳税人同期的“银行存款”、“应付票据”和“应付账款”等账户。如果没有相同的核算资料，就很可能是纳税人以材料换材料或以商品换商品（包括材料物资）未作销售，而是在材料类或“库存商品”科目中直接转账。稽查人员应通过检查纳税人的材料类或库存商品的明细账，结合有关记账凭证，查出纳税人所隐瞒的销售额。

（2）对纳税人的“固定资产”、“在建工程”明细账和往来账户、货币资金账户进行对应检查。

检查纳税人的“固定资产”、“在建工程”等科目，查明纳税人增加的固定资产、工程物资，是否有相对应的货币资金，应付款等账户的核算资料。如果纳税人增加的固定资产、工程物资，与货币资金或应付款科目的核算内容没有对应关系，纳税人所增加的固定资产、工程物资，则很有可能是通过非货币性资产交换换取的。

（3）对纳税人的“主营业务成本”明细账和存货类账户进行对应检查。

审查纳税人“库存商品”、“自制半成品”账户贷方转出金额是否与“主营业务成本”、“分期收款发出商品”等账户的借方发生额一致，结合检查“待处理财产损益”账户的借方发生额有无核算产成品、自制半成品损失的内容，确认纳税人用产成品、自制半成品进行非货币性资产交换的可能。跟踪产成品、自制半成品的发生去向进行检查，查明有无隐瞒销售额的行为。

［**例** 11－3］某稽查局对某机床制造有限公司 2008 年度的纳税情况进行检查，稽查人员采用详查法审查“库存商品”账户时，发现 2008 年 3 月“库存商品——××机床”账户贷方除月末有发生额外，月份中期有发生额，而其他各个月份则只发生一次月末的结转数。经询问公司财务人员，得知该公司“库存商品”账户贷方一般只在月末结转一次业务成本。稽查人员为确定月份中期发生的贷方数是否属正常的业务成本结转，审查该笔业务相应的记账凭证，发现记账凭证的会计分录如下：

借：工程物资　　250 000

　贷：库存商品——抛光机　　250 000

记账凭证所附出库单一份和货物交换协议书一份。出库单反映 3 月 8 日发出××机床一台，收货方是某铝制品有限公司。协议书签订的内容是该公司以成本为 250 000 元的××机床一台交换某铝制品有限公司的作价 351 000 元的铝合金门窗一批。再采用审阅法检查该公司的销售发票，获知当月××机床的平均销售价格为 300 000 元（不含税）。

分析：

该公司以××机床交换铝合金门窗，为具备商业实质、公允价值能够计量的非货币性资产交换业务，应补增值税 51 000 元（300 000×17%）；应补企业所得税 12 500元［（300 000－250 000）×25%］。

（三）利用交易双方的关联关系，在关联方之间进行利润的转移

规模大的企业集团利用关联交易中的非货币性资产交换业务，通过扩大或缩小公允价值的金额，将利润向低税率的关联企业转移。

主要检查方法有：

（1）判断非货币性资产交换业务是否属于关联企业的关联交易。要识别被查企业的货币性资产交换业务是否存在关联方关系，首先，获取并复核被查企业提供的关联方清单及股东名册，了解纳税人与其主要客户、供应商和债权人的交易性质和范围；其次，按照国税发〔2004〕143 号文件的规定，来认定与纳税人发生非货币性资产交换业务的对方是否属于关联企业。

（2）从非货币性资产交换关联交易的价格上判断是否存在转移利润的嫌疑。检查非货币性资产交换业务有关的发票、协议、合同及其他有关文件与定价策略。识别的具体方法：一是看被查企业的非货币性资产交换业务是否存在不等价交换资产的行为，可以有针对性地查找业务发生的原始记录以及董事会的会议记录或双方签订的资产转让协议来认定；二是将非货币性资产交换业务的交易价格与被查企业对外销售的产品或商品价目表进行比对，如果价差较大，就可能存在转移利润的嫌疑，并进一步到关联方调查取证。

（3）确定非货币性资产交换业务关联交易的调整方法。纳税人与关联企业之间的购销业务，不按照独立企业之间的业务往来作价的，税务机关可以根据《税收征收管理法实施细则》第三十八条规定，按照规定方法调整其计税收入额或者所得额，核定其应纳税额。

（四）故意混淆各税种计税依据的确认，少缴税款

非货币性资产交换业务在增值税、营业税、消费税、企业所得税以及印花税的计税收入的确认上有所区别，纳税人故意混淆各税种计税收入的确认，以达到少缴税款的目的。

（1）非货币性资产交换业务的增值税未按增值税实施细则规定的顺序确定计税价格；

（2）非货币性资产交换业务的消费税计税依据未按照同类应税消费品的平均销售价格确定；

（3）非货币性资产交换业务未按公允价值（市场价格）确定所得税计税收入。

主要检查方法有：

（1）查阅与非货币性资产交换相关的协议、合同等资料，识别非货币性交易的具体内容，确定换出非货币性资产视同销售（处置）应缴纳的增值税、消费税或营业税。

（2）采用审阅法审核非货币性资产交换业务的记账凭证和原始凭证，核实非货币性资产交换业务的增值税计税价格是否按税法规定的顺序确定；消费税计税价格是否按同类应税消费品的最高销售价格确定；企业所得税计税收入是否按公允价值（市场价格）确定；印花税税目的确认是否符合税法的规定；对合同未列明金额的，是否按合同所载购、销数量，依照国家牌价或市场价格计算应纳税额。

（3）审核不动产的产权凭证并到有关管理部门查询，确认在检查期间有无产权的变动情况。核实纳税人发生的整体资产置换已办理产权手续的不动产，是否按“产权转移书据”分别按转让、购买的市场价格计算缴纳印花税。

（五）不具有商业实质或公允价值不能可靠计量的非货币性资产交换，未按税法规定进行纳税调整，影响当期应纳税所得额

（1）不具有商业实质或公允价值不能可靠计量的非货币性资产交换业务，未在发生年度的“企业所得税纳税申报表”中进行纳税调整，申报缴纳企业所得税；

（2）在处置、使用换入资产的年度按照会计账面成本计算成本费用在税前扣除。

主要检查方法有：

（1）审查纳税人“原材料”、“固定资产”等账户的借方金额，确定有无非货币性资产交换取得，采用逆查法审核记账凭证和原始凭证，是否为不具有商业实质或公允价值不能可靠计量的非货币性资产交换业务。

（2）审查“企业所得税纳税申报表”中“视同销售收入”、“视同销售成本”报表项目的金额，核实未同时满足商业实质且公允价值能够可靠计量条件的非货币性资产交换业务是否在这些报表项目中反映。

（3）审核“企业所得税纳税申报表”的有关报表项目的金额，结合台账和备查账的检查，核实非货币性资产交换取得固定资产是否按公允价值计提折旧费用在税前扣除；核实在处置换入资产的年度是否按照公允价值确认销售（转让）所得，申报缴纳企业所得税。

（六）整体资产置换重组业务，未按规定纳税

整体资产置换是指一家企业以其经营活动的全部或其独立核算的分支机构与另一家企业的经营活动的全部或其独立核算的分支机构进行整体交换，资产置换双方企业都不解散。整体资产置换原则上应在交易发生时，将其分解为按公允价值销售全部资产和按公允价值购买另一方全部资产的经济业务进行所得税处理，并按规定计算确认资产转让所得或损失。对符合税法规定条件的可作为免税的整体资产置换业务，只需对取得补价的企业，所转让或处置资产中包含的与补价相对应的增值申报缴纳所得税。

该类涉税问题的主要形式有：

（1）应税的整体资产置换业务，转让或处置资产的所得未申报纳税；

（2）免税的整体资产置换业务取得补价的企业，所转让或处置资产中包含的与补价相对应的增值，未确认为当期应纳税所得申报纳税。

主要检查方法有：

（1）结合整体资产转让交易合同、协议的相关条款内容，审查作为资产置换交易补价（双方全部资产公允价值的差额）的货币性资产占换入总资产公允价值的比例是否不高于25%，界定纳税人发生整体资产置换业务是应税整体资产置换业务还是免税整体资产置换业务。

（2）审查应税的整体资产置换业务，核实转让或处置资产所得计算是否正确；采用复核法审查应税整体资产置换业务转让资产所得，是否在当期申报纳税。

（3）审查免税的整体资产置换业务所收到的补价是否按照国税发〔2003〕45号文规定的确认应纳税所得额，并在纳税申报表中申报纳税。

［**例 11－4**］某稽查局对甲企业2008年度纳税情况进行税务检查，稽查人员采用询问、审核法发现甲企业于2008年2月以整体实物资产与乙企业整体实物资产置换。经检查双方签订的合同，核实甲企业整体实物资产的账面净值为540万元，市场公允价值为600万元；乙企业整体实物资产的账面净值为420万元，市场公允价值为480万元，乙企业需要补给甲企业现金120万元。稽查人员经对该企业所得税纳税申报表的复核发现甲企业对此项整体资产置换业务未在2008年申报纳税。

分析：

A 企业以整体实物资产与 B 企业整体实物资产置换，A 企业收到补价的货币资金占换入总资产公允价值的比例为 20%（120 ÷ 480 × 100%），不高于 25%，按照国税发〔2000〕118 号文规定，A 企业不确认资产转让的所得，不缴纳企业所得税，即 A 企业公允价值 600 万元与资产账面净值为 540 万元之间的差额不需要缴纳所得税。

由于 A 企业收到了 B 企业支付的 120 万元补价，按照国税发〔2003〕45 号文规定，取得补价或非股权支付额的企业，应将所转让或处置资产中包含的与补价或非股权支付额相对应的增值，确认为当期应纳税所得。因此，要计算取得补价的 A 企业所转让或处置资产中包含的与补价相对应的增值，确认为当期应纳税所得。A 企业资产的账面净值为 540 万元，公允价值为 600 万元，增值 60 万元，补价相对应的所得为：60 ÷ 600 × 120 = 12（万元）。A 企业应将 12 万元作为当期资产置换所得申报纳税。

A 企业该项整体资产置换应补缴的所得税 = 12 × 25% = 3（万元）

第三节　债务重组的检查

债务重组作为资本经营的一种重要方式，对扩大企业生产规模、优化企业资产和资本结构、实现资源最优配置等具有非常重要的意义。纳税人通常采用少计债务重组收益或多计债务重组损失等方式少缴税款。

一、债务重组业务简述

（一）债务重组的确认

债务重组是指在债务人发生财务困难的情况下，债权人按照其与债务人达成的协议或者法院的裁定作出让步的事项。

债务人发生财务困难是指因债务人出现资金周转困难、经营陷入困境或者其他原因，导致其无法或者没有能力按原定条件偿还债务。

债权人作出让步是指债权人同意发生财务困难的债务人现在或者将来以低于重组债务账面价值的金额或者价值偿还债务。债权人作出让步的情形主要包括债权人减免债务人部分债务本金或者利息，降低债务人应付债务的利率等。

（二）债务重组的方式

（1）以低于债务计税成本的现金清偿债务；

（2）以非现金资产清偿债务；

（3）债务转换为资本，包括国有企业债转股；

（4）修改其他债务条件，如延长债务偿还期限、延长债务偿还期限并加收利息、延长债务偿还期限并减少债务本金或债务利息等；

（5）以上述两种或者两种以上方式组合进行的混合重组。

二、政策依据与会计核算

（一）政策依据

债务重组政策依据具体见表11－5。

表11－5　债务重组政策依据一览表

文件	种类	债务重组形式	具体规定
国家税务总局令第6号（2003年3月1日起施行）	非关联企业	以非现金资产清偿债务	除债务人改组或者清算另有规定外，应当分解为按公允价值转让非现金资产，再以与非现金资产公允价值相当的金额偿还债务两项经济业务进行所得税处理，债务人（企业）应当确认有关资产的转让所得（或损失）。
			债权人（企业）取得的非现金资产，应当按照有关资产的公允价值（包括与转让资产有关的税费）确定其计税成本，据以计算可以在企业所得税前扣除的固定资产折旧费用、无形资产摊销费用或者结转商品销售成本等。
		以债务转换为资本方式进行的债务重组	债务人（企业）应当将重组债务的账面价值与债权人因放弃债权而享有的股权的公允价值的差额，确认为债务重组所得，计入当期应纳税所得。
			债权人（企业）应当将享有的股权的公允价值确认为该项投资的计税成本。
		以低于债务计税成本的现金、非现金资产偿还债务等	债务人应当将重组债务的计税成本与支付的现金金额或者非现金资产的公允价值（包括与转让非现金资产相关的税费）的差额，确认为债务重组所得，计入企业当期的应纳税所得额中。
			债权人应当将重组债权的计税成本与收到的现金或者非现金资产的公允价值之间的差额，确认为当期的债务重组损失，冲减应纳税所得。
		以修改其他债务条件进行债务重组	债务人应当将重组债务的计税成本减记至将来应付金额，减记的金额确认为当期的债务重组所得； 债权人应当将债权的计税成本减记至将来的应收金额，减记的金额确认为当期的债务重组损失。

（续上表）

文件	种类	债务重组形式	具体规定
国家税务总局令第6号（2003年3月1日起施行）	关联企业	符合条件的	关联方之间发生的含有一方向另一方转移利润的让步条款的债务重组，有合理的经营需要，并符合以下条件之一的，经主管税务机关核准，可以分别按照本办法第四条至第八条的规定处理： （1）经法院裁决同意的； （2）有全体债权人同意的协议； （3）经批准的国有企业债转股。
		不符合条件的	原则上债权人不得确认重组损失，而应当视为捐赠，债务人应当确认捐赠收入；如果债务人是债权人的股东，债权人所作的让步应当推定为企业对股东的分配。

（二）会计处理

债务重组会计处理具体见表11－6。

表11－6　债务重组会计处理一览表

债务重组方式	债务重组损益的确认	损益核算科目
以低于债务账面价值的现金清偿债务	债务人应当将重组债务的账面价值与实际支付现金之间的差额，计入当期损益；债权人应当将重组债权的账面余额与收到的现金之间的差额，计入当期损益；	营业外收入——债务重组利得
	债权人已对债权计提减值准备的，应当先将该差额冲减减值准备，减值准备不足以冲减的部分，计入当期损益。	营业外支出——债务重组损失
以非现金资产清偿债务	债务人应当将重组债务的账面价值与转让的非现金资产公允价值之间的差额，计入当期损益，转让的非现金资产公允价值与其账面价值之间的差额，计入当期损益；	营业外收入——债务重组利得
	债权人应当对受让的非现金资产按其公允价值入账，重组债权的账面余额与受让的非现金资产的公允价值之间的差额计入当期损益。债权人已对债权计提减值准备的，应当先将该差额冲减减值准备，减值准备不足以冲减的部分，计入当期损益。	营业外支出——债务重组损失

（续上表）

债务重组方式	债务重组损益的确认	损益核算科目
以债务转为资本清偿债务	债务人应当将重组债务的账面价值与债权人因放弃债务而享有的股权的公允价值之间的差额作为重组收益，计入当期损益；	营业外收入——债务重组利得
	债权人应将享有的股份公允价值确认为对债务人的投资，重组债权的账面余额与股份的公允价值之间的差额确认为重组损失，计入当期损益。	营业外支出——债务重组损失
以修改其他债务条件进行债务重组	债务人根据将来应付金额的现值与重组债务账面价值的差额，作为重组收益，确认为当期损益。如果涉及的或有支出，应将其包括在将来应付金额予以折现，确定债务重组收益。实际发生时冲减重组后债务的账面价值，如未发生则作为结算债务当期的债务重组收益，计入当期损益；	营业外收入——债务重组利得
	债权人应当根据债务重组债权的账面价值与将来应收金额的现值之间的差额，作为债务重组损失，计入当期损益，涉及的或有收入不需计入重组后债权的账面价值。	营业外支出——债务重组损失
混合债务重组	债务人应当依次以支付的现金、转让的非现金资产公允价值、债权人享有股份的公允价值冲减重组债务的账面价值，再按照债务重组准则第七条的规定处理；	营业外收入——债务重组利得
	债权人应当依次以收到的现金、接受的非现金资产公允价值、债权人享有股份的公允价值冲减重组债权的账面余额，再按照债务重组准则第十二条的规定处理。	营业外支出——债务重组损失

三、常见涉税问题及主要检查方法

债务重组在市场经济中并不少见，但对于被查对象的特定会计期间而言，毕竟是偶发的经济业务，在检查方法上可采用详查法并结合其他检查方法，在掌握企业债务重组方式的基础上，对债务重组的账务处理进行检查，核实是否存在税收违法行为。

（一）利用虚假的债务重组，调节利润，少缴税款

纳税人和其他企业订立假债务重组合同、协议，虚构债务重损失，少缴税款。

主要检查方法有：

(1) 对债务重组的真实性进行检查。稽查人员通过取得并审阅股东大会、董事会、主管部门批准文件、注册税务师鉴定报告等资料，查明纳税人在稽查期限内是否发生债务重组事项，以确定债务重组事项是否真实存在。

(2) 分析债务重组的合同、协议、批文等关键条款，了解具体内容，确定债务重组的方式和债务重组日，对债务重组所涉及的资产或债务，可到对方单位调查取证，核实纳税人的账面记录是否真实，有无弄虚作假行为。

(3) 实地盘点通过债务重组业务取得的非货币性资产，核实债务重组业务是否有非货币性资产的流入，进一步确定债务重组业务的真实性。

(二) 债务重组所得计入资本公积，未作纳税调整

纳税人将债务重组收益记入“资本公积”账户，在企业所得税纳税申报时未作纳税调整，少缴税款。

主要检查方法有：

(1) 检查“资本公积——其他资本公积”明细账户，并认真对照其对应账户有无“应付账款”等负债类账户，联系“固定资产”及“固定资产清理”、“无形资产”等账户的贷方发生额，检查有无发生债务重组业务不按规定确认重组所得的情况。

(2) 实地盘点有关存货、固定资产等非货币性资产，核实抵债资产的数量；审查债务人转出的非现金资产和股权的公允价值是否合理，有无降低公允价值、少缴纳流转税和企业所得税的情况。

(3) 对“企业所得税纳税申报表”有关报表项目进行审核，核实是否将债务重组所得并入当期所得申报纳税。

[**例 11－5**] 某市国税稽查局对甲公司 2008 年度的纳税情况进行税收专项检查时，稽查人员采用对比分析法发现资产负债表中“资本公积”的年末数比年初数增加了 215 000 元。审核该公司“资本公积——其他资本公积”明细账，发现资本公积的增加是由于一笔债务重组业务引起的。审核债务重组合同，甲公司以一批库存商品抵偿所欠乙公司的债务 70 万元，该批库存商品的账面成本为 40 万元，市场销售价格（不含税）为 50 万元，该批商品的增值税税率为 17%，采用抽查法检查该债务重组的记账凭证如下：

借：应付账款——乙公司	700 000	
贷：库存商品		400 000
应交税费——应交增值税（销项税额）		85 000
资本公积——其他资本公积		215 000

经核对纳税申报表发现，上述业务未申报缴纳企业所得税。

分析：债务人（企业）以非现金资产抵偿债务，除企业改组或者清算另有规定外，应当分解为按公允价值转让非现金资产，再以与非现金资产公允价值相当的金额偿还债务两项经济业务进行企业所得税处理。一方面要确认实现了非货币资产转让所得：10万元（50－40）；另一方面按规定确认实现债务重组所得11.5万元［70－（50＋8.5）］，应补缴企业所得税5.375万元［（10＋11.5）×25%］。

（三）纳税人确认预计负债，少计的债务重组收益未申报纳税

会计上修改其他债务条件的债务重组方式，债务人按照重组债务的账面价值与重组后债务的入账价值和预计负债金额的差额，确认为债务重组收益；税收上债务人应当将重组债务的计税成本减记至将来应付金额，减记的金额确认为当期的债务重组所得。纳税人对会计上少计的债务重组收益未申报纳税。

主要检查方法有：

（1）审查双方签订的债务重组合同协议有关条款，确认该债务重组为修改其他债务条件的债务重组方式，核实合同中或有事项的有关约定。

（2）运用稽查分析方法对会计报表有关报表项目进行审查，分析债务方经济状况、信用程度和偿债能力，确认债务重组的真实性，必要时到对方单位调查取证。

（3）审核“应付账款”、“预计负债”、“营业外收入”等账户，抽查债务重组业务的记账凭证，核实纳税人确认债务重组收益时是否扣减了预计负债；审查“企业所得税纳税申报表”，确认纳税人纳税申报时是否按税收规定的债务重组收益申报纳税。

［**例**11－6］某稽查局对A公司2008年度纳税情况进行检查，通过账簿审查和询问有关人员得知，2008年7月1日，A公司与B公司发生了债务重组业务。稽查人员调取债务重组合同进行审查，2008年1月1日，A公司因向B公司购进材料而签发了一张期限为6个月、票面金额为70 200元、年利率为4%、到期还本付息的商业承兑汇票。2008年7月1日，A公司由于财务困难，无法偿还票据本息，经双方协定，进行债务重组：①免除积欠利息；②将剩余债务的偿还期限延长至2008年12月31日，并且如果A公司2008年盈利，延长期间按2%收取利息；如果A公司2008年亏损，延长期间则不加收利息。

稽查人员采用抽查法审核债务重组的记账凭证：

借：应付票据	71 604	
贷：预计负债		702
营业外收入——债务重组利得		702
应付账款		70 200

审核A公司2008年度“企业所得税申报表”，债务重组收益按702元申报纳税。

分析：按照税法规定，A公司应确认债务重组收益为1 404元（71 604－70 200），应调增应纳税所得额702元（70 200×2%÷2）。

（四）关联企业利用债务重组业务逃避税款

（1）关联企业利用债务重组，进行转移所得；

（2）不符合债务重组条件的关联企业，债权方确认债务重组损失在税前扣除。

主要检查方法有：

（1）判断债务重组业务是否属于关联企业的关联交易。了解纳税人与其主要客户、供应商和债权人的范围和企业上下的控股关系，按照国税发〔2004〕143号文件的规定来认定与纳税人发生债务重组业务的对方是否属于关联企业。

（2）到工商部门调阅纳税人的公司章程等资料，查看债务方与债权方是否属于关联企业。

（3）审核企业提交的法院裁决文书、全体债权人同意债务重组的协议、国有资产管理部门的国有企业债转股批准文件等资料，确认关联企业之间的债务重组业务是否符合税法规定的条件，判断企业债务重组所得（损失）的税务处理是否正确。

（4）审查双方签订的合同协议，核实债务人转出的非现金资产和股权的公允价值是否合理，有无调节公允价值转让利润的行为。

（5）检查“应付账款”、“营业外支出——债务重组损失”等账户，结合复核“企业所得税纳税申报表”有关项目，核实不符合税法规定条件的债务重组中债权人对债务人的让步，债权方企业有无确认债务重组损失在税前扣除。

第四节　投资业务检查

企业的经营方式越来越多样化，投资业务也越来越多。投资业务复杂，会计处理烦琐，并且税务处理多有特殊规定，在实际工作中常令财务人员难以把握，投资业务存在税收问题也较为普遍。本节主要介绍投资业务持有收益的纳税检查方法，对投资业务转让收益的税务检查方法将在本章第五节中介绍。

一、投资业务简述

投资业务由权益性投资和债权性投资组成。权益性投资是指企业接受的不需要偿还本金和支付利息，投资人对企业净资产拥有所有权的投资；债权性投资是指企业需要偿还本金和支付利息或者需要以其他具有支付利息性质的方式予以补偿的融资。新会计准则将投资业务分解为交易性金融资产、持有至到期投资、长期股权投资和可供出售金融资产四个部分。

交易性金融资产主要是指企业为了近期内出售而持有的金融资产，例如企业以赚取差价为目的从二级市场购入的股票、债券、基金等。

持有至到期投资是指到期日固定、回收金额固定或可确定，且企业有明确意图和能力持有至到期的非衍生金融资产，主要包括长、短期债权性投资。比如从二级市场上购入的固定利率国债、浮动利率金融债券等。

长期股权投资包括企业持有的对其子公司、合营企业及联营企业的权益性投资以及企业持有的对被投资单位不具有控制、共同控制或重大影响，且在活跃市场中没有报价，公允价值不能可靠计量的权益性投资。其中，企业能够对被投资单位实施控制的，被投资单位为本企业的子公司；企业与其他方对被投资单位实施共同控制的，被投资单位为本企业的合营企业；企业能够对被投资单位施加重大影响的，被投资单位为本企业的联营企业。

可供出售金融资产通常是指企业没有划分为以公允价值计量且其变动计入当期损益的金融资产、持有至到期投资、贷款和应收款项的金融资产。包括划分为可供出售的股票投资、债券投资等金融资产。

二、政策依据与会计核算

（一）政策依据

投资业务政策依据具体见表 11－7。

表 11－7　投资业务政策依据一览表

文件	具体规定
《企业所得税法实施条例》第七十一条	投资资产是指企业对外进行权益性投资和债权性投资形成的资产。
《企业所得税法实施条例》第十八条	利息收入是指企业将资金提供给他人使用但不构成权益性投资，或者因他人占用本企业资金取得的收入，包括存款利息、贷款利息、债券利息、欠款利息等收入。利息收入，按照合同约定的债务人应付利息的日期确认收入的实现。
《企业所得税法》第二十六条	国债利息收入为免税收入。
《企业所得税法实施条例》第八十二条	国债利息收入是指企业持有国务院财政部门发行的国债取得的利息收入。
《企业所得税法实施条例》第十七条	股息、红利等权益性投资收益，除国务院财政、税务主管部门另有规定外，按照被投资方做出利润分配决定的日期确认收入的实现。
《企业所得税法》第二十六条	符合条件的居民企业之间的股息、红利等权益性投资收益，在中国境内设立机构、场所的非居民企业从居民企业取得与该机构、场所有实际联系的股息、红利等权益性投资收益为免税收入。
《企业所得税法实施条例》第八十二条	符合条件的居民企业之间的股息、红利等权益性投资收益，是指居民企业直接投资于其他居民企业取得的投资收益。不包括连续持有居民企业公开发行并上市流通的股票不足 12 个月取得的投资收益。
财税〔2007〕80 号	企业对持有至到期投资、贷款等按照新会计准则规定采用实际利率法确认的利息收入，可计入当期应纳税所得额。

（二）会计处理

投资业务会计处理具体见表11－8。

表11－8　投资业务会计处理一览表

<table>
<tr><th colspan="2">时间阶段</th><th>会计处理</th></tr>
<tr><td colspan="2">交易性金融资产</td><td>持有期间被投资单位宣告发放的现金股利，或在资产负债表日按分期付息、一次还本债券投资的票面利率计算的利息，借记“应收股利”或“应收利息”科目，贷记“投资收益”科目。</td></tr>
<tr><td colspan="2">持有至到期投资</td><td>分期付息、一次还本债券投资的，在资产负债表日借记“应收利息”科目，贷记“投资收益”科目，按其差额，借记或贷记“持有至到期投资（利息调整）”。
一次还本付息债券投资的，应于资产负债表日借记“持有至到期投资（应计利息）”，贷记“投资收益”科目，按其差额，借记或贷记“持有至到期投资（利息调整）”。</td></tr>
<tr><td rowspan="2">长期股权投资</td><td>权益法</td><td>年末根据被投资单位实现的净利润或经调整的净利润计算应享有的份额，借记“长期股权投资（损益调整）”科目，贷记“投资收益”科目。被投资单位发生净亏损做相反的会计分录，但以“长期股权投资”的账面价值减记至零为限；还需承担的投资损失，应将其他实质上构成对被投资单位净投资的“长期应收款”等的账面价值减记至零为限；除按照以上步骤已确认的损失外，按照投资合同或协议约定将承担的损失，确认为预计负债。发生亏损的被投资单位以后实现净利润的，应按与上述相反的顺序进行处理。
被投资单位以后宣告发放现金股利或利润时，企业计算应分得的部分，借记“应收股利”科目，贷记“长期股权投资（损益调整）”科目。收到被投资单位宣告发放的股票股利，不进行账务处理，但应在备查簿中登记。</td></tr>
<tr><td>成本法</td><td>按被投资单位宣告发放的现金股利或利润中属于本企业的部分，借记“应收股利”科目，贷记“投资收益”科目；属于被投资单位在取得本企业投资前实现净利润的分配额，应作为投资成本的收回，借记“应收股利”科目，贷记“长期股权投资”科目。</td></tr>
<tr><td colspan="2">可供出售金融资产</td><td>可供出售债券为分期付息、一次还本债券投资的，资产负债表日借记“应收利息”科目，贷记“投资收益”科目，按其差额，借记或贷记“可供出售金融资产（利息调整）”。
可供出售债券为一次还本付息债券投资的，借记“可供出售金融资产（应计利息）”科目，贷记“投资收益”科目，按其差额，借记或贷记“可供出售金融资产（利息调整）”科目。</td></tr>
</table>

三、常见涉税问题及主要检查方法

纳税人对投资业务常利用会计、税收政策差异，采用隐匿、截留等方式偷、逃企业所得税。在纳税检查时，应抓住投资业务可能出现人为调节的关键点进行重点审查，可采取审阅法、询问法、核对法等检查方法，查清各种税收违法行为。

（一）少计投资成本、多列当期费用

纳税人购入交易性金融资产和可供出售金融资产时，支付的交易费用（手续费、经纪人佣金）和交易税金不计入对外投资的成本，而是计入当期期间费用在税前扣除。

主要检查方法有：

（1）审核股票、债券交易交割单，核实纳税人从证券交易所购买股票、债券时支付的手续费、经纪人佣金、印花税金额；结合“交易性金融资产”、“可供出售金融资产”账户本期借方发生额的审查，确认股票、债券投资成本构成中是否包含购买股票、债券时支付的交易费用和税金。

（2）审查“其他货币资金——存出投资款”账户贷方发生额对应账户有无“财务费用”等期间费用账户，如有，则可以认定购买股票、债券发生交易费用和税金计入期间费用。

（3）复核当年企业所得税纳税申报表中期间费用的金额，判断计入期间费用的购买股票、债券的交易费用和税金是否在税前扣除。

（二）隐匿、截留投资业务的持有收益

纳税人持有交易性金融资产、持有至到期投资、可供出售金融资产和可供出售金融资产期间，投资收益不入账或者部分入账，偷、逃企业所得税。具体包括：①利用“应收利息”等往来账户截留投资收益；②将实现的投资收益直接用于发放职工福利；③将实现的投资收益作为投资成本的收回；④滥用溢（折）价摊销少计债券投资利息收入；⑤利用会计权益法确认的长期股权投资损失冲减当期投资收益；⑥取得的股票红利不并入所得额纳税。

主要检查方法有：

（1）通过证券网站收集上交所、深交所发布的上市公司分红派息实施公告书，确定上市公司分红派息实施的方式、股权登记日、除权除息日、派息日；结合“投资收益”、“应收股利”等账户的检查，判断纳税人股权投资收益确认的金额、时间是否正确，有无隐匿、截留投资收益行为。

（2）审查企业合并合同协议、股权转让协议、“招股说明书”、企业投资计划书、投资意向书等有关文件资料，结合“长期股权投资”、“可供出售金融资产”账户反映的投资时间，采用逻辑分析法，将投资时间长但没有或较少投资回报的异常投资业务作为重点检查的项目，到被投资企业实地调查股息分配情况；通过向一线

生产工人询问，了解职工的福利待遇情况，确定纳税人有无将分回的投资收益挂往来账或直接用于发放职工福利的行为。

（3）审查实物券方式公司债券或通过证券网站收集公司债发行企业的债券募集办法，了解债券票面金额、利率、偿还期限，付息方式等事项；检查“持有至到期投资（应计利息）”、“可供出售金融资产（应计利息）”明细账户本期发生额，核实一次还本付息债权投资，纳税人是否按照权责发生制原则确认债权投资收益申报纳税，有无不计投资收益的行为。

（4）审查“银行存款”账户发生额，落实购买公司债券的投资成本，与公司债券面值比较确定债券溢（折）价额。采用实际利率法复核“公司债券利息收入计算表”和“持有至到期投资（利息调整）”明细账发生额是否真实、正确，认定纳税人有无通过少摊销折价额或多摊销溢价额方式少计债券利息收入。

（5）对“投资收益”账户本期借方发生额逐一进行分析审核，核实有无年末根据被投资单位发生净亏损和持有股权份额确认的投资损失，复核“企业所得税纳税申报表”有关报表项目，核实该投资损失有无冲抵应纳税所得额的行为；审查“长期股权投资（损益调整）”明细账户本期贷方发生额，确认分回的现金股利或利润有无冲减以前年度会计投资损失，而不作为本期投资收益的行为。

（6）审核上市公司分红派息实施公告书或到被投资企业了解分红派息的方式；到证券公司调查纳税人股票交易数量情况，结合备查簿记载内容的审查，确认纳税人是否从被投资企业取得股票红利。复核“企业所得税纳税申报表”有关报表项目，核实纳税人取得股票红利是否按照被投资企业股票面值申报缴纳企业所得税。

[例 11－7] 某稽查局根据举报对 A 公司 2008 年度的纳税情况进行检查，通过“其他货币资金——存出投资款”账户审核和向财务人员询问，发现该公司于 2008 年 2 月 1 日，在证券市场以每股 23 元的价格购买 B 公司（上市公司、高新技术企业、单位股票面值为 1 元）股票 10 万股。审核 A 公司投资计划书确认该公司不准备长期持有。稽查人员通过证券网站查询到 5 月 27 日 B 公司公布的 2007 年度分红派息实施公告书，公告书表明每 10 股送 3 股转增（盈余公积转增）7 股派 6 元，股权登记日 5 月 27 日，除权除息日 5 月 28 日，派息日 5 月 28 日，红股上市交易日 5 月 28 日。经检查，确认 A 公司 2008 年度未出售 10 万股 B 公司股票。

稽查人员抽查 5 月末有关记账凭证，未发现有交易性金融资产和投资收益入账的记载，但在审查“应付职工薪酬”账户时发现如下记账凭证：

借：银行存款　　　　60 000

　贷：应付职工薪酬　　　　60 000

审查公司备查簿记载内容无取得股票红利的记录。复核企业所得税纳税申报表有关项目无投资收益的反映。

分析：税法规定只要是被投资单位从被投资单位累计未分配利润和盈余公积（依法或合同不能分配的部分除外）支付的分配额，均应作为投资方的权益性投资收益。收到B公司用盈余公积转增的10万股票红利，应当按B公司股票面值和收到的6万元现金股利确认本年的权益性投资收益。由于连续持有居民企业公开发行并上市流通的股票不足12个月取得的投资收益不得作为免税收入，A公司应补缴企业所得税160 000÷（1－15%）×（25%－15%）＝18 823.53（元）。

（三）视同销售未按税法规定缴纳各税

（1）同一控制下的控股合并业务，合并方未按税法规定确认非货币性资产转让所得；

（2）除企业合并以外，投资方以非货币性资产投资，未按税法规定确认非货币性资产转让所得；

（3）被投资企业以非现金资产分配股利、利润，未确认销售申报纳税。

主要检查方法有：

（1）对同一控制下的控股合并业务形成的长期股权投资，审查合并各方签订的企业合并合同协议、股东大会决议书、国家有关主管部门审批文书等相关文件资料，掌握合并方在合并对价中有无非货币性资产的支出；复核“企业所得税纳税申报表”有关项目，核实该视同销售业务在纳税申报时是否进行纳税调增。

（2）对企业合并以外形成的长期股权投资，审核投资双方签订的投资合同协议相关条款，了解投资方的出资中有无非货币性资产；审查存货、固定资产等明细账，逆查投资业务记账凭证，核实纳税人在投资时是否作销售（处置）的核算；复核“企业所得税纳税申报表”和“增值税纳税申报表”有关项目，落实该视同销售业务是否申报缴纳了增值税和企业所得税。

（3）审查股东大会或类似机构关于利润分配的决议，了解利润、股利支付中是否有非货币性资产支付方式；审查“主营业务收入”、“其他业务收入”等明细账核算有无该视同销售业务的核算记录；复核“企业所得税纳税申报表”和“增值税纳税申报表”有关项目，核实是否申报缴纳了增值税和企业所得税。

［**例11－8**］某市稽查局对A公司2008年度纳税情况进行稽查。在对会计账簿、凭证、会计决算报表及其他有关纳税资料进行审核分析的过程中，稽查人员对“长期股权投资”科目进行了重点检查，发现该公司“长期股权投资”明细账记载2009年2月3日发生的一笔业务，进一步检查有关记账凭证，发现该笔业务账务处理为：

借：长期股权投资——固定资产　　4 000 000
　　累计折旧　　4 000 000
　贷：固定资产　　8 000 000

但记账凭证后未附有任何原始凭证。稽查人员进一步询问财务人员，要求提供有关投资合同等资料。财务人员解释说，由于该公司在湖北的业务开展得很顺利，产品供不应求，遂以生产线账面余值作价400万，与湖北乙公司合资成立丙公司生产复合肥。甲公司占丙公司30%的股份，同时还负责提供生产技术支持。财务人员出具了双方签订的合同，合同内容与其所说相符，只是合同的最后只有该公司的印鉴和董事长的签名，签约的另一方是空白。

稽查人员一方面采取函调的方式到湖北税务机关落实情况，另一方面到某会计师事务所（甲公司的报表审计单位）调查情况。经调查核实，甲公司确实是用生产线投资到湖北丙公司，不过经某会计师事务所评估后，该生产线投资作价为600万元，而不是公司账面余值400万。

分析：企业以非货币性资产对外投资，按照税法规定应在投资交易发生时，将其分解为按公允价值销售有关非货币性资产和投资两项经济业务进行所得税处理，并按规定计算确认资产转让所得或损失。甲公司以固定资产（生产线）对外投资应分解为销售和投资两项业务，其中销售业务的公允价值应按会计师事务所评估报告所写的评估价值600万元，超过余值400万元部分应征收企业所得税50万元［（600－400）×25%］。

（四）混淆免税收入和应税收入的界限，少计应税所得

纳税人擅自扩大免税收入范围，将应税收入作为免税收入，冲减当期应纳税所得额，少缴企业所得税。具体包括：①将公司（企业）债券利息收入作为免税国债利息收入；②将国债转让收益作为免税国债利息收入；③连续持有居民企业公开发行并上市流通的股票不足12个月取得的投资收益，作为免税收入。

主要检查方法有：

（1）审查企业投资计划书、投资意向书等有关资料，结合"持有至到期投资"、"可供出售金融资产"明细账的审核，掌握纳税人债券投资中国债投资的面值、利率、期限等信息。采用复核法计算确认本期国债利息收入金额，并与"企业所得税申报表"中的免税国债利息收入核对，确定有无将公司（企业）债券利息收入计入免税国债利息收入的行为。

（2）索取并审核国债净价交易的交割单，核实交割单上列明的应计国债利息金额；采用抽查法审查纳税人在付息日后或转让未到期国债业务的记账凭证，认定在国债转让业务中有无多计国债利息收入，少计国债转让收益的行为。

（3）索取并审核股票买卖的交割单；审核"其他货币资金——存出投资款"账户增减变化的时点；必要时可到证券公司营业网点调阅纳税人买卖股票的种类和时点，认定"交易性金融资产"、"可供出售金融资产"账户中各项股票投资的持有时间；对照"投资收益——股票投资收益"账户反映的分回股息红利记录，判断纳税人取得的股息、红利等权益性投资收益能否作为免税收入处理。

第五节　企业合并税务的检查

以资本为纽带通过并购实现资产重组，是当前企业改革的方向，企业合并往往是与经济结构调整和产业结构升级联系在一起的。由于《企业合并准则》在合并处理方法、合并成本计量等方面与税收政策差异较大，同时由于合并业务的复杂性等诸多原因，企业合并业务中以税收筹划名义进行偷、逃税的行为普遍存在，加强对企业合并的纳税检查十分必要。

一、企业合并简述

（一）企业合并的确认

企业合并是指将两个或者两个以上单独的企业合并形成一个报告主体的交易或事项。企业合并分为同一控制下的企业合并和非同一控制下的企业合并。

（1）同一控制下的企业合并是指参与合并的企业在合并前后均受同一方或相同的多方最终控制且该控制并非暂时性的，为同一控制下的企业合并。同一控制下的企业合并，会计处理方法类似于权益结合法。

（2）参与合并的各方在合并前后不受同一方或相同的多方最终控制的，为非同一控制下的企业合并。非同一控制下的企业合并，会计基本处理方法是购买法。

（二）企业合并的分类

（1）控股合并：合并方（或购买方）在企业合并中取得对被合并方（或被购买方）的控制权，被合并方（或被购买方）在合并后仍保持其独立的法人资格并继续经营，合并方（或购买方）确认企业合并形成的对被合并方（或被购买方）的投资。

（2）吸收合并：合并方（或购买方）通过企业合并取得被合并方（或被购买方）的全部净资产，合并后注销被合并方（或被购买方）的法人资格，被合并方（或被购买方）原持有的资产、负债，在合并后成为合并方（或购买方）的资产、负债。

（3）新设合并：参与合并的各方在合并后法人资格均被注销，重新注册成立一家新的企业。

二、政策依据与会计核算

（一）政策依据

企业合并政策依据具体见表 11－9。

表 11－9 企业合并政策依据一览表

文件	具体规定
国税函〔2002〕420 号	转让企业全部产权涉及的应税货物的转让，不属于增值税的征税范围，不征收增值税。
国税函〔2002〕165 号	转让企业产权的行为不属于营业税征收范围，不应征收营业税。

（续上表）

文件	具体规定
国税发〔2000〕119号	（一）企业合并，通常情况下，被合并企业应视为按公允价值转让、处置全部资产，计算资产的转让所得，依法缴纳所得税。被合并企业以前年度的亏损，不得结转到合并企业弥补。合并企业接受被合并企业的有关资产，计税时可以按经评估确认的价值确定成本。被合并企业的股东取得合并企业的股权视为清算分配。 （二）合并企业支付给被合并企业或其股东的收购价款中，除合并企业股权以外的现金、有价证券和其他资产（以下简称非股权支付额），不高于所支付的股权票面价值（或支付的股本的账面价值）20%的，经税务机关审核确认，当事各方可选择按下列规定进行所得税处理： 1. 被合并企业不确认全部资产的转让所得或损失，不计算缴纳所得税。被合并企业合并以前的全部企业所得税纳税事项由合并企业承担，以前年度的亏损，如果未超过法定弥补期限，可由合并企业继续按规定用以后年度实现的与被合并企业资产相关的所得弥补。具体按下列公式计算：某一纳税年度可弥补被合并企业亏损的所得额＝合并企业某一纳税年度未弥补亏损前的所得额×（被合并企业净资产公允价值÷合并后合并企业全部净资产公允价值）。 2. 被合并企业的股东以其持有的原被合并企业的股权（以下简称旧股）交换合并企业的股权（以下简称新股），不视为出售旧股，购买新股处理。被合并企业的股东换得新股的成本，须以其所持旧股的成本为基础确定。 但未交换新股的被合并企业的股东取得的全部非股权支付额，应视为其持有的旧股的转让收入，按规定计算确认财产转让所得或损失，依法缴纳所得税。 3. 合并企业接受被合并企业全部资产的计税成本，须以被合并企业原账面净值为基础确定。 （三）关联企业之间通过交换普通股实现企业合并的，必须符合独立企业之间公平交易的原则，否则，对企业应纳税所得造成影响的，税务机关有权调整。 （四）如被合并企业的资产与负债基本相等，即净资产几乎为零，合并企业以承担被合并企业全部债务的方式实现吸收合并，不视为被合并企业按公允价值转让、处置全部资产，不计算资产的转让所得。合并企业接受被合并企业全部资产的成本，须以被合并企业原账面净值为基础确定。被合并企业的股东视为无偿放弃所持有的旧股。
国税发〔2000〕118号	企业以经营活动的部分非货币性资产对外投资，包括股份公司的法人股东以其经营活动的部分非货币性资产向股份公司配购股票，应在投资交易发生时，将其分解为按公允价值销售有关非货币性资产和投资两项经济业务进行所得税处理，并按规定计算确认资产转让所得或损失。

（续上表）

文件	具体规定
国税发〔2003〕45号	不确认资产转让所得的企业合并和分立等改组业务中，取得补价或非股权支付额的企业，应将所转让或处置资产中包含的与补价或非股权支付额相对应的增值，确认为当期应纳税所得。 企业为合并而回购本公司股票，回购价格与发行价格之间的差额，属于企业权益的增减变化，不属于资产转让损益，不得从应纳税所得中扣除，也不计入应纳税所得。

（二）会计核算

企业合并会计核算具体见表11－10。

表11－10 企业合并会计核算一览表

同一控制下的企业合并	控股合并	形成企业的长期股权投资，属于对外投资的范畴，以被合并方净资产的账面价值的份额作为股权投资成本，支付的对价以账面价值为基础计量。
	吸收合并	1. 合并中取得的资产负债的计价：合并方在企业合并中取得的资产和负债，应当按照合并日在被合并方的账面价值计量。 2. 合并价差的处理：合并方取得的净资产账面价值与支付的合并对价账面价值（或发行股份面值总额）的差额，应当调整资本公积；资本公积不足冲减的，调整留存收益。 3. 合并方为进行企业合并发生的各项直接相关费用，包括为进行企业合并而支付的审计费用、评估费用、法律服务费用等，应当于发生时计入当期损益。
非同一控制下的企业合并	控股合并	1. 投资成本的确定：形成企业的长期股权投资，属于对外投资的范畴，以购买方支付的对价的公允价值为基础作为股权投资成本。 2. 资产的处置损益：支付的非货币性资产的公允价值与其账面价值的差额作为资产的处置收益计入利润表。 3. 合并价差的处理：只有正商誉，体现在合并报表中，合并方账簿与个别报表中不反映。
	吸收合并	1. 合并中取得的资产负债的计价：合并方在企业合并中取得的资产和负债，应当按照合并日在被合并方的公允价值计量。 2. 资产的处置损益：支付的非货币性资产的公允价值与其账面价值的差额作为资产的处置收益计入利润表。 3. 合并价差的处理：合并支付的合并对价的公允价值大于取得的可辨认的净资产的公允价值的差额，为正商誉，反映在合并方的会计账簿和个别报表中；合并支付的合并对价的公允价值小于取得的可辨认的净资产的公允价值的差额，不确认为商誉，计入合并方当期的损益中。

三、常见涉税问题和主要检查方法

企业合并业务是一种非经常性的经济业务，而且形成母子公司关系的，被合并公司应列入合并公司合并会计报表的范围，长期影响合并公司的损益。由于合并业务复杂、会计处理烦琐，存在的税收问题隐蔽性强。稽查人员在对企业合并业务进行检查时，采取审核、询问、实地调查等检查的方法，对合并各方可能存在各类税收违法行为进行检查。

（一）被合并方未按税法规定确认所得，偷、逃企业所得税

会计上，同一控制关系的企业合并，应当以权益结合法进行会计处理，合并的双方均不确认资产的转让收益；非同一控制下的企业合并应当以购买法进行会计处理，只计算合并方的资产转让收益，不计算被合并方的资产转让收益。总之，不管是同一控制关系还是非同一控制下的企业合并，被合并方会计上均不确认被合并方资产转让所得。

税收上企业合并以非股权支付额的比例为标准来确定是应税合并业务还是免税合并业务。如果是应税合并业务，被合并方应确认资产转让所得；如果是免税合并业务，被合并方不确认资产转让所得，但应将所转让或处置资产中包含的与非股权支付额相对应的增值，确认为当期应纳税所得额。

因此，该类涉税问题的具体表现形式为：①故意混淆应税合并与免税合并的界限，应税合并业务不确认资产的转让（处置）所得，少交企业所得税；② 符合免税合并条件时，与非股权支付额相对应的增值不申报缴纳企业所得税。

主要检查方法有：

（1）审阅纳税人的有关会议记录、股东大会决议书和注册会计师审计报告，审查纳税人在稽查期间内是否发生企业合并业务。

（2）到合并方调查取证或到合并方主管税务机关调阅合并方在企业合并年度的会计报表，审阅报表附注中的有关内容，全面掌握该合并业务的全面信息，核实被合并方合并业务是否真实完整。

（3）查阅企业合并时合并各方签订的企业合并合同协议、股东大会决议书、国家有关主管部门审批文书、财产权转移文书等相关文件资料，落实合并对价中股份支付额和非股份支付额（除合并企业股权以外的现金、有价证券和其他资产的支付额），按照下列计算公式计算比例，确定该企业合并属于应税合并业务还是免税合并业务。

非股份支付额的比例 = 支付的现金、除股票外的有价证券和其他资产 ÷ 支付的合并企业的股权票面价值（或支付的股本的账面价值）

该比例大于20%，为应税合并业务，否则为免税合并业务。

（4）当确定为应税合并业务时，审核有关中介机构出具的合并日“资产评估报

告书”，核实资产公允价值的确定是否合理；检查企业的有关资产账簿记录和台账记录，核实企业是否按照资产计税基础的摊余金额来计算资产的转让（处置）所得。

（5）当确定为免税合并时，核实与非股权支付额相对应的增值计算是否正确。

（6）复核当年的企业所得税纳税申报表的有关项目金额，核实资产转让（处置）所得或与非股权支付额相对应的增值，是否作纳税调增申报缴纳企业所得税。

[例11－9] 某稽查局对A公司的2008年度的纳税情况进行检查，稽查人员审查了公司会计报表附注，了解到该公司发生了企业合并业务。采用审核法对A公司提供的企业合并合同协议的相关条款进行审核，得知B公司于2008年1月3日以增发股票和支付存款方式吸收合并了A公司，按照会计准则规定认定为非同一控制下的企业合并，合并后A公司仍具有法人资格。

稽查人员对专业资产评估机构出具的“资产评估报告书”进行审核，有关数据资料如下：

	合并日账面价值	合并日公允价值
银行存款	1 600万元	1 600万元
存　　货	6 000万元	6 400万元
固定资产	2 450万元	2 500万元
各类负债	600万元	600万元

B公司为吸收合并增发股票3 000万股（每股面值1元、市价3元），支付银行存款900万元。

稽查人员抽查A公司企业合并业务的有关记账凭证和“企业所得税纳税申报表”的有关报表项目，企业合并业务未确认转让所得申报纳税。

分析：（1）A公司被B公司吸收合并后仍具有法人资格，仍旧为独立的企业所得税纳税义务人，向公司所在地的主管税务机关申报纳税。

（2）非股份支付额的比例 $=900/3\ 000\times1\times100\%=30\%>20\%$，为应税合并业务。A公司按税法规定应视为按公允价值转让、处置全部资产，计算资产的转让所得，依法缴纳所得税。

（3）A公司全部资产转让所得为450万元［（6 400＋2 500）－（6 000＋2 450）］，应补缴企业所得税112.5万元（450×25%）。

（二）合并方取得的资产不按税法规定摊销，多计成本费用，影响当期和以后期间应纳税所得额

会计上，同一控制关系的企业合并，以合并各方资产的账面价值为基础进行会计计量；非同一控制下的企业合并，合并方取得资产按照公允价值进行计量。

税收上，应税合并业务，合并企业接受被合并企业的有关资产，以按公允价值确定计税成本；免税合并业务，合并企业接受被合并企业全部资产，以被合并企业原账面净值确定计税成本。

因此，该类涉税问题的具体表现为：非同一控制关系的免税企业合并业务，按照取得资产的公允价值摊销成本费用，延迟企业所得税的纳税义务。

主要检查方法有：

（1）调查合并业务的合并各方在合并前的关联企业范围，认定参与合并的企业在合并前是否受同一方或相同的多方最终控制，判定该企业合并业务是同一控制关系的企业合并还是非同一控制下的企业合并。

（2）查阅企业合并时合并各方签订的相关文件等资料，落实合并对价中股份支付额和非股份支付额，核实该企业合并属于应税合并业务还是免税合并业务。

（3）对非同一控制关系的免税企业合并业务，复核合并当年及合并以后年度的“企业所得税纳税申报表”的有关项目金额，审查纳税人对合并取得的资产按照公允价值多摊销的成本费用，有无在纳税申报时作纳税调整。

（三）合并方合并对价中的非货币性资产支付不确认资产的处置收益

会计上，同一控制下的企业合并，合并方取得的净资产账面价值与支付的合并对价账面价值（或发行股份面值总额）的差额，应当调整资本公积；资本公积不足冲减的，调整留存收益；非同一控制下的企业合并，合并方在购买日对作为企业合并对价付出的资产、发生或承担的负债应当按照公允价值计量，公允价值与其账面价值的差额，计入当期损益。

税收上，企业以经营活动的部分非货币性资产对外投资，应在投资交易发生时，将其分解为按公允价值销售有关非货币性资产和投资两项经济业务进行所得税处理，并按规定计算确认资产转让所得或损失。

因此，该类涉税问题的具体表现形式为：

（1）同一控制下的企业合并，取得的净资产账面价值与支付的合并对价账面价值（或发行股份面值总额）的差额，冲减当期的应纳税所得额。

（2）同一控制下的企业合并，合并对价中的非货币性资产支付，未按税法规定确认资产转让所得申报纳税。

（3）非同一控制下的企业合并，合并对价中的非货币性资产支付，未按税法规定确认资产转让所得申报纳税。

主要检查方法有：

（1）调查合并业务的合并各方在合并前的关联企业范围，判断企业合并的方式是同一控制下的企业合并还是非同一控制下的企业合并。

（2）调阅合并各方签订的企业合并合同协议、股东大会决议书、国家有关主管部门审批文书、财产权转移文书等相关文件资料，了解合并方合并对价的支付方式，核实有无非货币性资产的支出。

（3）采用抽查法审核合并方企业合并业务的相关记账凭证，核实同一控制下的企业合并业务所取得的净资产账面价值与支付的合并对价账面价值（或发行股份面值总额）的差额，有无冲减当期的应纳税所得额。

（4）审核中介机构出具的合并日“资产评估报告书”，审核非货币性资产公允价值的确定是否合理，有无虚增或虚减非货币性资产公允价值的行为。

（5）复核合并当年的“企业所得税纳税申报表”的有关项目金额，核实非货币性资产转让（处置）所得，是否作纳税调增申报缴纳企业所得税。

[例 11 - 10] 某稽查局对 A 公司的 2008 年度的纳税情况进行检查，稽查人员审查公司会计报表附注和股东大会决议书的有关内容，了解到 A 公司于 2008 年 3 月 31 日发生了企业合并业务，稽查人员对参加合并各方的关联方进行审查，认定此项合并为非同一控制下的控股合并业务。

稽查人员采用审核法对 A 公司提供的企业合并合同协议的相关条款和专业资产评估机构出具的“资产评估报告书”进行审核，A 公司于 2008 年 3 月 31 日以支付有关资产取得 B 公司 70% 的股权，合并对价有关资料的数据进行整理后如下表所示：

合并对价的形式	2008 年 3 月 31 日（合并日）账面价值（万元）	2008 年 3 月 31 日（合并日）公允价值（万元）
土地使用权	6 000（原价 7 000 - 累计摊销 1 000）	7 600
专利技术	2 400（原价 2 600 - 累计摊销 200）	3 000
银行存款	2 400	2 400
合计	10 800	13 000

稽查人员采用逆查法对 A 公司 2008 年 3 月 31 日控股合并业务的记账凭证进行审查，记账凭证内容如下：

借：长期股权投资　　108 000 000

　　累计摊销　　12 000 000

　　贷：无形资产——土地使用权　　70 000 000

　　　　　　　　——专利技术　　26 000 000

　　　　银行存款　　24 000 000

分析：A 公司该控股合并业务会计处理错误，长期股权投资未按照确定的企业合并成本作为其初始投资成本，合并对价付出的资产公允价值与其账面价值的差额未确认为当期损益。按照税法规定，应确认非货币性资产转让所得 2 200 万元［（7 600 - 6 000）+（3 000 - 2 400）］，补缴企业所得税 550 万元（2 200 × 25%）。

（四）合并取得的商誉分期摊销或计提减值准备在税前扣除

会计上非同一控制下的企业合并，合并方对合并成本大于合并中取得的被合并方可辨认净资产公允价值份额的差额，应当确认为商誉，商誉代表的是合并中取得的由于不符合确认条件未予确认的资产以及被购买方有关资产产生的协同效应或合并盈利能力；税收上外购商誉的支出，在企业整体转让或者清算时，准予扣除，未经核定的准备金支出不得税前扣除。该类涉税问题的具体表现形式为：①合并取得的商誉作为无形资产按照一定期限分摊费用在税前扣除；②年末对商誉进行减值测试，计提商誉减值准备在税前扣除。

主要检查方法有：

（1）检查企业的会计报表及附注资料及“无形资产”、“商誉”明细账，核实合并成本大于合并中取得的被购买方可辨认净资产公允价值份额的差额，是记入“商誉”账户还是记入“无形资产”账户。

（2）检查企业“管理费用”账户中无形资产摊销的构成情况以及无形资产的摊销计算表，查看企业有无将合并商誉作为无形资产进行分期摊销。

（3）检查企业“资产减值损失”账户借方发生额和资产减值计算表，核实有无计提商誉减值准备在税前扣除。

（4）审核“企业所得税纳税申报表”中有关纳税调整事项，核实纳税人是否将商誉摊销的金额和计提的商誉减值准备作为纳税调增事项，调增应纳所得税额。

［**例 11 - 11**］某稽查局对甲公司 2008 年度的纳税情况进行检查时，通过询问有关人员和审核“长期股权投资”账户的记录，发现甲公司于 2007 年 12 月 3 日以 5 000万元取得乙公司 10% 的股份，取得投资时乙公司净资产的公允价值 45 000 万元，因未以任何方式参与乙公司的生产经营决策，甲公司对持有的该投资采用成本法核算。2008 年 1 月 3 日，甲公司另支付 25 000 万元取得乙公司 50% 的股份，能够对乙公司实施控制。购买日乙公司可辨认净资产公允价值为 47 500 万元。

稽查人员采用逆查法审核甲公司控股合并形成的商誉为 1 750 万元［（5 000 - 45 000 × 10%）+（25 000 - 47 500 × 50%）］，采用抽查法审查发现甲公司将 1 750 万元的商誉记入“无形资产”账户。审查甲公司 2008 年无形资产摊销计算表，发现将商誉摊销金额 175 万元记入“管理费用”账户；复核 2008 年的“企业所得税纳税申报表”，发现甲公司未对 175 万元的商誉摊销金额进行纳税调增处理。

分析：甲公司对控股合并形成 1 750 万元的商誉误作为无形资产核算，并对 2008 年摊销的 175 万元商誉费用在税前扣除，应调增 2008 年应纳税所得额 175 万元，查补企业所得税 43.75 万元（175 × 25%）。

（五）合并企业多弥补被合并企业合并前发生的亏损

（1）应税企业合并业务，合并方用合并后的所得弥补被合并企业合并前的亏损。

（2）免税企业合并业务，合并方用与被合并企业净资产无关的所得弥补被合并企业合并前的亏损。

（3）免税企业合并业务，合并方混淆亏损弥补期限，擅自延长被合并企业合并前亏损的弥补期限。

主要检查方法有：

（1）查阅企业合并时合并各方签订的企业合并合同协议、股东大会决议书等相关文件资料，审核合并对价中非股份支付额的比例，确定该企业合并属于应税合并业务还是免税合并业务。

（2）在应税合并方式下，查看亏损弥补台账，核实企业有无以前年度亏损增加的情况，如有增加应分析原因，核实有无将被合并方合并前的亏损作为合并方的以前年度亏损进行弥补的行为。

（3）在免税合并方式下，主要审核弥补被合并企业亏损弥补的金额和剩余弥补的年限。

（4）查阅企业合并时合并各方签订的合同协议等相关文件资料和被合并企业的以前年度亏损弥补台账，确认被合并企业合并前尚未弥补的亏损金额和剩余亏损弥补期限。

（5）审核合并企业以前年度亏损弥补台账，核实当年弥补被合并企业合并前的亏损金额是否在税法规定的限额内。具体按下列公式计算：

某一纳税年度可弥补被合并企业亏损的所得额＝合并企业某一纳税年度未弥补亏损前的所得额×（被合并企业净资产公允价值÷合并后合并企业全部净资产公允价值）

［**例** 11－12］某稽查局对 A 公司 2008 年度纳税情况进行检查，稽查人员通过询问和审阅账簿资料、会计报表附注，了解到 A 公司 2008 年有企业合并业务发生。经审核 A 公司与 B 公司签订的吸收合并协议，A 公司于 2008 年 1 月 5 日以定向增股的形式向 B 公司增发支付本企业的股权 6 000 万股（每股面值 1 元，公允价值为 8 000万元），另支付现金 2 000 万元，接收 B 公司全部资产与负债，B 公司解散。审核合并日资产评估报告，B 公司账面资产净值为 20 000 万元，所有负债的账面净值为13 000万元，所有者权益账面总价值 7 000 万元，其中，未分配利润为－1 200 万元（已弥补亏损三年）。全部资产的公允价值为 23 000 万元，所有者权益的公允价值为 10 000 万元。通过询问，得知合并前 A 公司、B 公司同被 C 公司控制，合并后 A 公司仍被 C 公司控制。稽查人员采用逆查法获取 A 公司企业合并业务的记账凭证为：

借：存货等资产　200 000 000
　资本公积　10 000 000
　贷：短期借款等负债　130 000 000
　　股本　60 000 000
　　现金　20 000 000

稽查人员复核2008年"企业所得税纳税申报表"，2008年弥补亏损前应纳税所得额为2 000万元，当年弥补亏损的金额为1 200万元（A公司合并前的亏损）。

分析：（1）A公司、B公司由于受同一控制，按照会计准则规定，A公司按原B公司的会计账面价值进行计价，但是，合并中非股权支付额占股权面值的比例为33.3%（2 000/6 000），高于20%，不符合企业免税合并条件，应当以应税合并的方式进行税务处理，A公司的资产入账价值应当以公允价值23 000万元入账。

（2）审核弥补亏损的弥补情况，由于A公司、B公司的合并为应税合并业务，A公司不得弥补B公司合并前的亏损，应调增应纳税所得额1 200万元。

（3）A公司收到的资产、负债，应当以公允价值计算确定计税成本，在所得税前进行成本结转或费用摊销。A公司以合并前资产的账面价值20 000万元记入相关资产的账户，税法允许按照评估确认的价值23 000万元结转成本或者进行资产价值的摊销。

第六节　股权转让企业的检查

本节主要介绍企业转让股权投资（权益性投资）业务的检查方法。持有股权投资期间投资收益的检查方法已在第三节中介绍，本节不再重复。

一、企业股权转让业务简述

交易性金融资产主要是指企业为了近期内出售而持有的金融资产，如果企业急需资金或为达到预期报酬率等原因，可以在证券市场进行变现。长期股权投资因被投资企业达到公司章程约定年限进行清算，投资方收回股权投资；或因投资方经营方针、发展方向发生变化，将股权投资转让给其他企业；或用股权投资换取其他财产。股权投资转让企业的业务主要包括交易性金融资产出售和长期股权投资转让（收回）业务。

二、政策依据与会计核算

（一）政策依据

企业股权转让政策依据具体见表11-11。

表 11－11　企业股权转让政策依据一览表

文件	具体规定
《企业所得税法》第十六条	企业转让资产，该项资产的净值准予在计算应纳税所得额时扣除。
《企业所得税法实施条例》第七十四条	《企业所得税法》第十六条所称资产的净值和第十九条所称财产的净值，是指有关资产、财产的计税基础减除已经按照规定扣除的折旧、折耗、摊销、准备金等后的余额。
《企业所得税法实施条例》第七十一条	《企业所得税法》第十四条所称投资资产，是指企业对外进行权益性投资和债权性投资形成的资产。企业在转让或者处置投资资产时，投资资产的成本准予扣除。 投资资产按照以下方法确定成本：（一）通过支付现金方式取得的投资资产，以购买价款为成本；（二）通过支付现金以外的方式取得的投资资产，以该资产的公允价值和支付的相关税费为成本。
《企业所得税法实施条例》第十一条	投资方企业从被清算企业分得的剩余资产，其中相当于从被清算企业累计未分配利润和累计盈余公积中应当分得的部分，应当确认为股息所得；剩余资产减除上述股息所得后的余额，超过或者低于投资成本的部分，应当确认为投资资产转让所得或者损失。
财税〔2007〕80 号	企业以公允价值计量的金融资产、金融负债以及投资性房地产等，持有期间公允价值的变动不计入应纳税所得额，在实际处置或结算时，处置取得的价款扣除其历史成本后的差额应计入处置或结算期间的应纳税所得额。
国税发〔2000〕118 号	被投资企业发生的经营亏损，由被投资企业按规定结转弥补；投资方企业不得调整减低其投资成本，也不得确认投资损失。
国税函〔2004〕390 号	企业在一般的股权（包括转让股票或股份）买卖中，股权转让人应分享的被投资方累计未分配利润或累计盈余公积应确认为股权转让所得，不得确认为股息性质的所得。 企业进行清算或转让全资子公司以及持股 95% 以上的企业时，投资方应分享的被投资方累计未分配利润和累计盈余公积应确认为投资方股息性质的所得。为避免对税后利润重复征税，影响企业改组活动，在计算投资方的股权转让所得时，允许从转让收入中减除上述股息性质的所得。
国税函〔2008〕264 号	企业因收回、转让或清算处置股权投资而发生的权益性投资转让损失，可以在税前扣除，但每一纳税年度扣除的股权投资损失，不得超过当年实现的股权投资收益和股权投资转让所得，超过部分可在以后纳税年度结转扣除。企业股权投资转让损失连续向后结转五年仍不能从股权投资收益和股权投资转让所得中扣除的，准予在该股权投资转让年度后第六年一次性扣除。

（二）会计核算

企业股权转让会计核算具体见表11－12。

表11－12　企业股权转让会计核算一览表

项目		会计处理
出售交易性金融资产		按实际收到的金额，借记“银行存款”等科目，按该金融资产的账面余额，贷记“交易性金融资产”科目，按其差额，贷记或借记“投资收益”科目。同时，将原计入该金融资产的公允价值变动转出，借记或贷记“公允价值变动损益”科目，贷记或借记“投资收益”科目。
处置长期股权投资	成本法	按实际收到的金额，借记“银行存款”等科目，按其账面余额，贷记本“长期股权投资”科目，按尚未领取的现金股利或利润，贷记“应收股利”科目，按其差额，贷记或借记“投资收益”科目。已计提减值准备的，还应同时结转减值准备。
	权益法	按实际收到的金额，借记“银行存款”等科目，按其账面余额，贷记“长期股权投资”科目，按尚未领取的现金股利或利润，贷记“应收股利”科目，按其差额，贷记或借记“投资收益”科目。已计提减值准备的，还应同时结转减值准备。 结转原计入资本公积的相关金额，借记或贷记“资本公积——其他资本公积”科目，贷记或借记“投资收益”科目。
出售可供出售的金融资产		按实际收到的金额，借记“银行存款”、“存放中央银行款项”等科目，按其账面余额，贷记“可供出售的金融资产”（成本、公允价值变动、利息调整、应计利息）科目，按应从所有者权益中转出的公允价值累计变动额，借记或贷记“资本公积——其他资本公积”科目，按其差额，贷记或借记“投资收益”科目。

三、常见涉税问题及主要检查方法

股权转让企业通常采用少计或不计投资转让所得方式偷逃企业所得税，稽查人员在检查时，主要采用审核法、核对法、询问法等方法，对股权转让业务中可能存在各类税收违法行为进行检查。

（一）少计或不计投资转让所得，少缴企业所得税

两种情形：①投资转让所得挂往来账或应付职工薪酬；②多计投资转让成本，少计投资转让所得。

主要检查方法有：

（1）审查转让双方签订的股权转让协议相关条款，掌握转让股权的项目、股权

转让的价格、基准日以及转让价款的交割方式，确认股权转让的时间和转让收入是否正确；审查股票、债券交易交割单，核实股票、债券投资转让的时间和转让收入。

（2）审查“交易性金融资产”、“长期股权投资”、“可供出售的金融资产”等账户本期贷方发生额。在部分转让股票、债券投资时，转让投资成本是否按加权平均法计算，有无多转投资成本的行为；审核按照公允价值计量的交易性金融资产、可供出售的金融资产是否按照投资历史成本计算扣除。

（3）审查“投资收益”账户本期贷方发生额，采用复算法验证股票、债券投资转让所得是否全部入账。如果复算结果和“投资收益”账户反映的投资转让所得不一致，则应重点对“其他应付款”、“应付职工薪酬”等账户进行详细检查，核实有无投资转让所得隐匿其中。

（4）复核“企业所得税纳税申报表”的有关项目，核实投资收益是否按照转让收入减去股权投资计税基础摊余金额填报，有无利用会计账面价值和税收计税基础的差异，少申报投资转让所得。

（二）多计股息红利收入，少计股权投资转让所得

有如下两种情形：

（1）转让持股95%以下（不含95%）的长期股权投资，虚计股息红利收入，少计股权投资转让所得；

（2）转让持股95%以上的长期股权投资及因被投资方清算收回长期股权投资，多计股息红利收入，少计股权投资转让所得。

主要检查方法有：

（1）核实转让股权的持股比例。审查投资时签订投资合同、股权转让协议，或企业合并合同，了解初始投资获得的被投资单位所占股权份额；审查“长期股权投资”明细账，核实在持有期间有无追加投资业务，确定转让股权时纳税人持有被投资单位的股权份额是否达到95%以上。

（2）核实应分享的被投资方累计未分配利润和盈余公积计算是否正确。到被投资方单位实地调查，确定在股权转让时被投资方累计未分配利润和盈余公积的金额；如被投资方企业已清算，则到投资方单位所在地税务机关调阅清算前被投资方企业的有关会计报表，核实被投资方企业清算前累计未分配利润和盈余公积的金额。

（3）审查“长期股权投资”明细账借方发生额，抽查股权转让业务的记账凭证，核实持股比例在95%以下（不含95%）的股权投资，股权转让时有无确认股息红利收入；持股比例在95%以上或因被投资方清算收回股权投资，应复核股息红利收入的确认金额是否正确。

［**例11－13**］某稽查局对A公司2008年度地方各税申报缴纳情况进行了检查。稽查人员复核该公司“企业所得税申报表”，发现该公司2008年有股权转让所得为15万元，免税收入中有股息红利收入285万元。经向会计人员询问得知，该公司2005年8月在本市辖区B县与其他公司共同投资成立S公司，从事轮胎加工、钢圈

加工生产，S公司注册资本500万元，A公司以银行存款向S公司投资400万元，持股比例为95%。2008年6月，A公司将持有的S公司股份全部转让给D公司，收到转让价款700万元。截止到2008年6月底，S公司所有者权益总额为700万元，其中实收资本500万元，盈余公积100万元，未分配利润200万元。

稽查人员对A公司“长期股权投资”账户进行审查未发现问题，要求提供该股权投资合同，公司称合同已丢失。稽查人员到S公司进行调查，获悉A公司投资只占S公司80%，持有期间A公司未追加投资。截止到2008年6月底，S公司累计盈余公积和未分配利润合计150万元。

分析：A公司采用多计股息红利收入，少计股权投资转让所得方式偷、逃所得税。因A公司投资只占S公司80%，转让股权时不得确认股息红利收入，应确认股权投资转让所得300万元（700－400），调增应纳税所得额285万元（300－15），A公司补缴企业所得税万元71.25万元（285×25%）。

（三）提前弥补股权投资转让损失

有如下三种情形：

（1）多计股权投资转让损失在税前弥补；

（2）超限额弥补股权投资转让损失；

（3）重复弥补以前年度股权投资转让损失。

主要检查方法有：

（1）核实股权投资转让损失的真实性。审查股权转让协议、股票交易交割单，结合货币资金账户的检查，界定股权投资的转让收入；审核“长期股权投资”、“可供出售的金融资产”和“交易性金融资产”账户，核实股权投资转让成本的确定是否正确。特别注意长期股权投资采用权益法核算时，有无利用会计账面价值和税收计税基础的差异，多计股权投资转让成本的行为。采用复算法验证“企业所得税申报表”反映的股权投资转让损失是否正确。

（2）核查“投资收益”明细账贷方发生额，对照税法规定认定本年实现的应税股息红利收入和股权投资转让所得。如果本年发生的股权投资转让损失大于本年实现的应税股息红利收入和股权投资转让所得，重点审查“企业所得税纳税申报表”中的股权投资转让所得，核实有无超限额弥补的情形；如果有以前年度未弥补的股权投资转让损失，应审查有关备查账和台账记录，防止股权投资转让损失重复弥补和超额弥补。

第七节　或有事项业务的检查

一、或有事项的会计含义和法律、法规的规定

（一）或有事项的定义

或有事项是指过去的交易或者事项形成的，其结果须由某些未来事项的发生或不发生才能决定的不确定事项。常见的或有事项主要包括未决诉讼或仲裁、债务担保、产品质量保证（含产品安全保证）承诺、亏损合同、重组义务、环境污染整治等。

（二）或有事项的特征

或有事项的特征主要有：

（1）由过去交易或事项形成，是指或有事项的现存状况是过去交易或事项引起的客观存在。例如，未决诉讼虽然是正在进行中的诉讼，但该诉讼是企业因过去的经济行为导致起诉其他单位或被其他单位起诉。这是现存的一种状况而不是未来将要发生的事项。未来可能发生的自然灾害、交通事故、经营亏损等，不属于或有事项。

（2）结果具有不确定性，是指或有事项的结果是否发生具有不确定性，或者或有事项的结果预计将会发生，但发生的具体时间或金额具有不确定性。例如，债务担保事项的担保方到期是否承担和履行连带责任，需要根据债务到期时被担保方能否按时还款加以确定。这一事项的结果在担保协议达成时具有不确定性。

（3）由未来事项决定，是指或有事项的结果只能由未来不确定事项的发生或不发生才能决定。例如，债务担保事项只有在被担保方到期无力还款时企业（担保方）才履行连带责任。

（三）或有事项的确认

1. 相关概念

（1）或有负债及或有资产。或有负债是指过去的交易或者事项形成的潜在义务，其存在须通过未来不确定事项的发生或不发生予以证实；或过去的交易或事项形成的现时义务，履行该义务不是很可能导致经济利益流出企业或该义务的金额不能可靠计量。或有资产是指过去的交易或事项形成的潜在资产，其存在须通过未来不确定的发生或不发生予以证实。

（2）重组及重组义务。重组是指企业制定和控制的，将显著改变企业组织形式、经营范围或经营方式的计划实施行为。属于重组的事项主要包括：出售或终止企业的部分经营业务；对企业的组织结构进行较大调整；关闭企业的部分营业场所，或将营业活动由一个国家或地区迁移到其他国家或地区。

同时存在下列情况时，表明企业承担了重组义务：①有详细、正式的重组计划，包括重组涉及的业务、主要地点、需要补偿的员工人数及其岗位性质、预计重组支出、计划实施时间等；②该重组计划已对外公告。

（3）待执行合同及亏损合同。待执行合同是指合同各方尚未履行任何合同义务，或部分地履行了同等义务的合同。企业与其他方签订的尚未履行或部分履行了同等义务的合同，如商品买卖合同、劳务合同、租赁合同等，均属于待执行合同。待执行合同不属于《企业会计准则第 13 号——或有事项》规定的内容，但待执行合同变成亏损合同的，应当作为《企业会计准则第 13 号——或有事项》规定的或有事项。亏损合同是指履行合同义务不可避免会发生的成本超过预期经济利益的合同。在履行合同义务过程中，发生的成本预期将超过与合同相关的未来流入经济利益的，待执行合同即变成了亏损合同。

2. 预计负债的确认

（1）或有事项相关义务确认为预计负债的条件。与或有事项相关的义务同时满足下列条件的，应当确认为预计负债：

①该义务是企业承担的现时义务。企业没有其他现实的选择，只能履行该义务，如法律要求企业必须履行、有关各方合理预期企业应当履行等。

②履行该义务很可能导致经济利益流出企业。通常是指履行与或有事项相关的现时义务时，导致经济利益流出企业的可能性超过 50%。履行或有事项相关义务导致经济利益流出的可能性，通常按照下列情况加以判断：结果的可能性对应的概率区间基本确定为大于 95% 但小于 100%，也可能大于 50% 但小于或等于 95%，可能大于 5% 但小于或等于 50%，极小可能大于 0 但小于或等于 5%。

③该义务的金额能够可靠计量。企业计量预计负债金额时，通常应当考虑下列情况：充分考虑与或有事项有关的风险和不确定性，在此基础上按照最佳估计数确定预计负债的金额；预计负债的金额通常等于未来应支付的金额，但未来应支付金额与其现值相差较大的，如油气井及相关设施或核电站的弃置费用等，应当按照未来应支付金额的现值确定；有确凿证据表明相关未来事项将会发生的，如未来技术进步、相关法规出台等，确定预计负债金额时应考虑相关未来事项的影响；确定预计负债的金额不应考虑预期处置相关资产形成的利得。

（2）企业不应当就未来经营亏损确认为预计负债。

（3）企业承担的重组义务满足（1）规定条件的，应当确认预计负债。

（4）待执行合同变成亏损合同时，该亏损合同产生的义务满足（1）规定条件的，应当确认为一项负债。待执行合同变成亏损合同时，有合同标的资产的，应当先对标的资产进行减值测试并按规定确认减值损失，如预计亏损超过该减值损失，应将超过部分确认为预计负债；无合同标的资产的，亏损合同相关义务满足预计负债确认条件时，应当确认为预计负债。

3. 企业不应当确认或有负债和或有资产

（四）预计负债的计量

1. 预计负债的初始计量

（1）预计负债应当按照履行相关现时义务所需支出的最佳估计进行初始计量。

（2）最佳估计数的确定：

①所需支出存在一个连续范围，且该范围内各种结果发生的可能性相同时，最佳估计数应当按照该范围内的中间值确定。

②其他情况下，最佳估计数应当分别根据下列情况进行处理：或有事项涉及单个项目的，按照最可能发生金额确定；或有事项涉及多个项目的，按照各种可能结果及相关概率计算确定。

（3）由第三方补偿的预计负债的计量。企业清偿预计负债需支出全部或部分预期由第三方补偿的，补偿金额只有在基本确定能够收到时才能作为资产单独确认。确认的补偿金额不应当超过预计负债的账面价值。

（4）企业应当按照与重组有关的直接支出确定预计负债金额。直接支出不包括员工岗前培训、市场推广、新系统和营销网络投入等支出。

2. 预计负债的后续计量

企业应当在资产负债表日对预计负债的账面价值进行复核。有确凿证据表明该账面价值不能真实反映当前最佳估计数的，应当按照当前最佳估计数对该账面价值进行调整。

（五）或有事项的披露

企业应当在附注中披露与或有事项有关的下列信息：

（1）预计负债。

预计负债包括：①预计负债的种类、形成原因以及经济利益流出不确定性的说明。②各类预计负债的期初、期末余额和本期变动情况。③与预计负债有关的预期补偿金额和本期已确认的预期补偿金额。

（2）或有负债（不包括极小可能导致经济利益流出企业的或有负债）。

或有负债包括：①或有负债的种类及其形成原因，包括已贴现商业承兑汇票、未决诉讼、未决仲裁、对外提供担保等形成的或有负债。②经济利益流出不确定性的说明。③或有负债预计产生的财务影响，以及获得补偿的可能性；无法预计的，应当说明原因。

（3）企业通常不应当披露或有资产。

企业通常不应当披露或有资产，但或有资产很可能会给企业带来经济利益的，应当披露其形成的原因、预计产生的财务影响等。

（4）在涉及未决诉讼、未决仲裁情况下的信息披露。

按照《企业会计准则第 13 号——或有事项》的规定，披露全部或部分信息预期对企业造成重大不利影响的，企业无须披露这些信息，但应当披露该未决诉讼、未决仲裁的性质，以及没有披露这些信息的事实和原因。

（六）或有事项的账务处理

“预计负债”会计科目核算企业确认的对外提供担保、未决诉讼、产品质量保证重组义务、亏损性合同等预计负债。“预计负债”科目可按形成预计负债的交易或有事项进行明细核算，期末贷方余额，反映企业已确认尚未支付的预计负债。

企业由对外提供担保、未决诉讼、重组义务产生的预计负债，应按确定的金额，借记“营业外支出”等科目，贷记“预计负债”科目。由产品质量保证产生的预计负债，应按确定的金额，借记“销售费用”科目，贷记“预计负债”科目。

由资产弃置义务产生的预计负债，应按确定的金额，借记“固定资产”或“油气资产”科目，贷记“预计负债”科目。在固定资产或油气资产的使用寿命内，按计算确定各期应负担的利息费用，借记“财务费用”科目，贷记“预计负债”科目。

实际清偿或冲减的预计负债，借记“预计负债”科目，贷记“银行存款”等科目。根据确凿证据需要对已确认的预计负债进行调整的，调整增加的预计负债，借记有关科目，贷记“预计负债”科目；调整减少的预计负债作相反的会计分录。

（七）检查时注意的问题

对或有事项税收的检查主要注意税法与会计准则的差异，检查企业在申报纳税时是否按税法进行处理。

（八）或有事项税收处理的相关法规规定

与会计或有事项业务相关的税种为企业所得税，现行的《企业所得税法》没有直接对或有事项的税收处理作出规定，但是可以根据税法扣除确认的基本原则来进行业务的判断，《国家税务总局关于印发〈企业所得税税前扣除办法〉的通知》（国税发〔2000〕第84号）中规定：

除税收法规另有规定者外，税前扣除的确认一般应遵循以下原则：

（1）权责发生制原则。即纳税人应在费用发生时而不是实际支付时确认扣除。

（2）配比原则。即纳税人发生的费用应在费用应配比或应分配的当期申报扣除。纳税人某一纳税年度应申报的可扣除费用不得提前或滞后申报扣除。

（3）相关性原则。即纳税人可扣除的费用从性质和根源上必须与取得的应税收入相关。

（4）确定性原则。即纳税人可扣除的费用不论何时支付，其金额必须是确定的。

（5）合理性原则。即纳税人可扣除费用的计算和分配方法应符合一般的经营常规和会计惯例。

二、或有事项会计准则与税法相关业务的差异比较

企业或有事项业务的会计处理与企业所得税的差异主要表现为，企业或有事项

业务发生，影响企业会计当期损益的确认，进而影响对企业当期应纳税所得税的处理。

按会计准则规定，企业因或有事项确认的负债中单列反映，而与所确认负债有关的费用或支出，应在扣除确认的补偿金额后，计入损益。

依税法规定，除另有约定外，税前扣除的确认一般应遵循五项原则，即权责发生制原则、配比原则、相关性原则、确定性原则、合理性原则。其中，确定性原则是会计准则和现行税法差异比较及应用纳税人可扣除的费用不论何时支付，其金额必须是确定的。由于“或有事项”只是当“很可能导致经济利益流出企业”时进行的合理估计金额，在确认“或有损失”时违背了税前扣除的“确定性”原则。因此，对会计上确认的“或有损失”不得税前扣除，但是，当未来不确定事项的发生或不发生予以证实时，则应当按照实际发生的金额进行税前扣除。

［例11－14］2007年10月，大海公司涉及一起有关产品质量的诉讼案，2007年12月31日，法院尚未判决。公司法律顾问判断大海公司很可能败诉，如败诉则赔偿金额为1 200 000元。在应诉过程中，大海公司发现，诉讼涉及的产品质量问题是由长江公司提供的零部件引起的，从长江公司得到补偿基本上可以确定，最有可能获得的赔偿金额为200 000元。同时确认一笔资产，金额为200 000元。

（1）会计处理：

借：营业外支出——诉讼赔款　　1 200 000

　贷：预计负债——未决诉讼　　1 200 000

借：其他应收款　　200 000

　贷：营业外支出——诉讼赔款　　200 000

（2）会计准则和税法差异分析：按会计准则规定，企业因或有事项，当期确认负债1 200 000元，同时当期确认损益1 000 000元，计入营业外支出1 000 000元。税法上对“或有损失”不得税前扣除。在企业填报2007年企业所得税纳税申报表时，对会计计入当期损益的或有损失而产生的会计和税收处理的时间性差异进行纳税调整，调增额为1 000 000元。

［例11－15］接例［11－14］，2008年5月，经法院判决，大海公司败诉，赔偿1 000 000元，并收到第三家公司的补偿金额200 000元。

（1）会计处理：

借：预计负债——未决诉讼　　1 200 000

　贷：银行存款　　1 000 000

　　　营业外支出——诉讼赔偿　　200 000

借：银行存款　　200 000

　贷：其他应收款　　200 000

会计上当期冲减营业外支出200 000元。

（2）上述业务的企业所得税处理。企业所得税确认的损失为1 000 000－

200 000 = 800 000（元），由于这项损失是经营性赔款，所以依据企业所得税相关法规，允许税前扣除。在企业填报 2008 年“企业所得税纳税申报表”时，应进行纳税调整，应调减应纳税所得为 800 000 + 200 000（会计上当期冲减营业外支出 200 000 元）= 1 000 000 元。

第十二章　纳税检查信息化

【本章要点】

本章主要阐述纳税检查信息化的作用，纳税检查信息系统及其应用，会计电算化与纳税检查信息化，以及“金税”三期等内容。通过本章学习，有助于了解纳税检查工作面临的信息化形势，稽查信息化工作的现状及其发展趋势，熟悉和掌握稽查信息化软件在实际工作中的应用。

第一节　纳税检查信息化概述

信息技术在我国税收征管中的应用起步于20世纪80年代中期，经过20多年的努力，已经取得了较快的进展。以现代化信息技术应用为核心和特点的现代纳税检查方法和稽查模式，将大大提高稽查工作效率和管理水平。

一、税务信息化

《税收征管法》明确规定，国家有计划地用现代化信息技术装备各级税务机关，加强税收征收管理信息系统的现代化建设，建立、健全税务机关与其他管理机关的信息共享制度。由此，税务信息化建设被提升到了法律的层次。

现阶段，税务信息化的主要内容就是“一个平台，两级处理，三个覆盖，四个系统”。“一个平台”是指包含网络硬件和基础软件的统一的技术基础平台；“两级处理”是指依托统一的技术基础平台，逐步实现数据信息在总局和省局集中处理；“三个覆盖”是指应用内容逐步覆盖所有税种，覆盖所有工作环节，覆盖国、地税局，并与有关部门联网；“四个系统”是指通过业务的重组、优化和规范，逐步形成一个以征管业务为主，包括行政管理、外部信息和决策支持在内的四大子系统的应用软件。

二、纳税检查信息化

纳税检查信息化是指税务机关利用信息技术，实现稽查相关数据的采集、处理、应用，提高执法水平，强化稽查管理的过程。

作为税务信息化建设“一个平台，两级处理，三个覆盖，四个系统”的必不可少的组成部分，纳税检查信息化经历了从模拟手工操作的电子化阶段到目前涵盖纳税检查全面管理的信息化阶段。

（一）纳税检查信息化的内涵

（1）纳税检查信息化的关键在于有效利用信息资源。通过建立信息应用平台，广泛采集和积累信息，迅速流通和加工信息，有效利用和繁衍信息。

（2）纳税检查信息化是强化管理的过程。通过纳税检查与信息技术运用的相互结合和互相促进，达到对内强化执法监控，对外提高稽查执法水平与质量的目的。

（二）纳税检查信息化的作用

（1）适应信息时代发展的要求。

信息技术的迅猛发展，对纳税检查工作提出了严峻的挑战。一方面，会计电算化在企事业单位得到了广泛应用，以稽查纸质账目为主的传统纳税检查方式已经滞后于时代的发展变化。另一方面，以交易异地化和凭证无纸化为典型特征的电子商务使纳税检查传统的凭证追踪检查方式失去基础。在这种形势下，只有加快稽查信息化建设步伐，努力提高纳税检查的信息技术含量，以科技创新带动稽查技术创新，才能有效查处各种税收违法行为，不断提升稽查执法水平。

（2）推进规范化管理。

纳税检查管理工作涉及的信息量大、时效性强，因而要切实规范行政执法的各环节，避免违规行为的出现。实现纳税检查信息化管理，可以及时掌握稽查工作进度，同时可以对各个业务环节加以控制和制约。积极运用信息化建设的成果，可以对纳税检查执法进行高度的信息共享和科学的分权制约；特别是综合征管软件的上线运行，实现了稽查执法信息在上下级机关、管理层和执法一线人员之间的充分共享，把执法的各个环节、各项标准全部固化在计算机操作程序之中，实现计算机实时监控，严格限制和规范每一项执法行为，切实增强纳税检查执法的刚性。

（3）提高纳税检查的效率和质量。

当前，纳税检查工作中一个突出的矛盾是纳税人数多，稽查力量弱，纳税检查重点打击的效果不理想。如何提高纳税检查的效率和质量，是当前税收管理工作中的一个重要内容。纳税检查信息化能够充分利用信息技术成果，在“大集中”的海量数据基础之上，使稽查选案到稽查实施、案件审理、案件执行等各个环节中能够结构化的工作内容可以运用计算机完成，从而最大限度地节约人力，提高纳税检查的效率和准确性，更好地发挥稽查的职能作用。

第二节　纳税检查管理信息化

按照税务信息化建设的统一部署，依托“金税工程”网络建设，我国目前已实现了全国范围内的增值税专用发票和其他抵扣凭证的协查信息化管理、税收违法检举案件的信息化管理和纳税检查信息统计的信息化管理；通过税收综合征管信息系统（CTAIS V2.0）的运行，实现了纳税检查选案、实施、审理、执行的信息化管理。

一、中国税收征管信息系统（CTAIS V2.0）稽查模块

中国税收征管信息系统（CTAIS V2.0）稽查模块是按照国家税务总局制定和税收征管业务规程开发的，面向全国各级税务机关及其下属税收征收机构的税收征收管理工作，以基层税收征管为核心，立足于国税征管业务需求，兼顾地税业务的可扩充性，功能涵盖了管理服务、征收监控、纳税检查、税收法制、税务执行等税收征管的全过程，是以城域网为背景的城市级全国性、一体化的税收征管应用软件。

（一）CTAIS V2.0 系统的特点

1. 规范性

业务上，CTAIS V2.0 系统严格遵循相关法律法规和国家税务总局下发的《税收征管业务规程》等规范性文件，并结合基层的实际业务和计算机管理的要求进行了适当的补充和完善。技术上，严格遵循关系数据库的范式理论，尽可能地减少数据冗余，提高数据的共享性；代码设计以国家税务总局下发的《税收业务分类代码》为蓝本进行扩充程序编码，软件界面及文档用语遵循规范化和标准化的要求。

2. 实用性

CTAIS V2.0 系统面向基层的实际税收业务，在软件设计上可以实现模块菜单的动态链接以适应不同的使用单位、录入界面，与原始表证单书基本一致，相关功能尽可能集成在一起，使操作人员不需要进行过多的界面切换就可以快速直观地完成任务。

3. 全面性

CTAIS V2.0 系统最大限度地覆盖了各项税收业务。许多业务功能模块，如资料证件管理、征管档案管理、票证管理、征管质量考核等都是许多征管软件所未涉及的。

4. 良好的可监控性

各项征管业务融为一体，环环相扣，建立了全面而灵活的监控体系。大部分子系统都建立了台账管理机制，所有的业务操作能及时地得到反映和追踪；对于违章行为，系统提供了计算机自动监控的手段。

5. 信息可追踪性

数据的可回溯性较好，即对于任一信息流，不仅要记载该信息流的目的地，还要记录该信息的来源。最大限度地挖掘出计算机所存储的信息的价值，有利于划清事故责任。

6. 灵活可扩充性

采用了规范的数据结构设计思路及大量的代码设计和参数化设计，屏蔽了业务

上的差异性，提高了程序的灵活性和可扩充性，所有的数据表都设计有向上、向下传输标志、税务行政区划代码等字段，所有数据表的主码都包含纳税人识别号或案件编号、税务行政区划或税务机关代码等字段，方便广域网上的数据传输和汇总。

7. 安全性

充分利用数据库系统的安全性机制，对各种数据的录入提供了一致性检查功能，保证非法数据不会进入系统中；对于所有数据表，都设有操作员代码和操作日期等字段，以备检查；系统日志中记录有每一操作员登录和离开系统的时间。

8. 可植入性

在程序设计方面实现了以下目标：与数据库平台相关的操作命令尽可能函数化；尽可能多地使用公用函数和公共控件；共用函数和程序编码尽可能标准化，程序模块化程序较高。

9. 其他特点

数据省级集中、业务覆盖面广、不断升级完善以适应新的业务需求，引用工作流观念实现文书流程化管理。

（二）稽查模块

CTAIS V2.0 系统开发建设的最终目标是在全国各级税务机关建立一个统一的、完善的、全面的、严密的涵盖三个应用层面（基层操作层、省市级监控管理层、总局决策层）的税收征管信息系统。该系统提供包括管理服务、行政监控、纳税检查、税收法制和税务执行五个业务系列的功能模块及其他功能，其中纳税检查系列涵盖的主要业务包括稽查选案、稽查审理、稽查执行、稽查查询等。

CTAIS V2.0 稽查模块是依据《税收征管法》、行政法规、《稽查工作规程》等相关规定，通过建立统一规范的业务处理模式，实现对案件的过程管理即对稽查案件的产生、查处和结果统计结果进行过程化管理的系统。纳税检查工作按照业务流程分为选案、实施、审理、执行四个环节，根据这一特点，CTAIS V2.0 系统中引入了工作流程模式来管理一个稽查案件从产生到终结的全过程，具体体现为不同人员在不同时段对案件进行相应的处理。

1. 稽查模块的基本操作

进入操作界面后，界面分为两大功能区，左边是功能权限树，用来选取需要操作的各个单项模块，右边是工作区，用来处理和编辑相关业务。每项业务均通过工作流进行驱动，上一环节或一项业务处理完毕，下一处理或下一事项办理人登录系统后就会在待办事宜中收到一条等待办理的工作事项；选择该事项进入相关编辑界面进行编辑和操作，直到所有事项办理完毕。

2. 文书的操作及其流转

如前所述，CTAIS V2.0 系统中，稽查工作是通过待办事宜（工作流）来体现的，在处理这些待办事宜的过程中，文书成为了实现工作流程的载体，很多功能模块都以稽查文书作为外在表现形式并通过其流转来实现。因此，在稽查模块中，文书的操作及其流转具有重要的意义。

（1）在 CTAIS V2.0 系统中，稽查系列文书操作包括文书的起草、传递（发送）作废、删除、查阅（案件处理人员、文书处理人员）等。

（2）文书的流转过程包括文书的起草、初审、终审、退回修改、驳回等。一份文书的基本流转过程如下图。

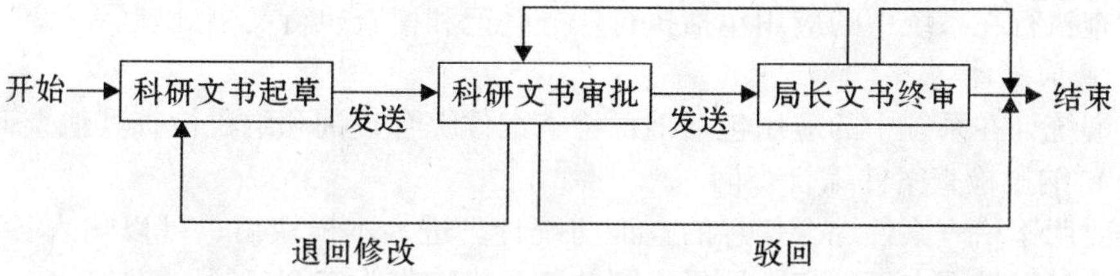

文书基本流转过程图

（3）文书流转过程的不同审阅意见产生不同的结果，如下表。

不同审阅意见产生不同的结果

审阅意见代码	审阅意见类型	产生的结果
30	已审阅，终结	文书终审，生效
31	拟同意，不终结	文书不终审，并将文书移送下一环节继续处理
40	不同意，驳回	文书终审，不生效
41	不同意，修改（补正）后再报	文书不终审，并将文书退回上一处理环节继续处理
42	不同意，报上级裁定	文书不终审，并将文书移送下一环节继续处理

（三）稽查模块的应用

在稽查模块各功能模块使用之前，首先必须由系统管理员按照稽查的岗责体系进行稽查机构及人员的维护工作，所有的稽查工作操作流程均严格按照环节及自动生成维护、稽查案卷文书维护等工作。稽查模块各单项功能模块的应用主要可分为稽查选案、稽查核实、稽查审理、稽查执行、稽查查询等方面。

1. 稽查选案

稽查选案在系统中的应用包括案源登记、案源处理审批（批量）复查选案、案源线索处理表以及提取挂案申请表。

2. 稽查实施

稽查实施在系统中的应用包括稽查实施任务登记、立案处理、稽查通知（证明）处理、稽查收据清单、稽查笔录处理、实施事项报告处理、稽查实施总结性文书管理、提请审理处理、处罚告知处理、简易处理、其他处理、文书送达处理等。

3. 稽查审理

稽查审理在系统中的应用包括审理登记、笔录处理、审理（查）报告处理、处罚告知处理、听证处理、决定性文书处理、其他处理、移送执行处理。

4. 稽查执行

稽查执行在系统中的应用包括执行任务登记和稽查执行文书处理。

5. 查询统计

查询统计在系统中的应用包括纳税检查案件综合查询和纳税检查其他查询。

（1）纳税检查案件综合查询。

主要用于稽查案件综合信息的查询与统计。进入本模块后，可以输入各种条件查询，也可以根据自己的权限选择不同的稽查机构作为查询口径。

（2）纳税检查其他查询。

其他查询统计包括以下模块：稽查案源综合查询、稽查案件查询、复查案件综合查询、待查案件清册、在查案件清册、补充稽查案件清册、查结案件清册、待审案件清册、在审案件清册、审结案件清册、在执行案件清册、送达完毕案件清册、执行完毕案件清册、结案清册、挂案清册、待复查案件清册、尚未按期完成实施任务案件查询。

二、协查信息管理系统

协查信息管理系统是“金税工程”四个子系统之一，通过税务系统网络实行总局稽查局、省局稽查局、地（市）局稽查局、县（市、区）局稽查局四级协查信息管理。其功能是对有疑问的或已证实虚开的增值税专用发票案件和其他抵扣凭证协查信息，认证子系统和交叉稽核子系统发现有问题的发票，以及协查结果信息，通过税务系统计算机网络逐级传递，国家税务总局通过这一系统实现对协查工作的组织、监控和管理。

（一）协查系统的应用范围

（1）接受防伪税控认证系统提供的认证不符、密文有误、失控等增值税专用发票和其他抵扣凭证的电子信息。

（2）稽查部门在检查案件中移交的需要异地检查取证的增值税专用发票和其他抵扣凭证的信息。

（二）协查系统的适用对象

协查系统的适用对象包括总局稽查局、地（市）县（区）国家税务局稽查局。

（三）协查系统的功能

1. 协查信息的分发传递

协查信息包括纳税人涉嫌违法违规发票的信息、委托方税务机关要求协查的内容、受托方税务机关的协查结果、其他相关文字及录像信息等。在协查过程中，所有协查信息通过税务机关的内部网站，实现委托方和受托方税务机关点对点的直接自动传递。

（1）委托管理。

委托管理是指协查委托方确定协查对象、生成协查信息、发送协查请求以及收到返回信息等处理流程，包括委托方发出信息处理、委托方收到返回信息处理和委托信息综合管理。

①委托方发出信息处理。这是整个协查工作的首要环节。委托协查信息的准确和全面与否直接关系着协查工作的质量。委托方发出的委托协查信息来源包括手工录入、认证系统导入、稽核系统提取等。

②委托方收到返回信息处理。这是整个协查工作至关重要的环节。信息处理的及时性和安全性，直接关系到能否稳、准、狠地打击税收违法犯罪行为，是提高税务机关快速反应能力的关键。委托方收到信息处理的内容包括记录整理结果、录入税务处理结果等。

③委托信息综合管理。主要是对发出信息和返回信息及委托税务处理结果的情况进行查询和归档，包括委托协查情况查询、委托协查文书管理等。

（2）受托管理。

受托管理是指受托方稽查局收到协查信息，完成协查工作以及发送协查结果的过程，即受托管理包括受托收到信息处理、受托回复信息处理和受托信息综合管理。

①受托收到信息处理。包括受托信息登记、受托协查审批、实施协查等流程。受托协查信息包括受托直接收到协查信息和经人工分捡给本级协查信息等。

②受托回复信息处理。具体包括录入协查报告的内容，并且此文书内容可以返回到委托方，供其查询，录入协查结果和税务处理结果，录入结果审核、主管领导审批和回复协查结果。

③受托信息综合管理。主要是受托方对收到信息和回复信息的情况进行查询和归档，包括受托协查情况查询、相关文书管理等。

2. 协查信息的组织、监控管理

包括协查信息的质量、协查信息传递的时间、税务机关对违法违规纳税人的处理情况等。

上级稽查局在接收到各个下级送来的中转委托协查后，主要工作有：

（1）各种协查数据的登记和转发处理；

（2）对委托协查信息及返回协查结果单的分拣处理；

（3）对中转协查数据的查询。

3. 发票信息的综合查询

系统提供强大的对增值税专用发票和其他抵扣凭证协查相关信息的查询功能，可查询本地区所辖企业的发票信息和非本地区所辖企业开具或取得发票有关联次的企业信息和发票信息；获取与增值税征管数据相关联的增值税专用发票、海关完税凭证、废旧物资专业发票、货物运输专用发票等信息，用于案件的查询和分析等。

4. 协查信息的统计、分析和管理

系统提供了强大的对增值税专用发票和其他抵扣凭证协查相关信息进行统计分析的功能，包括所有发票信息、相关纳税人信息、税务机关协查结果信息等的相关数据统计、分析和管理。

5. 协查信息的组织、监控管理

地市级以上协查系统（稽查局）实现对所有下级（稽查局）的增值税专用发票和其他抵扣凭证协查进行实时有效监控的功能，包括协查信息的质量、协查信息传递的时间、税务机关对违法违规纳税人的处理情况等。

6. 实现数据传输

系统依据需求，提供了数据传输功能，包括手动传输、查询传输日志、返回结果至稽查系统、返回结果至征管系统、查询数据发送和接收等。

7. 系统维护

系统维护包括税务机关维护、人员维护、权限维护等。

协查系统是协查管理工作走向规范化的一项基本建设，是协查管理工作全面应用计算机的第一步。在“金税工程”（二期）的建设中，协查系统与防伪税控开票子系统、增值税计算机稽核子系统和防伪税控认证子系统相互配合，对加强增值税专用发票管理起到了积极作用。根据国家税务总局信息一体化的总体部署，协查系统的再次升级，进一步拓展了业务范围。升级后的协查系统的协查结果更加完善，统计、查询和监控分析功能更加强大，业务范围也由原来仅限于增值税专用发票的协查，拓展到增值税其他抵扣凭证的协查，由此，协查系统的使用范围也扩展到各级地方税务局的稽查局。

三、税收违法检举案件管理系统

税收违法检举案件管理系统（原名“稽查案件管理信息系统”）是一个依托“金税工程”系统，对各类税收违法举报案件从立案、查处到结案全过程在纳税检查系统内部实现信息化管理，并提供案件跟踪监管及全面、准确的统计和分析功能的计算机软件。该软件已成为各级稽查局进行举报案件管理，为决策提供依据的重要工具。

（一）适用对象及作用

系统由领导版和案件管理版组成，分别供不同的职能部门使用。

（1）领导版的适用对象为稽查局领导。提供领导审批、档案调阅、综合查询、报表浏览和统计分析等功能。

（2）案件管理版的适用对象为税收违法案件举报中心。提供外部案源管理、案件登记、案件跟踪、案件管理、档案管理、举报奖金、公文函件处理、综合查询、报表管理和统计分析等功能。

（二）系统组成模块及其功能简介

税收违法检举案件管理系统主要包括案件登记、公文函件处理、案件跟踪、结案与档案管理、奖金管理、综合查询、报表管理、统计分析和系统维护等模块。各模块主要作用如下：

1. 案件登记

本模块实现对各类案件信息进行分类登记的处理，具体包括案件的登记、分类、编号、拟办、打印等。同时实现自动接收和管理举报信息并保存原始资料的功能。举报形式包括电话举报、来访举报、信件举报、传真举报、互联网举报（待扩充）等，同时自动接收上级下转、下级呈报或者其他部门转办的案件。

2. 公文函件处理

本模块实现与案件查处有关的各类公函的发送和接受处理，可以使不同单位的函件通过广域网进行自动传递。具体包括发函拟稿、发送函件和接收函件三大功能。其中，发函拟稿包括案件受理信息查询和拟稿功能；发送函件包括案件受理信息查询、函件阅览、函件拷出及函件发送等多项功能，并且在发函的同时，可将相关的案件信息和举报原始资料一起送达接收单位；接收函件包括案件受理信息查询、案件阅览、资料阅览、函件拷入、函件处理等多项功能，并且在收函的同时，可自动转入相应的业务处理。

3. 案件跟踪

本模块实现对本级接收案件稽查状态的实时跟踪，同时对下级机关的案件管理工作提供宏观查询。具体包括：对于本级发出的限时查办案件，能够自动产生超时报警并且发送催办函；对于上级督办案件，能够及时上传稽查状态或者自动进行延时请求，使本级处理的督办案件的处理信息及时上报等。

4. 结案与档案管理

本模块实现对本级直接查处的案件进行结案管理。能够制作“税收违法案件结案报告”及附表，控制案件“税务处理决定书”的执行情况；能够实现对上一级督办案件的结案信息进行传递的功能。同时，档案管理还能实现对整个系统中各类数据的分类归档管理。档案管理分为资料归档处理和案件档案调阅两大模块。归档管理项目包括原始资料（语音、图形、文本）和结案案件信息（包括案件处理过程中的全部资料，一案一卷）两大类，同时提供屏幕显示、电子传递和纸质打印三种档案调阅方式，档案包括书面档案和电子档案两种形式。

5. 奖金管理

本模块实现对举报案件的奖金进行收支记账和发放审批的管理。具体包括奖金来源账管理、奖金备查账查询、计奖分类管理、发出建议呈批、奖金通知发放、领奖通知查询、举报奖金领取、奖金时效控制、异地委托发奖等。

6. 综合查询

本模块实现对整个系统中各类案件管理的数据进行综合查询。针对不同级别的人员，提供相应的查询功能。具体包括案件受理、查办情况查询、案件结案情况查询、奖金发放情况查询等。

7. 报表管理

本模块对所有需要生成及上报报表进行管理，可以进行报表的生成、汇总、浏览以及上报。

8. 统计分析

本模块通过统计报表和分析图形对有关案件的管理数据进行详细的统计和分析，同时还能提供打印、传递和汇总功能。

9. 系统维护

本模块实现定义系统的用户、功能结构、函件和报表以及相关基础数据信息等功能，是维持系统正常、安全运转和数据一致性的基本保证。

四、纳税检查信息统计系统

纳税检查信息统计系统根据《纳税检查报表编制说明》而制作，目的是满足稽查报表的编制要求。系统通过案件台账录入生成稽查报表，保证报表来源的正确性，并具有一定的分析统计功能；通过固定的各种类报表统计指标、口径和统计结果，保证各地数据的一致性；支持网络操作，能接收、汇总各级稽查局的稽查报表，为其他相关业务部门提供方便。系统能够自动升级，占用内存小，操作方便。

（一）适用对象及用途

下面以省级集中模式为例，分各级税务机关介绍。

1. 国家税务总局稽查局

（1）录入、修改本级机构与稽查案件信息，生成本级报表；

（2）接收各省国地税稽查局的汇总万元表，组合本级报表，生成全国报表；

（3）查询统计所管辖的各省稽查局的报表。

2. 省、市（地）级国地税稽查局

（1）录入、修改本级机构与稽查案件信息，生成本级报表；

（2）查询统计所管辖的稽查局的报表；

（3）汇总报表，省级稽查局生成万元表上报总局稽查局（地市级稽查局生成上报报表上报省局稽查局）。

3. 县级国地税稽查局

（1）录入、修改本级机构与稽查案件信息，生成本级报表；

（2）将本级报表生成为汇总报表，上报上一级。

（二）系统组成模块及功能简介

1. 信息录入

信息录入模块用于录入各稽查局的基础信息。此功能模块主要包括机构人员信息和稽查案件信息录入、修改。

（1）机构人员信息录入。

用于录入、修改、查看使用单位的稽查局人员、装备信息，生成稽查报表中的“税务机构人员、装备情况统计表（表一）”。供各部门的报表管理员使用。

（2）稽查案件信息录入。

主要用于录入使用单位的稽查案件信息，用于实现电子台账和汇总生成本级单位的“纳税检查机构查处税务违法案件情况统计表（表二（1）、表二（2）和表三）”。

稽查案件信息录入模块包括六个信息输入界面：基本情况、检查情况、审理情况、入库情况、其他情况和补充情况。各个输入界面可以采用不同人员分别录入的形式，也可以采用按照案件信息表集中录入的方式进行输入。

该模块供使用单位的一般用户与报表管理员使用，一般用户只能录入、查询本人的案件，报表管理员可以录入查询使用单位的所有案件。

需要注意的是，如果案件数据已统记入稽查报告，仅能再增加入库情况和其他情况的补充录入。

（3）稽查案件信息修改。

用于修改本人已经录入的案件信息，供使用单位的一般用户、报表管理员使用，需要注意的是，一般用户只能看到本人录入的案件，只可修改本人录入且尚未生成报表的案件；报表管理员可查看到本单位所有的案件，可修改全部尚未生成报表的案件。

（4）接收电子数据。

接收 Excel 文件格式的电子数据，电子数据由其他稽查软件生成的，经过必要的处理后可由本系统接收。供使用单位的一般用户与报表管理人员使用。

2. 统计查询

统计查询模块用于统计、查看已经录入的案件信息。

（1）案件信息统计。

用于查看稽查案件信息，按照案件编号分类，显示查补、入库各项收入总额，可用于录入案件情况和查补入库情况的统计，可以导出 Excel 格式的稽查案件信息表。供使用单位所有人员使用。

（2）检查情况统计。

用于查看稽查案件的检查情况，按照检查违法类型和税种分类，显示稽查报告的主要稽查结果。供使用单位所有人员使用。

（3）审理情况统计。

用于查看稽查案件审理情况，按照审理违法类型和税种分类，显示审理后的“税务处理决定书”和“税务行政处罚决定书”的主要内容。供使用单位所有人员使用。

（4）入库情况统计。

用于查看稽查案件的入库情况，按照入库违法类型和税种分类，显示各类违法性质和税种的入库情况。供使用单位所有人员使用。

（5）补充录入查询。

用于查看案件的其他成果补充录入情况，在制作报表后，案件信息的其他成果不能再录入，必须按照补充情况录入方式录入。供使用单位所有人员使用。

3. 报表统计

报表统计用于产生纳税检查报表，操作步骤为：生成本级单位报表、接收下级单位报表、显示所有单位报表、汇总生成上报报表。

（1）生成本级单位报表。

按照录入的案件信息，在规定的报表截至统计期间生成本级单位的稽查报表，制作的报表经审核无误后才能进行汇总操作。供所有使用单位的报表管理员和部门领导使用。

（2）接收下级单位报表。

接收下级单位报送的 Excel 格式文件的报表。如果本省、市、自治区（计划单列市）采用大集中方式，不需要使用此接收功能，只需查询显示出所有下属单位的本级报表后，直接生成汇总报表上报。供市级以上的报表管理员使用。

（3）显示所有单位报表。

在系统中列出已经接收下级上报的或本级自动生成的稽查报表，报表管理员可以查看报表的内容，上级机关的报表管理员可以对下级单位的报表进行删除操作。供所有使用单位的报表管理员和部门领导使用。

（4）汇总生成上报报表。

用于汇总本级报表和下级上报的报表。生成汇总表上报上级，需经过汇总、修改、审核、上报等操作。其中县（市、区）级稽查局需要把本单位报表作为唯一单位的数据进行汇总，生成上报表。供使用单位的报表管理员使用。

第三节 会计电算化与纳税检查信息化

会计电算化是对应用计算机处理会计业务的一种简称，其概念有广义和狭义之分。狭义的会计电算化是指以计算机为主体的现代信息技术在账务处理过程中的应用，也就是用计算机代替手工账务处理；广义的会计电算化是指计算机在整个会计信息系统和以会计信息系统为核心的管理信息系统的全面应用，包括会计电算化软件的开发和应用、会计电算化人才的培训、会计电算化的宏观规划、会计电算化的制度建设、会计电算化软件市场的培育与发展等。我国的会计电算化工作开始于20世纪70年代，发展至今，在理论和实践上都取得了丰硕成果，电算化软件的开发及应用水平在逐步提高。国内会计电算化的发展形势给传统纳税检查在稽查线索、稽查内容、稽查技术、稽查人员素质等方面都提出了新的课题。加深对会计电算化的认识，提高纳税检查信息化水平，是一项基础性、长期性和经常性的重要工作。

一、会计电算化

（一）会计电算化的特点

1. 处理工具电算化

会计处理工具由过去的纸笔、算盘转变为计算机和计算机网络，会计处理的速度加快，数据处理能力更强，会计信息传输路程更远。

会计处理工具的电算化使现阶段的纳税检查面临着信息量大、数据计算复杂等难题，促使纳税检查转变传统的稽查手段，以电算化稽查工具强化数据处理的能力。

2. 信息载体磁性化

会计电算化将核算过程中产生的会计信息保存在磁性介质上，而且会计信息存储量大。信息的查询和检索方式也比纸张优越得多。

值得注意的是，磁介质保存的会计信息，更容易被篡改且不留痕迹，因此，稽查人员应采取措施确认信息的真实性和完整性。

3. 内部控制和账务处理程序的自动化

传统会计账务处理程序呈现多样化，如记账凭证处理程序、科目汇总处理程序、汇总凭证处理程序等；记账凭证格式也有多种，如通用记账凭证、收付款凭证、转账凭证等，账务处理过程纷繁复杂。采用会计电算化，不但处理速度加快，而且可以按照预设程序自动进行。同样，实行会计电算化以后，许多会计内部控制可由计算机程序来完成。如操作人员权限控制的设置，数据校验、账账核对等工作，可以利用有关程序设定，由计算机自动完成。

计算机固然是严格按照程序设定进行账务核算处理，但若程序设定违反了相关法律法规的规定，将导致一系列的错误且不易被察觉。在当前会计电算化迅猛发展的形势下，不排除利用计算机程序设定进行会计舞弊的行为。稽查人员应有意识地对会计电算化软件中自动账务处理程序、关键内部控制程序设定等进行测试或者分析、判断。

4. 数据处理集中化

实行会计电算化，分散在各个会计岗位上的数据，由计算机统一进行处理，避免了数据分散、重复、更新异常，有利于数据的一致性和完整性，也提高了数据的利用率。

数据的集中，一方面促进了会计核算的统一；另一方面也有利于稽查人员对各方面数据进行搜集、比对、分析，稽查过程中应充分利用这一特点扩大对信息量的掌握。

（二）主流财务会计软件介绍

1. 主流财务会计软件种类

目前，国内流行的财务会计软件主要有金蝶、用友、浪潮、新中大、金算盘、安易、速达等，行业软件如电信行业软件、铁路通用软件、电力行业软件等，一些地方性的财务会计软件有降龙 99、山经、远光、金沙等。财务会计软件名目繁多，按照不同的分类标准可作不同类型的分类，如：

（1）按照适用范围的不同，会计软件可以划分为通用会计软件和专用会计软件。通用会计软件是由专业软件公司开发，专门用于对外销售的一定范围内使用的会计软件；专用会计软件是指由使用单位自行开发或委托其他单位开发，供本单位使用的会计软件。

（2）按照完成功能的不同，会计软件可以分为会计核算软件、会计管理软件和会计决策软件。会计核算软件是专门用于会计核算工作的计算机应用软件；会计管理软件是在会计核算电算化的基础上，提供相关信息，帮助财会人员合理地筹措和运用资金，节约生成成本和经费开支，提高经济效益的计算机应用软件；会计决策软件是通过会计预测辅助完成企业经营决策的支持软件。

2. 财务会计软件的共性

虽然企业应用的财务会计软件种类和版本繁多，但作为具有专门用途的工具性软件，具有普遍的共性，主要表现在以下方面：

（1）首要目标是正确、及时、完整、全面地记录和反映会计主体经济活动的客观情况。

（2）财务会计软件对会计信息的处理必须符合相关的会计法律法规。

（3）就数据库管理而言，财务会计软件的处理过程基本都包括输入（增、删、改）、输出（输出到打印机、输出到屏幕）计算、统计、查询等；软件所管理的数据都以文字和数值为主，也包括图像和声音信息。

（4）运行环境呈现网络化趋势。随着会计电算化的发展，软件运行的环境逐步趋于广域网或者局域网。

（5）软件组成模块化，即财务会计软件都由一些基本的功能模块构成，同时可以根据用户需求来定义其界面或者一些特殊的功能模块。

3. 会计核算软件模块组成

会计电算化就是要构建包括硬件、软件、数据、规程和人员在内的会计信息系统。会计信息系统的核心是功能完备的财务会计软件，按照功能作用的不同，财务会计软件可以分为会计核算软件、会计管理软件和会计决策软件。其中会计核算软件与纳税检查工作有着密切的联系，当然，实际工作中也不能忽视从会计管理软件和会计决策软件中获取稽查信息。

会计核算软件的功能模块是指会计核算软件中有相对独立的会计数据输入、处理和输出功能的各个组成部分。模块之间以账务处理程序为核心，连接在一起，构成一个完整的会计核算系统。当然，由于企业所处行业以及会计核算和管理的需求不同，模块的划分不是唯一的，也不是一成不变的。稽查工作中通常需要关注的有账务处理、往来核算、工资核算、固定资产核算、存货核算、销售核算、成本核算、会计报表汇总等模块。

二、纳税检查信息化

（一）纳税检查面临的形势

我国的会计电算化工作起始于20世纪70年代，经历了试验摸索阶段（1983年以前）、自发发展阶段（1983—1988年）、自觉发展阶段（1989年至今）。1989年12月，财政部颁发了第一个规范全国性会计电算化的文件《会计核算软件管理的几项规定（试行）》。会计电算化法规、制度的相对完善，对其良性发展起到了重要的推动作用，使会计电算化向着通用化、商品化、专业化方向逐步发展。纳税检查与会计工作有着紧密的联系，随着会计电算化的普及和发展，稽查人员必须适应这一形势，对会计电算化进行深入全面的认识。

随着计算机应用的日益深入，目前我国大中型企业已实行了会计电算化，相当数量的小型企业也使用了财务会计软件，利用计算机进行会计舞弊正成为会计管理的重要问题。部分企业在实行会计电算化后，采取为财务账套设置密码、异地设置服务器等手段逃避税务监督，或者在企业的电子数据上采用两套账，甚至删除、修改电子数据等手段来对付税务机关的检查。企业会计电算化的迅速发展给纳税检查带来了挑战，促使纳税检查必须强化技术手段，大力推广稽查电算化查账软件的应用。

（二）纳税检查如何应对企业的会计电算化

1. 依据税法监督掌握企业的会计电算化软件

《税务征管法实施细则》第二十四条规定，纳税人建立的会计电算化系统应当符合国家的有关规定，并能正确、完整核算其收入或者所得。稽查人员在对企业进行电算化稽查时，可采用模拟输入部分业务进行“穿透”测试方法，对企业的会计核算软件进行逻辑审核。

2. 推广应用电算化稽查软件

传统的手工操作稽查方法，显然已不适应对电算化企业的稽查。加强对电算化稽查软件的应用，可提升稽查人员的执法能力，提高稽查效率和稽查准确度，降低稽查成本，更好地协查稽查工作中征纳双方的关系。

3. 提高纳税检查人员信息化应用水平

虽然近几年税务系统大力开展计算机知识培训，税务人员的计算机水平有了一定的提高，但目前很多稽查人员的计算机水平与信息化应用的要求还存在一定差距。信息化发展的趋势，要求各地纳税检查局必须高度重视稽查信息化应用工作，在普及稽查人员计算机知识的基础上，集中力量培养既熟悉稽查业务又掌握了计算机技术的骨干人才。

（三）电子查账软件系统

电子查账软件系统是针对纳税检查程序中稽查实施环节，以企业的涉税电子数据和税收征管部门的征管信息为基础，以税收的政策法规为依据，将纳税检查经验、方法与计算机信息处理技术相组合，辅助稽查人员完成对不同税种稽查的信息化查账工具。

一套完整的电子查账软件系统应包括两个最基本的部分，即数据采集软件和数据处理软件，分别完成涉税数据采集和涉税疑点分析工作。

1. 数据采集软件

数据采集软件是专门针对企业的涉税电子数据进行采集并将其转换成标准电子文档的工具。

由于国内企业应用的财务会计软件种类和版本繁多，因此存在一个信息输出输入标准的问题。也就是说，在财务会计软件名目众多的情况下，纳税检查基础信息的搜查存在难度。在手工账务处理阶段，数据的形式都很统一，即都是纸质账册，只要不丢失，调阅搜集信息都没有什么问题。但是信息以数据形式储存时，企业可以选择不同的财务会计软件（如用友、金蝶、新中大、SAP 等）核算，更可以选择不同的数据库（如 Access、Windows Vista、Linux 等）。此时就需要一个能够把不同格式的数据转换成标准数据，并且能够顺利访问不同数据甚至可以跨平台操作的特定软件，否则纳税检查信息化只能是空谈。因此，能成熟应用的数据采集软件，应具备如下特点：

（1）简便。

数据采集软件应是一套免安装的应用软件，在使用该软件的时候可以直接在光盘或者 U 盘上运行，为稽查人员的使用提供方便。同时，由于软件不需要安装，不会对企业的计算机造成任何影响。

（2）智能。

用户无需判断企业所用财务会计软件的版本、应用数据库类型，实现自动搜索财务会计软件类型、财务会计软件应用数据库、自动破解数据密码、自动搜索财务会计软件账套。

（3）通用。

提供高级采集工具，通过数据库连接的建立，实现万能采集。

（4）安全。

数据采集软件用于将企业的涉税电子数据库转换成标准的电子文档，供电子查账软件使用。其采集的文档都是经过加密计算的，为企业信息的安全提供了保障。

即便是采集的数据丢失了，企业也不必担心会泄密。

2. 数据处理软件

数据处理软件是电子查账软件系统的主体，它主要用于将数据采集软件获得的企业电子数据导入到软件中，然后对导入的数据进行分析，辅助纳税检查人员快速查阅企业的电子数据，发现和记录涉税疑点问题。值得注意的是，通过数据处理软件发现和记录的涉税疑点，还需要稽查人员进一步查证落实。

数据处理软件对导入电子数据进行分析检查得出涉税疑点的过程，是其主要功能模块从各个层面、各个角度对数据进行检测加工的过程，其效果很大程度上取决于该软件各功能模块所具备的检查分析功能。数据处理软件可通过系统内建立的若干重要指标群，对被查对象的财务、税收指标进行总体评价，全面检查和分析背离原因；通过系统提供的内控调查、指标分析和报表分析等功能，对企业单账户、双账户、多账户数据进行全面的分析评估，形成稽查热点账户和企业稽查风险系数；通过各种模型、模板，对企业数据进行自动检查分析；根据税法规定设置税目和计税依据项目，提供模板取数、科目归集、凭证归集和账外数据录入等功能，反映"企业税务申报表"，结合检察分析调整产生的数据同企业申报数据进行比对、审核，最终确认企业存在的涉税问题。

针对利用电算化软件进行会计舞弊的现象，数据处理软件也具备一定的侦测防伪能力。通过数据检测，可初步发现企业直接修改数据库的情况；通过将不同时点报表进行对比，可发现企业利用财务会计软件的反过账和反结账功能，不留痕迹修改记账凭证，提供虚假财务数据的情况；通过自动搜索功能，可辅助稽查人员发现企业多套账的情况。

当然，信息化始终代替不了稽查人员的职业判断，通过电子查账软件系统能否得出正确的结论，关键要看稽查人员获得的企业会计信息是否真实、完整、有效。从会计信息化的角度看，财务会计软件反映的是企业的财务信息，从凭证到账簿再到报表，看似完整但却无法反映财务信息的源头，即原始凭证是否真实合法。在利用查账软件进行纳税检查的同时，绝不能放弃对原始凭证的检查和对企业相关业务真实性的准确判断。

第四节　"金税"三期与稽查信息化

1994 年开始在我国实施的增值税制度，实行"环环征、环环抵扣"的原则。增值税专用发票等票据既是购销凭证，也可作为抵扣税款的凭证，这种双重性体现了其重要性。在利益的驱使下，一些不法分子采取虚开、代开、伪造增值税专用发票等手段进行经济犯罪，造成了国家税款的大量流失。为打击犯罪，保护国家利益，国家税务总局开始从管理抓起，研究增值税的监管问题，建设了增值税监管体系——“金税工程”。1994 年 3 月，国家税务总局组织实施 50 个城市的增值税计算机交叉稽核系统试点工程，标志着“金税”一期正式开始建设；1998 年，“金税”二期开始建设，内容包括增值税防伪税控开票系统、防伪税控认证系统、增值税计算机交叉稽核系统和发票协查系统四个应用系统。2001 年 7 月 1 日，四个子系统在全国各省区投入运行，2003 年 7 月，所有增值税一般纳税人全部使用防伪税控系统，“金税”二期全面完成。

一、“金税”三期简介

（一）“金税”三期应坚持的理念

1. 必须正确认识税收信息化的地位和作用

税收信息化是非常重要的基础性工作，是税收工作的“两基”之一，可以为整个税收工作的发展和管理水平的提高提供有力的支撑。信息化服务于业务工作，又推动业务工作的发展，它是能动的、积极的。

2. 必须坚持税收信息化建设的一体化要求不动摇

一体化主要包括管理一体化、业务一体化、技术一体化、应用一体化。要实现一体化，就必须切实加强对信息化工作的领导，建立新的信息化管理机制和保障措施。

3. 必须牢固树立信息资源整合的思想理念

整合不是推倒重来，也不是不建设新的项目，是要立足现状，统筹规划，兼顾长远，充分考虑信息资源的可持续发展。整合不仅是对信息系统的整合，还包括对制度、流程的整合，它的核心是将各类信息资源合理地配置起来为税收管理服务。

4. 必须强化信息数据的管理和应用

数据采集应遵循原始、真实、准确的原则，同时也要遵循方便纳税人和经济性原则。数据采集要以电子化方式在业务发生的源头进行。要逐步做到涉税信息采集和共享使用，数据处理应以高度集中为原则。

5. 重视干部素质提高和队伍建设

一支高素质的干部队伍对做好税收工作有着非常重要的作用。

（二）“金税”三期的主要任务

“金税”三期的主要任务是通过业务重组和流程再造，实现政务工作的网络化运行，以强化税收管理，为纳税人提供优质、便捷、全方位的服务，并为政府宏观经济决策提供科学依据。具体包括以下三个方面：

（1）建立起部门之间数据交流、信息共享、业务联动的运行机制，为政府宏观经济决策提供依据。

（2）利用信息技术手段，重组和改造税收管理流程，实现税收管理现代化。比如，建立完整的纳税人基本信息监控机制、发票管理监控机制、纳税评估机制、税务执行机制等，形成部门之间、环节之间、地区之间、税制之间的监控体系，以提高征管水平，降低纳税成本。

（3）拓展服务渠道，丰富服务内容，逐步为纳税人提供优质、便捷、全方位的服务。

（三）“金税”三期的主要内容

“金税”三期建设的主要内容是完成“一个平台，两级处理，三个覆盖，四个系统”的建设（详见本章第一节）。

（四）“金税”三期的推进原则

“金税”三期的建设将根据“统筹规划、统一标准，突出重点、分步实施，整合资源、讲究实效，加强管理、保证安全”的原则推进。

国家税务总局希望“金税”三期的建设目标用四到五年的时间完成，其中数据的两级集中处理，CTAIS V2.0 的改造和完善，国地税网络的建设改造和信息共享以及标准化体系建设都将是迫切需要解决的问题。

（五）“金税”三期运行后要达到的目标

主要有四个：

（1）逐步提高税收征收率，达到发展中国家的标准水平。

（2）逐步拓展税收监管面，已办理税务登记的纳税人将全部被纳入“金税”三期管理。而且“金税”三期将全面覆盖申报征收、税款入库、发票管理、纳税检查、纳税评估等主要工作环节，覆盖增值税、消费税、营业税、企业所得税、个人所得税等 20 多个主要税种。

（3）进一步扩大税收服务面，将通过信息网络为全国所有纳税人提供全方位的纳税服务，包括税收宣传、纳税咨询、纳税申报、涉税申请、涉税查询等，并为政府有关部门提供纳税人的纳税信用等级等信息。

（4）进一步降低税收成本。

二、“金税”三期中纳税检查信息化工作简介

（一）建立起对内外数据交换、信息共享、业务联动的运行机制，为不同应用层面的需要提供有效的资源和技术保障，提升稽查决策及管理水平

“金税”三期的一个重要内容就是建立起以征管和外部信息业务为主，包括行政管理和决策支持等辅助业务在内的四个信息管理应用系统。通过这一体系中的各种信息来源渠道所构成的数据分析应用平台，各级稽查局应根据相应工作目标获取有效信息数据，作出正确的稽查决策，加强稽查工作的管理。具体来讲，这一数据分析应用平台应能辅助完成下列事项：

1. 决策管理方面

通过对这一时期内各种税收指标和相关社会经济指标的综合应用分析，从宏观

决策管理角度为全国各地纳税检察机关确定税收检查的重点地区、重点行业和重点类型纳税人；通过对纳税人征管资料和生产经营财务资料的综合应用，结合异常纳税分析模型，从微观决策管理的角度为具体稽查单位确定重点被查对象和重点检查项目，推进稽查管理工作的精细化、科学化和规范化。

2. 外部信息交互方面

用于稽查选案、分析、取证及其他与稽查工作有联系的工作信息，包括国地税、海关、工商、银行、外汇管理、公安机关、法院、审计、电信、车辆管理机构等部门提供的与纳税相关的信息。

3. 日常业务管理方面

日常业务管理包括稽查日常业务的综合信息，稽查选案、检查、审理、执行等环节的动态管理和监控信息，稽查成果统计分析信息等。

（二）利用信息技术手段，整合现有稽查信息化应用软件系统，重组和改造纳税检查信息化流程，实现纳税检查管理现代化

经历了一期、二期建设，“金税”工程仍然面临着应用系统过多、不少系统交叉重复，信息孤立、不一致等问题，有鉴于此，“金税”三期从“整合”需求出发，提出了具体的任务：从2007年起，用4~5年的时间，基本完成“一个平台，两级处理，三个覆盖，四个系统”的建设。通过科学的规划把税务管理系统作为一个整体，打破项目壁垒，为系统的软硬件平台和应用系统等制定统一的标准规范和安全策略，使税务管理信息系统形成一个统一、协调的整体。

按照“金税”三期建设规范，中国税务信息系统作为主体软件，将建立七大子系统，共35个模块，其中稽查模块主要用于税后的事务处理，包括稽查选案、稽查实施、稽查审理、案卷管理以及反避税五大模块。按照这一思路，纳税检查信息化系统的整合工作将围绕中国税务信息管理系统稽查模块的完善进行。在新的中国税务信息管理系统稽查模块里，将对现有的一系列稽查应用软件进行整合，并在原CTAIS V2.0稽查模块过程化管理的基础上强化其功能，如在选案环节利用三期工程提供的信息共享机制实现计算机选案，通过发票协查信息管理系统与CTAIS V2.0系统的整合实现CTAIS V2.0系统自动生成发票违法案源，在稽查实施环节利用电子查账软件对电算化会计进行纳税检查，在审理环节建立和运行稽查案例库，在执行环节建立起网络化执行模式，提高执行力度等。

参考文献

1. 於鼎丞．中国税制．广州：暨南大学出版社，2008
2. 杨森平．税务管理．广州：暨南大学出版社，2003
3. 国家税务总局教材编写组．税务稽查管理．北京：中国税务出版社，2008
4. 艾华，高艳荣．纳税检查．北京：中国人民大学出版社，2005
5. 杨志清．纳税检查案例分析．北京：中国人民大学出版社，2005
6. 张炜．新会计准则和现行税法差异比较应用．北京：中国财政经济出版社，2007
7. 中国注册会计师协会．会计．北京：经济科学出版社，2009
8. 中国注册会计师协会．税法．北京：经济科学出版社，2009